国浩法律文库

以法载道

经典案例

研习与实操指引

国浩律师事务所　编著

法律出版社 LAW PRESS · CHINA
北京

图书在版编目(CIP)数据

以法载道：经典案例研习与实操指引 / 国浩律师事务所编著. -- 北京：法律出版社，2024
ISBN 978-7-5197-8780-6

Ⅰ. ①以… Ⅱ. ①国… Ⅲ. ①案例-汇编-中国 Ⅳ. ①D920.5

中国国家版本馆CIP数据核字(2024)第026262号

以法载道：经典案例研习与实操指引
YIFA ZAIDAO：JINGDIAN ANLI YANXI YU SHICAO ZHIYIN

国浩律师事务所 编著

责任编辑 慕雪丹 章 雯
装帧设计 汪奇峰

出版发行 法律出版社
编辑统筹 法商出版分社
责任校对 赵明霞
责任印制 胡晓雅
经　　销 新华书店

开本 710毫米×1000毫米 1/16
印张 23.75　字数 385千
版本 2024年12月第1版
印次 2024年12月第1次印刷
印刷 涿州市星河印刷有限公司

地址：北京市丰台区莲花池西里7号(100073)
网址：www.lawpress.com.cn
投稿邮箱：info@lawpress.com.cn
举报盗版邮箱：jbwq@lawpress.com.cn
销售电话：010-83938349
客服电话：010-83938350
咨询电话：010-63939796

书号：ISBN 978-7-5197-8780-6
定价：89.00元
凡购买本社图书，如有印装错误，我社负责退换。电话：010-83938349

“国浩法律文库”总序

作为我国法治工作队伍的重要组成部分，中国律师已经成为协调推进全面建设社会主义现代化国家、全面深化改革、全面依法治国、全面从严治党的战略布局中一支不可替代、举足轻重的重要力量，并且越来越为党和政府以及社会各界所关注和重视。党的十八届三中全会审议通过的《中共中央关于全面深化改革若干重大问题的决定》特别指出，要“完善律师执业权利保障机制和违法违规执业惩戒制度，加强执业道德建设，发挥律师在依法维护公民和法人合法权益方面的重要作用”；党的十八届四中全会审议通过的《中共中央关于全面推进依法治国若干重大问题的决定》更加明确地指出，要“加强律师队伍思想政治建设，把拥护中国共产党领导、拥护社会主义法治作为律师从业的基本要求，增强广大律师走中国特色社会主义法治道路的自觉性和坚定性”。可以说，对律师行业的发展而言，“这是一个最好的时代”！

在律师业的发展过程中，对律师“专业人士”的角色定位已没有异议，而对于专业人士是应以“学者型”为方向还是以“工匠型”为目标之争却始终存在。其实这应是殊途同归的命题。“学者型”要求才高八斗、出口成章、理论扎实、结合实践，因此注重研讨、注重文章；而“工匠型”也要求一丝不苟、中规中矩、一针见血、心得颇多，所以注重琢磨、注重经验。因此，律师队伍中的“学者们”“工匠们”在日理万机的执业实践中，始终没有放弃研究、忘记总结，不时地成文、著作，并使之成为开拓业务、提高水平的重要手段，而鼓励、引导律师著书立说，一直是律师界的良好传统。

国浩律师事务所作为中国最大的法律服务机构之一，一直专注于服务我国投融资及其相关领域的发展与革新，并坚持在应用法律知识服务于经济社会的同时，不断总结经验，撰写理论与实践相结合的专业文章，并编辑成书。“国浩法律文库”系列丛书就是其成果之一。该丛书因其专业、实用、与时俱进等特点,赢得了各界朋友的较高评价、鼓励和支持。

搭建律师思想碰撞之平台、畅通律师信息传播之渠道、建设律师学问总结之道路、营造律师形象展示之舞台、创建律师文化交流之大厦,这正是我们编辑与出版这一文库的出发点与归宿。

我们真诚地希望"国浩法律文库"能让所有的读者朋友愿意读、读得懂、读后有收获。

中华全国律师协会第六、第七届会长
国浩律师事务所原主席
于　宁

中华全国律师协会监事长
国浩律师事务所首席合伙人
吕红兵

目　　录

商事篇

第一章　股权转让

第二章　银行金融

第三章　证券业务

第四章 公司运营

第五章 破产重整

第六章 建工房产

第七章 知识产权

民事篇

第八章 一般合同

商事篇

第一章　股权转让

强监管时代背景下，如何甄别及确认上市公司控制权转让协议效力和法律责任？

承办律师

周喆人　国浩律师（上海）事务所管理合伙人

朱奕奕　国浩律师（上海）事务所合伙人

■ 案例概述

关于上市公司股份交易中触发要约收购义务、涉及违反信息披露等情形是否会对股份转让协议的效力产生影响的问题一直是理论界和实务界争议的焦点。

由国浩上海管理合伙人周喆人、合伙人朱奕奕于2021年12月经办完成的胡某某诉北京某基金公司股权转让纠纷案就是一起在证券市场进入强监管时代的大背景下因上市公司控制权交易引发争议的典型案例。该案论证严谨，充分体现了律师的专业水平，对触发要约收购义务、违反信息披露等情形下股份转让协议的有效性作出了极具参考价值的回应。

一、案情简介

胡某某为上市公司上海某某科技股份有限公司（以下简称上市公司）的前实际控制人，通过直接和间接的方式共持有上市公司约37%的股权。为获得上市公司的实控权，北京某基金公司就收购受让胡某某持有的上市公司全部股权一事与胡某某协商后达成一致,由北京某基金公司或其指定的第三方通过收购上海某科技有限公司(以下简称上海某科技公司一)以间接持有上市公司约18%的股权,以及由北京某基金公司或其指定的第三方直接受让胡某某持有的上市公司约19%的股权。为落实双方的股权交易安排,北京某基金公司向胡某某出具了《承诺函》,承诺分“三步走”向胡某某收购上市公司的股权,具体交易安排如下。

1. 2017年7月25日,上海某科技公司一当时包括胡某某在内的全体老股东作为转让方与北京某基金公司指定受让方北京某工程公司签订《股权转让协议》,将上海某科技公司一100%的股权转让给北京某工程公司,从而实现间接持有上市公司约18%的股权。

2. 2017年12月19日,胡某某与北京某基金公司指定的第三方上海某科技有限公司(以下简称上海某科技公司二)签署《股份转让协议》,胡某某向上海某科技公司二出让上市公司约9%的股权;双方并进一步签署了《投票权委托协议》,胡某某将其持有的上市公司剩余全部约9%的股权所对应的股东投票权及提名、提案权委托给上海某科技公司二行使。

3. 根据《承诺函》的交易安排,2018年3月中旬,北京某基金公司仍负有《承诺函》所确定的继续收购胡某某持有上市公司剩余约9%的股权的义务,即受让胡某某直接持有的上市公司约7%的股权、对胡某某剩余约2%的股权进行质押成为质押权人。但北京某基金公司始终未履行《承诺函》所确定的后续收购交易义务。

鉴于北京某基金公司已构成《承诺函》项下的违约,胡某某委托周喆人律师、朱奕奕律师向上海金融法院提起股权转让纠纷之诉,要求被告北京某基金公司承担相应违约责任。案件审理过程中,系争《承诺函》的效力问题成为争议焦点,北京某基金公司以《承诺函》的约定违反要约收购、限售股转让、信息披露法律法规规定等规则为由,抗辩《承诺函》因违反法律强制性规定和公序良俗而无效,北京某基金公司无须承担相关违约责任。国浩律师根据相关上市公司交易法律法规的立法本意,以及司法审判实践中类似情形下对于股份转让协议效力的认定,抽丝剥茧地论证了是否妥善遵守信息披露义务、要约收购规则与系争股份转让协议本身的效力并不具有直接关联性,并结合案涉交易的实际情况有力论证了系争《承诺函》合法有效、具有法律拘束力。

最终,上海金融法院于2021年4月22日作出(2020)沪74民初825号民事判决,认定《承诺函》合法有效,并支持胡某某核心诉讼请求。北京某基金公司提起上诉,上海市高级人民法院认为一审认定事实清楚,适用法律正确,故维持原判。后北京某基金公司申请再审,亦被驳回。

二、代理思路

《证券法》以及上市公司相关监管规则对于上市公司大额股份持有人的股份交易程序设置了较为严格的信息披露、要约收购等规则,并逐步增大了对违规人的处罚力度,但违反该等义务是否会直接否定股份转让协议本身的效力,仍是一个值得讨论的问题。本案交易涉及触发要约收购义务、限售股远期转让、违反信息披露义务等情形,因此,案涉《承诺函》是否合法、生效,以及北京某基金公司是否因其违约行为而需承担违约责任成为主要的争议焦点。

对此,周喆人律师、朱奕奕律师结合本案所涉交易的签署背景、履行情况以及司法审判实践中的类似情形下对于系争股份转让协议效力的认定,主要从以下方面充分说理,最终力证《承诺函》合法、有效,北京某基金公司应就其于《承诺函》项下的违约行为承担违约责任。

1. 案涉《承诺函》系北京某基金公司真实的意思表示,合法有效,具有明确的法律拘束力。在《承诺函》中北京某基金公司关于交易数量、交易价格、交易时间、交易操作模式、款项支付以及违约责任等交易的核心要素均表述完整且意思表示清晰明确、可执行,不存在尚有待交易双方另行协商才可确定或执行的事项。因此,《承诺函》在性质上已构成案涉双方就“三步走完成案涉股权交易”达成一致的交易合同,一旦胡某某按《承诺函》约定履行后,交易双方之间关于股权交易的权利义务关系即已确立,不属于北京某基金公司所主张的意向性的“框架性协议”或“预约”。而事实上,双方亦以实际履行股权交易的行为对《承诺函》中所安排的权利义务关系进行了认可,并确立了双方之间关于股权交易的权利义务关系。据此,北京某基金公司应严格履行《承诺函》项下的义务,北京某基金公司未依《承诺函》规定的内容履行后续的约9%的公司股权的收购义务,显已构成违约,应依约承担违约责任。

2. 北京某基金公司主张的因《承诺函》违反全面要约收购、限售股转让和信息披露等规定而应被认定无效的论断根本不成立,缺乏事实基础与法律依据。

(1)关于是否违反全面要约收购的问题

第一,从《证券法》的立法本意以及最高人民法院及高级人民法院的司法判例可知，《证券法》第九十六条第一款（要约收购）并非效力强制性规定。

根据最高人民法院的判决认定，要约收购豁免批准是法律赋予证券监管部门的行政审批权，但股权收购双方是否发出要约或取得豁免要约，并不影响收购双方的合同成立及生效。因此，发出要约或豁免要约不是合同生效的必要条件，收购双方均无权以该协议未取得要约豁免、应进行而未进行要约收购为由（因为未取得要约豁免，因此应履行而未履行全面要约收购义务——违反全面要约收购），主张股权转让协议无效或未生效，进而拒绝履行合同。

回到适用于本案的《证券法》（2014 年 8 月 31 日起施行，本案例论述下同）第九十六条第一款规定而言，要约收购规定作为管理性规定的性质非常清晰，一方面，如《证券法》《上市公司收购管理办法》规定而言，违反要约收购规定仅引发监管上的行政责任；另一方面，《证券法》《上市公司收购管理办法》均明确了豁免要约收购的情形，如果该规定构成效力性强制性规定，则监管机构也不能仅立足于监管考虑而直接豁免收购方要约收购的义务，从而让效力性强制性规定失效。

尤其需要注意的是，在 2020 年 3 月 1 日起施行的《证券法》以及新配套的《上市公司收购管理办法》颁布施行后，针对上市公司收购的最大调整为取消了要约收购义务豁免的行政许可审批，由之前的《上市公司收购管理办法》第四十七条规定“……收购人可以向中国证监会申请免除发出要约”，变更为新《上市公司收购管理办法》第四十七条规定“……符合本办法第六章规定情形的，收购人可以免于发出要约”。也就是说，关于要约收购义务的监管，监管机构甚至取消了前置的行政审批，改为事中事后监管，至此，中国证券监督管理委员会对于要约收购不再设置任何行政许可，同时根据新《上市公司收购管理办法》第六章的规定，明确投资者仅需在权益变动行为完成后 3 日内就股份增持情况做出公告，并由律师就投资者权益变动行为发表符合规定的专项核查意见并由上市公司予以披露即可。

因此，无论从要约收购规定立法本意出发，还是基于法律法规作出的监管上的变化，均可明确表明，关于要约收购的规定仅仅属于监管性的规定。如果该规定构成效力性强制性规定，进而直接影响收购（股转协议及股转行为效力），一方面，监管审批不可能被取消，改为事中事后监管；另一方面，本质上而言，发出要约收购其实属于收购人单方的义务，如果将是否发出要约收购的行为与收购行为本身的效力直接挂钩，则本质上变相地赋予了收购方单方的解除权。如此，市场上可能经常出现如下情形：收购方只要看到股价下降，他就可以自己违反要约收购义务而直接主张自己的收购行为无效,要求股权恢复原状,这显然是背离了市场发展的秩序,也必将严重损害上市公司及所有投资者的权益。

第二,从实际交易主体和交易发生的时点来看,本案不属于《证券法》第九十六条第一款规定的"要约收购"的情况。根据《承诺函》的约定,"本公司(北京某基金公司)将按本承诺函所确定的条件,受让或由本公司指定的独立第三方分别受让胡某某所持上市公司约19%的股份及通过受让上海某科技公司一自身的100%的股权,以间接持有上市公司约18%的股份",在实际交易中,《承诺函》所提及的相关标的股份均由不同的交易主体进行受让交易,其中:

①2017年7月25日,北京某工程公司与上海某科技公司一当时的全体老股东签订了《股权转让协议》,北京某工程公司受让上海某科技公司一100%的股权,从而实现间接持有上市公司约18%的股权;

②2017年12月19日,上海某科技公司二与胡某某签署了《关于上海某上市公司的股份转让协议》,上海某科技公司二受让胡某某持有的上市公司约9%的股权;同日,胡某某与上海某科技公司二进一步签署了《投票权委托协议》,胡某某将其持有的上市公司剩余全部约9%股权所对应的股东投票权及提名、提案权委托给上海某科技公司二行使,至此,上海某科技公司二已成为上市公司拥有投票权最多的股东和控股股东。上海某科技公司二的实际控制人潘某成为上市公司的实际控制人。

由此上述实际交易情况可知,《承诺函》所提及的相关标的股份均由不同的交易主体进行受让交易,而该些实际受让主体并未形成一致行动关系(上市公司及控股股东上海某科技公司二从未公告有一致行动关系),因此,在实际收购活动中,前述交易并不构成一致行动关系,客观上均未实际触发股权收购方的要约收购义务(30%),因此,本案所涉交易不存在《证券法》第九十六条规定的"要约收购"情况。

第三,从设置要约收购制度目的而言,该制度的目的在于保护中小投资者的利益,使其也能平等地享受收购所产生的溢价。因此,在操作中仅仅针对收购超出30%以上部分,此时若收购方继续收购,则需采取要约的方式进行,发出全部或部分要约。但违反该收购方式的后果并非直接导致收购行为无效,根据《证券法》第二百一十三条的规定,"收购人未按照本法规定履行上市公司收购的公告、发出收购要约等义务的,责令改正,给予警告,并处以十万元以上三十万元以下的罚款……对直接负责的主管人员和其他直接责任人员给予警告，并处以三万元以上三十万元以下的罚款”。由此可知，违反要约收购的行为仅引发行政监管责任，并不会直接导致收购行为无效的法律后果，因此，北京某基金公司关于无效的主张不具有法律依据。

第四，从要约收购义务主体而言，根据《证券法》及《上市公司收购管理办法》关于要约收购的规定可知，发出要约收购的义务主体是收购方，即使按照北京某基金公司主张的逻辑，在本案中真正需要履行要约收购的义务主体是北京某基金公司自身，而非出让方胡某某，而且该项义务完全属于收购方北京某基金公司的单方义务，要约收购的交易对象也是针对其余中小股东，故该项义务的履行本质上与出让方胡某某无关，亦非出让方胡某某所能控制。作为收购方，北京某基金公司应完全知悉自身负有的该项义务，现北京某基金公司将其自身负有的单方义务履行与否强行与收购行为本身所涉协议的效力直接挂钩，完全不具有事实与法律基础，否则，负有义务一方的北京某基金公司不仅可故意以“自身未履行义务”来否定协议效力，进而否定自身的违约、逃避违约责任，而且更是变相地赋予了收购方北京某基金公司单方的解除权，这显然背离了本案事实基础与法律逻辑。

第五，从监管实践与司法裁判意见来看，退一步而言，即使某项收购交易违背了要约收购义务，但无论是监管实践还是司法裁判，均未直接否定该项收购交易行为的成立与生效，更遑论将股权恢复至交易之前的状态，这与《证券法》关于违反要约收购义务所导致的法律责任规定完全一致。代理人并向法院提交了基于法律法规和类案检索而形成的《关于违反要约收购问题的检索意见》，通过列举相关法律法规和司法审判实践中的案例，进一步强化论述“即使违背要约收购义务，也不影响股份转让交易行为本身的成立与生效”的观点。

（2）关于是否违反限售股转让的问题

承前所述，根据《承诺函》的安排，上诉人北京某基金公司（及/或其指定第三方）应分“三步走”收购胡某某等所持有的上市公司股份。具体而言：①2017 年 7 月 25 日，交易上海某科技公司一 100% 的股权；②2017 年 12 月 30 日前，交易胡某某直接持有的上市公司约 9% 股权，并同时获得胡某某持有的上市公司约 9% 股权的投票权委托；③2018 年 3 月中旬，交易胡某某直接持有的上市公司约 7% 的股权，同时胡某某将直接持有的剩余约 2% 的股权质押给北京某基金公司或其指定第三方。

显然,《承诺函》所安排的交易系分步进行的交易,并未违反限售股交易的规定。同时,根据《关于深圳证券交易所问询函回复的公告》(公告编号:2018－001)可知,胡某某之所以将后续的约9%股权所对应的投票权委托给上海某科技公司二行使,就是为了遵循关于限售股交易的相关规定。如该公告第5、6页所言:"股份所有权中最核心的权能——处分权仍由胡某某行使,双方并未约定授权股份的过户登记及相应对价等股份转让基本要素,胡某某仍为委托表决股份的所有权人。""如上文所述,本次表决权委托不构成股份转让,胡某某仍为本次授权股份的所有权人,胡某某将处于限售期内的股票表决权委托给上海某科技公司二行使不违反其作出的股份限售承诺。""……本次表决权委托实质不构成股份转让,本次表决权委托不违反相关主体曾作出的股份限售承诺。"由此可知,在本案中,胡某某之所以同意按照北京某基金公司出具的《承诺函》分"三步走"的交易安排,恰恰系案涉双方充分考虑了关于限售股交易的相关规定,因此,《承诺函》所涉的交易安排并未违反关于限售股交易的相关规定,深圳证券交易所在收到关于问询函的回复内容后,也认可了该项交易安排并未违反限售股交易的规定。

反而,在胡某某直接持有的上市公司约9%股权分别于2018年3月5日、2018年9月11日陆续解禁(限售期届满)后,北京某基金公司并未依据《承诺函》的安排收购该部分股权,尤其在胡某某于2018年3月29日向北京某基金公司发送律师函,要求其按照《承诺函》的安排积极继续履行收购后续上市公司约9%股权义务后,北京某基金公司仍未履行该受让收购义务,显已构成违约,应依据其自身作出的《承诺函》承担违约责任。

(3)关于是否违反信息披露的问题

关于按照《承诺函》的安排已进行的交易事项,相关交易主体与上市公司已根据交易进程与安排做了相应的信息披露,监管机构亦从未认定上市公司存在信息披露违规问题。根据《证券法》第一百二十条"按照依法制定的交易规则进行的交易,不得改变其交易结果"的规定,既然相关交易主体与上市公司均已对根据《承诺函》的安排所发生的交易事项进行了信息披露,则一方面本案并不存在信息披露违规的问题,更遑论因信息披露问题而导致《承诺函》无效;另一方面无论是北京某基金公司抑或其指定的第三方均认可了相关的交易事实,因此,根据《承诺函》的安排所发生的交易应得到法律的保护,不得改变其交易结果。

即便回到《证券法》规定信息披露等监管规则的"初衷",一是为了便于证券监管机构及时了解上市公司股权变动情况;二是为了维护证券市场的公开、公平、公正的交易规则,对股票大额交易行为实施有效监督,防止投资者利用信息或资金优势进行内幕交易或操纵证券市场,保护广大中小投资者的知情权,从而进一步保障广大投资者能够在合理期限内充分了解市场信息,并在该前提下实施投资决策权。退一步而言,即使按照北京某基金公司主张的逻辑,违反信息披露规则所引发的后果是行政监管责任与投资者索赔责任,该责任与本案所涉《承诺函》的效力问题完全不具有任何联系。

此外,在中国国际经济贸易仲裁委员会案涉双方之间的另案仲裁案件中,北京某基金公司对于《承诺函》的真实性、关联性、合法性均进行了明确的认可,对《承诺函》的效力问题并未提出过任何的异议,并认可基于《承诺函》的交易条件而发生的股权交易行为;在本案中,北京某基金公司亦明确认可了基于《承诺函》的安排已发生的股权交易行为。因此,《承诺函》的内容完全系北京某基金公司的真实意思表示,北京某基金公司不能一方面既认可客观上已发生的股权交易行为效力;另一方面以违反要约收购、信息披露以及限售股等所谓的监管规定为由来否定《承诺函》的效力,北京某基金公司前后矛盾的主张完全缺乏逻辑,在法律上也根本不能成立。

综上,针对北京某基金公司主张的因《承诺函》约定违反全面要约收购、限售股转让和信息披露法律法规规定而应被认定无效的论断,胡某某认为,案涉《承诺函》系北京某基金公司真实的意思表示,合法有效,且具有明确的法律拘束力,北京某基金公司的该项主张缺乏事实与法律基础,根本不成立。

三、案例点评

该案是一起在证券市场进入强监管时代的大背景下因上市公司控制权交易引发争议的典型案例。北京某基金公司为最终取得上市公司原实际控制人胡某某通过直接或间接方式持有的上市公司约37%的股份,与胡某某就交易具体安排达成一致并向胡某某出具《承诺函》。双方就《承诺函》的履行发生争议后,案涉交易是否违反全面要约收购、是否违反限售股转让、是否违反信息披露的问题成为抗辩系争《承诺函》是否合法、有效的关键。

值得注意的是,该案中就《承诺函》的效力问题的争论始终围绕相关约定是否因违反法律法规的强制性规定而无效。根据最高人民法院2019年11月8日印发的《全国法院民商事审判工作会议纪要》(法〔2019〕254 号)第三十一条规定,“违反规章一般情况下不影响合同效力,但该规章的内容涉及金融安全、市场秩序、国家宏观政策等公序良俗的,应当认定合同无效”。而 2020 年 3 月 1 日起施行的《证券法》亦大幅强化信息披露要求。此类触发要约收购义务、违反信息披露义务的情形是否会被纳入违反公序良俗的范畴,并因此对上市公司股份转让协议的效力产生影响,再次成为司法实践中值得关注和探讨的问题。而在此证券市场进入强监管时代的大背景下,本案对触发要约收购义务、违反信息披露等情形下股份转让协议的有效性作出了极具参考价值的回应。

四、专家推荐

推荐人:申黎　国浩律师(上海)事务所合伙人

推荐内容:

证券市场进入强监管时代的大背景下,上市公司股份交易中触发要约收购义务、涉及违反信息披露等情形是否会对股份转让协议的效力产生影响的问题备受讨论。胡某某诉北京某基金公司股权转让纠纷案的争议就聚焦于此。国浩上海律师在代理原告的过程中,从案涉协议条款设置和履行情况、相关上市公司交易法律法规的立法本意,以及司法实践中类案的审判思路,层层说理、论证,力证是否妥善遵守信息披露义务、要约收购规则与系争股份转让协议本身的效力并不具有直接关联性,案涉股份转让协议合法、有效,对各方具有拘束力。该案例为实践中上市公司股份交易行为是否因触发要约收购义务、涉及违反信息披露等情形从而影响有效性提供了极具价值的参考。

“股东借款”实为“资本公积”，股东有权基于重大误解主张部分撤销股权转让合同吗？

承办律师

周喆人　国浩律师（上海）事务所管理合伙人

倪俊骥　国浩律师事务所监事、国浩律师（上海）事务所管理合伙人

蔡　晖　国浩律师（上海）事务所合伙人

高溱徽　国浩律师（上海）事务所律师

案例概述

一直以来，“重大误解”都是民法领域以及法律实践中的难点。由国浩上海管理合伙人周喆人、倪俊骥，合伙人蔡晖带领国浩上海争议解决律师团队经办完成的上海某热力企业诉西安某热力公司重大误解案，是在《民法总则》实施背景下，基于重大误解而成功部分撤销股权转让合同的典型案例。该案的成功代理对于法律实践中“重大误解的论证构成”具有一定的参考价值。

一、案情简介

2016年年底，北京某清洁能源科技有限公司（以下简称北京某能源公司）计划收购西安某城市热力发展集团有限公司（以下简称西安某热力公司）及下属八家关联公司（以下简称各关联公司），西安某能源发展有限公司（以下简称西安某能源公司）即为其中之一。在股权转让交易中，作为转让方的西安某热力公司和各关联公司之原股东上海某热力企业（有限合伙）曾与受让方约定“由受让方承接并向转让方清偿一笔西安某能源公司的股东借款”。但在股权转让完成后，股权

受让方却逃避履行该笔债务。

2017 年 6 月,原股东在西安提起诉讼,要求北京某能源公司及西安某热力公司清偿该股东借款(该诉讼案件并非由国浩律师代理)。但北京某能源公司及西安某热力公司却以"该股东借款实应为各关联公司的资本公积,并非对原股东的债务,故该股东借款之债权本身不成立,西安某热力公司无须偿还"为由提出抗辩。先前案件历经陕西省西安市中级人民法院(以下简称西安中院)一审、陕西省高级人民法院(以下简称陕西高院)二审以及最高人民法院(以下简称最高院)再审审查,西安某热力公司的上述抗辩理由被各级法院采纳。2018 年 12 月,陕西高院作出终审判决,驳回了原股东要求清偿该股东借款的诉讼请求。2019 年,最高院作出再审裁定,维持了陕西高院的终审判决。至此,该股东借款已无法再收回,原股东遭受了巨大的损失。

当原股东找到国浩求助时,国浩上海管理合伙人周喆人、倪俊骥,合伙人蔡晖作为主办合伙人带领国浩上海律师团队立即展开对该案的全面分析、研究。面对已有的不利判决,国浩律师巧辟蹊径,决定"将错就错、借力打力",充分利用"该股东借款实为资本公积"这一判决逻辑。2019 年,国浩律师代表申请人原股东对被申请人西安某热力公司在上海仲裁委员会重新提起仲裁。此次仲裁申请以"股权转让时各方原以为该股东借款系各关联公司的负债,而法院生效判决却认定实系各关联公司的资产(资本公积),这显已构成各方对于交易估值的错误认识"为立论点,援引"重大误解"制度要求调整原股权转让之交易价格,主张部分撤销股权转让协议、相对应恢复原状即由西安某热力公司向原股东返还在股权转让交易中已过户完毕的各关联公司部分股权(对应于各关联公司原股权估值因重大误解而减少的部分)。

先后历经三次庭审,国浩律师的主张和意见最终均被仲裁庭全面采纳。2021 年 5 月 17 日,三位仲裁员以"一致意见"作出了仲裁裁决。仲裁庭认定,该案中重大误解确已构成,并裁定对股权转让协议予以部分撤销,由西安某热力公司向原股东返还相应的股权。

二、案例分析

(一)主要争议焦点之一:陕西高院的二审判决将案涉股东借款认定为资本公积金,是否导致该案构成重大误解

重大误解,是指行为人对于法律行为有关的重大事项所作的错误认识,并使

行为与自己的意思相悖的情形。而基于重大误解实施的民事法律行为，则是一种法定可撤销的民事法律行为。在接受客户的委托之后，国浩律师从学术理论、法律法规、司法案例等方面全方位开展案件基础工作，并在充分准备的基础上围绕"该案是否构成重大误解"而展开了严格、周密的论证。

1. 从学理层面来看，民法上的重大误解一般需满足两个构成要件：一是表意人因误解而为意思表示，也就是说，重大误解必须是以意思表示为前提，且该意思表示是基于误解而作出的；二是表意人的误解须为重大之误解，才能发生法律规定的相应法律后果。也就是说，行为人因对行为的性质、对方当事人、标的物品种、质量、规格和数量上的错误认识，使行为的后果与自己的意思表示相悖，并造成较大损失的，方可以认定为重大误解。①

2. 从法律规定来看，该案当时应适用的法律系《民法总则》（已废止）和《合同法》（已废止）。《民法总则》第一百四十七条②规定："基于重大误解实施的民事法律行为，行为人有权请求人民法院或者仲裁机构予以撤销。"国浩律师经研究后发现，在《民法总则》实施之前，《合同法》和《民法通则》（已废止）亦对"重大误解"有相关的规定。即使在《民法总则》实施之后，最高人民法院《关于贯彻执行〈中华人民共和国民法通则〉若干问题的意见（试行）》（已失效）中关于"重大误解"的条款仍然有效，可以在本案中适用。其中，第七十一条规定："行为人因对行为的性质、对方当事人、标的物的品种、质量、规格和数量等的错误认识，使行为的后果与自己的意思相悖，并造成较大损失的，可以认定为重大误解。"

3. 基于上述对"重大误解"的充分研究，国浩律师进一步围绕本案情况是否构成重大误解而展开论证，具体如下。

（1）本案当事人是否系因误解而作出意思表示

本案申请人和被申请人在订立《股权转让协议》时，包括本案申请人、被申请人以及有关各方均确认本案所涉款项的性质为股东借款。而变化发生在西安中院作出的一审民事判决以及陕西高院作出的二审民事判决，上述判决最终认定案涉款项为西安某能源公司的资本公积金。从股东借款到资本公积，对《股权转让协议》的签约各方当事人来说，案涉款项在资产负债表上由负债转为资产，如此性

---

① 参见韩世远：《重大误解解释论纲》，载《中外法学》2017 年第 3 期。

② 现行《民法典》第一百四十七条。

质上截然相反的巨大变化，以法院判决的认定为正解而论，自然当事人在签署《股权转让协议》时的认定，是一种理解上的错误。而各方当事人确系基于当时对案涉款项性质的理解错误而作出意思表示。

(2)本案情况是否属于"重大"之误解

首先，从数值本身而言，案涉款项不是一笔小数目。一方面，与签约时西安某能源公司的注册资本相比较，超过注册资本的50%。另一方面，与评估基准日的公司净资产账面值相比，占比同样超过50%。据此，该等案涉款项，无论如何，都不能算是可以忽略的小数字。故此，从数量上来讲，该等案涉款项，当属构成"重大"无疑。

其次，从性质上来看，正如前所述，随着陕西高院作出的二审民事判决的生效，原披露的且已由各方认定应由西安某能源公司对外偿还的案涉股东借款其实并不成立、更无须归还，这也就意味着西安某能源公司当时的负债已由原约定的数额相应减少，而净资产(总资产减去负债)则因此而相应地增加。故案涉款项在资产负债表上由负债转为资产，如此截然相反的巨大变化，从性质上来说，亦当属"重大"变化！

综上所述，国浩律师认为：陕西高院的二审判决对案涉股东借款的性质进行了纠正，而根据该判决的认定结果，申请人和被申请人在订立《股权转让协议》时显然对该笔款项的性质产生了重大误解，而该重大误解又对当时西安某能源公司的交易估值及各方确定的股权转让价格产生了重大影响。

(二)主要争议焦点之二：若本案构成重大误解，法律后果如何，申请人有哪些救济途径，申请人是否有权撤销或变更股权转让协议

针对以上问题，国浩律师经全面分析后发现：从法律法规层面来看，《民法总则》对原先《合同法》和《民法通则》关于"重大误解"的规定进行了较大修改。《合同法》和《民法通则》规定的是，基于重大误解实施的民事法律行为或订立合同的，可以申请人民法院或仲裁机构撤销或者变更。而《民法总则》第一百四十七条规定删除了原先《民法通则》规定的重大误解制度项下的"变更权"，仅保留了"撤销权"。鉴于《民法总则》与《合同法》总则之间并非特别规定与一般规定的关系，而是新的规定与旧的规定的关系。当《合同法》总则的相关规定与《民法总则》的规定不一致，根据新的规定优先于旧的规定的法律适用规则，应当适用《民法总则》

的规定。

但事实上，在本案项下，各方当事人之间的整体股权转让交易已经基本上全部完成，原股东已经彻底退出公司，只剩余案涉款项这一遗留问题尚待解决，因此，各方当事人均不愿因为案涉款项这一遗留问题而撤销整个股权转让交易。而《民法总则》对《民法通则》中"重大误解之变更权"的删除，则从法律层面使原股东丧失了"变更股权转让价格"这一救济途径。

面对以上困难和障碍，为最大限度保护国浩客户的合法利益、满足客户的全方位需求，国浩律师创设性地提出了"因重大误解导致合同部分撤销"这一解决路径，并对此进行充分的学理论证和法律检索。

1. 从学理层面来看，首先，就权利性质而言，撤销权旨在消灭法律行为或法律关系，而变更权旨在维持的基础上变动法律行为或法律关系。虽然撤销权与变更权有所不同，但若行使撤销权以"部分撤销"法律行为，两者的功能有可能实现一致。其次，就立法本意而言，根据《中华人民共和国合同法释义》，立法机关此前在制定《合同法》第五十四条时，并未认为"可变更合同"存在不同于撤销的特殊利益保护，相反却认为变更权仅是撤销权的派生，是基于撤销权人有选择撤销也有选择不撤销只变更合同之权的构想而制定，变更权本质上也是一种撤销权。此外，亦有不少知名学者公开发表"肯定合同部分撤销"的观点，如有学者认为："在《民法总则》有关显失公平的规定和有关重大误解的规定删除可变更救济方式之后，解释论上应扩张部分撤销的适用范围，使其在调整价款场合亦有适用余地"。[①] 综上所述，即使《民法总则》删去了"重大误解之变更权"，在民事法律行为的内容适宜作"切割式"处理之时（如权利义务显失公平），"部分撤销"亦能发挥变更之功效。

2. 从法律规定来看，国浩律师认为：虽然当时包括《民法总则》在内的所有现行法律法规均未明确规定"合同是否可以部分撤销"，但根据《合同法》第五十六条的规定，无效的合同或者被撤销的合同自始没有法律约束力。合同部分无效，不影响其他部分效力的，其他部分仍然有效。基此，既然法律明确规定了合同可以"部分无效"，根据"举重以明轻"的原则，合同当然可以"部分撤销"。此外，最高人民法院《印发〈关于审理涉及金融不良债权转让案件工作座谈会纪要〉的通

---

① 武腾：《民法典编纂背景下重大误解的规范构造》，载《当代法学》2019 年第 1 期。

知》(法发〔2009〕19号)第六条中也已明确规定,合同可以部分撤销。

3. 从司法实践来看,基于国浩律师所做的案例检索结果,司法实践中关于“因重大误解导致合同部分撤销”的案例甚至关于“合同部分撤销”的案例均较为罕见,但并非不存在先例。国浩律师对近5年以来、全国各地各级法院的案例进行了全面检索,并最终检索到2个支持“基于重大误解而部分撤销合同”的成功案例[分别为北京市第三中级人民法院的(2016)京03民终9765号民事判决和天津市第一中级人民法院的(2017)津01民终783号民事判决]以及6个支持合同部分撤销的在先案例,并全部呈现给本案仲裁庭以做参考。

4. 结合本案实际情况而言,从股权交易本身性质来看,股权转让本身就具有可分割履行的特性,也能够适用于部分撤销。基于股权转让协议项下股权的可分性,申请人行使的是对股权转让协议的部分撤销权,而不是撤销全部股权转让协议。部分撤销股权转让协议客观上不仅矫正了案涉双方权利义务严重失衡的状态,而且在消除本案因重大误解而导致不公平后果的基础上不损害任何一方的权益,具有明确的可行性,也是唯一且可行的路径。

此外,国浩律师还向仲裁庭详细阐述了两种计算系争股权交易应撤销比例的方式:一是“市净率法”;二是“用资本公积对应的注册资本计算法”。两种计算方式的计算结果极为接近,也充分说明申请人提供的计算方式具有科学性、合理性。

三、案例点评

本案是在《民法总则》实施的背景下,成功基于重大误解而部分撤销股权转让合同的典型案例,具有一定的参考性、典型性和标杆性。

在本案中,国浩律师为本案制定了精准的仲裁思路和策略,一方面进行了充分的事实准备(包括但不限于对案件相关材料、数据进行了广泛的收集和全面的分析;委托专业的会计师事务所和资产评估公司的专家对交易估值进行专业的分解说明等);另一方面从学术理论、法律法规、司法案例等方面进行了大量的理论准备(包括但不限于走访华东政法大学等高校,邀请民法专家对本案进行学理上的研讨论证;对“重大误解”“合同部分撤销”相关前沿学理进行充分的法律研究,特别对西安某热力公司所指定的边裁老师历年就重大误解所发表的全部论文、著作进行了提前查找和观点归集),并在上述基础上围绕本案情况是否构成重大误解而展开了缜密、细致、全面的论证,最终成功扭转乾坤,为国浩客户取得远超预期的积极结果。

四、专家推荐

推荐人:崔庆玮　国浩律师(上海)事务所合伙人

推荐内容:

重大误解是民法理论以及法律实践中的疑难问题,其理论性较强,非常考验代理人的法学理论功底;且鉴于司法机关和仲裁机构对认定是否构成重大误解的谨慎、从严之态度,在司法实践和仲裁实践中最终认定构成重大误解的案例亦较为罕见,这也给代理人带来了非常大的挑战。该案的成功代理对于同类案件具有示范意义,同时,也为实践中代理人如何克服甚至巧妙利用在先不利判决、如何论证是否构成重大误解、如何基于重大误解而论证合同部分撤销之合理性等方面均提供了一定的借鉴、参考价值,具有极大的代表性和典型性,亦在一定程度展示了国浩律师在商事争议解决领域专业、优秀的业务水平。

重大资产重组过程中遭受欺诈，上市公司如何通过民事诉讼救济？

承办律师

何利锋　国浩律师（杭州）事务所管理合伙人

盛红凤　国浩律师（乌鲁木齐）事务所合伙人

方　程　国浩律师（杭州）事务所律师

案例概述

上市公司如在重大资产重组过程中遭遇财务舞弊，其收购资产所支付的对价与所获得的资产实际价值严重不匹配，在此种情形下，上市公司在要求业绩补偿之外，该如何快速、有效地通过民事诉讼维护自身权益？

由国浩杭州管理合伙人何利锋、律师方程与国浩乌鲁木齐合伙人盛红凤于2020年6月经办完成的新疆某上市公司股权转让纠纷案，是一起在重大资产重组过程中遭受欺诈引发争议的典型、重大案件。该案涉及刑民交叉、主体众多、证据数量庞大、争议各方对抗性极强等问题，对上市公司梳理、应对其遭遇的财务舞弊事项具有重要借鉴意义。

一、案情简介

2017年9月，新疆T工程股份有限公司（以下简称T上市公司）与某广告有限责任公司（以下简称广告公司或标的公司）的36名转让方股东签订《发行股份及支付现金购买资产协议》（以下简称收购协议），T上市公司以23.7亿元的巨额对价购买转让方持有的标的公司96.21%的股权。《收购协议》签订后，标的公司的股份完成工商变更至T上市公司名下,T上市公司也向转让方支付了相应股份对价。《收购协议》项下的现金对价5.7亿余元暂未支付。

2018年12月,因发现标的公司出现多个银行账户被司法查封,T上市公司通过查询后得知标的公司的查封系因涉嫌多起发生于《收购协议》签订前的民间借贷行为。并在此后发现标的公司及转让方等存在大量隐瞒标的公司在签订《收购协议》前存在的对外担保、业绩造假、合同造假以及财务数据造假等违法违规行为。T上市公司后选择向公安局报案。

2019年4月及5月,因《收购协议》约定的现金支付期限已过,该协议项下的部分转让方向法院起诉要求T上市公司支付协议项下的现金对价,案件标的金额分别为9900余万元及3400余万元。

T上市公司收到诉讼副本后,委托国浩律师处理案件的应诉事宜,国浩律师接受被告T上市公司的委托作为被告代理人参与诉讼。

国浩律师经大量检索发现,在重大资产重组爆雷案件中,上市公司维护自身权益的方式通常是通过刑事报案或以民事诉讼要求业绩承诺方补偿。在T上市公司案件之前并没有以重大资产重组合同无效、解除、撤销等诉讼方式维护自身权益的公开、可查询案例。在维护权益的方式中,涉及刑事犯罪的情况通常是标的公司或标的公司中的具体几个经办人员,而在涉及民事违约的情况下,业绩补偿义务主体的完成能力也通常有限。

为了最大限度减少T上市公司的损失、应对两名转让方的现金对价支付诉请,在经过多次决策论证后,国浩律师制订如下诉讼方案:以转让方存在欺诈事项为由提出反诉,要求法院撤销《收购协议》中的相关约定。鉴于在本案判决公开前,并没有以此诉讼方案可借鉴的公开判决,代理律师通过梳理收购过程中的材料,申请案件受理法院向多家法院、仲裁机构、公安机关调取证据等,经过多次举证质证、开庭辩论等。最终,该案经新疆昌吉回族自治州中级人民法院一审判决、新疆维吾尔自治区高级人民法院二审判决,判决结果为:撤销转让方与T上市公司于2017年9月7日签订的《收购协议》中T上市公司购买转让方股权的相关约定。

二、代理思路

由于重大资产重组的标的公司本身是在其业务领域表现较为突出的企业,这些标的公司通常通过多轮融资,公司股东中有多个不实际参与公司经营的财务投资机构。因此,该案代理关键在于:(1)如何梳理证明案件中存在欺诈行为;(2)标的公司的转让方如非具体欺诈行为的实施方,其应否对标的公司及相关人员的欺诈行为承担撤销后果。

(一)案件中是否存在欺诈行为问题

该问题主要涉及对收购过程中客观证据的整理。收购过程中的财务舞弊,一般具有隐蔽性和预谋性的特点。针对不同或处于不同阶段的标的公司而言,造假手段还存在创新性问题。对该案涉及的欺诈事实梳理,关键在于如何梳理证据达到证明标的公司及相关人员存在造假行为以及该造假行为对应的造假金额。鉴于T上市公司作为受欺诈方,其并不掌握标的公司真实的财务资料,因此,国浩律师申请法院出具调查令,向公安机关、各地的司法机构等收集证明标的公司及相关人员实施欺诈行为的证据。

经收集整理,标的公司及相关人员存在以下四个方面的欺诈行为:(1)虚增银行存款。就该欺诈事项,一审法院从标的公司盖章、其法定代表人签字的母公司资产负债表、《评估报告》中显示的基准日银行账户余额与申请调取的相关账户于基准日的实际金额进行对比,之间的差异金额认定为标的公司及相关人员的银行存款造假金额。(2)重大合同造假。就该欺诈事项,一审法院审查了重大合同的原约定内容、标的公司提供用于评估的终止文件、标的公司公开披露的年度报告中关于该合同终止事项的论述、司法鉴定机构对终止文件审计意见等,综合认定标的公司及相关人员实施了重大合同造假,且原合同约定金额与终止文件载明的费用金额之间的差异为造假金额。(3)虚构应收账款。就该欺诈事项,一审法院审查了应收账款清查评估明细表与载明的相关业务方出具的资料,认定标的公司并不存在该对应的应收账款,以此认定标的公司及相关人员虚构应收账款及虚构金额。(4)隐瞒担保及负债。就该欺诈事项,一审法院审核了《评估报告》中关于担保或有负债等事项说明,结合T上市公司提供的标的公司在签订合同前既存且为应披露而未披露的隐瞒担保及负债情形,认定标的公司及相关人员隐瞒的数额。综上,法院最终认定该案中存在虚增银行存款、虚减营业成本、虚构应收账款、隐瞒担保及负债逾13亿元。

(二)转让方应否对相关欺诈行为承担撤销后果问题

该问题系案件的关键争议焦点之一,也系案件本诉原告、反诉被告最主要的抗辩观点之一。本诉原告主张“案涉证券公司已经公开出具文件,证明本诉原告等主体作为外部投资人,未实际参与标的公司的经营管理”。据此,本诉原告认为,即使标的公司及相关人员在本案收购过程中实施了欺诈行为,其作为外部投资人,并无欺诈故意,也无须承担欺诈后果。

针对该问题,国浩律师从T上市公司进行此次收购的背景、目的、相关主体的欺诈行为导致T上市公司陷入错误认识、使此次交易目的落空等角度阐述该些欺诈行为造成了欺诈后果,且欺诈行为与欺诈后果之间存在因果关系。此外,针对本诉原告的欺诈故意问题,国浩律师从此次交易的整体性角度、股权出让方的义务角度、本诉原告取得巨额溢价受让款的原因角度、合同中声明保证标的公司财务状况真实性的条款约束力角度等,共同论述即使财务投资机构主张其不实际参与标的公司经营,从本诉原告等转让方出具的相关文件来看,其也存在为积极促成交易从而获得巨额收益的欺诈故意,因此也应承担收购过程中的欺诈后果。

(三)案件法律适用问题

“转让方应否对相关欺诈行为承担撤销后果”问题直接关乎本案的法律适用。对本案一审、二审法院也产生了争议。案涉《收购协议》签订于2017年,当时有效的《民法总则》第一百四十八条①规定了相对人欺诈制度,第一百四十九条②规定了第三人欺诈制度。第三人欺诈制度与相对人欺诈制度而言,除了要证明欺诈行为、欺诈故意、受欺诈方因欺诈行为而陷入错误认知,并据此作出错误的意思表示以外,还需证明相对人知道或者应当知道第三人的欺诈行为。具体到本案,根据法院认定,资产重组过程的欺诈行为的具体实施者为标的公司及其法定代表人等人员。

对此,一审法院认为:股权转让方即使如其所述不参与标的公司的具体经营管理,基于其签字的合同中有保证标的公司财务状况的真实性及其作为标的公司

---

① 现行《民法典》第一四十八条。

② 现行《民法典》第一四十九条。

股东的知情权,其也应知道或者应当知道第三人在本案中的欺诈行为,并应对此承担责任。

二审法院对此认为:本案T上市公司在与标的公司股东达成资产重组的磋商过程中,由标的公司及其法定代表人提供包括但不限于财务信息在内的可以体现公司价值的资料用于评估审计,股权转让方作为标的公司股东直接接受公司法定代表人的磋商成果,可视为转让方知道或者应当知道标的公司与其法定代表人在洽谈中的基础事实和具体内容,故案涉相关欺诈行为应视为各转让方的行为。而且,不参与经营不代表对公司财务情况不知情,各转让方为促成交易,在未核实具体信息内容的情况下向T上市公司书面承诺相关信息均真实、在合同中承诺相关财务信息准确,该行为亦属于欺诈行为。因此,二审法院就法律适用问题进行改判,适用《民法总则》第一百四十八条①。

针对该法律适用的争议,对于T上市公司来说,如选择适用第三人欺诈制度,则该诉讼主张有赖于"知道或者应当知道"这一构成要件的充分证明。即在该主张项下,主张撤销方不仅需要证明有欺诈事实,还需要就财务投资者"知道或者应当知道"这些欺诈事实进行举证。"知道"为事实判定问题,需要主张方提供证据予以充分证明;"应当知道"则涉相对人注意义务的认定,需要根据各方面的因素综合加以认定,以达到判决所需的确认程度。结合实务经验,在重大资产重组过程中,收购方一般并不与财务投资者具体接触,相关文件基本由标的公司人员联系。而且,不同的财务投资者对其投资的标的公司会采取何种参与经营或了解信息的方式并不一样,因此,面对不同财务投资者时,收购方还将面临不同的举证责任问题。

为了避免陷入举证责任加重的困境中,国浩律师通过梳理转让方签署的各项具体交易文件、分析收购合同条款约定等,针对转让方抗辩的"为外部投资者"问题,反驳其一方面向T上市公司作出对受让股权行为具有决定性影响的声明、保证、承诺事项以及出具连带责任承诺函以促进案涉交易的成就,另一方面却不采取任何行动保证其声明、保证、承诺事项的真实性,股权转让方该些行为本身是一种积极的欺诈,也具备积极的欺诈故意。最终,国浩律师的代理思路获得二审法

① 现行《民法典》第一四十八条。

院认可,二审法院就法律适用进行了改判,适用《民法总则》第一百四十八条①。

三、案例点评

从案件影响角度而言,该案作为起诉撤销经证监会审批并基本履行完毕的重大资产重组协议案例,为司法实践中出现的新案件类型,涉及法律关系复杂,且本案判决公示之前,国浩律师并未找到可参考诉讼案例。鉴于目前资本市场重大资产重组踩雷事件频发,案件中T上市公司采取的撤销协议救济方式及本案判决产生的判例效应,将对上市公司应对此类纠纷的诉讼策略选择产生重要影响。

从转让方数量角度而言,虽然此次案件的本诉原告只有一名,但案涉《收购协议》涉及36名转让方,该些转让方涉及地域广泛、诉讼标的额巨大,同时涉及多家国有投资机构、私募基金、财务投资人。在本案诉讼过程中,多名转让方申请以第三人身份参加诉讼、提出诉讼程序问题等,导致原、被告双方在本案中的对抗性极强。

从案件工作量角度而言,因案涉该些虚构事实、隐瞒真相之欺诈事项,具有预谋性及隐蔽性,涉及欺诈事实的种类繁多。而且,多项材料都需要相互印证,以此来共同证明一项欺诈事项的存在。对此,国浩律师代表T上市公司,需从不同的欺诈事实角度帮助公司分门别类收集证据、固定证据,并整理证据至可证明欺诈事实存在,案件工作量巨大。

从案件程序角度而言,此次纠纷涉及"刑民交叉",并涉及向多家法院、仲裁机构、公安调取证据等问题。基于此,争议双方对于该案是否需要中止民事诉讼程序问题、调取证据的效力问题均展开激烈辩论。

四、专家推荐

推荐人:沈田丰　国浩律师事务所执行合伙人

推荐内容:

该案作为撤销经证监会审批,并基本履行完毕的重大资产重组协议案例,于诉讼案件角度的意义:该判决的生效、公示,对上市公司采取除主张业绩对赌补偿之外的诉讼方案、思路及梳理财务舞弊欺诈证据,有重要借鉴意义。于非诉案件

① 现行《民法典》第一四十八条。

角度的意义:该案进一步警示非诉律师,在尽调过程中标的公司可能采取的财务舞弊行为及财务舞弊可能涉及的相关手段,进一步提示非诉律师注重尽调过程中可能遇到的舞弊风险,同时对律师起草、审核重大资产重组协议中重点条款有启示作用。

公司小股东转让股权陷入“僵局”，如何成功“破局”？

承办律师

李焕清　国浩律师(太原)办公室合伙人

冯利敏　国浩律师(太原)办公室合伙人

案例概述

如何采取有效措施解决大股东利用资本多数决侵害小股东利益问题，一直是法律实务中常遇的难题。

由国浩太原合伙人李焕清、冯利敏承办的上海某公司股权转让案中委托人多且意见不统一、所涉法律关系复杂，作为小股东的委托律师，国浩律师充分运用专业知识和专业手段解决了相关各方的利益冲突，成功协助小股东召开股权转让股东会会议并形成有效的股东会决议，协助小股东走出“僵局”、成功“破局”；同时主动引导并主导案件的进展，帮助项目其他中介机构获取必备资料，确保顺利推进股权转让工作，充分展示了律师在股权转让及其相关法律服务中的重要作用，对小股东维护权益极具参考价值。本案于2022年获山西省律师协会典型案例二等奖。

一、案情简介

上海某公司(以下简称目标公司)成立于1994年，由16家法人股东共同出资设立，除大股东北京某公司单方持股54%以外，其他15名股东持股比例均较低，股权较为分散，其中有5位股东(合计持股15.29%)为某省省属国有企业。

自目标公司成立以来,多年来公司股东所分利润极少。为了深化国企国资改革,通过退出部分非优势产业换取发展资金,用于培育新产业、新动能,实现企业产业转型升级,实现公司资源优化配置、发展主业,推动公司做大做强做优,这5家企业拟通过在产权交易市场以公开挂牌方式联合转让持有目标公司15.29%的股权。

2019年4月,国浩太原接受5家企业共同委托,就股权转让项目提供非诉专项法律服务。在国浩律师(太原)事务所接受委托之前,5家企业曾因无法成功启动召开股东会而将股权转让项目搁置5年之久。

李焕清律师、冯利敏律师通过充分运用《公司法》及相关司法解释赋予小股东的权利,经过艰苦努力成功促使目标公司召开股权转让的股东会会议,并通过现场开展法律尽职调查、细致核查目标公司基本情况,起草《股权转让实施方案》、出具《法律意见书》、起草和审核股权转让项目中涉及的相关会议决议、交易类法律文件等共计36份,最终协助委托人于2020年4月在产权交易市场正式挂牌公告。项目从接受委托至完成股权转让正式挂牌公告,历时一年之久,受到5家委托人一致认可和好评。

二、案例分析

(一)单个项目同时接受多家企业共同委托,明确各方权责利,便于项目推进

1. 签署《联合转让协议》,加快推进项目实施

国浩太原同时接受5家企业的委托,但5家企业就股权转让事项的意见并非完全一致,其中有1家企业积极主动推进、3家企业处于被动跟随观望状态,还有1家企业消极配合。为了节约成本,加快推进项目实施,经与各委托人初步沟通后,建议并协助委托人签署《联合转让协议》,明确各方的权利义务;同时在协议中明确其中1家企业(A企业集团)作为具体承办方,负责聘请中介机构事宜以及股权转让具体实施工作,各方对结果均予以认可。

国有企业转让股权,涉及评估备案工作,为了简化评估备案程序以及避免出现5家企业分别履行评估备案可能发生备案结果不一致的问题,从而对公开挂牌造成障碍。因此,在与委托人商谈签署《专项委托合同》时明确约定"五家企业均一致同意,由A企业集团作为主体就目标公司评估报告履行备案程序,各方对A

企业集团备案的评估结果予以认可”。

2. 灵活运用方法,提高工作效率

涉及委托人为多数时,要考虑合理的工作方法,如建立微信工作群,确定每家企业的主要对接部门及人员并制作联系人清单,及时在工作群中汇报工作进展、保持良好沟通等;如需委托人配合提供资料,对于积极配合提供的企业,要及时在工作群中给予正面反馈、点名表扬,有利于督促其他企业及时配合提供,提高工作效率。

3. 项目完结及时编制《法律服务工作报告》

根据项目进展情况,除了日常工作及时向委托人汇报外,在项目即将结束之前,汇总并编制《法律服务工作报告》,在报告中写明律师团队的分工安排、项目各阶段完成的工作情况以及后续工作安排等,并将报告及时送交给各委托人,使委托人可以清晰明了地知道律师的工作成果,从而确保法律服务费均能及时回款。

(二)穷尽一切法律救济措施,行使小股东权利,督促目标公司召开股东会

1. 国有企业对外转让股权,召开股东会并形成有效股东会决议为关键环节

《公司法》第七十一条[①]规定:“股东向股东以外的人转让股权,应当经其他股东过半数同意。股东应就其股权转让事项书面通知其他股东征求同意,其他股东自接到书面通知之日起满三十日未答复的,视为同意转让。其他股东半数以上不同意转让的,不同意的股东应当购买该转让的股权;不购买的,视为同意转让。”如非国有企业对外转让股权,可以依据《公司法》第七十一条的规定,依法履行通知程序后即可完成股权转让工作。

但本项目的5家委托人均为国有企业,按照《企业国有资产交易监督管理办法》(国务院国有资产监督管理委员会、中华人民共和国财政部令第32号)第十三条的相关规定,国有企业产权转让原则上通过产权市场公开进行,且公开挂牌转让时需提供目标公司同意转让的股东会决议。因此,针对5家企业转让目标公司

① 《公司法》(2023修订)第八十四条第二款规定:股东向股东以外的人转让股权的,应当将股权转让的数量、价格、支付方式和期限等事项书面通知其他股东,其他股东在同等条件下有优先购买权。股东自接到书面通知之日起三十日内未答复的,视为放弃优先购买权。两个以上股东行使优先购买权的,协商确定各自的购买比例;协商不成的,按照转让时各自的出资比例行使优先购买权。

股权事宜,能否召开股东会并形成有效股东会决议成为至关重要的核心、必经环节。

2. 律师围绕启动目标公司召开股东会,穷尽一切法律救济措施

目标公司有16位股东,除大股东北京某公司持股54%以外,其他持股比例较低的股东,在此次5家企业拟联合转让股权之前,大部分均想退出目标公司,但都无法成功启动召开股权转让的股东会。此次经委托人多次与目标公司沟通协调,亦未能启动召开股东会。

针对此种情况,自2019年4月17日至8月初,承办律师充分运用《公司法》第三十九条、第四十条、第五十三条、第七十一条、第七十四条以及《最高人民法院关于适用〈中华人民共和国公司法〉若干问题的规定(四)》第十七条等相关规定,且通过查阅目标公司章程等文件后,穷尽所有法律救济措施,协助委托人先后起草了分别至目标公司及其董事会、监事会、大股东北京某公司《关于提请召开临时股东会的函》,督促目标公司尽快召开股东会,并在相关函件中明确告知相关主体:"5家企业合计持有15.29%股权,已超过10%,有权依法自行召集和主持公司股东会,如相关方不履行召开股东会的职责,5家企业将自行召开股东会。"经过近4个月的努力,最终目标公司于2019年8月29日召开了股东会,并作出同意5家企业转让股权的股东会决议。

发函期间,每份函件均通过EMS邮寄,保留相关证据,为下一步如无法通过非诉方式顺利推进召开股东会,拟通过诉讼方式提起解散公司诉讼做充分准备。

(三)法律尽职调查核查重点的特殊性

按照国家及山西省关于国有资产交易的文件规定和5家企业各自内部管理规定、产权交易市场关于公开挂牌交易的要求,作为国有企业,就股权转让事项,需要对目标公司开展法律尽职调查后起草《股权转让实施方案》并出具《法律意见书》。

通常,股权转让项目的尽职调查主要核查影响股权转让的对价因素以及对此次转让及公开挂牌构成法律障碍的事项。本项目的特殊性在于股东持股比例较分散,受让方无法取得控制权,存在无法征集到合格受让方的可能性。因此,此次开展法律尽调之前,承办律师与委托人沟通后,在开展现场尽调时,除了常规核查事项外,与审计、评估机构互相配合,重点核查大股东北京某公司及其关联方资金占用情况,关联交易定价是否公允等,目的是在无法实现对外公开转让时,拟启动

要求大股东收购股权或公司回购股权工作。

为此,针对目标公司主营为酒店行业,重点核查房屋产权及酒店房间数,租赁合同及租赁费定价依据,并逐项核查租赁方为大股东及其关联方的与其他第三方是否存在差异等。经认真核查,在大股东北京某公司实际运营管理下的目标公司,多年来存在大股东等关联方租赁价格明显低于租赁给其他第三方或市场租赁价格的情形,公司关联交易价格确定依据不足以及关联交易价格有失公允性,从而损害了公司股东利益,导致公司股东分取的利润减少。针对此种情形,承办律师按照《最高人民法院关于适用〈中华人民共和国公司法〉若干问题的规定(五)》的相关规定,代委托人起草了《关于要求上海某公司及大股东北京某公司回购、收购股权的告知函》。

(四)团队有效配合

在项目中,国浩律师与审计、评估机构作为一个工作团队,特别涉及财务、资产类事项,积极与审计、评估机构负责人沟通,共同商讨解决方案。审计、评估中介机构现场核查、收集底稿资料后,目标公司未按照中介机构的要求加盖公章,导致无法出具正式的审计报告、评估报告,因此拖延了股权转让报批、审核及挂牌公告的进程。

针对此种情况,承办律师及时起草并向目标公司发出律师函,在函中明确要求目标公司“限期配合、妥善办理盖章事宜,否则导致本次股权转让无法完成时,目标公司应赔偿委托人因此遭受的全部损失。并明确告知:如目标公司不配合,将采取包括但不限于提起诉讼、对董事及高管不履职责行为进行谴责并提出罢免建议等措施”。最终,目标公司在律师函规定的限期内配合审计、评估机构加盖公章,中介机构及时出具正式版审计、评估报告。

(五)律师审慎履职

1. 在与产权交易市场对接公开挂牌事项时,产权交易市场要求出具针对委托人决策程序是否合规,审计、评估机构及签字专业人员是否具备相关资质,评估结果以及评估备案是否合法合规的法律意见书,方可挂牌。经多轮沟通释理,最终仅出具针对决策程序、评估备案合法合规的《法律意见书》,完成挂牌工作。

2. 委托人公开挂牌转让的持股比例,按照各方实缴出资额占目标公司注册资本而计算的结果是小数点后四位,但是目标公司在办理工商注册登记、国有产权登记时,以及按照工商登记管理部门规定的登记惯例,对股东持股比例的登记一般仅保留至小数点后两位,如在计算股东股权转让对价时按照小数点后两位(四舍五入)计算,则对部分转让方不公平,部分委托人对此提出异议。

针对此种情况,经承办律师与委托人、产权交易市场沟通,最终提出的解决措施:建议各方在挂牌时以及后续办理工商变更手续时,按照保留至小数点后两位登记,但在挂牌的信息披露中特别明确并提示受让方"各方股权转让对价按照小数点后四位计算"。这样既符合产权交易市场、工商登记管理部门要求,又维护了委托各方的合法利益。

三、案例点评

此项目充分展现了承办律师的专业能力和敬业精神,对办理其他非诉项目具有一定的引导作用与典型意义。

(一)充分运用法律专业知识,依法维护客户合法利益

承办律师熟练掌握及充分运用《公司法》及相关司法解释中赋予小股东的权利,在目标公司不积极配合的情况下,协助委托人通过严密的法律程序,先后致函目标公司及其董事会、监事会及大股东,穷尽法律途径,最终敲开目标公司多年紧闭的大门,成功召开股权转让股东会决议、协助委托人走出僵局。

(二)律师执着、坚持的执业态度,受到客户高度认可

承办律师化被动接受为主动积极引导,根据核查、了解的项目基本情况及委托人需求,及时制定推进项目的策略,在委托人陷入僵局、不抱希望的情况下,坚持不懈地引导委托人逐步突破僵局、与目标公司博弈,最终赢得转机;在项目推进过程中遇到各种问题、障碍时,积极应对、巧妙化解问题,最终实现委托目的。

(三)律师坚守底线思维、合法推进委托项目

承办律师在与产权交易市场沟通公开挂牌转让事项中,针对产权交易市场要求对多个事项出具《法律意见书》时,积极沟通释理,最终仅出具针对决策程序、评估备案合法合规的《法律意见书》。既实现委托人公开挂牌的目的,又始终坚持律师执业原则。律师坚守底线思维,方可走得更长远。

四、专家推荐

推荐人:常勤　国浩律师(太原)办公室合伙人

推荐内容:

首先,在整个业务办理过程中律师以专业的服务精神,克服大股东的干扰、目标公司的不配合,充分发挥沟通协调能力,主动引导并主导案件的进展,帮助项目其他中介机构(审计、评估)获取必备的资料,确保顺利推进股权转让工作。

其次,承办律师以维护客户权益为核心、坚持与大股东及目标公司博弈的态度,最终解决了委托人作为小股东五年来提出若干次股权转让均被大股东驳回的被动局面,并成功挂牌,得到所有委托人的高度认可。整个项目服务过程中,律师展现了良好的职业素质与专业的法律人能力,主要表现在以下两方面:一是委托人多且意见不统一的情况下,律师通过专业服务,让多个委托人共同认可律师的服务,统一思想共同实现目标,且实现一个项目多点延伸。二是小股东权利行使遇到障碍时,律师通过用尽《公司法》及相关法律法规所赋予的所有权利,最终使小股东权利得以实现、维护委托人合法利益。

境外股权代持纠纷中，如何确定法律适用并完成变更登记？

承办律师

郭丰雷　国浩律师（苏州）事务所合伙人

陈　林　国浩律师（苏州）事务所律师

徐　晨　国浩律师（苏州）事务所律师

案例概述

企业海外投资引发的纠纷，涉及投资所在国有关法律规定，当事人跨境维权难度大，颇具代表性。由国浩苏州合伙人郭丰雷，律师陈林、徐晨于2021年6月经办完成的国内某贸易公司诉王某跨国股权转让纠纷案，准确查明和适用外国法律，中国法院裁判结果得到了埃塞俄比亚（以下简称埃塞）行政部门的直接执行，切实保障了中国投资人在海外的合法权益，不仅对推动两国司法互信具有重要意义，更是国际司法协助实践领域的一项突破。

本案入选了最高人民法院与中央广播电视总台共同主办的“新时代推动法治进程2021年度十大提名案件”，法治日报第四届“维护‘一带一路’沿线国家中国公民、侨胞合法权益典型案例”，江苏法院“2021年度十大典型案例”，“涉外、涉港澳台商事典型案例（2018年－2021年）”，苏州法院“2021年度十大典型案例”。

一、案情简介

国内投资人在前期市场考察的基础上，针对埃塞国内钢材资源短缺的现状，决定在当地投资设立钢铁生产企业。

2016 年 3 月,国内投资人签订《投资合作协议》,约定在中国境内设立项目公司(以下简称某贸易公司),以某贸易公司名义在埃塞投资一家钢铁公司(以下简称埃塞公司)并委派王某等三人赴埃塞当地参与公司经营管理。考虑到埃塞给予持有该国公司股权的外国自然人免于办理签证的便利,《投资合作协议》中特别约定,由王某等三人、某贸易公司登记为埃塞公司股东,但某贸易公司实际拥有全部股权。王某等三位名义股东同意为某贸易公司代持股权,某贸易公司决定收回代持股权时,王某等人应无条件配合办理变更登记。《投资合作协议》约定适用中国法律。

后因王某与某贸易公司发生劳动争议等一系列纠纷并离职,某贸易公司决定收回王某代持的股权,为此,某贸易公司董事会、股东会先后作出相应决议。2019 年 2 月,某贸易公司委托律师向王某发函,通知其将代持的全部股权变更登记至某贸易公司名下,但王某收到律师函后拒绝配合办理。为维护自身权益,某贸易公司向张家港市人民法院提起诉讼并委托国浩律师作为诉讼代理人,要求王某将其持有的埃塞公司股权无偿转让给某贸易公司,并办理相应变更登记。

一审法院认为,王某所持有的埃塞公司股权系其为某贸易公司代持,某贸易公司有权要求王某无偿返还,并办理变更登记手续,判决支持某贸易公司的诉讼请求。王某不服判决,提起上诉。

2021 年 6 月 23 日,苏州市中级人民法院国际商事法庭作出二审判决,支持了某贸易公司的诉请:王某与某贸易公司之间的《投资合作协议》约定适用中国法律,根据中国法律规定,王某与某贸易公司之间存在委托持股关系,王某应当按照《投资合作协议》约定返还股权。埃塞公司股权变更登记事项,根据《涉外民事关系法律适用法》规定,应当适用埃塞公司登记地法律即埃塞法律。根据《埃塞俄比亚商法典》规定,某贸易公司要求王某办理股权变更登记符合埃塞法律规定,可以向该国主管机关申请办理,遂判决驳回上诉,维持原判。

判决生效后,在办理相关公证、认证等手续后,某贸易公司于 2021 年 8 月 25 日经埃塞国家投资局,在埃塞当地完成了股权变更登记。

二、代理思路

(一)归纳争议焦点

关于本案的事实部分,王某提出主要抗辩理由如下:《投资合作协议》系为诉讼刻意准备的虚假合同,对其并无约束力;案涉股权系赠与而非由其代持。

1. 股权代持的事实清楚

(1)股权代持的理由是充分、合理,符合商业逻辑的。埃塞当地政策规定,公司外国自然人股东可以申领埃塞 ID 卡,持有埃塞 ID 卡者无须办理复杂手续,可以随时出入境。为便于管理人员王某等进出埃塞,才会让王某等人代持埃塞公司的股权。

(2)《投资合作协议》的约定是明确的,协议中各方一致确认,埃塞公司实际为某贸易公司的全资子公司,所有的投资权益全部归某贸易公司全体股东。王某等三人持有的股权系为某贸易公司代持。王某等三人同意将配合办理相应代持股份的变更登记手续,并同意为某贸易公司无偿代持。因此,协议对于股权代持的原因、代持内容以及无偿代持约定得非常清楚。

(3)王某称《投资合作协议》是为本案刻意准备的虚假合同、其本人没有参与协议内容磋商、双方之间并没有任何股份转让合意等抗辩理由。国浩律师指出,某贸易公司其他股东(诉讼时已经退股)提供加盖了骑缝公章的《投资合作协议》,作为退出股东,其并无伪造证据、虚假诉讼之动机,王某所谓"协议系为诉讼刻意准备"的说法显然与事实不符。

(4)在投资埃塞公司股权的过程中,由某贸易公司支付了全部股权转让款,王某并未出资。王某所称股权为某贸易公司等相关方无偿赠与,也并无任何证据证明。

(5)在商务局对外投资项目备案时,埃塞公司的中国国内备案投资人仅为某贸易公司。中国商务部核发的企业境外投资证书,也表明王某等三位自然人均不是备案的投资人。

2. 代持股权无偿返还的条件成就

如上分析,本案所涉《投资合作协议》合法有效,且对某贸易公司和王某均具有约束力。根据《投资合作协议》的约定,"戊方、庚方、王某承诺:如项目公司董事会决定更换代持人或转让相应代持股份,将无条件配合办理"。某贸易公司在 2019 年 2 月 12 日召开董事会并作出了董事会决议,决定将王某等代持方持有的埃塞公司的全部股份变更至某贸易公司名下;同年 4 月 20 日,某贸易公司召开股东会并作出股东会议决议,决定将王某等人的股东身份移除,收回其持有的埃塞公司全部股份。因此,根据《投资合作协议》的约定,已经具备要求王某无偿返还其代持的埃塞公司股份的条件并办理变更登记手续。

(二)找准适用法律

作为一起涉外案件,应仔细甄别相关环节,找准诉讼请求,进而准确适用法律。该案办理中,国浩律师借鉴物权区分原则,将该案焦点确定为股权代持协议适用法律及股权变更适用法律两部分。

1. 关于《投资合作协议》中约定的股权代持效力问题

协议约定根据中国法律制定并据其解释,争议由国内有管辖权的人民法院处理。《涉外民事关系法律适用法》第三条规定:“当事人依照法律规定可以明示选择涉外民事关系适用的法律。”该法第四十一条规定:“当事人可以协议选择合同适用的法律。当事人没有选择的,适用履行义务最能体现该合同特征的一方当事人经常居所地法律或者其他与该合同有最密切联系的法律。”因此,这样的约定符合相关法律规定,可谓整个投资方案的“基石”。

在此基础上,《投资合作协议》约定的股权代持行为并不违反《最高人民法院关于适用〈中华人民共和国公司法〉若干问题的规定(三)》第二十四条“有限责任公司的实际出资人与名义出资人订立合同,约定由实际出资人出资并享有投资权益,以名义出资人为名义股东,实际出资人与名义股东对该合同效力发生争议的,如无法律规定的无效情形,人民法院应当认定该合同有效。前款规定的实际出资人与名义股东因投资权益的归属发生争议,实际出资人以其实际履行了出资义务为由向名义股东主张权利的,人民法院应予支持。名义股东以公司股东名册记载、公司登记机关登记为由否认实际出资人权利的,人民法院不予支持”的规定。因此,实际出资人可依据此条要求代持股东返还股权。

2. 关于股权转让及变更登记

《涉外民事关系法律适用法》第十四条规定:“法人及其分支机构的民事权利能力、民事行为能力、组织机构、股东权利义务等事项,适用登记地法律。法人的主营业地与登记地不一致的,可以适用主营业地法律。法人的经常居所地,为其主营业地。”

因此,关于股东间是否可以无偿转让问题,应当适用埃塞公司登记地埃塞的相关法律。国浩律师在一审中提交了埃塞《商法典》中英文全文。埃塞《商法典》(1960 年)第 523 条规定:

"公司对外转让股份

(1)除章程另有规定外,股东之间的股份转让没有任何限制。

(2)公司对外出让股份须经代表至少四分之三股份的过半数以上股东批准,除非章程规定更大的多数或一致意见。

(3)此类批准应登记入商业登记簿。

(4)第2款规定适用于正处于清算阶段的公司。

(5)对股东股份执行的,购买者应当征得其他股东的同意。"

按照该条第一项之规定,埃塞公司《公司章程》对股权转让并无限制转让等其他特殊规定,故股权在股东之间是可自由转让的。

为做好本案审理过程中外国法查明工作,苏州国际商事法庭专门向其专家委员会委员、上海政法学院国际法学院特聘院长、德国汉堡大学法学博士徐国建进行了咨询,其回复意见为国浩律师的意见提供了支撑和补充:

"(1)依据埃塞1960年《商法典》第523条规定,除非埃塞公司的公司章程另有约定,其股东之间可以自由转让股份。

(2)依据埃塞1960年《商法典》第522条规定,王某与某贸易公司关于埃塞公司的股权转让应以书面形式进行,且需记入埃塞公司的股份登记簿,否则对公司或第三人无约束力。"

对于王某与某贸易公司在双方纠纷诉讼的情况下无法签订书面的股权转让协议这一问题,某贸易公司事前向埃塞国家投资局咨询,并得到了反馈:"生效法律文书,可以作为股份变更的依据,即法院的生效法律文书也符合'书面形式'的相关要求。"鉴于此,国浩律师进一步向审理法院表明,如果判决生效后,根据《中华人民共和国和埃塞俄比亚联邦民主共和国关于民事和商事司法协助的条约》的规定,中国法院的判决可以在埃塞获得承认和执行。这为本案的审理完成了最后的也是最重要的"一块拼图"。

三、案例点评

我国法院的裁判结果得到埃塞行政部门的直接执行,是国际司法协助实践领域的一项突破。该案办理过程中的经验总结,在办理其他案件中也同样适用。

(一)要有法官立场和律师思维之"换位能力"

在我国,法官要通过裁判维护既定的社会秩序,并要符合社会大众的一般情感,法官积极主动创新探索的空间有限;同时,我国属于大陆法系,法官没有"造法"的职权。因此,国浩律师在接手本案之初所面临的最大问题就是"立案难",即基层法院在面对跨境股权纠纷时,需面对两个现实问题:一是依据什么法律来审理本案,如果适用外国法,不懂怎么办;二是即便法院支持了原告的诉讼请求,后续股权变更如何实现,如果变更不了,生效判决成为一纸空文,恐有损我国司法权威。国浩代理律师咨询了有关涉外商事法官,均表示并无案例可循。

与一般案件律师"在庭审中说服法官"不同,本案从立案之时就需要在律师思维和法官立场之间"换位思考"。经过充分研究、论证,国浩律师最终从前述的股权代持合同及股权变更分别适用国内、国外法的"两分法"找到突破口,事实上打消了法官的顾虑,为后续立案、审理打下了坚实的基础。

(二)涉外业务需要充分寻求"外脑支持"

法律是一门博大精深的学问,面临涉外诉讼适用外国法时,适时借助国外律师和国外法专家的力量,可以获得事半功倍的效果。代理之初,国浩律师曾向埃塞当地律师咨询在埃塞诉讼的可行性,得到了否决的答复,但其同时提出了若有中国法院裁判结果,就可以在埃塞办理股权变更的建议。这就是本案在国内诉讼、在国外实现股权变更的思路来源。

本案二审在苏州国际商事法庭审理期间,合议庭还特别就埃塞《商法典》查明问题,咨询了徐国建教授。值得一提的是,徐国建教授的回复中有一个细节:"根据埃塞众议院于 2021 年 3 月 25 日通过了《商法典》修正案,修改了 1960 年《商法典》的诸多规定。但是,由于该修正案尚未正式公布,根据埃塞'关于建立联邦政府公报的公告'规定'联邦政府的所有法律都应当在联邦政府公报上公布',可以认为修正案尚未生效和实施。因此,本案中股权转让及变更登记仍旧适用 1960 年《商法典》"。可见,如果没有对国外法研究的相当功力和底蕴,本案在此处细节处理上就可能"失之毫厘,谬以千里"。

(三)律师要为企业"走出去"提供"法治护航"

非洲是中国未来最具潜力的市场和"一带一路"产能合作的重要区域,中非合作正处于大有作为的发展机遇期。中国企业在非洲的投资合作项目促进了非洲国家增加税收、增加就业、改善工业结构,延伸了"非洲制造"的增值链。

但我们必须清醒地认识到，相较国内投资营商环境而言，中国企业对外投资的风险涉及方方面面，特别是对东道国法律的理解出现偏差引发的风险仍较为显著。这势必要求律师在提供涉外法律服务过程中，除了要熟悉国内法律规定外，更应重点关注投资国的法律法规及其适用规则，尤其是基础设施建设、贸易与投资、能源合作、区域合作、知识产权、劳动用工、环境保护、税收金融等领域的法律规定以及其具体适用规则。法律人应当积极作为把握时代契机，提升跨境法律服务的层次和水平，在暗潮汹涌的商海中，助力企业乘风破浪，一路扬帆远航。

四、专家推荐

推荐人：陈学斌　国浩律师（上海）事务所合伙人

推荐内容：

在全球化背景下，随着我国经济实力的不断壮大，国内企业参与国际产业链分工和国际资本市场的深度及广度日益渐增，打通民商事判决互认的桥梁是保障中国特色社会主义市场经济融入国际市场的应有之义，本案是一次十分有价值的探索。

本案中，国浩律师成功说服合议庭选择适用中国法律，判决代持股东向实际出资人无偿转让股权。我国法院的裁判结果得到埃塞行政部门的直接执行，是国际司法协助实践领域的一项突破。本案中，国浩律师从股权代持协议、股权变更登记分别适用国内、国外法的"两分法"找准关键点，最终维护了国内投资人在境外的合法权益。

如何运用吸收合并方式设计跨境股权置换交易架构?

承办律师

杨　娟　国浩律师事务所执行合伙人

姚程晨　国浩律师(北京)事务所合伙人

■ 案例概述

在跨境投融资类项目中,律师在交易架构设计环节起到的作用至关重要。一个好的交易架构设计,不仅可以节约客户的交易成本、达成客户的交易目的,甚至可能决定一个项目的成败。

由国浩执行合伙人杨娟,国浩北京合伙人姚程晨、翟浩以及律师方文娟等组成的法律服务项目组于2022年10月经办完成的A公司跨境股权置换项目,是一起由律师帮助客户设计交易架构以达成客户目的的典型案例。项目总标的额将近40亿元人民币,涉及A股及H股上市公司跨境股权置换、A股上市公司控股股东变更等诸多法律事项。在该项目中,律师通过巧妙运用吸收合并的重组方式,不仅帮助A公司节税数亿元,还节省了超过1年的重组时间。该案例对于跨境重组交易架构的设计有着重要的参考价值。

一、案情简介

A公司系一家H股上市公司,其控股股东为北京市国资委直属企业B集团公司。为实现完善国资管理、优质资源置换等目的,A公司拟向B集团公司置出C公司(系一家A股上市公司)的母公司D公司的股权,并置入B集团公司旗下E

公司的股权。按照A公司原计划,完成本次交易后,B集团公司还拟吸收合并D公司,从而达到压缩企业管理层级、直接持有上市公司C公司股份的目的。经过国浩律师的分析与设计,将前述“两步走”计划调整为“一步走”计划,即B集团公司直接吸收合并D公司,并将所持E公司股权作为合并对价转让给A公司,差额以现金补齐。该等交易方案的调整,不仅可以节省税负,还大大缩减了重组时间。

二、案例分析

(一)原有交易架构

本项目实施之前,A公司股权结构如下:

B集团公司直接及间接持有A公司68.68%的股权,B集团公司与A公司共同通过D公司持有C公司(系一家A股上市公司)的股份。其中,B集团公司持有D公司80%的股权、A公司持有D公司20%的股权。此外,B集团公司另持有E公司84.68%的股权。具体情况如图1所示。

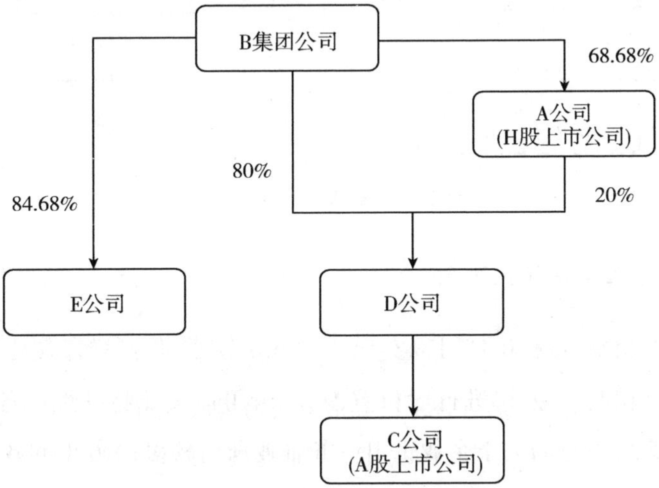

图1　A公司股权结构

在承接本项目时,A公司的主要需求如下:

1. 实现股权置换。A公司将D公司20%的股权置入B集团公司,B集团公司将E公司84.68%的股权置入A公司,差额以现金补齐;

2. 优化企业管理。在置入D公司20%的股权后,B集团公司拟取消D公司的建制,实现由B集团公司直接持有C公司。

为此,项目初期,A 公司设想的交易步骤如下:

1. 股权置换。A 公司将持有 D 公司 20% 的股权转让予 B 集团公司;同时,B 集团公司将持有 E 公司 84.68% 的股权转让予 A 公司,差额部分以现金补齐,实现股权置换。

2. 股权置换完成后,B 集团公司全资持有 D 公司,再由 B 集团公司吸收合并 D 公司。吸收合并完成后,D 公司不再存在,B 集团公司直接持有 C 公司,实现压缩企业层级的目的。

交易完成后,B 集团公司股权架构如图 2 所示。

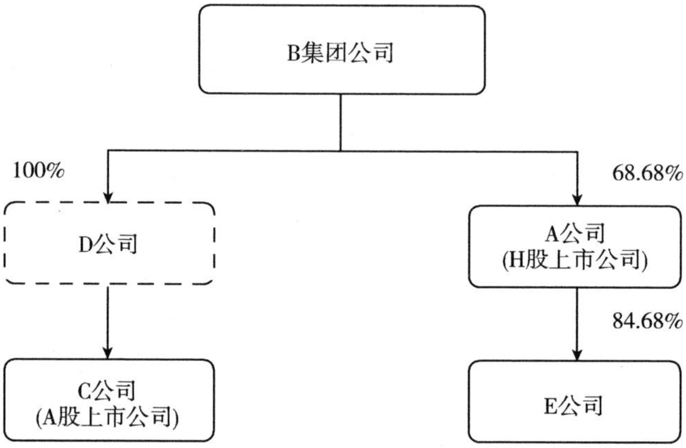

图 2　B 集团公司股权架构

(二)交易架构待优化事项

按照上述交易流程,虽然可以实现 A 公司的需求,但同样存在待优化事项。

B 集团公司与 A 公司进行股权置换,本身可以按照特殊性税务处理。根据《财政部、国家税务总局关于企业重组业务企业所得税处理若干问题的通知》(财税〔2009〕59 号,以下简称《59 号文》)中有关股权收购的规定,股权收购是指一家企业(收购企业)购买另一家企业(被收购企业)的股权,以实现对被收购企业控制的交易。收购企业支付对价的形式包括股权支付①、非股权支付或两者的组合。

根据《59 号文》的规定,在满足特殊性税务处理前提的情况下,交易各方对其

① 根据《59 号文》的规定,股权支付,是指企业重组中购买、换取资产的一方支付的对价中,以本企业或其控股企业的股权、股份作为支付的形式。

交易中的股权支付部分,可以按以下规定进行特殊性税务处理。

股权收购,收购企业购买的股权不低于被收购企业全部股权的75%[①],且收购企业在该股权收购发生时的股权支付金额不低于其交易支付总额的85%,可以选择按以下规定处理:(1)被收购企业的股东取得收购企业股权的计税基础,以被收购股权的原有计税基础确定;(2)收购企业取得被收购企业股权的计税基础,以被收购股权的原有计税基础确定;(3)收购企业、被收购企业的原有各项资产和负债的计税基础和其他相关所得税事项保持不变。

但同时,如果拟采用《59号文》进行重组,需满足特殊性税务处理前提:(1)具有合理的商业目的,且不以减少、免除或者推迟缴纳税款为主要目的;(2)被收购、合并或分立部分的资产或股权比例符合本通知规定的比例;(3)企业重组后的连续12个月内不改变重组资产原来的实质性经营活动;(4)重组交易对价中涉及股权支付金额符合本通知规定比例;(5)企业重组中取得股权支付的原主要股东,在重组后连续12个月内,不得转让所取得的股权。

综上所述,基于整合资源、便于管理的目的,股权支付占交易支付总额达到一定比例,交易完成后12个月内被并购方的主要业务未发生改变的,可以符合特殊性税务处理的实质条件。

因此,采取A公司原有交易架构虽然也可以实现税筹目的,但需满足"企业重组后的连续12个月内不改变重组资产原来的实质性经营活动"以及"企业重组中取得股权支付的原主要股东,在重组后连续12个月内,不得转让所取得的股权"等相关规定,即保持经营的持续性以及股东的持续性。因此,在交易之后,B集团公司无法立即吸收合并D公司,无法实现压缩企业层级的目的;即使未来再进行调整,也需等待12个月,对时间成本有所损失。

(三)优化后的交易架构

基于上述前提,国浩律师重新对交易架构进行设计,提出将"资产置换+吸收合并"的"两步走"交易方式直接合并为"吸收合并同时资产置换"的"一步走"交易方式。

根据《59号文》的规定,合并,是指一家或多家企业(被合并企业)将其全部资

---

① 根据《59号文》的规定,关于股权收购支付比例,调整为"股权收购,收购企业购买的股权不低于被收购企业全部股权的75%"。

产和负债转让给另一家现存或新设企业(合并企业),被合并企业股东换取合并企业的股权或非股权支付,实现两个或两个以上企业的依法合并。

在企业符合特殊性税务处理的前提条件下,且企业股东在该企业合并发生时取得的股权支付金额不低于其交易支付总额的85%,以及同一控制下且不需要支付对价的企业合并,可以选择按以下规定处理:(1)合并企业接受被合并企业资产和负债的计税基础,以被合并企业的原有计税基础确定;(2)被合并企业合并前的相关所得税事项由合并企业承继;(3)可由合并企业弥补的被合并企业亏损的限额=被合并企业净资产公允价值×截至合并业务发生当年年末国家发行的最长期限的国债利率;(4)被合并企业股东取得合并企业股权的计税基础,以其原持有的被合并企业股权的计税基础确定。

在企业吸收合并的情形下,合并企业吸收合并了被合并企业的股权,在此过程中,对于被合并企业的原股东(合并企业本身系被合并企业股东除外)而言,其持有的原被合并企业的股权不复存在,合并企业需要向其支付补偿,即合并对价。实践中,一般被合并企业股东会取得合并企业的股权,或者取得现金对价。而具体到该案例,恰好存在合并企业(B集团公司)有向被合并企业股东(A公司)转让股权(E公司)的需要。因此,可以由B集团公司吸收合并D公司,并以E公司作为合并对价向A公司支付。如此,可以同时实现"吸收合并"和"股权置换"两个目的。同时,还可以适用特殊性税务处理规定,并且无须花费12个月的时间成本。

【两步走方案】第一步如图3所示。

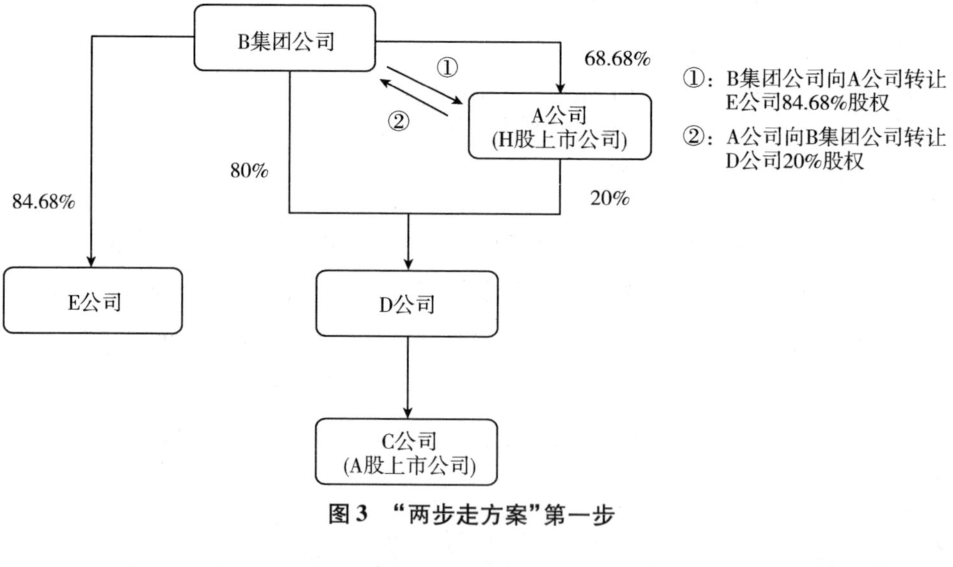

图3　"两步走方案"第一步

【两步走方案】第二步如图 4 所示。

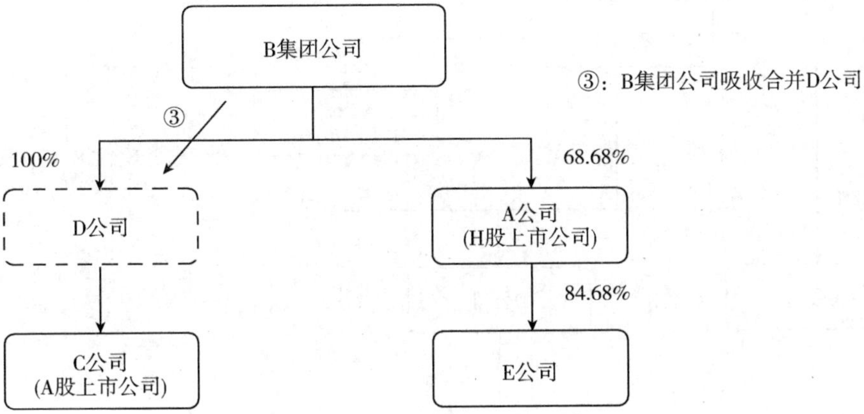

图 4　"两步走方案"第二步

【两步走方案】交易结果如图 5 所示。

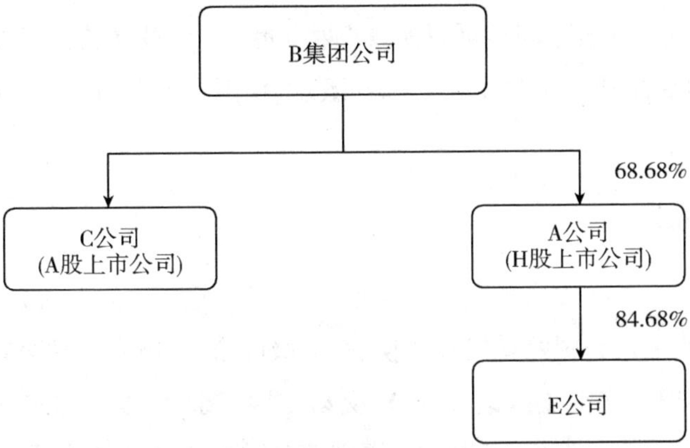

图 5　"两步走方案"交易结果

【一步走方案】交易结果如图 6 所示。

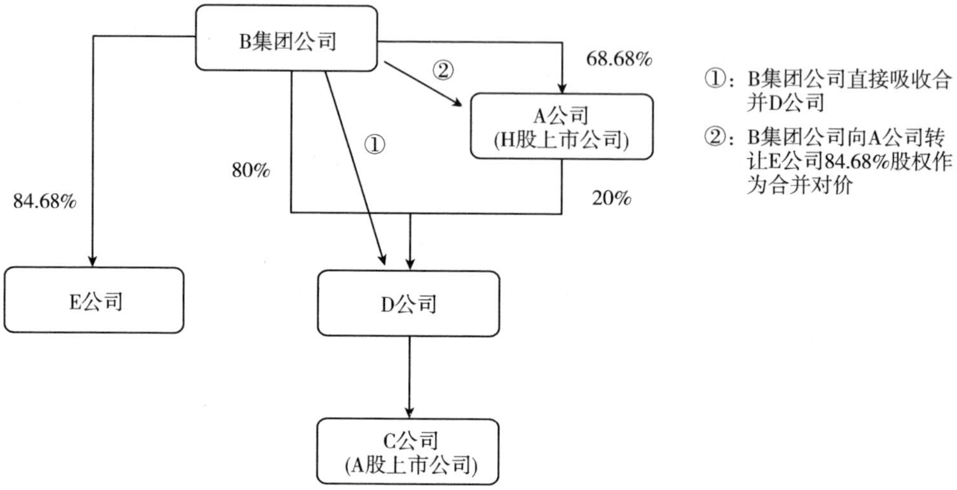

图 6　"一步走方案"交易结果

通过"一步走方案",同样可以实现"两步走"方案最终的交易结果。最终,A 公司选择了国浩律师重新设计的交易方案,不仅节税数亿元,还节省了超过一年的重组时间。

三、案例点评

在本项目中,对于交易架构的出色设计和运用无疑是最大的亮点。本项目涉及 A 股及 H 股上市公司跨境股权置换、企业吸收合并、融资租赁公司股东变更、A 股上市公司控股股东变更等诸多环节,交易结构复杂,涉及主体多、标的额大。可贵的是,在本项目交易架构设计环节,国浩律师并未机械性地执行"股权置换 + 吸收合并"的"两步走"指令,而是从 A 公司需求出发,将"两步"合为"一步",灵活运用"以股权作为合并对价的同一控制下企业吸收合并"这一较为少见的交易架构方式,不仅帮助其节约了交易成本、时间成本,也收获了好评。

四、专家推荐

推荐人:刘继　国浩律师事务所执行合伙人、国浩律师(北京)事务所主任

推荐内容:

此次交易涉及跨境股权置换,包括 A 股及 H 股上市公司,标的额近 40 亿元人民币，其特点在于通过吸收合并和股权转让方式进行资产重组。从吸收合并角度，涉及A股上市公司控股股东的变更；从股权转让角度，涉及H股上市公司重大资产重组及关联交易。相对于常规交易来说，本项目交易形式相对少见，交易结构复杂，涉及主体较多，涉及标的额较大。同时，在业务开展方面，此次交易时间紧、任务重，国浩律师全程参与交易的各个环节，除与客户及各标的公司的日常沟通外，还涉及与多方中介机构包括财务顾问、会计师、评估师、税务师、境外律师、境外财务顾问、境外行业顾问等进行沟通讨论，起到了重要作用，获得了客户的好评，最终项目的实施收获了良好的效果，项目典型且意义重大，是跨境投资领域的优秀案例。

第二章　银行金融

心智障碍者合法权利如何通过信托有效保护？

承办律师

周　涛　国浩律师（大连）事务所合伙人

案例概述

自闭症、脑瘫、唐氏综合征……目前，全国各类心智障碍者人数约有千万人以上，其生活状态及全生命周期的照料面临着种种挑战。如何照顾好这一特殊群体，保护好他们的全部利益不受侵害，使其有所依、有所为，成为日益紧迫的社会课题，牵动着几千万人的家庭幸福，同时也是法律人应该关注的问题。其中，慈善信托因其稳定性，受到了特殊家庭的关注与期待。

由国浩公益业务委员会副主任、国浩大连合伙人周涛于2022年8月20日经办完成的心智障碍者紧急救助慈善信托，是全国首单专门为心智障碍者设计和服务的慈善信托项目。该项目逐步解决了所涉法律问题和操作层面的问题，在全国范围内具有前沿性、独创性及罕见性。

一、项目简介

心智障碍者紧急救助慈善信托（以下简称本信托），是全国首单专门为心智障碍者设计和服务的慈善信托项目。本信托具有以下五个特点。

1. 受益人群体特殊。主要服务于自闭症、脑瘫、唐氏综合征等需要特殊照顾的群体。

2. 信托设置场景特殊。紧急救助指心智障碍人士监护人空缺期紧急救助、心智障碍人士托养机构空缺期的紧急救助、心智障碍人士走失期间的紧急救助等。

3. 发起群体特殊,国内影响大。本信托发起人全部来自国内心智障碍者托养机构和研究机构,是一线的服务团体,有着丰富的实践经验和理论基础。根植于全国主要城市,共7家发起单位,本信托在北京市民政局备案设立。

4. 专业细分深入,探索意味明显。如何通过慈善方式保护心智障碍者特殊群体是非常重要的问题,同时也是难度较大的挑战。本信托发轫于紧急救助的慈善保护,是很深入的专业细分,有着明显的探索意味。包括机制设立、开放式信托、运作体制、监察人作用与职责、发起人的作用等均作出了有意义的尝试。本信托有效弥补了国内在此领域的空白。

5. 开放式信托。为了吸引更多的社会各界人士加入,本信托采用开放式搭建思路。即吸收更多的委托人加入,扩大影响,从而服务更多的心智障碍者。有关如何增加委托人,保证本信托的合规性,作了许多机制安排。

目前,本信托的全部法律文件已完成,发起人已审议通过,由北京大学非营利组织法研究中心担任公益顾问,光大信托任受托人。目前,国浩律师(大连)事务所已正式与光大信托公司签署《监察人协议》,将作为监察人履行监察职责,监护该信托合规运行。本信托已于2024年7月在兰州市民政局完成备案。

二、项目分析

(一)开放式信托设计,制定便于操作的工作机制

一般来说,信托确定委托人是其成立的必要前提条件。如果委托人不确定,会造成信托关于设立目标、愿景不统一,信托难以设立。然而,本信托发起人在筹备之初提出了希望设立开放式的模式,即不断增加适格的委托人,以扩大信托影响,鼓励更多的人士加入,服务更多的有需要的心智障碍者。那么,如何解决信托稳定性与后加入委托人不一致的矛盾呢?

为此,项目律师主要采取了以下三个步骤。

1. 发起人在《发起人协议》和《章程》中约定,同意本信托为开放式信托,允许符合条件的委托人加入。

2. 在《章程》中设定加入条件。第一,热爱心智障碍保护事业,同意《章程》及本信托宗旨和愿景;第二,信托管理委员会审查后方可加入,即依审查通过,不是申请即可;第三,投入一定资金。

3. 为便于操作,办理流程载明,经信托管理委员会通过后,管委会将拟加入委托人名单交付受托人,由受托人定期统一(两个月)向主管部门备案登记,登记后正式成为本信托委托人。委托人加入后,具有同等权利和义务。

如此,既满足了既定的信托稳定性需要,又同时解决了信托发展,有新力量加入扩大影响的需求。

(二)管理委员会轮班制,按照《章程》履行职责

在法律上,慈善信托没有被认定为组织,但考虑到其发展的实际需要,有必要按照组织化处理。本信托关于管理委员会的理解和运用如下:

1. 有必要设立管委会。发起单位共 7 家,每家可授权 1 位代表作为委员参加。

2. 成立执委会,由 3 人组成,处理日常工作。《章程》对管委会和执委会的权利、义务均进行了明确的区分。

3. 管委会、执委会实行“三分之一轮班制”,即三年一个大周期,每一年有小调整,保证流动性和民主,避免终身制以及“实质上由谁控制”的问题。

4. 管委会严格按照《章程》和《协议》规定的权限行使职责。管委会无权改变《章程》,只是作为执行机构存在。

(三)综合设定监察人权利义务和职责

近年来,慈善信托监察人权利和职责开始受到重视,但由于《慈善法》《慈善信托管理办法》未对其作出明确规定等因素,在实务上仍未统一。

比如,有的不设置监察人;有的只规定了监察人权利、没有规定责任;有的设计造成了委托人职责与监察人职责交叉,职责不清势必会影响慈善信托的运行效果。又如,《慈善法》第四十九条[①]关于监察人的规定,“慈善信托的委托人根据需要,可以确定信托监察人。信托监察人对受托人的行为进行监督,依法维护委托

---

① 《慈善法》(2023 修订)第五十条。

人和受益人的权益。信托监察人发现受托人违反信托义务或者难以履行职责的，应当向委托人报告，并有权以自己的名义向人民法院提起诉讼”；但关于如何监督和维权，特别是行使诉讼权利，没有具体可操作的规定。《慈善信托管理办法》也未作规定。

由此可见，通过实践不断探索、总结，以规范和完善慈善信托监察人的权利义务和责任，具有重大意义。

（四）委托人监督责任与监察人监察的衔接问题

委托人的监督责任与监察人的监察责任如何衔接，理顺二者之间的关系十分重要。按照信托原理，委托人设立信托后应交由受托人处理，委托监察人监督监察，委托人不再监督信托运行。然而，慈善信托由于其“特殊性”，委托人与受益人之间可能存在某些联系。

一方面，慈善信托的许多委托人本身是受益人的亲属、监护人，囿于“受益人必须是不特定多数人”的信托规定，父母作为委托人，不能直接指定自己的孩子作为受益人；另一方面，因为参与设立慈善信托，希望信托运行效果按照最初设计的路径发展，委托人可能会寄望通过增加监管能力，以保障信托的有效运行。因此，委托人在慈善信托设立后，仍以责任监督方式保留在信托架构内，同时辅以监察人加强监管，确保信托的运行质量、维护受益人的利益。然而，委托人与监察人的监管责任重叠交叉，反而容易顾此失彼、不利于慈善信托的运行。

为此，项目律师对委托人权利、监察人权利分别进行了分析和梳理，规定如下。

1. 关于委托人权利（12 项）

（1）选聘、变更适格受托人，监管受托人行为；

（2）指定机构担任监察人，从本信托设立之日至信托结束，监察人值守监察工作；

（3）了解信托财产的管理、运用、处分及收支情况，并有权要求受托人作出说明；

（4）查阅、抄录或者复制与其信托财产有关的信托账目以及处理信托事务的其他文件；

（5）监管审查信托资金使用情况，督促及时公开披露资金来源、使用状况；

(6)获取受托人就本信托提供的有关信息披露报告;

(7)受托人违反信托目的管理、运用、处分信托财产,或者因违背管理职责、处理信托事务不当,致使信托财产受到损失的,委托人有权申请人民法院撤销该处分行为,并有权要求受托人予以赔偿;

(8)受托人违反信托目的处分信托财产或者管理、运用、处分信托财产有重大过失的,委托人有权依照信托文件的规定解任受托人,或者申请人民法院解任受托人;

(9)受托人被依法解任、解散、撤销、被宣告破产或其法定资格丧失,或者发生信托文件规定的辞任、被解任、法律法规或信托文件规定的其他情形时,委托人有权依照相关法律法规的规定,选任新的受托人;

(10)选定各类服务机构,为受益人服务;

(11)除法律法规等另有规定外,人民法院对信托财产强制执行时,委托人有权向人民法院提出异议;

(12)法律法规、信托文件规定的其他权利。

2. 关于监察人权利(12 项)

(1)有权以自己的名义,为维护受益人的利益,提起诉讼或者实施其他有效法律行为;

(2)监察信托管理委员会委员资格,监察委员行为,有权纠正不适当和损害受益人利益的行为;

(3)监察受托人是否按照信托合同约定使用和处分信托财产;

(4)监察受托人是否按照信托合同约定选择受益人和慈善项目、执行服务机构;

(5)监督检查受托人定期信息披露报告及清算报告;

(6)监管中发现受托人违反信托义务或者难以履行职责的及时向委托人和管委会通报;

(7)监督管委会及执委会履行职责情况,有权根据本信托目的向管委会、执委会提出监督建议、意见,有权发出《监管函》,要求整改;

(8)为保障信托正常运行而实施的其他监察工作并按照要求提交监察报告等;

(9)监察慈善信托财产的保管方式的合理性;

(10)提请受托人监管执行服务机构的行为是否符合约定和本信托目的,如有不符,可提请整改和撤换执行服务机构;

(11)审查年度报告,信托结束时,审查清算报告;

(12)监察人监督管委会决议程序和内容是否符合法律法规和本慈善信托的信托目的。

比对可见,委托人与监察人的权利既有区别,又相互联系。委托人侧重于受托人变更、解聘,关注信托财产情况;监察人关注信托各类运营服务机构的监督监察。其中,国浩律师特别对管理委员会、受托人、服务机构作了专门区别的监察,在实践中具有较强的可操作性,以此探索建立责任区别有联系、不混淆的良性慈善信托监管体系,以便于受监察人清楚监督监察的重点、"有章可循"。

三、律师工作

周涛律师在接受委托后,经过一年筹备,与委托人、受托人多次沟通,在充分理解委托人初心后起草了所有法律文件,逐步解决了本信托所涉法律问题和操作层面的问题。

《慈善法》首次明文规定了慈善信托,《慈善信托管理办法》对其作了补充规定,但规定尚有不少的问题亟待解决,比如信托监察人的权利与责任、信托服务机构的责任、管理委员会的职责、受托人的权力边界等。基于此,周涛律师研究和设计了本信托法律架构,使其具有可操作性;研究了开放型信托委托人增加及备案登记法律问题;研究了管理委员会遴选及工作的法律问题;全面研究了监察人权利、义务和责任法律问题;最终经多方查找资料,起草和反复打磨文件,完成了工作任务。本项目主要成果:(1)起草完成《心智障碍者紧急救助慈善信托发起人协议》;(2)起草完成《心智障碍者紧急救助慈善信托章程》;(3)起草完成《慈善信托监察人协议》;(4)审查修改《慈善信托委托合同》;(5)其他参与"管理委员会工作规则"讨论等。

四、项目点评

2016 年《慈善法》颁布实施后,我国慈善信托迎来了发展的春天。慈善信托具有的设立简便灵活、门槛较低、委托人参与感强、备案登记流程清晰简单等特点,激发了民间参与慈善信托的热情。然而,由于慈善信托相关实践案例较少、立法相对粗疏、具体政策存在掣肘等原因，我国慈善信托发展仍面临着重重困难，与发达国家有着明显差距。

在此背景下，本信托是国内首次跨地区的特殊专业组织设立的旨在帮助特殊需要群体的慈善信托，指定自闭症、脑瘫和唐氏综合征患者为信托受益人，以期解决在监护人缺失期间的救助、受益人出走期间的保护等，并带动引领特殊需要群体的慈善信托快速健康发展。

（一）项目效果

1. 对特殊需要群体提供了所需的法律帮助，务实解决了其实际需求，有较好的社会效果。

2. 通过探索，初步建立了慈善信托特别是特殊需要慈善信托的框架结构，对其中的各个运行机构作出分析，并在此基础上设定规则，在法律层面有实际推进。

3. 积极响应党中央号召，对财富分配和共同富裕探索求新，弘扬社会主义新文明。

4. 本信托设立后，将带动一批慈善信托落地实施，以此为契机，更多的慈善信托落地，更多的有需要的群体受益，更多受益家庭减负，和谐社会效果明显。

（二）项目意义

1. 创新性

本信托从发起人权利、委托人权利、受托人权利、监察人权利和信托治理架构都表现出一定的创新性。比如：

（1）该信托发起人完成《章程》和《发起人协议》，确定好目标及愿景即完成使命，不再更多地干预和影响信托运行，这是比较科学和良性的做法。

（2）该信托受托人被允许参与管理委员会，及时反映实务出现的问题，收集管理委员会其他方面的声音，加以调整，存在良好的沟通机制。

（3）信托监察人，与委托人形成一前一后的监管模式，各负其责，没有交叉监管，权力边界比较清楚。同时，本信托对监察人的责任作了规定，体现了权利义务的均衡性，监察人必须合理履职。

2. 探索性

开放型信托、增加适格委托人……本信托探索传统的委托人固定方式转换为灵活的开放式委托人模式，既顺从了慈善信托的发展规律，又兼顾了机制配套，在备案登记予以规定，使增加委托人能够落地，具有可操作性。比如：

(1)本信托在设立管委会这一信托常见行为的基础上，探索性地设立了执委会，并在权利、义务上分别作了规定，使信托的决策机制更为高效、简便。

(2)本信托设计了“三分之一机制”，即管委会的成员每年换三分之一，从制度层面避免了管理僵化，同时还规定所有人按照既定的规则处理事务，这是可贵的探索。

(3)本信托创新了“信托监察人试行轮换制”，即由不同的律师事务所兼任，这也是一个很好的尝试。

“慈善信托在国内的发展尚处于起步阶段，除了法律政策层面的因素，实践探索和总结是不可或缺的甚至是非常重要的环节。”周涛律师还建议，本信托设立后，要不断总结委托人、受托人、受益人、监察人、内部决策治理方面和监管层面的经验和不足，并不断完善。“希望涌现更多的慈善信托，以满足社会特别是有特殊需要的群体需要。”他如是期待着。

五、专家推荐

推荐人：梁剑兵　辽宁师范大学法学院教授

推荐内容：

本项目紧跟时代发展，处于律师法律服务前沿领域，也是创新领域。项目团队经多次展开研讨和分工研究，付出巨大的智力成本、时间成本和经费成本，获得科研立项并完成科研任务取得成果，在此基础上提供法律非诉服务，其价值和意义巨大，难能可贵，也产生了良好的社会效果。本项目最突出的亮点有三：跨学科研究，结合法学与经济学；研究成果通过高端学术机构鉴定结项；在前两者基础上付诸运行和实现，信托资金到位快，项目进展顺利。因此，在非诉讼各类项目中，该项目在全国范围内具有前瞻性、独创性及罕见性。

第三人的差额补足承诺是保证还是债务加入？

承办律师

宋　钊　国浩律师（郑州）事务所管理合伙人、主任

王玉琦　国浩律师（郑州）事务所合伙人

苏　冲　国浩律师（郑州）事务所合伙人

■ 案例概述

《全国法院民商事审判工作会议纪要》出台前，各地法院对差额补足系担保、债的加入或其他法律关系的认定不一，并且债的加入仅有理论支撑，并无明确法律依据。

在由国浩郑州管理合伙人、主任宋钊，合伙人王玉琦、苏冲经办完成的某银行诉贵州某投资公司等民间委托理财合同纠纷案中，国浩律师结合《差额补足承诺函》的具体内容，详细分析债的加入和担保的区别，提出"不应根据《差额补足承诺函》的名称中含有'差额补足'从而对其性质进行判断，而应根据实质法律关系区分债的加入和担保"的观点，最终得到河南省高级人民法院的支持，该观点也与后来出台的《全国法院民商事审判工作会议纪要》《民法典》关于"差额补足"的规定一致。

一、案情简介

2015 年 12 月 4 日，某银行与案外资产管理公司、案外银行签署《资产管理合同》，主要约定：某银行委托案外资产管理公司担任资产管理人，案外银行担任资产托管人，设立资管计划，资管计划存续期为初始委托财产运作起始日起 2 年；初

始委托财产4.5亿元;预期年化收益率为6.5%。同日,某银行依约将4.5亿元委托资产交付给案外资产管理公司,初始委托财产起始运作。

2018年11月8日,贵州某投资公司向某银行出具《差额补足承诺函》,主要内容为:鉴于某银行投资认购资管计划,投资本金为4.5亿元;某银行有权从资管计划获得的投资利益包括投资本金、投资收益;贵州某投资公司承诺无论任何原因,某银行未按时足额获得上述资管计划项下任一期投资本金或投资收益分配,贵州某投资公司承诺对某银行未足额获得分配的投资本金和收益及其他应获得款项承担差额补足义务;差额补足金额=全部投资本金、投资收益+其他款项(包括但不限于违约金、赔偿金、资金占用费等)-某银行已实际获得的相应款项;无论资管计划项下是否存在其他担保措施或其他差额补足义务人,某银行均可直接要求贵州某投资公司履行差额补足义务,而无须事先行使其他担保权利或要求其他差额补足义务人承担差额补足义务,贵州某投资公司的差额补足义务是不附带任何条件的、单方的第一性付款义务;贵州某投资公司迟延履行支付义务的,每日应支付的迟延履行违约金为应付未付金额的0.05%,直至其履行完毕资金支付义务之日止。

2018年11月15日,某置业公司、某投资开发公司分别向某银行出具《差额补足承诺函》,承诺内容与贵州某投资公司出具的《差额补足承诺函》一致。

截至2019年3月,某银行仍未按时、足额获得上述资管计划项下的投资本金及收益,贵州某投资公司、某置业公司、某投资开发公司也均未履行任何差额补足义务,其行为已构成违约。故某银行于2019年3月委托国浩律师诉至河南省高级人民法院,要求贵州某投资公司、某置业公司、某投资开发公司向其支付未获清偿的投资本金、收益。

经审理,河南省高级人民法院于2019年8月作出一审判决,认为贵州某投资公司、某置业公司、某投资开发公司应按照《差额补足承诺函》履行差额补足义务,支持了委托人某银行的诉讼请求。

二、案例分析

(一)争议焦点

本案主要的争议焦点系贵州某投资公司、某置业公司、某投资开发公司出具的《差额补足承诺函》的性质,其属于保证担保还是债务加入。若该承诺函性质为保证担保,因出具该函时未经权力机构决议,可能导致该行为无效。若该承诺函性质为债务加入,因法律并未明确规定债务加入需经权力机构决议,该行为应认定为有效。

(二)法律适用

1. 关于保证。《担保法》(已废止)第六条规定:“本法所称保证,是指保证人和债权人约定,当债务人不履行债务时,保证人按照约定履行债务或者承担责任的行为。”第十七条第一款规定:“当事人在保证合同中约定,债务人不能履行债务时,由保证人承担保证责任的,为一般保证。”第十八条第一款规定:“当事人在保证合同中约定保证人与债务人对债务承担连带责任的,为连带责任保证。”

《公司法》第十六条第一款①规定:“公司向其他企业投资或者为他人提供担保,依照公司章程的规定,由董事会或者股东会、股东大会决议;公司章程对投资或者担保的总额及单项投资或者担保的数额有限额规定的,不得超过规定的限额。”

2. 关于债务加入。本案纠纷产生之时,《民法典》尚未实施,有关债务加入的裁判案例虽层出不穷,但立法上并无认定标准,多属于法官的法律适用推理或学理判断,在属于债务加入还是保证的问题上争议颇多。《民法典》《最高人民法院关于适用〈中华人民共和国民法典〉有关担保制度的解释》实施后,现行法律关于债务加入的规定如下:

《民法典》第五百五十二条规定:“第三人与债务人约定加入债务并通知债权人,或者第三人向债权人表示愿意加入债务,债权人未在合理期限内明确拒绝的,债权人可以请求第三人在其愿意承担的债务范围内和债务人承担连带债务。”

《最高人民法院关于适用〈中华人民共和国民法典〉有关担保制度的解释》第十二条规定:“法定代表人依照民法典第五百五十二条的规定以公司名义加入债务的,人民法院在认定该行为的效力时,可以参照本解释关于公司为他人提供担保的有关规则处理。”第三十六条规定:“第三人向债权人提供差额补足、流动性支持等类似承诺文件作为增信措施,具有提供担保的意思表示,债权人请求第三人承担保证责任的,人民法院应当依照保证的有关规定处理。第三人向债权人提供

① 《公司法》(2023 修订)第十五条第一款。

的承诺文件，具有加入债务或者与债务人共同承担债务等意思表示的，人民法院应当认定为民法典第五百五十二条规定的债务加入。前两款中第三人提供的承诺文件难以确定是保证还是债务加入的，人民法院应当将其认定为保证。第三人向债权人提供的承诺文件不符合前三款规定的情形，债权人请求第三人承担保证责任或者连带责任的，人民法院不予支持，但是不影响其依据承诺文件请求第三人履行约定的义务或者承担相应的民事责任。”

（三）代理思路

围绕上述争议焦点，国浩律师着重从保证和债务加入区别的角度阐述案涉《差额补足承诺函》的性质系债务加入，无须权力机构决议。具体如下：

贵州某投资公司、某置业公司、某投资开发公司向某银行出具的《差额补足承诺函》均承诺：“无论任何原因，某银行未按时足额获得上述资管计划项下任一期投资本金或投资收益分配，我公司对某银行未足额获得分配的投资本金和收益及其他应获得款项承担差额补足义务；无论资管计划项下是否存在其他担保措施或其他差额补足义务人……某银行均可直接要求我公司履行差额补足义务，而无须事先行使其他担保权利或要求其他差额补足义务人承担差额补足义务；本承诺函项下我公司的差额补足义务是不附带任何条件的、单方的第一性付款义务。”根据该差额补足承诺函，贵州某投资公司、某置业公司、某投资开发公司所应承担的债务均是独立的、第一性的付款义务，无论任何原因，只要某银行未按时、足额获得投资本金或投资收益分配，贵州某投资公司、某置业公司、某投资开发公司即应履行支付义务，在责任承担上并不具有顺位性。

而保证则是指保证他人的债务，保证债务系从债务，附属于主债务。因贵州某投资公司、某置业公司、某投资开发公司出具的《差额补足承诺函》均指向某银行基于资管合同所享有的投资本金及收益，该债务与资产计划项下底层债务人所负债务并不相同，且不具有依附性。因未有主债务相对应，贵州某投资公司、某置业公司、某投资开发公司所负债务亦不可能是从债务，故“差额补足系保证”的主张不能成立。

三、案例点评

本案的难点在于债务加入立法缺位；债务加入与保证难以区分、司法实践争议颇多。债务加入与保证无论是在外观表现,还是内在功能上均存在相似之处,这也是实践中二者容易混淆的原因。债务加入与保证的联系体现在以下三个方面:第一,第三人加入他人债务与第三人为他人债务提供担保,都增加了责任财产的范围,提高了债权受偿的概率,二者发挥的功能相似;第二,债务加入与保证均体现为在一定条件下,债权人可以请求第三人就债务人的债务承担责任,第三人履行后,原债权、债务关系在相应的范围内消失;第三,债务加入与保证有可能并存于同一债权债务关系中。

但从本质来看,债务加入与保证属于不同的法律关系。二者的区别主要体现在是否具有从属性。保证合同是主合同的从合同;而债务加入系独立的合同,第三人加入债务后成为主债务人之一,债权人对债务加入人享有独立的请求权。

本案中,国浩律师从《差额补足承诺函》的独立性主张该函性质为债务加入,无须权力机构决议,贵州某投资公司、某置业公司、某投资开发公司应承担支付投资本金、收益的责任。法院亦认为,从《差额补足承诺函》的内容来看,贵州某投资公司承担差额补足义务是不附带任何条件的、单方的第一性付款义务,其是否参与资管计划并非承担义务的前提,且贵州某投资公司在《差额补足承诺函》中并未有为他人担保的意思表示,也未有承担差额补足义务后向其他债务人追偿的意思表示,贵州某投资公司在责任承担上亦不具有顺位性。故贵州某投资公司向某银行出具《差额补足承诺函》应视为债的加入,该三公司应按照承诺履行差额补足义务。

《民法典》《最高人民法院关于适用〈中华人民共和国民法典〉有关担保制度的解释》出台后,对债务加入与保证的区分认定提出了指导性意见:具有提供保证意思表示的,按保证处理;具有加入债务或者与债务人共同承担意思表示的,按债务加入处理;难以确定的,应当认定为保证。面对审判实践中纷繁复杂的案件情况,对债务加入与保证的区分规则还需要进一步细化。

第一,优先通过第三人所使用的措辞用语来认定。若第三人提供的承诺中含有“保证”“保证人”“保证期间”“提供担保”等字样的,应首先推定为第三人具有提供保证的意思表示,认定为保证;若第三人明确提出“加入债务”“作为共同借款(债务)人”“与债务人共同偿还”等字样的,一般应认定为第三人具有债务加入的意思表示。

第二,措辞用语中既有保证又有债务加入意思表述的,应当以表意更直接的字样来认定。若第三人在承诺中表明“由本人对该笔债务提供担保,若债务人不履行,由本人负责赔偿”,该承诺中虽然既有“担保”,又有“由本人负责赔偿”,但究其本意为提供担保,不宜认定为债务加入。

第三,承诺中无明显标志性词语的,根据第三人承诺的具体事项进行认定。首先,分析第三人承诺的核心意思表示,比如“由本人承担”“代替债务人履行”等,上述类似的表示体现的本质为债务加入;若第三人承诺“在债务人到期不履行时,由其承担责任”,该类表述体现的本质为保证。其次,从第三人所承担的债务与原债务是否具有主从关系上进行认定,若第三人所承担的债务可以独立于原债务存在,债权人对第三人具有独立的请求权,则为债务加入;反之则为保证。最后,第三人未以明确方式体现债务加入意思表示的,则不能认定为债务加入。难以确定是保证还是债务加入的,根据《最高人民法院关于适用〈中华人民共和国民法典〉有关担保制度的解释》第三十六条第三款“前两款中第三人提供的承诺文件难以确定是保证还是债务加入的,人民法院应当将其认定为保证”的规定,即存疑推定为保证。

四、专家推荐

推荐人:张付成　郑州大学法学院副教授

推荐内容:

《全国法院民商事审判工作会议纪要》出台前,各地法院关于公司在无权力机构决议的情况下出具的担保是否有效认定不一,但当时亦未有法律明确规定“债务加入”需要提供公司权力机构决议。有观点认为,从“举轻以明重”的角度来看,担保需要权力机构决议,债务加入的后果显然比担保更重,故应推定债务加入亦需要提供权力机构决议。但认定合同无效应当是审慎的,在无明确规定的情况下,不应简单按照某种观点推定合同无效。该案中,出具《差额补足承诺函》的三家公司并未出具权力机构决议,因此将《差额补足承诺函》认定为担保或是债务加入至关重要。该案代理律师结合《差额补足承诺函》的文义表述及债务加入、担保的理论差异,提出根据实质法律关系区分债的加入和担保的观点,最终得到法院的支持,该观点亦与《全国法院民商事审判工作会议纪要》关于债务加入的判断标准不谋而合。

期货公司行使强行平仓权后的损失如何承担？

承办律师

周　蕾　国浩律师（上海）事务所管理合伙人

■ 案例概述

期货强行平仓纠纷案件中，如何确定强行平仓时点的合理性及责任的承担主体，一直是主要争议焦点。由国浩上海管理合伙人周蕾于2020年8月经办完成的某期货公司诉鲍某期货强行平仓纠纷案是期货强行平仓案件中聚焦该类争议的典型案例。该案案情较为复杂，但论证严谨，对期货强行平仓的性质、期货保证金制度的功能以及产生穿仓损失的原因等予以综合分析，对同类案件极具参考价值。该案同时入选上海金融法院证券期货投资者权益保护十大典型案例、上海金融法院2020年度典型案例。

一、案情简介

某期货公司与鲍某签订《自然人期货经纪合同》，约定鲍某委托某期货公司按照鲍某的交易指令为其进行期货交易；同时约定，在交易过程中，当鲍某期货账户的风险率大于100%时，鲍某应即刻补足保证金或即刻平仓，否则鲍某同意某期货公司有权在不通知鲍某的情况下，对鲍某的部分或全部未平仓合约强行平仓，直至鲍某可用资金≥0，鲍某应承担由此产生的结果；在交易收市后，经结算鲍某的期货账户风险率大于100%时，某期货公司将向鲍某发出追加保证金通知和强行平仓通知，鲍某应在通知所要求的时间内追加足额保证金，否则某期货公司有权在不通知鲍某的情况下，对鲍某期货账户的部分或全部未平仓合约强行平仓。风险率的计算方式:风险率 = 客户持仓保证金 ÷ 客户权益 ×100%。

2019 年 8 月 28 日日终结算时,鲍某持有 ni1910 合约以及 CF909 合约,期货账户公司风险率未及 100%。8 月 29 日日终结算时鲍某期货账户公司风险率超过 100%,交易所风险率未及 100%。8 月 29 日晚鲍某自行入金一定金额,入金后及次日 8 月 30 日日盘开盘时,鲍某期货账户公司风险率均仍大于 100%,交易所风险率未及 100%。8 月 30 日 14:41 鲍某期货账户交易所风险率超过 100%,某期货公司通知鲍某追加保证金,14:56 左右某期货公司与鲍某就追加保证金进行电话沟通,当天日终结算时鲍某期货账户公司风险率 134.08%,交易所风险率 111.73%。8 月 30 日日盘结束后某期货公司又多次通知鲍某追加保证金否则将强行平仓。8 月 30 日 21:00:20,某期货公司对鲍某期货账户所持部分 ni1910 合约采取强行平仓措施,由于该合约于该日夜盘及 9 月 2 日日盘一直处于涨停状态,未能成交。9 月 2 日日终结算时鲍某期货账户公司风险率与交易所风险率均超过 100%。当日晚,某期货公司经鲍某同意,将其期货账户所持全部的 ni1910 合约挂单强行平仓。鲍某 9 月 3 日的交易结算单显示其期货账户客户权益为负值。

鉴于某期货公司以自有资金垫付前述穿仓损失,鲍某已构成《自然人期货经纪合同》项下的违约,某期货公司委托周蕾律师向上海金融法院提起期货强行平仓纠纷之诉,请求鲍某偿还垫付款项。在案件审理过程中,某期货公司对鲍某的持仓是否及时采取平仓措施以及案涉穿仓损失应由何方承担成为争议焦点。鲍某以其期货账户于 8 月 29 日日终结算时风险率高于 100%,且 8 月 30 日日盘开盘时期货账户风险率仍高于 100% 为由,认为某期货公司未及时进行平仓,因此请求法院按照双方过错比例对该案穿仓损失进行分担。周蕾律师从公司风险率及交易所风险率的区别、期货交易保证金的制度功能、强行平仓的性质、原被告双方在期货交易中的权利义务关系及案涉穿仓损失形成的原因等方面充分论证了鲍某应承担全部强行平仓损失的原因。

上海金融法院于 2020 年 8 月 27 日作出民事判决,判决被告鲍某偿还原告某期货公司垫付的全部资金并支付相应利息。宣判后,当事人均未提出上诉,判决已生效。

二、代理思路

《最高人民法院关于审理期货纠纷案件若干问题的规定》(以下简称《期货纠

纷案件若干规定》)第三十六条第二款明确规定:“客户的交易保证金不足,又未能按期货经纪合同约定的时间追加保证金的,按期货经纪合同的约定处理;约定不明确的,期货公司有权就其未平仓的期货合约强行平仓,强行平仓造成的损失,由客户承担。”但在实践中,期货公司是否满足行使强行平仓权利的条件以及期货公司强行平仓的时机是否符合期货经纪合同的约定及相关法律法规的规定是引发争议的焦点。本案亦不例外,争议焦点基本可归纳为两点:一是案涉《自然人期货经纪合同》仅约定公司风险率,在鲍某期货账户公司风险率大于100%而交易所风险率尚未达到100%时,某期货公司是否应当执行强行平仓;二是本案的穿仓损失应由何方承担。

对此,周蕾律师紧密结合本案所涉期货经纪合同中关于通知、双方权利义务关系、公司风险率的计算方式等条款的约定,从强行平仓的性质、期货交易保证金制度的功能、双方在期货交易中的地位以及涉案穿仓损失产生的原因等方面进行综合分析,最终成功说服法官支持原告的全部诉请。其主要代理思路如下。

(一)梳理案件事实,整理时间节点

首先,通过整理某期货公司提供的《自然人期货经纪合同》中所涉关键条款,厘清双方当事人之间的权利义务关系,并通过《普通投资者适当性匹配意见告知确认书》《投资者风险揭示书》《期货风险交易说明书》等文件确认某期货公司在签署《自然人期货经纪合同》的流程是否合法合规,是否对鲍某进行了相应的风险提示。其次,通过整理某期货公司提供的系统通知、短信通知及电话通知等材料,梳理某期货公司在案涉期间向鲍某发送的追加保证金通知、强行平仓通知等关键信息,确认某期货公司已经履行期货经纪合同项下的通知义务。同时,通过梳理某期货公司提供的交易结算单、系统操作截图、交易当日K线图等材料确认鲍某在案涉期间的权益、公司风险率、交易所风险率及可用资金等信息,确认某期货公司发送的相关通知及主张的金额是否与交易结算单及其他所涉材料显示的相关数据相匹配。

(二)结合案件事实,论证核心问题

1. 论证期货经纪合同中约定的风险率系指公司风险率

周蕾律师从保证金的功能角度出发,结合某期货公司内部的风险控制制度及

期货经纪合同的约定,论证期货经纪合同中约定的风险率系公司风险率,具体如下:根据《期货交易管理条例》,期货交易严格执行保证金制度,其中期货交易所需要向期货公司收取保证金,期货公司亦需要向客户收取保证金。各期货公司为了控制期货交易的风险,往往会在期货交易所收取的保证金标准之外额外再向客户收取一定的保证金,即客户向期货公司缴纳的保证金比例往往高于交易所要求期货公司缴纳的保证金比例。因此,保证金会与两个风控指标挂钩,即公司风险率和交易所风险率。根据《期货纠纷案件若干规定》中关于透支交易责任的认定,审查期货公司或者客户是否透支交易,应当以期货交易所规定的保证金比例为标准。根据某期货公司内部风险控制制度的规定,在客户期货账户公司风险率大于100%时,某期货公司通常会先通知客户追加保证金,只有客户期货账户风险度上升至交易所风险率大于100%时才会执行强行平仓,但同时亦会给客户预留合理的操作时间。根据双方签署的《自然人期货经纪合同》约定,在鲍某账户风险率高于100%时,某期货公司有强行平仓的权利,但该权利是否行使系由某期货公司自行选择。由于公司保证金高于交易所保证金,在鲍某期货账户公司风险率大于100%时,一般不存在透支交易的风险,此时某期货公司仅仅通知鲍某追加保证金而不采取强行平仓措施,并不违反法律法规的规定和双方合同的约定。周蕾律师当庭对该等问题进行充分解释,成功说服鲍某当庭确认期货经纪合同中约定的风险率系公司风险率,法官亦对该等解释予以采纳。

2. 论证某期货公司有权执行强行平仓以及强行平仓操作时间的合理性

首先,从强行平仓的性质分析。期货公司与客户之间系期货行纪法律关系,期货公司的责任是严格根据客户的指令进行交易操作,一般情形下并无处分客户财产的权利。根据《期货交易管理条例》第三十四条第二款的规定,“客户保证金不足时,应当及时追加保证金或者自行平仓。客户未在期货公司规定的时间内及时追加保证金或者自行平仓的,期货公司应当将该客户的合约强行平仓,强行平仓的有关费用和发生的损失由该客户承担”。法律之所以赋予期货公司强行平仓的权利,是期货交易实行保证金制度的特点所决定。当客户保证金低于期货交易所规定的保证金时,客户期货账户的交易所风险率将大于100%,此时若客户未追加保证金或自行操作减仓,期货公司则需以自有资金为客户垫支交易,该等操作亦会加大整个期货市场的风险。针对该等问题,《期货纠纷案件若干规定》第三十二条第二款明确规定,“客户的交易保证金不足,期货公司未按约定通知客户追加保证金的，由于行情向持仓不利的方向变化导致客户透支发生的扩大损失，期货公司应当承担主要赔偿责任，赔偿额不超过损失的百分之八十”。因此，强行平仓究其本质系期货公司为维护自身资金安全所依法享有的一项权利，其根本目的在于避免期货透支交易，降低期货市场的风险。

其次，从双方在期货交易中的地位分析。鲍某主张当其期货账户公司风险率大于100%时，某期货公司就应当通知其进行仓位处理，在其未进行仓位处理的情况下某期货公司应当履行强行平仓义务。对此，周蕾律师从双方签署的《自然人期货经纪合同》出发，分析双方在期货经纪合同中的权利义务关系。根据《自然人期货经纪合同》的约定，某期货公司接受鲍某委托为其进行期货交易。因此，某期货公司与鲍某之间系期货行纪法律关系，某期货公司并非期货交易的民事主体，是否进行期货交易及如何进行期货交易的操作均应由鲍某自行决定，鲍某作为期货账户的持有人应当对其期货账户所持合约履行积极管理和注意义务。同时，双方签署的《自然人期货经纪合同》中亦明确约定鲍某负有随时关注并妥善处理自己持仓的义务；当鲍某期货账户公司风险率大于100%时，鲍某应即刻补足保证金或进行平仓操作，否则某期货公司有权实施强行平仓。据此，周蕾律师向法院主张当公司风险率大于100%时，某期货公司有权实施强行平仓，但无义务实施强行平仓，且鲍某作为期货交易的主体亦有为保护自身财产安全与利益采取平仓措施的义务，其可通过自行减仓或追加保证金降低期货账户的风险。

最后，从本案损失的产生原因分析。根据周蕾律师梳理的案件事实，2019年8月30日14:41之前鲍某账户交易所风险率始终低于100%，14:41由于所持合约行情剧烈波动鲍某账户交易所风险率大于100%，某期货公司立即通过短信、电话等方式通知鲍某追加保证金或减仓，并给予鲍某时间自行采取处置措施，后于当日夜盘挂单强行平仓。因此，周蕾律师认为需向法院重点解释14:41至14:55（当日日盘结束），为何不采取强行平仓措施以及当日夜盘挂单实施强行平仓的原因。周蕾律师通过调取当日的市场行情K线图，向法院证明当日14:41至14:55，鲍某期货所持合约中的镍（ni1910）价格一直处于震荡状态，14:56至当日收盘，镍（ni1910）的价格突然上涨，以此证明某期货公司在该期间未进行强行平仓操作的合理性。此外，从结果上分析，该日日终结算时鲍某期货账户并未穿仓，亦可印证某期货公司未在期货账户交易所风险率超100%后立即实施强行平仓的合理性。

同时,周蕾律师通过调取当时夜盘的市场行情K线图,证明交易日9月2日全天(包括8月30日晚夜盘以及9月2日日盘,8月31日与9月1日是非交易日)镍(ni1910)处于涨停状态,以此证明某期货公司于当日夜盘挂单实施强行平仓的合理性及该次强行平仓未成功的原因系由于市场行情急剧变化导致鲍某所持合约流动性枯竭。

综上,周蕾律师通过论证本案穿仓损失系由于客观原因而非某期货公司实施强行平仓不及时所致,以此主张全部损失应由鲍某自行承担。

三、案例点评

强行平仓制度系期货交易市场中,期货公司为防控风险的重要手段之一。最高人民法院已发布相关司法解释,就强行平仓的适用条件、责任承担方式等进行明确规定,但在司法实践中,如何确定强行平仓的时点是否合理及责任的承担主体系该类案件的主要争议焦点。本案作为典型的强行平仓纠纷案件,其案情较为复杂,涉及期货市场交易规则、交易时点、期货市场行情变动、期货公司发送的风险通知、风险率和客户权益的计算等,但本案通过对强行平仓的性质、期货保证金制度的功能以及产生穿仓损失的原因等予以综合分析,对强行平仓作为期货市场维持安全运行的基础性制度作了确认,具有典型意义。

四、专家推荐

推荐人:宣伟华　国浩律师(上海)事务所合伙人

推荐内容:

强行平仓引发的纠纷是期货市场纠纷的主要类型之一,但期货市场复杂多变,导致司法实务仍有许多与强行平仓相关的问题尚待立法和司法层面的进一步明晰。本案中,作为某期货公司的代理律师,周蕾律师通过梳理案件材料并与某期货公司积极沟通,对强行平仓操作的全流程进行了全面、细致的了解,从而厘清整体事实情况,抓取此次强行平仓操作中的关键时间节点,进而梳理和确定了本案的核心争议焦点。同时,针对期货交易的复杂性和多变性,周蕾律师向法院说明了强行平仓制度作为基础性制度维持期货市场安全运行的原理,强调其在降低期货市场风险中的作用,通过阐述强行平仓制度底层逻辑并结合投资者在期货交易中的注意义务,综合论证了某期货公司行为的合法性与合理性,并最终获得了法院的支持。

本案从强行平仓的性质、期货保证金制度的功能、期货交易各方在交易中的地位和权责分配以及产生穿仓损失的原因等多个角度对案情进行综合的分析和研判,其中系统性的论证思路和分析方法对同类案件具有一定指导参考意义。

水电站整体资产能否作为贷款的抵(质)押担保物?

承办律师

卢晓东　国浩律师(成都)事务所合伙人

陈　霞　国浩律师(成都)事务所合伙人

王珊珊　国浩律师(成都)事务所合伙人

李琳玲　国浩律师(成都)事务所律师

■ 案例概述

国家和各级地方政府均先后出台政策,鼓励银行业金融机构加大金融创新力度,探索以水电项目整体资产作为贷款的抵(质)押担保物的融资方式,以加大对水电建设的信贷支持力度。但从法律行政法规层面,并未明确规定能否以水电站整体资产进行抵押,更未规定负责水电站整体资产抵押登记的主管部门及具体办理流程,故水电站整体资产能否抵押、如何办理抵押登记、抵押有效设立的标准是什么,是一个值得探讨的重要法律问题。

由国浩成都合伙人卢晓东、陈霞、王珊珊和律师李琳玲于 2021 年 12 月经办完成的某银行诉某电力公司、某电站有限公司金融借款合同纠纷案,其核心争议焦点为抵押人向某银行提供的水电站整体资产抵押是否有效设立。该案论证严谨,充分体现了律师的专业水平,案件代理思路和最终处理结果对实践中如何确保水电站整体资产或其他同类型资产整体抵押权的有效设立极具参考价值。

一、案情简介

2015 年,某银行先后向四川某实业有限公司及其关联方等十四家公司(以下简称债务人)分别提供 14 笔融资,某电力公司以其所有的位于四川省凉山彝族自治州的 A 电站整体资产、B 电站整体资产,某电站有限公司以其所有的位于凉山州的 C 电站整体资产、D 电站整体资产为该 14 笔债务向某银行提供抵押担保。为设立电站抵押的抵押权。

1. 2015 年 2 月 27 日,某银行与某电力公司签署了一份《最高额抵押合同》,约定某电力公司以其所有的 A 电站整体资产(含其占用范围内的国有土地使用权)、B 电站整体资产作为抵押物,向某银行提供最高额抵押担保。

2. 2015 年 2 月 27 日,某银行与某电站有限公司签署了一份《最高额抵押合同》,约定某电站有限公司以其所有的 C 电站整体资产、D 电站整体资产,向某银行提供最高额抵押担保。

3.《最高额抵押合同》签署后,某银行与某电力公司、某电站有限公司前往凉山彝族自治州水务局申请办理抵押登记手续,但凉山彝族自治州水务局认为某电力公司为 C 电站和 D 电站的原始报建单位(项目法人),某电力公司组建某电站有限公司,并将 C 电站和 D 电站放到该公司名下的行为,只是企业内部的资产转移行为,而非真正意义上的报建单位(项目法人)发生变更,因此要求以某电力公司作为抵押人办理 4 个水电站的抵押登记手续。

4. 2015 年 4 月 29 日,某银行作为抵押权人、某电力公司作为抵押人就前述两份《最高额抵押合同》项下 4 个电站抵押事宜签署了《抵押登记申请书》,凉山彝族自治州水务局在该《抵押登记申请书》上盖章确认"同意抵押登记"。

5. 2015 年 5 月 7 日,某电力公司、某电站有限公司作为承诺人出具《关于 C 电站、D 电站整体资产抵押的补充说明》,载明:某电力公司和某电站有限公司一致同意将 C 电站和 D 电站整体资产抵押给某银行,一致承诺对此抵押行为无异议。

因债务人到期未能向某银行偿还债务,某银行委托国浩律师提起诉讼。案件审理过程中,某银行对 4 个水电站的抵押权是否有效设立成为案件的争议焦点,在庭审过程中某电力公司先后提出包括凉山彝族自治州水务局并非适格抵押登记机关、水电站整体资产不属于法定抵押物、某电力公司无权以抵押人身份办理某电站有限公司名下的 C 电站、D 电站的抵押登记手续、水电站占用范围内的国有土地使用权为划拨土地不属于合法抵押物且土地使用权抵押未在国土部门办理抵押登记等抗辩理由，主张抵押权未能有效设立。对此，国浩律师从物权法关于抵押登记的立法本意、国家鼓励金融机构开展水电站整体资产抵押融资的政策导向，以及水电站整体资产抵押的实操案例等着眼点入手，强调水电站整体资产抵押不等于一般意义上的房屋、土地使用权、机器设备抵押，故不能简单套用当时《物权法》《不动产登记暂行条例》《动产抵押登记办法》中关于不动产、动产的抵押登记方法，从而有力论证了此次 4 个水电站整体资产抵押已在合法登记部门办理抵押登记手续，抵押权有效设立。

该系列案件中的 13 案一审由成都市中级人民法院管辖并受理，一案一审由四川省高级人民法院管辖并受理，成都市中级人民法院和四川省高级人民法院审理后均判决认定抵押权合法有效，某电力公司对该判决不服，针对四川省高级人民法院作出的一审判决，向最高人民法院提起上诉，最高人民法院认为一审认定事实清楚，适用法律正确，维持原判。

二、代理思路

从国家政策层面上看，国家鼓励银行业金融机构加大金融创新力度，探索以项目整体资产作为贷款的抵(质)押担保物的融资方式，以加大对水电建设的信贷支持力度。但法律行为发生时适用的《物权法》《担保法》及相关法律行政法规均未明确规定能否以水电站整体资产进行抵押，更未规定水电站整体资产抵押登记的主管部门及办理流程，故水电站整体资产能否抵押、如何办理抵押登记、抵押有效设立的标准是什么，一直是有争议和值得探讨的法律问题。该 14 案中的水电站整体资产抵押极为特殊，并非按照传统方式将资产拆分分别办理房产、土地、在建工程、机器设备抵押，而是直接作为整体在水务局办理抵押登记，实践中较为少见。因此如何认定此次水电站整体资产抵押的效力成为案件审理中的难点和争议焦点。

对此，国浩律师结合本案所涉基础资料，从法律规定、法理分析、地方政策、类似操作案例入手，逐一剖析解释，最终使受理法院特别是最高人民法院采纳了律师观点，确认了某银行对 4 个水电站享有的抵押权，主要的代理思路如下。

(一)以水电站整体资产进行抵押的抵押方式不违反现行法律行政法规规定

1. 现行法律行政法规并未将水电站整体资产抵押列入禁止抵押的资产范围

办案时有效的《物权法》第一百八十条①规定:"债务人或者第三人有权处分的下列财产可以抵押:……(七)法律、行政法规未禁止抵押的其他财产。抵押人可以将前款所列财产一并抵押",且目前并无其他法律或行政法规禁止进行水电站整体资产抵押,基于此,某电力公司、某电站有限公司作为水电站整体资产的合法处分权人,有权以水电站整体资产向某银行提供抵押担保。

2. 水电站整体资产抵押更能凸显水电站整体资产的价值,符合国家政策,有利于促进水电行业的发展

根据国家能源局核发的《关于鼓励社会资本投资水电站的指导意见》第五条第三项"(三)创新投融资体制机制。鼓励银行业金融机构加大金融创新力度,探索以发电预期收益权或项目整体资产作为贷款的抵(质)押担保物,允许利用水电项目相关收益作为还款来源,加大对水电建设的信贷支持力度;鼓励和支持水电项目开展股权和债权融资,拓宽融资渠道"的规定可知,从国家政策层面,鼓励银行业金融机构应加大金融创新力度,探索以项目整体资产作为贷款的抵(质)押担保物的融资方式,促进水电建设。

水电站整体资产抵押并非传统的抵押,并不单纯等同以建筑物、土地使用权、生产设备进行抵押,其实质是以包括水电站取水系统、引水系统、厂房、机器设备、输电线路、大坝工程等整体资产及其占用范围的国有土地使用权、电站所属全部建筑物、构筑物、定着物、设备设施作为整体,其主要凸显的是水电站整体资产及其产生的电力的价值,不宜将其拆分为建筑物和其他土地附着物、建设用地使用权以及机器设备分别办理抵押,否则将大大缩小水电站整体资产的价值,不利于水电建设领域融资活动的开展。

(二)凉山彝族自治州水务局可以作为4个水电站的抵押登记机关

虽法律行为发生时适用的《物权法》《担保法》及相关行政法规并未明确规定水电站整体资产抵押的登记部门,但从相关规定来看,在法律法规没有明确规定

---

① 现行《民法典》第三百九十五条。

抵押登记部门的情形下，抵押登记部门应由县级以上地方政府进行明确规定。且实践操作中将水电站建设、运营的主管部门作为水电站整体资产抵押的登记部门符合实践惯例和行政权力划分要求。按照凉山彝族自治州人民政府的行政权力划分，凉山州彝族自治州水务局为水电站建设、运营的主管部门，因此其当然系凉山彝族自治州人民政府确定的办理水电站整体抵押登记的有权登记部门。

同时，从抵押登记办理的本意上来看，抵押登记的办理本就为起到公示的目的，某银行按照凉山彝族自治州当地的抵押登记办理实际情况及要求至水电站建设、运营的主管部门凉山彝族自治州水务局办理了抵押登记手续，已经达到公示目的，符合《物权法》关于抵押登记办理的原则要求。

（三）某电力公司有权就某电站有限公司名下的 C 电站、D 电站办理抵押登记

虽《抵押登记申请书》载明的抵押人并无某电站有限公司，但鉴于某电站有限公司确已与某银行签订了相关抵押合同，且在某电力公司就案涉争议水电站办理抵押登记手续后，某电力公司与某电站有限公司共同作出承诺人出具了《关于 C 电站、D 电站整体资产抵押的补充说明》，载明凉山彝族自治州水务局认为某电力公司组建成立某电站有限公司，并将 C 电站和 D 电站放到该公司名下的行为，只是企业内部的资产转移行为，而非真正意义上的报建单位（项目法人）发生变更，同时 C 电站和 D 电站实质上仍处于某电力公司的控制之下（通过持股 C 电站公司 95% 的股权实现对 C 电站和 D 电站生产经营管理的控制），故只能将 C 电站和 D 电站放到某电力公司名下办理整体资产抵押手续。某电力公司和某电站有限公司同时承诺：一致同意将 C 电站和 D 电站整体资产抵押给某银行，一致承诺对此抵押行为无异议。基于该约定，将 C 电站整体资产和 D 电站整体资产作为抵押物向凉山彝族自治州水务局办理抵押登记时，系以某电力公司名义申请，但应认定为系某电力公司与某电站有限公司的一致意思表示，取得了某电站有限公司的认可。

同时，某电力公司作为依法核准的 C 电站、D 电站报建单位（项目法人）其亦有权将该 C 电站和 D 电站抵押给某银行，C 电站、D 电站抵押并非无权处分。因此，根据《物权法》第一百八十条[①]"债务人或者第三人有权处分的下列财产可以抵押：……（七）法律、行政法规未禁止抵押的其他财产。抵押人可以将前款所列

① 现行《民法典》第三百九十五条。

财产一并抵押”之规定,某电力公司对C电站、D电站依法享有处分权,其将其作为抵押物抵押给某银行的行为合法有效。

(四)A电站占用范围内的国有土地使用权是否为划拨土地,均不影响抵押权的有效设立

首先,某电力公司名下的水利设施用地使用权实际系A电站占用范围内的国有土地使用权,属约定的电站整体资产中的一部分,并由某银行与某电力公司在凉山彝族自治州水务局办理抵押登记,且该抵押登记已产生公示效力,应视为该土地使用权已作为电站整体资产依法办理抵押登记手续,抵押权有效设立,该抵押并不等同于单纯以国有土地使用权进行抵押,不能依照国有土地使用权抵押登记的规则判断其效力。

其次,从建筑物与建设用地使用权一并抵押的角度出发,根据当时适用的《物权法》第一百八十二条①“以建筑物抵押的,该建筑物占用范围内的建设用地使用权一并抵押。以建设用地使用权抵押的,该土地上的建筑物一并抵押。抵押人未依照前款规定一并抵押的,未抵押的财产视为一并抵押”之规定,在A电站资产办理抵押登记的情况下,该电站占用范围内的土地使用权亦应视为一并抵押,某银行有权对A电站占用范围内的水利设施用地使用权享有优先受偿权。

最后,根据《城市房地产管理法》第五十一条“设定房地产抵押权的土地使用权是以划拨方式取得的,依法拍卖该房地产后,应当从拍卖所得的价款中缴纳相当于应缴纳的土地使用权出让金的款额后,抵押权人方可优先受偿”之规定亦可知,即使单纯从土地使用权角度来讲,法律亦并未限制以划拨方式取得的土地使用权进行抵押,只是在拍卖时应当以拍卖价款优先补缴土地出让金而已。

综上,某银行与某电力公司、某电站有限公司依法签订《最高额抵押合同》《关于C电站、D电站整体资产抵押的补充说明》,由某电力公司、某电站有限公司以其合法所有的A电站、B电站、C电站、D电站整体资产进行抵押,为某电力公司、某电站有限公司真实意思表示,抵押资产不属于法律禁止抵押的范围,且各方已在水电站主管部门凉山彝族自治州水务局办理电站整体抵押登记手续,抵押登记合法有效,某银行对该电站享有的抵押权有效设立。

---

① 现行《民法典》第三百九十七条。

三、案例点评

通过检索的案例来看,按照当时适用的法律规定,司法实践中,认定水电站抵押有效设立的前提就是水电站项下涉及的房屋、土地、机器设备、在建工程已经按照传统的登记方式办理了登记,即水电站项下涉及的房屋抵押需要在不动产中心办理登记手续,土地使用权、在建工程抵押在国土资源局办理登记手续,机器设备在工商局办理了登记。因此,如按照传统机械理解,某银行诉某电力公司金融借款合同纠纷案项下某银行抵押权必然无法得到法院支持,违背各方当事人真实意思表示,亦损害金融机构合法利益。

就此,国浩律师的代理思路突破传统司法实践中关于水电站资产抵押有效设立的认定标准,从法律规定、立法基本原则和立法本意出发,并结合国家政策导向,重点强调水电站整体抵押不等于一般意义上的房屋、土地使用权、机器设备抵押,其实质是以水电站的各类的整体资产作为抵押物,主要凸显的是水电站及其产生的电力的整体价值,不宜直接拆分进而分别办理抵押登记,否则将严重影响水电站价值,国家也鼓励金融机构开展水电站整体资产抵押融资方式,将水电站建设、运营的主管部门作为水电站整体资产抵押的登记部门符合实践惯例和行政权力划分要求,且从抵押登记办理的本意上来看,抵押登记的办理本就为起到公示的目的,在负责水电站建设、运营的主管部门办理抵押登记可以达到公示目的,符合抵押权有效设立标准。

国浩律师的代理思路最终得到了最高人民法院的认可,维护了金融机构合法利益,对实践中如何认定水电站整体资产或其他同类型资产整体抵押权的有效设立标准极具有参考价值。

四、专家推荐

推荐人:李世亮　国浩律师事务所执行合伙人

推荐内容:

针对水电站抵押权设立问题,国浩律师在无明确具体的法律规定的情况下,结合抵押权设立的一般规定,从法无明确禁止即自由的基本原则、抵押登记的公示目的、水电站整体资产抵押的价值意义等方面入手,对以水电站整体资产抵押并在水务局办理抵押登记的合法性、合理性进行了深入分析并逐一发表法律意见,同时检索了相关类似案例、政策文件作为支撑,体现了国浩律师深厚的法律功底和专业的法律素养。该案的代理思路突破传统司法实践的中关于"水电站"抵押有效设立的认定标准,并最终得到最高人民法院认可,对于实践中办理水电站整体抵押的操作方式以及对现行法律法规并未明确规定登记机关所对应的担保权的设立具有典型意义。

保理人明知应收账款虚构情况下，如何认定法律关系和责任的承担？

承办律师

周喆人　国浩律师(上海)事务所管理合伙人

赵德林　国浩律师(上海)事务所合伙人

高溱徽　国浩律师(上海)事务所律师

■ 案例概述

保理业务是一种以应收账款转让为核心的综合性金融服务业务，涉及主体众多，法律关系复杂，保理合同纠纷也一直是司法实践中的难点。我国《民法典》首次从法律层面对保理合同进行了规定，将保理合同纳入有名合同，为保理合同纠纷案件的审理提供了明确的法律依据。

由国浩上海管理合伙人周喆人、合伙人赵德林、律师高溱徽承办的保理人明知应收账款虚假案，系在《民法典》出台的背景下，法院认定保理人明知应收账款系虚构甚至参与虚构、从而支持应收账款债务人和担保人以"本案名为保理、实为借贷""本案不存在真实的应收账款""本案不存在保理人基于对真实应收账款及付款承诺发放借款的信赖""债务人未作出提供担保等增信的意思表示"等理由对抗保理人并且最终判决保证人无须承担付款责任的典型案例。本案入选"上海市高级人民法院2023 年第二批参考性案例"和"2022 年度上海法院金融商事审判十大案例"，供全上海市法院审判参考。

一、案情简介

2016 年 8 月 8 日,某国际商业保理有限公司(系本案保理人,以下简称商业保理公司)与上海某实业有限公司(系本案保理申请人,以下简称实业公司)签订了《保理协议》《保证金协议》,约定实业公司向商业保理公司转让其与上海某国际贸易有限公司(系本案应收账款债务人,以下简称贸易公司)之间因《购销协议》(2016 年 6 月 6 日签订)产生的全部应收账款约 2.7 亿元,以向商业保理公司申请办理有追索权的国内保理业务,实业公司向商业保理公司支付保证金约 279 万元。之后,商业保理公司与实业公司就债权转让事项向贸易公司发出《应收账款转让通知书》,贸易公司亦对此出具了回执,确认其已收到并同意《应收账款债权转让通知书》的内容。此外,燕某某(系本案保证人,亦为国浩客户)向商业保理公司出具了《担保函》,以其责任财产为贸易公司在《购销协议》项下对商业保理公司的付款义务提供担保。

此后,商业保理公司依约向实业公司发放扣除保证金后的保理款 2.5 亿元。然而上述应收账款到期后,贸易公司并未依约履行给付义务。

2019 年 4 月,商业保理公司以应收账款债务人贸易公司未依约履行义务为由提起诉讼,请求人民法院判令:(1)实业公司回购应收账款,向商业保理公司支付回购价款 2.5 亿元以及巨额逾期违约金(按日利率 0.07% 计算,暂计至 2019 年 4 月的逾期违约金约 1.1 亿元);(2)贸易公司向商业保理公司支付应付款项 2.5 亿元及巨额逾期违约金;(3)燕某某就上述第二项付款义务向商业保理公司承担连带清偿责任等。

本案首次开庭结束后,保证人燕某某更换原诉讼代理人,改为委托国浩上海管理合伙人周喆人、合伙人赵德林带领的国浩争议解决团队处理本案。国浩律师通过充分、全面的调查举证,力证系争《保理协议》所对应的应收账款和基础商务合同是由保理人安排、主导虚构而成,本案“名为保理、实为借贷”,应收账款债务人和保证人燕某某无须承担任何责任。而商业保理公司亦委托知名民商法专家出具《专家意见书》以论证案涉应收账款为真实交易并非虚构、应收账款债务人和保证人应当承担责任。

历经多次庭审,上海金融法院于 2021 年 1 月 29 日作出(2019)沪 74 民初 553 号民事判决,上海市高级人民法院于 2022 年 3 月 4 日作出(2021)沪民终 236 号民事判决,一审、二审判决均采纳了国浩律师的观点,最终认定本案保理人明知案涉应收账款系虚构,本案不构成保理关系、实际构成保理人与应收账款债权人之间的借款法律关系(本案名为保理、实为借贷),并驳回了保理人对于应收账款债务人和保证人的相关诉讼请求,判决保证人燕某某无须承担任何责任。

二、案例分析

本案系保理人依据《保理协议》以及相关担保合同的约定追究保理申请人、应收账款债务人以及担保人的责任,属于典型的保理合同纠纷。在接受保证人燕某某的委托之后,国浩律师立即展开对本案的全面分析和研究。"如何证明本案保证人燕某某无须承担保证责任"系燕某某的主要诉求,也成为本案亟待解决的核心难题。

(一)主要争议焦点之一:系争法律关系性质与效力应如何认定?案涉保理业务项下的应收账款是否真实有效?保理人是否对此明知?

保理业务是一种以应收账款转让为核心的综合性金融服务业务,真实、合法、有效的应收账款转让是开展保理业务的前提。一般而言,保理法律关系的成立由三个要素构成:一是以应收账款转让为前提;二是存在书面的保理合同;三是保理人提供应收账款催收、管理、坏账担保或保理融资等服务。因此,真实、合法、有效的应收账款转让不仅是保理法律关系成立的基本要件,也是保理法律关系区别于其他法律关系的根本特征。

然而,国浩律师经仔细研究在案材料后发现:案涉保理业务项下并不存在真实有效的应收账款,案涉保理业务的《购销协议》实际上系由保理人在保理申请人与应收账款债务人已履行完毕的购销合同基础上制作而成。基于此,国浩律师在本案中提出了"系争《保理协议》所对应的应收账款和基础商务合同系由保理人安排、主导虚构且保理人对此明知,本案不构成保理关系、保理人与应收账款债权人之间实际上构成借款法律关系(本案名为保理、实为借贷)"的观点,并围绕上述观点展开了严格、周密的论证,具体如下:

1. 国浩律师注意到,本案其他当事人曾就本案向上海市公安局报案,控告商业保理公司涉嫌诈骗。上海市公安局浦东分局经侦支队曾经对商业保理公司的多名相关员工就"案涉保理业务的开展过程"进行过多次询问并形成询问笔录,各人表述的内容前后基本一致且能相互印证,足以证明:本案之基础商务合同系根据商业保理公司的要求和安排虚构而成。

具体而言,商业保理公司的风控副总和评审部员工均承认:案涉业务进行之初,实业公司提供的原始贸易合同约定的是“带款提货”,故该交易已经钱货两清、没有应收账款,并不符合保理业务收款账期的要求。但商业保理公司为符合保理的形式要件,单方重新制作了有收款账期的贸易合同,即本案的基础商务合同,并要求实业公司和贸易公司配合签署。而结合实业公司所提交的证据,真实交易关系项下的货款早在2016年8月8日前已支付完毕,所谓的“应收账款”并非真实存在。国浩律师花费大量工作时间将上述经侦笔录按照时间、主体、内容等因素进行摘选与对比整理后,以表格的形式清晰地呈现给法庭。此外,在本案庭审过程中,原告商业保理公司曾申请其风控副总和评审部员工(亦上述经侦笔录中的主要经办员工)作为证人出庭作证、接受质证,国浩律师对其展开了全方位的询问,各证人对公安机关询问笔录上签名及捺指印的真实性均予以确认,其证人证言与经侦笔录内容亦基本吻合。商业保理公司的风控副总称,其在案涉保理业务中负责方案的审核,在公安机关陈述的意思是实业公司和贸易公司提供的合同本身有问题,所以由商业保理公司提供模板,在没有材料证明案涉保理业务存在应收账款的情况下,商业保理公司领导却告知存在真实有效的应收账款,要求风控副总对方案予以通过。评审部员工称,其在案涉保理业务中根据领导安排协助法务部起草合同,其起草的合同模板和案涉保理业务中的购销合同是一致的,客户提供的原合同中没有付款期限,其起草的合同中有关付款期限的条款是按领导要求拟定的。基于此,国浩律师认为,证人证言与经侦笔录已充分证明实业公司并没有通过本案“保理业务”向商业保理公司融资的真实意思表示,而且本案所有涉及“保理融资”的文件、行为、动作都是商业保理公司所主导、制作、推动的。

2. 案涉文件的签署时间上亦可印证案涉基础商务合同系虚构而成。《购销协议》记载的签署日期虽然是2016年6月6日,但实际上,根据经侦笔录中商业保理公司主要经办员工的陈述,《购销协议》和《保理协议》等文件均于2016年8月8日签订。

3. 案涉基础商务合同本身自相矛盾也足以印证案涉基础商务合同系虚构而成。《购销协议》约定,“交货周期为2016年6月6日至2016年7月31日”,但同时签署的《补充协议》却又约定在2016年6月6日“实业公司的对应供货义务均已经履行完毕”。此外,国浩律师还注意到,保理人提交的用以证明基础商务合同已履行完毕的4张提货单中有3张的时间在6月6日之后,分别为6月14日和7月20日,均晚于《补充协议》记载的供货义务履行完毕日;原告提交的用以证明基础商务合同已履行完毕的发票上记载的单价有4种,而《购销协议》却只约定了1种单价。

综上所述,国浩律师认为,无论是从保理人全程主导、安排虚构本案《保理协议》所对应的应收账款和基础商务合同的行为来看,还是从“上海市浦东新区公安局经侦支队询问笔录”中多方相印证的表述来看,均充分证明了案涉应收账款和基础商务合同是虚构的。

最终,本案一审判决和二审判决均采纳了国浩律师提出的主张和意见,认定案涉保理业务并不存在真实有效的应收账款,而商业保理公司对应收账款虚假一事明知,并且接受应收账款虚假的事实叙做保理业务,其本身并非善意。因此,本案并不构成保理法律关系,实际上构成保理人与应收账款债权人之间的借款法律关系。

(二)主要争议焦点之二:案涉保理业务项下的应收账款债务人贸易公司是否需要承担付款责任?保证人燕某某是否需要承担保证责任?

国浩律师注意到,从相关保证约定来看,保证人燕某某事实上是仅为应收账款债务人贸易公司在基础商务合同及案涉保理业务项下的付款义务承担担保责任。基于此,国浩律师提出了“若应收账款债务人贸易公司不承担付款义务,则保证人燕某某亦无须承担担保责任”的观点,并进一步从“贸易公司付款承诺针对的应收账款本身为虚构”以及“贸易公司未作出提供担保等增信的意思表示,其签署回执的行为既不构成债的加入,也不构成债的担保,更不应承担侵权责任”等方面围绕“应收账款债务人贸易公司无须承担支付责任、保证人燕某某当然无须承担相应保证责任”展开了缜密的论证。

1. 应收账款债务人贸易公司签署《应收账款转让通知书》相关回执的前提是:包括保理人在内的各方均明知虚构的基础商务合同项下并不存在“应收账款”,故作为应收账款债务人的贸易公司无须针对保理人已明知并由其安排虚构之“应收账款”履行所谓“付款承诺”。

国浩律师认为,从回执本身的表述来看:回执仅针对基础商务合同项下的“应收账款”,其来源于“应收账款”,付款范围也仅限于“应收账款”。而本案基础商务合同及其项下“应收账款”皆系保理人安排虚构而成、实际并不存在。换言之,作为回执之“付款承诺”所对应的收款人(保理人)在安排签署并收受回执时,已明知针对虚构“应收账款”所作的回执全部内容均非真实。正是基于此原因,作为应收账款债务人的贸易公司才敢于签署回执、进行所谓“确认”并作出所谓“付款承诺”。即使基于最浅显的认知,贸易公司也有充分的理由认为:针对保理人已明知不存在且由其主导虚构的“应收账款”所作的“付款承诺”当然不需要、也不可能要求应收账款债务人履行。故贸易公司在回执中的“确认”和“付款承诺”即使作出,也因缺乏真实存在的“应收账款”这一事实基础而不具有法律效力。

2. 贸易公司未作出提供担保等增信的意思表示,其签署回执的行为既不构成债的加入,也不构成债的担保,更不应承担侵权责任。

(1)无论是从构成要件来看,还是从法定程序来看,应收账款债务人贸易公司签署回执的行为都不构成“债的加入”。

第一,从构成要件来看,根据《民法典》第五百五十二条对“债的加入”的规定,首先,第三人需向债权人作出“加入债”的明确意思表示,这是构成“债的加入”的必要要件。在本案中,从应收账款债务人贸易公司签署的回执之行文表述来看,贸易公司的所有承诺仅系围绕基础商务合同项下“应收账款”本身,并未涉及任何保理人与应收账款债权人在《保理协议》项下的债权债务关系,应收账款债务人也从未向保理人作出过直接的、明确的“加入债”的意思表示,因此,应收账款债务人贸易公司签署回执的行为并不足以构成“债的加入”。其次,债权债务关系的有效存在是构成“债的加入”的前提。而贸易公司签署的回执所针对的“应收账款”本身不存在,系无效的、虚假的债权债务关系。基于此,应收账款债务人贸易公司签署回执的行为已丧失构成“债的加入”的前提。最后,“债的加入”的责任承担范围仅限于第三人愿意承担的债务范围。从回执的行文内容来看,应收账款债务人贸易公司明确,其仅愿意对基础商务合同项下的“应收账款”承担付款义务。而在贸易公司签署该回执之前,包括保理人在内的各方均已知晓基础商务合同及其项下“应收账款”皆由保理人虚构而成、实际并不存在,因此,应收账款债务人贸易公司在回执中愿意承担的债务范围并不存在,其行为根本无法构成“债的加入”。第二,从法定程序来看,参照《全国法院民商事审判工作会议纪要》(以下简称《九民纪要》)第十七条关于对外担保的规定可知:公司对外加入债务不是法定代表人所能单独决定的事项,必须以公司股东(大)会、董事会等公司机关的决议作为授权的基础和来源。就本案而言,应收账款债务人贸易公司签署并围绕“应收账款”作出“确认”和“付款承诺”的回执上,仅有贸易公司及法定代表人盖章,而贸易公司内部并未就回执签署一事经过股东会或董事会决议等任何公司机关决议。因此,无论回执是否构成“债的加入”之意思表示,均不符合公司对外“债务加入”的法定程序。而保理人也未审查或要求审查贸易公司的公司决议,亦不能被认定为善意债权人。综上,应收账款债务人贸易公司签署回执的行为不构成“债的加入”。

(2)无论是从回执本身之表述来看,还是公司对外担保的法定程序来看,应收账款债务人贸易公司签署回执的行为也不构成“债的担保”。

第一,从回执本身的表述来看,应收账款债务人贸易公司从未作出为保理人商业保理公司与应收账款债权人实业公司在《保理协议》项下的债权债务(如有)承担“连带还款”“共同还款”责任或担保责任的意思表示。第二,从法定程序来看,根据《九民纪要》第十七条的规定,公司对外担保的行为不是法定代表人所能单独决定的事项,而必须以公司股东(大)会、董事会等公司机关的决议作为授权的基础和来源。在本案中,应收账款债务人贸易公司签署围绕“应收账款”作出“确认”和“付款承诺”的回执上仅有贸易公司及法定代表人盖章,没有经过贸易公司股东会或董事会决议。而保理人也未审查或要求审查贸易公司的公司决议,因此不能被认定为善意债权人。因此,根据《九民纪要》的规定,无论回执是否构成“债的担保”之意思表示,贸易公司签署回执的行为不构成“债的担保”。

(3)应收账款债务人贸易公司就其签署回执的行为更不应承担侵权责任。

结合相关法律规定来看,一般侵权责任构成要件包括:①违法行为;②损害事实;③因果关系;④主观过错。欠缺任何一个构成要件,都不构成一般侵权责任。而就本案而言,在损害事实方面,本案一系列“交易”均是为了满足保理人商业保理公司之需求而虚构,其并未发生实际损害。在主观过错方面,本案保理人商业保理公司明知并全程主导、安排有关文件的虚构和造假,具有重大过错。而应收账款债务人贸易公司签署回执的行为仅是应保理人之要求、在其安排下实施的被动配合行为,系为保理人之利益按其指示行事。故相对而言,贸易公司本身并无过错。综上,因不满足侵权责任的构成要件,贸易公司就其签署回执的行为不应承担侵权责任。退一步讲,即使保理人商业保理公司因为《保理协议》受到了实际资金损失,但贸易公司并非资金的使用方或受益人。更为重要的是,造成保理人损失的主要原因是其自身的过错。基于此,应收账款债务人贸易公司更不应当承担侵权责任。

3. 在充分论证前述观点的基础上,国浩律师进一步认为,本案保证人燕某某系为应收账款债务人贸易公司在基础商务合同及案涉保理业务项下的付款义务承担担保责任,若贸易公司不承担付款义务,燕某某当然无须承担任何保证责任。最终,上海金融法院作出的一审判决和上海市高级人民法院作出的二审判决采纳了国浩律师提出的主张和意见,认定本案应收账款债务人贸易公司无须承担付款责任,保证人燕某某无须承担任何责任。

三、案例点评

近年来,我国保理业务蓬勃发展,保理合同纠纷也层出不穷。从立法层面来看,在《民法典》出台之前,保理合同在我国属于无名合同。在相关司法实践中,法院倾向于将保理合同作为同时包含债权转让、金融借款、劳务提供等多种法律关系、包含有名合同和无名合同关系的准混合契约来进行认定。2021 年 1 月 1 日起施行的《民法典》则首次从法律层面对保理合同进行了规定,《民法典》合同编之第十六章新增加了 9 条规定,使得保理合同成为 19 种典型合同之一,《民法典》将保理合同纳入有名合同,亦为保理合同纠纷案件的审理和处置提供了法律依据。

在本案中,法院在判决书中明确指出,本案系保理合同纠纷,根据《最高人民法院关于适用〈中华人民共和国民法典〉时间效力的若干规定》第十二条之规定,《民法典》施行前订立的保理合同发生争议的,适用《民法典》第三编第十六章关于保理合同的规定。而本案法院主要适用的是《民法典》第七百六十一条、第七百六十三条之规定。《民法典》第七百六十一条规定,保理合同是应收账款债权人将现有的或者将有的应收账款转让给保理人,保理人提供资金融通、应收账款管理或者催收、应收账款债务人付款担保等服务的合同。第七百六十三条则规定,保理合同中在虚构应收账款情形下的不可对抗规则,即"应收账款债权人与债务人虚构应收账款作为转让标的,与保理人订立保理合同的,应收账款债务人不得以应收账款不存在为由对抗保理人,但是保理人明知虚构的除外"。

围绕上述法律规定,国浩律师全面、充分地论证了案涉保理业务并不存在真实有效的应收账款,而保理人对应收账款虚假一事明知甚至参与、主导了虚构应收账款等事宜,该等观点得到了上海金融法院和上海市高级人民法院的采纳,法院最终认定本案“名为保理、实为借贷”,应收账款债务人和保证人无须承担任何责任。

四、专家推荐

推荐人:申黎　国浩律师(上海)事务所合伙人

推荐内容:

本案是在《民法典》出台的背景下,法院适用《民法典》第七百六十三条之规定,认定保理人明知应收账款系虚构甚至参与虚构,最终支持应收账款债务人和担保人以“不存在真实的应收账款”“不存在保理人基于对真实应收账款及付款承诺发放借款的信赖”为由对抗保理人从而无须承担付款责任的典型案例。

本案的成功代理对于同类案件具有示范意义,同时,也为实践中如何适用《民法典》之保理合同的相关规定、如何论证保理人系知假造假以及应收账款债务人及其担保人应如何有效抗辩等方面均提供了一定的借鉴和参考价值,具有极大的代表性和典型性,亦在一定程度展示了国浩律师在商事争议解决领域的专业的、优秀的业务水平。

第三章　证 券 业 务

如何利用无固定期限资本债券开启金融机构融资新渠道？

承办律师

宋　钊　国浩律师(郑州)事务所管理合伙人、主任

李　光　国浩律师(郑州)事务所合伙人

赵　慧　国浩律师(郑州)事务所合伙人

岳永平　国浩律师(上海)事务所合伙人

案例概述

债券发行是资本市场常见的标准化产品。但作为一种重要的创新资本工具，商业银行无固定期限资本债券(永续债)此前在河南省内并无先例可循。

国浩郑州管理合伙人、主任宋钊，合伙人李光、赵慧与国浩上海合伙人岳永平组成项目团队，为某银行股份有限公司(以下简称某银行，现已被中某银行股份有限公司吸收合并)两次永续债的发行提供了全方位、高质量的法律服务，打破了河南省金融机构永续债“零”的纪录。

一、案情简介

2020 年 11 月 19 日，中国人民银行总行批复，同意某银行发行人民币 20 亿元永续债用作补充其他一级资本。2020 年 12 月 4 日，某银行 2020 年无固定期限资

本债券(永续债)成功发行,此次债券采用实名制记账式,此次债券金额人民币10亿元,发行利率4.8%,单位票面金额为人民币100元,此次债券最小认购金额为人民币1000万元,且必须是人民币500万元的整数倍。信用评级机构为东方金诚国际信用评估有限公司,发行人的主体信用评级为AA,此次债券信用评级为A+。此次债券由主承销商组织承销团,通过簿记建档方式在全国银行间债券市场公开发行,主承销商为中国国际金融股份有限公司。此次债券的受偿顺序在存款人、一般债权人和处于高于此次债券顺位的次级债务之后,发行人股东持有的所有类别股份之前;此次债券与发行人其他偿还顺序相同的其他一级资本工具同顺位受偿。投资者不得回售此次债券,此次债券发行结束后,按照全国银行间债券市场债券交易的有关规定进行交易流通。

2021年6月29日,某银行继2020年成功发行河南省内金融机构首单永续债10亿元后,再次成功发行2021年无固定期限资本债券(永续债)。本期债券金额10亿元,发行利率4.8%。

二、律师工作

商业银行无固定期限资本债券(永续债)作为一种重要的创新资本工具,推出的时间却不长,迟至2019年1月25日,中国银行才发行了国内首单金融机构永续债。

永续债属于混合资本工具,与优先股的作用相同,能够补充商业银行的一级资本。根据监管标准,商业银行的资本结构可以分为三个层次。一是核心一级资本,主要补充工具包括定增、配股、可转债转股等。二是一级资本,补充工具包括优先股、永续债。三是二级资本,补充工具主要是银行发行的二级资本债。《中国银监会关于商业银行资本工具创新的指导意见》(银监发〔2012〕56号,已失效)对银行永续债的特征进行了界定。永续债无到期日,受偿顺序排在存款人、一般债权人和次级债务之后。发行之日起,至少5年后方可由发行银行赎回,但发行银行不得形成赎回权将被行使的预期,且行使赎回权应得到银行监管机构的事先批准。永续债吸收损失的方式可以有两种,分为减记与转股。出现触发事件时,通过减记或转股使得商业银行的核心一级资本充足率恢复到触发点以上。

国浩律师为此次发行主要做了如下工作:

1. 学习和掌握金融机构永续债的相关法律法规,检索和整理永续债发行的相关的法律法规、监管规定以及相关的业务指引,主要包括《公司法》《商业银行法》《银行业监督管理法》《商业银行资本管理办法(试行)》《全国银行间债券市场金融债券发行管理办法》《全国银行间债券市场金融债券发行管理操作规程》《中国人民银行公告〔2018〕第3号》等。

2. 尽职调查。对债券发行相关事项的审查需建立在对实际情况的调查基础之上,而律师参与债券法律业务的基础即对发行人、发行要素等实施尽职调查。具体包括:向发行人发出尽调清单,要求发行人按清单要求出具尽调材料;听取发行人其自身经营以及此次发行情况的介绍;对发行人提供的尽职调查文件进行审阅,并就复印件与其相应的原件进行核对;参加中介机构协调会,与其他中介机构共同讨论与此次发行有关的重要问题;对发行人相关部门及负责人员进行访谈并对尽职调查中存在的疑问进行询问;审查发行中的相关申报文件等。

3. 出具法律意见书。基于在尽职调查过程中所收集的文件和材料以及所了解的事实,项目团队成员运用专业知识,结合在前期检索整理的相关法律法规和规范性文件的规定,就永续债发行的合法合规性出具《法律意见书》,意见书主要对下列事项发表了意见:发行人的主体资格、发行的批准和授权、发行的实质条件、募集资金的用途、发行的主要条款、信用评级、中介机构、发行的申请文件以及发行人的重大诉讼、仲裁或行政处罚事项,并最终发表了结论性意见。

4. 根据发行审核等监管部门的反馈对法律意见书进行修改、补充或回复相关反馈。在首次申报后,发行审核等监管部门可能对法律意见书等申报文件提出一些反馈意见,律师要针对反馈意见中提出的相关问题,对法律意见书进行修改、补充或对相关的意见予以回复,确保发行申报能够顺利审核通过。

三、案例点评

提升服务实体经济和防范化解重大金融风险能力是金融管理和监管部门全力推动永续债创设的初衷。为保证商业银行有足够的资本支持实体经济,2018年年初原银监会联合中国人民银行、证监会、原保监会、国家外汇管理局共同发布《关于进一步支持商业银行资产工具创新的意见》,中国人民银行发布《中国人民银行公告〔2018〕第3号》,为境内银行永续债破题。在中国人民银行和银保监会的大力支持和推动下,永续债仅用一年时间就完成了大量前期调研论证和产品研发工作,并用不到一个月时间就完成了首单发行,后续永续债发行密集而有序,充分彰显了金融管理和监管部门对永续债的全力支持。同时中国人民银行和银保监会还配套出台多项政策为永续债的迅速发行保驾护航,永续债市场快速形成,为商业银行支持实体经济提供了杠杆支点。资本是商业银行加大实体经济投放的动力源,因为资本是高能资金,具有对资产负债表的多倍杠杆撬动效应。国内商业银行一级资本充足率的监管底线是8.5%,每增加1亿元的资本,可以带动约12亿元的信贷投放。如果信贷资产有合格缓释,这个杠杆倍数还将进一步增加。此类债券发行成功大大激发了市场热情,据统计,境内商业银行已公布发行规模达6730亿元人民币,将会带动超8万亿元人民币的融资投放。优先股只能是上市银行发行,而永续债发行为国内所有商业银行补充一级资本打开了广阔空间,大幅地提升这些机构支持实体经济的能力和动力,具有重大的战略意义。

在当前监管要求金融回归本源、支持实体经济的大背景下,某银行永续债成功发行意义重大。对发行人自身发展来说,一是有助于增强资本实力,提高资本充足率水平,提升风险抵御能力;二是有助于提高其他一级资本占比,优化资本结构,拓宽资本补充渠道。对当地经济社会发展来说,发行20亿元人民币的永续债将在优化资本结构、增强资本实力和抗风险能力的基础上,新增信贷投放规模约200亿元人民币,极大地提升某银行支持地方经济发展的能力,有助于提升服务实体经济质效,缓解信贷规模不足的问题,充分发挥地方法人银行在地方经济社会发展中的使命和担当。同时,这是河南省金融机构成功发行的首单永续债,对其他金融机构充实核心资本、通过创新资本工具融资具有借鉴意义。

发行人能够顺利发行此次永续债并获得融资,一方面反映了监管对于发行人符合发行条件的确认和资本市场对发行人的信心;另一方面反映了国浩律师事务所律师的业务能力和水平。应当注意的是,由于债券虚假陈述现象频发,除了债券发行人的责任承担的明确化以外,我国监管、司法层面也加大了对中介机构的追责力度,对债券承销机构、债券服务机构等的民事责任提出了更严格的要求。因此,律师在从事此类业务的过程中,要不断提高自己的执业水平和风控意识,妥善保存客户委托文件、核查和验证资料、工作底稿以及与质量控制、内部管理、业务经营有关的信息和资料,做到勤勉尽责,对所依据的文件资料内容的真实性、准确性、完整性进行核查和验证,对与法律相关的业务事项应当履行法律专业人士特别的注意义务,对其他业务事项履行普通人一般的注意义务,制作、出具的文件不能有虚假记载、误导性陈述或者重大遗漏。

四、专家推荐

推荐人:张付成　郑州大学法学院副教授

推荐内容:

本项目是河南省金融机构成功发行的首单永续债,打破了河南省金融机构永续债“零”的纪录。此次永续债的顺利发行,使发行人获得了共计20亿元人民币的融资,在当前监管要求金融回归本源、支持实体经济的大背景下,该银行永续债成功发行意义重大,既有助于增强资本实力,提高资本充足率水平,提升风险抵御能力;又有助于提高其他一级资本占比,优化资本结构,拓宽资本补充渠道;且有助于提升服务实体经济质效,缓解信贷规模不足的问题,充分发挥地方法人银行在地方经济社会发展中的使命和担当。

股票期权纠纷通过商事诉讼解决抑或通过劳动争议解决究竟有何不同？

承办律师

程良奎　国浩律师(深圳)事务所合伙人

■ 案例概述

上市公司授予公司员工股票期权是公司与员工之间频发争议的领域，尤其是股票期权具有一定的人身属性，是否属于劳动报酬以及在判定是否符合行权条件时，均涉及公司法、劳动法以及证券法等交叉法律适用的问题，该等争议的法律适用一直以来是理论界和实务界争议的焦点和难点。

由国浩深圳合伙人程良奎于2018年3月经办完成的“韩某某诉深圳某供应链公司股票期权纠纷案”即是一起员工与公司授予股票期权争议纠纷的案例。该案论证严谨，经办律师充分运用了劳动法、公司法和证券法有关股票期权的专业知识，从适用公司法、证券法以及当事人的意思自治原则角度出发，结合了本案中股票期权相关文件的内容，对案件的争议焦点剥茧抽丝，通过对股票期权收益的准确定性，成功地为被代理人在二审扭转了不利局面。本案充分体现了律师的专业水平，对员工期权争议的法律适用、员工签署放弃权益文件的有效性等问题作出了极具参考价值的回应。

一、案情简介

韩某某自2011年7月入职深圳市某供应链有限公司(以下简称深圳公司)，2013年11月深圳公司授予韩某某股票期权，在第一个行权期完成后，双方均无争议,在第二个行权期内,韩某某劳动关系转移至深圳公司关联公司。在 2014 年度考核完成后,韩某某的考核未能达标。深圳公司基于公司规章制度和股权激励的协议安排,取消了韩某某的行权资格后,其本人亦未在期限内向公司提出申诉。2016 年 3 月,韩某某向深圳公司提出希望离职并获得一定数额的补偿,深圳公司本着人文关怀和解决问题的角度出发,同意支付一定数额的补偿以了结双方之间的全部权利义务。2016 年 3 月 26 日,双方签署了《劳动合同解除协议》解除劳动合同,深圳公司同意向韩某某支付 8 万元补偿,韩某某"保证不再基于劳动关系向甲方提出任何补偿、赔偿请求,或者向任何劳动争议仲裁机构(法院)提起仲裁(起诉)"。在离职后,韩某某已经取得相应补偿款项,但韩某某又基于《股票期权授予协议书》向深圳仲裁委员会提起股票期权的商事仲裁申请。

在其提交仲裁申请后,又撤回了前述仲裁申请,并转而向深圳市中级人民法院提起确认《股票期权授予协议书》仲裁条款无效之诉,经广东省高级人民法院最终认定,确认《股票期权授予协议书》仲裁条款无效。韩某某以上述裁定为基础,向深圳市劳动人事争议仲裁委员会提起劳动仲裁,要求深圳公司支付奖金 856,380 元。在仲裁程序中,仲裁委员会驳回了韩某某全部仲裁请求。韩某某对裁决结果不服,向深圳市福田区人民法院起诉,并要求支付劳动报酬 856,380 元,一审法院判决深圳公司向韩某某支付《股票期权授予协议书》约定的第二个行权期对应的现金收益。

因该案件的一审结果不理想,且影响人员众多,可能会对深圳公司造成重大不利影响。深圳公司委托程良奎律师等介入二审并向深圳市中级人民法院提起上诉。深圳市中级人民法院经审理认为,韩某某无权提出相应诉请,其相应主张缺乏事实和法律依据。最终撤销广东省深圳市福田区人民法院(2017)粤 0304 民初 3411 号民事判决,并驳回被上诉人韩某某的诉讼请求。

二、代理思路

长期以来,对于员工股票期权争议案件的定性一直争议较多,不同法院对待该类案件各有不同,应当作为商事争议还是劳动报酬纠纷始终没有形成统一意见,因此引发的个案中的争议层出不穷,甚至是同一地区的司法机关也会存在完全不同的认定。对此,国浩律师结合本案所涉的基本事实以及人民法院的裁判规则入手,主要从案件应当属于劳动争议而非商事争议进行法律适用,且员工离职时签订的“一揽子”解决争议的文件应当对各方有约束力,可以解决双方的争议。因此,国浩律师通过对案件发展的事实梳理、关联案件的影响以及裁判规则的把握,确定了二审逆转翻盘的代理思路。

1. 提出一审判决的程序错误,借此达到推翻一审的程序基础。一审判决判非所请且判项不明确,且违反了劳动争议的前置程序。

首先,韩某某一审时的诉讼请求是“支付劳动报酬 856,380 元”,一审法院的判决是深圳公司向韩某某“支付双方在 2013 年 11 月 18 日所签订《股票期权授予协议书》中约定的第二个行权期限对应的现金收益(计算方式:按 2015 年 11 月 18 日至 2016 年 11 月 17 日交易日内股票代码为某某的实际平均价格与行权价格 7.1 元之差乘以 21,000 份)”。不仅判非所请,而且对双方当事人连基本的释明都没有。

其次,判项列明的计算方式为“按 2015 年 11 月 18 日至 2016 年 11 月 17 日交易日内股票代码为某某的实际平均价格与行权价格 7.1 元之差乘以 21,000 份”,并未指明何谓“实际平均价格”、“实际平均价格”如何计算以及法律依据。

最后,韩某某劳动仲裁程序的仲裁申请是“支付奖金 856,380 元”,一审诉讼请求是“支付劳动报酬 856,380 元”,两者内涵、外延都不相同,其一审诉讼请求并未经过劳动仲裁前置程序。

2. 韩某某在深圳公司离职时,双方已经通过《劳动合同解除协议》处置了双方之间因劳动关系而产生的全部权利义务,深圳公司已经依约支付了韩某某的全部补偿,韩某某不应再行获得其他任何利益。

2015 年 11 月开始,韩某某因对在某事件中被追责不满而长期请病假。而后在 2016 年,因韩某某提出离职,且已经基于离职签署了相应协议领取了补偿款项,其明确承诺不得对深圳公司提出索赔或主张,对其实体权利和诉权进行了明确的处置。因此,韩某某无权从深圳公司处获取任何因劳动关系而产生的利益。

3. 韩某某基于股票期权的诉求是没有法律依据的,从证券法的角度而言,丧失行权资格后,也不存在任何补偿收益的法律基础。

(1)股票期权首先是一种资格,《股票期权授予协议书》第一条明确“经甲方董事会按照甲方股票期权的有关规定进行评定,确认乙方具备被授予股票期权的资格”,已经清楚地说明了是“期权”,而非“股票”,无法也不能进行现金折算。这一点在韩某某在深圳仲裁委员会申请仲裁时的请求为“要求被申请人履行股票期权授予协议书中授予第二个行权期30%(21,000股)股票期权”可见一斑,韩某某其实是认可这一概念逻辑的。

(2)股票期权如果要兑现为现金收益(劳动报酬或者福利待遇),还需要经过①行权人被授予行权资格;②行权人出资(含缴税)购买约定数额的股票;③在股价高出购买价时卖出。仅仅是被授予了行权资格,但如果不能成就后两个条件是无法兑现成现金收益的,甚至面临亏损。

(3)在双方签署确认的《股票期权激励计划》第六章“激励计划的会计处理”第二条中确定的第二个行权期每份股票期权的公允价值为2.38元,所以,即便按照一审判决抛开全部法律规定的做法及相关逻辑,也应是按照双方确认的公允价值进行计算,而一审判决妄自臆断进行折算,无视双方的合同约定,无视各方之间关于股票期权的全部文件都已经证监会等机构审核、公示,无视股票期权所应受限的法律法规,故该判决依法应予以纠正。

综上所述,韩某某主张应当以其签署《股票期权授予协议书》确定对其进行补偿的主张,深圳公司认为其已经对其权利进行了实际处置,且其不符合前述协议中约定的行权条件和资格,其主张缺乏事实和法律基础,不能成立。

三、案例点评

经过对案件的检索和分析,并对相关案例判项进行梳理,在遵循现有司法体系的前提下,国浩律师认为,应当适用公司法、证券法以及当事人的意思自治原则进行判断和处理,否则将出现扯不清、无法判的现象。从股票期权本身而言,其并不是一种固定收入,而是一种预期收入,而该等收入可能是一种较大收益,亦可能因未完成指标或未达标而丧失行权资格后,无法取得相应收益。特别是在目前司法体系下,处理劳动纠纷的从业人员对证券知识、证券业务是了解甚少的,更难以意识到证券法律事务的特殊性及复杂性。同时,广东省及深圳市相关司法机关也倾向于适用劳动法审理股票期权相应纠纷,如果能够建立有效的机制,区分或确立股票期权相应纠纷与劳动争议纠纷实质的关联关系,不是“一刀切”式的统一适用劳动法来进行认定,并按照公司法、证券法审理股票期权纠纷,则将省去劳动仲裁的前置程序,最大限度地减少当事人的负担,更能有效节省司法资源。

四、专家推荐

推荐人:高圣平　中国人民大学吴玉章讲席教授、博士生导师

推荐内容:

1. 关于股票期权的法律适用问题

关于股票期权纠纷处理及法律适用,在现行司法制度下,应当按照双方协议约定的管辖还是劳动纠纷进行处理仍存在争论。在现有司法实践中,各种处理方式都有,部分法院认为应当按照劳动纠纷进行处理,而部分法院认为应当按照双方协议约定的内容以公司法、证券法及合同法作为基础进行审理,但至今以何种方式进行处理并没有定论。而核心问题是,股票期权相应权利如何行使以及法院如何作出判决,应以其法律依据和权利来源进行判断,虽然股票期权系基于员工身份授予的,但如何行权以及行权资格均是基于公司法、证券法而予以明确的,因此结合本案,股票期权相应收益应当以此为基础进行判断。

2. 关于员工离职签署的处置协议法律认定问题

通常而言,为妥善解决员工与公司之间所有的问题,公司通常要求员工在离职时签署全部事宜已经解决的"一揽子"协议,旨在解决后续争议事宜。结合本案中的相关事实:2016 年 3 月 26 日,双方签署了《劳动合同解除协议》解除劳动合同,深圳公司同意向韩某某支付 8 万元补偿,韩某某"保证不再基于劳动关系向甲方提出任何补偿、赔偿请求,或者向任何劳动争议仲裁机构(法院)提起仲裁(起诉)",对其实体权利和诉权进行了明确的处置。其再提起相应仲裁主张已经实质上构成对双方达成的协议的违反,在二审程序中,人民法院亦对该等事实进行认定,并对该等协议能否有效处置相应诉权等事宜作出了认定,最终支持了深圳公司的诉求。

3. 关于股票期权是否属于福利待遇或劳动报酬

结合股票期权的法律基础及权利来源而论,股票期权系基于员工身份授予,在符合行权资格的前提下,得以取得现实收益。且股票期权是一种附条件、附期限且不确定的激励机制,并不是法定的劳动福利,而是一种风险权益。本案中,韩某某被授予的仅是资格,其取得行权后的股票仍需经过资格评定、购买股票、出售股票的过程,而不是直接获得现金收益。因此该等权益不能直接视为福利待遇或劳动报酬。

基于上述显著的特点,该案件是存在典型意义的,也在劳动法领域、公司法领域以及合同法领域厘清了相关法律适用问题。

定向发行股票引发的证券虚假陈述纠纷是否适用《证券虚假陈述若干规定》?

承办律师

王文忠　国浩律师(济南)事务所合伙人

王　涵　国浩律师(济南)事务所律师

樊　月　国浩律师(济南)事务所律师

■ 案例概述

随着我国证券法规越来越重视对投资者的保护,上市公司证券虚假陈述案例越来越多,而关于新三板公司的虚假陈述行为,虽然一直是备受投资者关注的热门话题,但在司法领域却鲜有案例。

由国浩济南合伙人王文忠和律师王涵、樊月于2019年至2021年承办完成的"投资者诉H公司及其董监高证券虚假陈述责任纠纷案"系新三板定向增发虚假陈述索赔胜诉第一案。在投资者仍然持有股票的情况下,山东省高级人民法院(以下简称山东高院)支持了国浩律师提出的股票价值为0元的请求,在国内尚属首例。本案被山东高院评选为"山东法院2021年十大商事审判典型案例"。

一、案情简介

2015年1月15日,H公司股票在新三板挂牌转让。2015年4月28日,H公司公告虚假记载财务数据的2014年年度报告。2015年4—6月,H公司以虚假年报数据为定价依据,向若干名投资者定向增发875万股股票,定价8元/股,总计融资7000万元。

自2015年8月至2017年1月12日,股价呈现下跌趋势。2017年1月12日停牌日前的价格为1.71元。停牌后H公司未申请复牌,直至2019年8月15日被摘牌。

中国证监会青岛证监局经立案调查后于2018年年底对H公司及其直接责任人员作出行政处罚决定书,认定H公司及相关责任人员实施如下虚假陈述行为:(1)2014年年初虚增银行存款3.10亿元;(2)少披露2014年年末银行借款金额2.35亿元;(3)2014年度虚增收入0.99亿元。

2019年年初,6家投资者(合计投资1800万元)委托国浩律师(济南)事务所起诉H公司及其13名董监高。

本案于2019年1月申请网上立案,国浩律师多次前往青岛市中级人民法院(以下简称青岛中院)沟通立案事宜,因“本案系新类型案件,需要研究、请示”历时5个月才予以正式立案。2020年9月,青岛中院作出一审判决,判定H公司在扣除30%的系统风险后,对定增价格8元/股与摘牌价1.71元/股的差价承担70%的赔偿责任,独立董事承担10%的连带责任。投资者不服一审判决,向山东高院提起上诉。

2021年11月,山东高院认定本案不存在基准日和基准价,采纳国浩律师关于股票价值为0元的代理意见,改判H公司对8元/股的损失承担70%的赔偿责任,独立董事承担5%的连带赔偿责任。

二、案例分析

一审判决作出后,原告即投资者及部分被告均提起上诉。

二审的主要争议焦点为:(1)本案是否属于证券虚假陈述责任纠纷;(2)关于投资者的投资损失与虚假陈述行为之间是否存在因果关系;(3)本案如何确定H公司等被告向投资者承担的赔偿数额。

(一)关于本案是否属于证券虚假陈述责任纠纷

国浩律师认为,本案属于证券虚假陈述责任纠纷,应当适用《最高人民法院关于审理证券市场因虚假陈述引发的民事赔偿案件的若干规定》[以下简称《若干规定》,已被《最高人民法院关于审理证券市场虚假陈述侵权民事赔偿案件的若干规定》(2022年1月21日公布、2022年1月22日起实施)废止]审理判决,理由如下。

《若干规定》第二条规定:“本规定所称投资人,是指在证券市场上从事证券认购和交易的自然人、法人或者其他组织。本规定所称证券市场,是指发行人向社会公开募集股份的发行市场,通过证券交易所报价系统进行证券交易的市场,证券公司代办股份转让市场以及国家批准设立的其他证券市场。”根据国务院于2013年12月13日公布的《关于全国中小企业股份转让系统有关问题的决定》(国发〔2013〕49号),全国股份转让系统是经国务院批准,依据《证券法》设立的全国性证券交易场所,主要为创新型、创业型、成长型中小微企业发展服务。因此,全国股份转让系统属于“国家批准设立的其他证券市场”。

《若干规定》第三条第一项规定的是场外交易,第二项规定的协议转让主要是指流通股份的大宗交易,是股票买卖行为。本案中,H公司收取投资者的投资款,向投资者交付股票,是一级市场(发行市场)的定向发行,是在国家批准设立的证券市场内的股票发行行为,既不是场外交易,也不是协议转让股票,因此,案涉行为不属于《若干规定》的排除适用范围。

综上,投资者属于证券市场的发行市场(一级市场)的定向发行投资者,因被告在披露H公司的年度财务报告时实施虚假陈述导致损失,应当适用《若干规定》审理判决。

山东高院最终采纳了投资者代理律师的观点,认为投资者享有违约之诉或侵权之诉的选择权。全国股转系统属于《若干规定》第二条第二款中所规定的“国家批准设立的其他证券市场”范畴。《若干规定》第三条协议转让主要是指流通股份的大宗交易,协议转让与非公开发行股票明显不同。本案投资者认购H公司非公开发行股票的行为属于在国家批准设立的证券市场上进行的场内交易,其交易方式亦明显有别于协议转让方式,故其不属于《若干规定》第三条规定的适用范围排除情形。本案系在新三板市场发生的证券虚假陈述,虽属于法律制定之初未规定的范畴,但其本质仍属于证券虚假陈述责任纠纷,可以参照《若干规定》所确定的精神和原则进行审理,为新三板市场发展提供司法指引。

(二)关于投资者的投资损失与虚假陈述行为之间是否存在因果关系

国浩律师认为,本案投资者的投资损失与虚假陈述行为之间存在因果关系,理由如下。

《若干规定》第十八条[①]规定:“投资人具有以下情形的,人民法院应当认定虚假陈述与损害结果之间存在因果关系:(一)投资人所投资的是与虚假陈述直接关联的证券;(二)投资人在虚假陈述实施日及以后,至揭露日或者更正日之前买入该证券;(三)投资人在虚假陈述揭露日或者更正日及以后,因卖出该证券发生亏损,或者因持续持有该证券而产生亏损。”根据规定,只要投资者在虚假陈述实施日及以后,至揭露日之前买入股票,且在虚假陈述揭露日及以后至基准日前因卖出,或者至基准日因持续持有该股票而产生亏损,即可认定投资者的投资损失与虚假陈述行为之间存在因果关系。

本案中,虽然《定增协议》未写明签署时间,但签署时间与本案认定因果关系并无关联性,重要的是买入股票时间在实施日之后。首先,投资者系基于对H公司在路演时提供的虚假财务数据的信赖而确定参与认购股票的合作意向,并因H公司路演时所使用的财务数据与2015年4月28日披露的2014年年度报告中的数据一致,继而在实施日之后与H公司签订《定增协议》,缴纳增资款。其次,《定增协议》第二条约定,本次增资完成日需具备三个条件,即到有关机关备案、投资人已被登记为股东以及工商主管部门向H公司颁发变更后的营业执照。投资者于2015年5月21日向H公司转账支付增资款,2015年6月29日股票入账,此时投资者才实际完成增资、买入股票。投资者买入股票的时间均在实施日之后、揭露日之前,并因投资者持续持有股票导致亏损。因此投资者的投资损失与H公司的虚假陈述行为之间存在因果关系。

山东高院对上述观点予以认同,认为投资者于2015年6月29日才增资完成,实际买入股票的时间均在实施日之后、揭露日之前,投资者的亏损与H公司虚假陈述之间具有因果关系。

(三)关于投资者投资损失数额如何确定的问题

国浩律师认为,本案的特殊之处在于揭露日之前,H公司股票已经停牌,此后再无复牌直至摘牌。根据《若干规定》,本案无法确定基准日和股票基准价,投资者有权要求全额损失赔偿,理由如下。

首先,投资者在证券发行市场因H公司虚假陈述行为遭受损失,有权依据《若

① 现行《最高人民法院关于审理证券市场虚假陈述侵权民事赔偿案件的若干规定》第十一条。

干规定》第二十九条要求 H 公司返还和赔偿所缴股款及银行同期活期存款利息。最高人民法院原副院长李国光在 2003 年 1 月 9 日《若干规定》公布当天举行的新闻发布会上的讲话中第五部分“关于赔偿范围和损失计算”,针对《若干规定》第二十九条和第三十条的适用作了如下讲解和说明:(1)《若干规定》按照民法关于侵权赔偿的一般原则,在排除投资人因证券市场系统风险等所造成的亏损的基础上,在第二十九条和第三十条规定虚假陈述行为人在证券发行市场导致投资人损失承担民事赔偿责任的范围,是返还和赔偿投资人所缴股款及银行同期活期存款利息。(2)在证券交易市场导致投资人损失承担民事赔偿责任的范围,是投资人因虚假陈述实际发生的损失,包括投资差额损失、投资差额损失部分的佣金和印花税以及该两项资金自买入至卖出证券日或者基准日,按银行同期活期存款利率计算的利息损失。(3)如果证券发行市场被虚假陈述的证券得以上市交易,并且证券发行市场投资人持续持有该证券,其有权选择按证券交易市场民事赔偿范围请求赔偿损失。法律解释的四种方法中的论理解释,又称目的解释,是指按照立法精神,根据具体案件,从逻辑上,以合理的目的进行的解释。最高人民法院原副院长李国光在公布《若干规定》新闻发布会上的讲话精神,就是对《若干规定》第二十九条之规定进行了论理解释:虚假陈述行为人在证券发行市场虚假陈述,导致投资人损失的,投资人既有权要求虚假陈述行为人按《若干规定》第三十条赔偿损失,也有权要求返还和赔偿所缴股款及银行同期活期存款利率的利息。该决定权在于投资者本人。本案投资者有权要求 H 公司返还所缴股款(投资款)并赔偿银行同期活期存款利率的利息。

其次,本案属于投资者在证券发行市场因 H 公司虚假陈述行为而遭受损失,而不是《若干规定》第三十条①规定的证券交易市场。

再次,H 公司欺诈挂牌、欺诈发行,对于资本市场中小投资者来说,其股票没有任何投资价值,人民法院也不应当认定其股票价值,计算差额损失。《证券法》(2014 修正)第五条②规定:“证券的发行、交易活动,必须遵守法律、行政法规;禁止欺诈、内幕交易和操纵证券市场的行为。”根据中国证券监督管理委员会青岛监管局作出的行政处罚决定书显示:2014 年年初,H 公司即虚增银行存款 3.10 亿

---

① 现行《最高人民法院关于审理证券市场虚假陈述侵权民事赔偿案件的若干规定》第二十五条。

② 《证券法》(2019 修订)第五条。

元,并且在2014年1月1日至2016年6月30日,单某采取虚构现金交款单的方式,虚构现金存款交由财务部门记账,而实际银行存款并未增加。上述事实也被一审法院予以认定。H公司于2015年1月15日在新三板挂牌,其于2014年12月29日公告的《审计报告》对公司2012年度、2013年度、2014年1—5月的财务状况进行审计,审计机构出具了无保留意见的供挂牌使用的《审计报告》。结合行政处罚决定书,H公司于2014年年初就开始进行财务造假,该时间恰恰在挂牌《审计报告》报告期内,足以说明其申请挂牌的《审计报告》存在严重虚假记载,不符合新三板挂牌要求的"公司治理机制健全,合法规范经营",属于欺诈挂牌行为。H公司在2015年定向发行股票中实施了诱多型虚假陈述,根据法律规定,属于欺诈发行行为。H公司在不满足挂牌和发行股票的条件的情况下,通过编造虚假财务信息欺诈挂牌和发行股票,其股票在资本市场必然没有投资价值。H公司通过虚假陈述侥幸发行成功,针对投资者来讲,其欺诈发行导致的损害结果等同于"停止发行"的法律后果,投资者有权选择主张全额赔偿。将H公司挂牌时的《审计报告》以及此后的历次审计报告与行政处罚决定书对比可知:H公司在财务数据造假方面,始于挂牌之前,持续至停牌,会计师事务所在2016年4月不敢继续出具无保留审计报告,H公司干脆直接拒绝披露年度财务报表,直至摘牌。投资者作为被欺诈的中小投资者,有权选择主张H公司全额返还投资款,且不应当被扣除系统性风险。人民法院如将停牌之前一日的1.71元强行认定H公司虚假发行的股票存在价值,作为计算差额损失的基数,则严重侵害了广大中小股东的合法权益。

复次,本案无法认定基准日,无法计算差额损失。《若干规定》第三十三条[①]规定:"投资差额损失计算的基准日,是指虚假陈述揭露或者更正后,为将投资人应获赔偿限定在虚假陈述所造成的损失范围内,确定损失计算的合理期间而规定的截止日期……"虚假陈述基准日的设定是为计算投资人因被虚假陈述行为侵害而遭受的损失提供一个基准日期。该制度设定的最基本的意义在于,从法律上推定至基准日,虚假陈述行为对相关股票价格的扭曲效应已被市场消化,其造成的价格泡沫已被虚假陈述揭露日之后的交易行为所挤净。[②] 第一,本案涉案股票在

① 现行《最高人民法院关于审理证券市场虚假陈述侵权民事赔偿案件的若干规定》第二十六条。

② 参见李国光主编、最高人民法院民事审判第二庭编著:《最高人民法院关于审理证券虚假陈述案件司法解释的理解与适用》,人民法院出版社2015年版,第264页。

2017 年 1 月 13 日就已经停牌,此后再也没有恢复交易直至终止挂牌(2019 年 8 月 15 日),其停牌日、摘牌日前一交易日应为 2017 年 1 月 12 日,均早于一审法院认定的揭露日 2017 年 8 月 17 日。但一审法院却将摘牌日的“前一天”(2019 年 8 月 14 日)确定为基准日,系对《若干规定》第三十三条所述“摘牌日前一交易日”的错误适用。参照《若干规定》第三十三条第三项的规定,本案出现所谓“基准日”在揭露日之前的局面,与设定基准日的法律规定和立法目的不相符,因此,本案无法认定基准日。第二,因无法认定基准日,本案也就无法参照《若干规定》第三十条、第三十一条、第三十二条的规定计算投资差额损失。然而,一审法院在错误认定基准日后,强行依据停牌日前一交易日的股票价格 1.71 元计算差额损失,不仅没有法律依据,同时也不符合设定基准日的立法目的。

最后,退一步讲,即使要计算差额损失,也不应当以 1.71 元为基数计算,而应当以 H 公司当时实际的每股净资产为基数计算。通过对比,剔除行政处罚决定书披露的虚假财务数据,H 公司最后一次披露的年报的截止时间 2016 年 6 月 30 日的净资产为负数,每股净资产也为负数,所有者权益因此为负数,股票不具有实际价值,换言之股票价值为 0 元。一审法院以 H 公司停牌前一交易日的价格 1.71 元为差额计算基数,不具有合理性。第一,H 公司连续性地进行财务数据造假,营业利润连年下降,1.71 元不可能真实反映股票价值。第二,剔除 H 公司造假的财务数据,H 公司当时的净资产和每股净资产均为负数,股票的实际价值为负数。第三,投资者 2015 年凭借 H 公司披露的虚假的《2014 年年度报告》中的每股净资产 7.75 元作为定价依据。在计算差额损失时,也应当参考 H 公司 2016 年 6 月 30 日的每股净资产,而不是停牌前一交易日的价格 1.71 元。因此,即使按差额方式计算投资损失,投资者也应当获得全额赔偿。

山东高院最终采纳了国浩律师提出的股票价值为 0 元的主张,认为本案的特殊之处在于,H 公司的股票在虚假陈述行为被披露前已经停牌,虚假陈述行为对市场产生的影响尚未释放,市场更未开始消化虚假陈述不利影响,且 H 公司股票停牌后未再复牌直至被摘牌,故本案无法确定基准日和基准价。一审法院以 H 公司停牌日前一日为基准日,既与《若干规定》第三十三条所规定的“前一交易日”不符,亦与基准日确定的目的不符,山东高院予以纠正。本案无法认定基准日和基准价,亦无法按照评估和咨询专家意见的方式确定股票现有价值,综合考虑举证责任的承担,对于其股票价值推定为 0 元。本案投资者的投资差额损失应为

(8 元 - 0 元) × 股数。

三、案例点评

本案系新三板定向增发虚假陈述索赔胜诉第一案，虽属于法律制定之初未规定的范畴，但其本质仍属于证券虚假陈述责任纠纷，可以参照《若干规定》所确定的精神和原则进行审理，为新三板市场发展提供司法指引。

本案无法认定基准日和基准价。H 公司在 2017 年 8 月 17 日虚假陈述行为被揭露时，早已于 2017 年 1 月 13 日停牌，且再没有复牌。根据 2003 年《若干规定》(已失效)的规定，本案无法认定基准日，亦无法确定虚假陈述揭露日起至基准日期间每个交易日收盘价的平均价格，即基准价。亦无法按照评估和咨询专家意见的方式确定股票现有价值，H 公司应当承担举证不能的不利后果，对于其股票价值应当推定为 0 元。换言之，在投资者仍然持有股票的情况下，山东高院支持了投资者提出的股票价值为 0 元的请求，在国内尚属首例，已被山东高院评选为"山东法院 2021 年十大商事审判典型案例"，并被中央政法委机关法治日报社主办的《法治周末》详细报道。

该案判决两个月后，《若干规定》失效，最高人民法院出台《关于审理证券市场虚假陈述侵权民事赔偿案件的若干规定》，为责任主体、过错认定、因果关系、损失认定等的判断提供了更为完善的法律依据，并针对本案体现的无法确定基准价格的情况作出了明确规定："第二十六条……无法依前款规定确定基准价格的，人民法院可以根据有专门知识的人的专业意见，参考对相关行业进行投资时的通常估值方法，确定基准价格。"本案为该法条的创设在司法实践层面提供了翔实的支撑。

四、专家推荐

推荐人：刘俊海　中国人民大学法学院教授

推荐内容：

《若干规定》为保护公众投资者权益、规范公司治理行为发挥了积极的历史作用。但是，随着时代的进步，资本市场既暴露出了一些新型疑点难点问题，也暴露出裁判规则的盲区、漏洞及其滞后性。司法机关在修订司法解释的过程中，应当坚持开门立规、民主立规、科学立规的理念，充分倾听证券市场各方主体的合理化意见,全面总结司法实践中可复制可推广的做法,及时回应新三板公司虚假陈述案件中遇到的基准日难以认定的裁判挑战。另外,建议删除行政处罚的前置程序,因为民事关系不同于行政关系。即使侵权行为未受到行政处罚,也不意味着不承担损害赔偿责任。

H股份案与康美案分别在新三板和A股市场产生了强烈的反响,具有异曲同工之妙。这也为上市公司和中介机构敲响了警钟。希望他们慎独自律,认真吸取教训,进一步规范经营,弘扬股权文化,坚持股东中心主义的公司治理价值观,提升信息披露水平,自觉抵制虚假陈述和违规信息披露,让投资者明明白白投资,不断提升投资者的幸福感、获得感和安全感。

中介机构在私募债中未勤勉尽责应如何承担责任?

承办律师

万志尧　国浩律师(上海)事务所合伙人

■ 案例概述

在我国债券市场近年违约频发的大背景下,欺诈发行、虚假陈述等违法违规事件使债券持有人和债券投资者的合法权益受到严重损害。由国浩上海合伙人万志尧等于2021年12月30日经办完成的"投资人诉Y会计所私募债虚假陈述责任纠纷案"是《全国法院审理债券纠纷案件座谈会纪要》(以下简称《座谈会纪要》)下的首例私募债券虚假陈述责任纠纷案件。本案论证严谨,充分体现了律师的专业水平,在无行政处罚文件的情况下向中介机构主张权利并获支持,为涉刑事裁判的私募债刑民交叉案件提供了极具价值的参考。

一、案情简介

2012年年底,发行人Z公司在当年12月发行1.5亿元人民币规模的中小企业私募债,债券期限36个月,承销商为X证券公司,审计机构为Y会计所,并由Y会计所出具相应的审计报告。2013年2月,D公司以其管理的某产品认购了人民币1500万元。债券期限届满时,发行人Z公司已无力偿还债券本息。

此后,经包括D公司在内的诸投资人就债券违约事宜申请仲裁,中国国际经济贸易仲裁委员会于2016年7月28日作出裁决书,裁决Z公司向包括D公司在内的诸投资人支付债券本息和违约金。其间,D公司还起诉了担保人,北京市朝阳区人民法院经审理于2017年8月判决担保人和发行人的实际控制人Z公司就案涉债券的本息兑付义务承担连带责任保证。后因发行人无力清偿债券本息,经发行人所在地法院裁定,Z 公司进入破产清算程序,而 D 公司在该破产清算程序中仅获偿 20 余万元。相关投资人也就担保人申请执行,但因其无财产可供执行而终止本次执行。

此外,由于发行人在案涉私募债的发行过程中存在欺诈发行的行为,公安机关刑事立案侦查。2019 年 2 月 22 日,上海市第一中级人民法院判决发行人相关人员及某会计师构成欺诈发行债券罪,并查明,该涉案的某会计师系使用 Y 会计所北京分所名义,并负责发债现场审计工作,其明知 Z 公司的财务状况不符合发行债券的要求,与发行人相关人员通过提供虚假的财务数据、伪造财务凭证等方式虚增公司营业收入和净利润数据。

然而,尽管刑事案件已作出处理,D 公司也已通过仲裁、诉讼等方式主张权利,但仍未能挽回损失。随后,国浩上海律师为 D 公司风险处置提供法律服务,经与 D 公司沟通确认,于 2019 年年底以证券虚假陈述责任纠纷为由向作为中介机构的 Y 会计所提起诉讼。该案经一审、二审,法院均支持了 D 公司的全部诉讼请求,判决 Y 会计所就 D 公司全部损失(包括债券本息,总额 4000 余万元)承担 100% 连带责任。而后,Y 会计所申请再审,但法院驳回了其再审申请。

二、代理思路

本案的争议焦点包括:(1)会计所是否存在虚假陈述行为;(2)本案所涉私募债的法律适用;(3)会计所承担的责任范围;(4)本案与此前诉讼竞合及多重受偿问题。

(一)关于会计所是否存在虚假陈述行为的问题

针对该争议点,国浩上海律师经分析、梳理本案事实,检索相关法律和案例,提出如下代理意见。

首先,国浩上海律师已提交生效的刑事裁判文书,其符合《关于审理证券市场因虚假陈述引发的民事赔偿案件的若干规定》(2003 年版)(以下简称《虚假陈述司法解释》)的前置条件。从该司法解释所述前置条件的立法目的来看,2003 年,证券类案件因专业性非常高,完全由法官来判定是否存在虚假陈述比较困难,且为了避免众多投资人以虚假陈述为由大量提起诉讼造成人民法院诉累,故以专业机构(主要是证监部门)的行政处罚决定或司法机关的刑事裁判文书作为前置,以确定虚假陈述行为的成立①。

其次,最高人民法院在其审理的(2018)最高法民申 3437 号案件中明确指出“当事人在提起证券虚假陈述民事赔偿诉讼时,应当提供有关机关的行政处罚决定或者人民法院的生效刑事裁判文书,以证明证券虚假陈述事实的存在,此为当事人提起证券虚假陈述民事赔偿诉讼并为人民法院实体审理的前提条件”。从该内容可见,提供有关机关的行政处罚决定或者人民法院的生效刑事裁判文书是为了证明证券虚假陈述事实的存在。

最后,证券虚假陈述行为实质为侵权行为,按照《侵权责任法》等相关规定,该证券虚假陈述行为需符合侵权责任的构成要件,而从《虚假陈述司法解释》的内容来看,其对行为人采用过错推定的方式(第二十四条),对因果关系的认定有专门规定(第十八条、第十九条),故其所设置的前置条件即是为了认定侵权行为。结合《证券法》(2019 年版)第一百六十三条的规定,“证券服务机构为证券的发行、上市、交易等证券业务活动制作、出具审计报告及其他鉴证报告、资产评估报告、财务顾问报告、资信评级报告或者法律意见书等文件,应当勤勉尽责,对所依据的文件资料内容的真实性、准确性、完整性进行核查和验证。其制作、出具的文件有虚假记载、误导性陈述或者重大遗漏,给他人造成损失的,应当与委托人承担连带赔偿责任,但是能够证明自己没有过错的除外”。由此可见,《证券法》要求的侵权行为为“制作、出具的文件有虚假记载、误导性陈述或者重大遗漏”,而本案中,生效的刑事裁判文书已经明确查明审计报告的内容严重不实,足以证明虚假陈述事实的存在。

需要强调的是,刑事案件不同于行政、民事案件的认定标准。《证券法》禁止证券交易场所、证券公司、证券登记结算机构、证券服务机构及其从业人员,证券业协会、证券监督管理机构及其工作人员,在证券交易活动中作出虚假陈述或者信息误导,对于违反该规定、在证券交易活动中作出虚假陈述或者信息误导的,责令改正,处以罚款。也就是说,只要违反《证券法》等相关规定,中介机构违反勤勉尽职义务,就可能被处以行政处罚。而刑事定罪需考察行为人的主观故意等多种

① 参见孔玲、叶军:《证券市场因虚假陈述引发的民事赔偿案件的受理条件》,载《法律适用》2003 年第 4 期;贾纬:《〈关于受理证券市场因虚假陈述引发的民事侵权纠纷案件有关问题的通知〉的理解和适用》,载《人民司法》2002 年第 2 期。

因素,且对于单位犯罪,还要审查是否为单位集体意志等因素,其认定标准较高。《虚假陈述司法解释》设置前置条件的目的,也并非要求必须对单位进行定罪处罚。

综上,《虚假陈述司法解释》关于生效刑事裁判文书作为前置条件的规定,并非指生效刑事裁判文书对Y会计所作出刑事处罚,而是只要达到证明证券虚假陈述事实的存在,即可以认定符合该前置条件的规定。并且,最高人民法院于2020年7月印发的《座谈会纪要》已明确规定,不再将有关机关行政处罚或者生效刑事裁判文书作为案件审理的前置条件。

就该争议焦点,法院认可了国浩上海律师代理意见,并指出,相关刑事判决书已认定,在审计程序中,使用Y会计所北京分所名义的某会计师明知Z公司的财务状况不符合发行债券的要求,却为实现发债目标,要求发行人Z公司提供虚假的财务数据,并介绍伪造财务凭证的相关人员,在欺诈发行债券的共同犯罪中起积极、重要作用,Y会计所根据某会计师提供的内容不实的现场审计底稿及有关虚假财务凭证出具了内容严重失实的审计报告。

(二)关于本案所涉私募债的法律适用

就《虚假陈述司法解释》是否适用于私募债,国浩上海律师提出了如下理由和观点。

其一,《虚假陈述司法解释》系依据1998年《证券法》制定(第六十三条"发行人、承销的证券公司公告招股说明书、公司债券募集办法、财务会计报告、上市报告文件、年度报告、中期报告、临时报告,存在虚假记载、误导性陈述或者有重大遗漏,致使投资者在证券交易中遭受损失的,发行人、承销的证券公司应当承担赔偿责任,发行人、承销的证券公司的负有责任的董事、监事、经理应当承担连带赔偿责任"),而1998年《证券法》未将非公开发行的证券纳入规制范围。但后续《证券法》在修订时,将非公开发行的证券也纳入规制,并在第二条中规定"在中华人民共和国境内,股票、公司债券、存托凭证和国务院依法认定的其他证券的发行和交易,适用本法"。其第一百六十三条还规定了"证券服务机构为证券的发行、上市、交易等证券业务活动制作、出具审计报告及其他鉴证报告、资产评估报告、财务顾问报告、资信评级报告或者法律意见书等文件,应当勤勉尽责,对所依据的文件资料内容的真实性、准确性、完整性进行核查和验证。其制作、出具的文件有虚假记载、误导性陈述或者重大遗漏,给他人造成损失的,应当与委托人承担连带赔偿责任,但是能够证明自己没有过错的除外”,明确将非公开发行的证券交易中的“虚假记载、误导性陈述或者重大遗漏”也纳入要求证券服务机构承担连带赔偿责任的范围。

《公司债券发行与交易管理办法》第六十五条“非公开发行公司债券,发行人及其他信息披露义务人未按规定披露信息,或者所披露的信息存在虚假记载、误导性陈述或者重大遗漏的,依照《证券法》和中国证监会有关规定处理……”也确认了该适用情形。故非公开发行证券系该解释发布后《证券法》修订时添加,不能以该司法解释来否定非公开发行证券的适用。

其二,《虚假陈述司法解释》系依据《证券法》等相关法律法规为正确审理证券市场因虚假陈述引发的民事赔偿案件制定的司法解释,是对《证券法》的完善和补充,故对《虚假陈述司法解释》的解释应当结合《证券法》的相关规定。结合《证券法》对虚假记载等相关规定,其也应当囊括对私募债的适用,且私募债亦不属于《虚假陈述司法解释》明示排除的对象。

特别强调的是,《座谈会纪要》中将公司债券、企业债券等一并纳入适用,并强调“人民法院在审理此类案件中,要根据法律和行政法规规定的基本原理,对具有还本付息这一共同属性的公司债券、企业债券、非金融企业债务融资工具适用相同的法律标准”,该座谈会纪要系由最高人民法院与全国人大常委会法工委、司法部、国家发改委、中国人民银行、中国证监会等达成一致意见的成果,足以反映我国司法、监管部门对债券类案件的处理意见。

从刑事角度来看,2017 年,证监会、公安部、最高人民检察院、最高人民法院专门就中小企业私募债发行人涉嫌欺诈发行是否追究刑事责任的问题(也就是《刑法》中欺诈发行债券罪中关于“公司债券”是否包括私募债的问题)召开了专题研讨会,并达成一致意见。而后贵阳市中级人民法院判决了全国首例私募债欺诈发行案,将私募债作为欺诈发行债券罪中的公司债券,本案亦同。故从我国民事和刑事规制的体系和解释方式来看,本案也应当适用于私募债。

对此,法院认可了上述意见,指出,“《公司债券发行与交易管理办法》(2015)第六十五条中规定‘非公开发行公司债券,发行人及其他信息披露义务人未按规定披露信息,或者所披露的信息存在虚假记载、误导性陈述或者重大遗漏的,依照证券法和中国证监会有关规定处理’。虽然我国证券法几经修改,但其中一贯规定,会计师事务所、律师事务所以及从事证券投资咨询、资产评估、资信评级、财务顾问、信息技术系统服务的证券服务机构,应当勤勉尽责、恪尽职守,按照相关业务规则为证券的交易及相关活动提供服务;证券服务机构为证券的发行、上市、交易等证券业务活动制作、出具审计报告及其他鉴证报告、资产评估报告、财务顾问报告、资信评级报告或者法律意见书等文件,应当勤勉尽责,对所依据的文件资料内容的真实性、准确性、完整性进行核查和验证。其制作、出具的文件有虚假记载、误导性陈述或者重大遗漏,给他人造成损失的,应当与委托人承担连带赔偿责任,但是能够证明自己没有过错的除外。最高人民法院《全国法院审理债券纠纷案件座谈会纪要》规定,人民法院在审理此类案件中,要根据法律和行政法规规定的基本原理,对具有还本付息这一共同属性的公司债券、企业债券、非金融企业债务融资工具适用相同的法律标准”。

（三）关于会计所承担的责任范围

会计所主张:(1)发行人无力偿还系发行人自身经营原因,且债权债务本身存在市场风险,与“财务造假”并不存在法律意义上的因果关系;(2)本案属于共同侵权,其赔偿责任应由共同侵权主体,包括发行人及高管、承销券商、律师事务所等共同承担;(3)刑事裁判认定会计所的签字会计师(后续有刑事裁判认定审计报告的签字会计师构成出具证明文件重大失实罪)系过失犯罪,会计所仅承担过失补偿责任,而非连带责任。

对此,国浩上海律师认为,首先,根据相关法律法规和过错推定原则,由于Y会计所知道或应当知道发行人Z公司虚假陈述仍出具严重失实的审计报告,且未举证证明其勤勉、谨慎的执业,故其承担连带责任于法有据。对于其所主张的共同侵权及引起发行人无法兑现债券本息的其他原因等,并非因为有其他共同侵权主体或其他可能的原因就可以作为免除和减轻其责任的法定依据,这与相关法律法规的规定相悖。

其次,Y会计所系根据故意犯罪的某会计师提供的文件底稿等制作的严重失实的审计报告,且根据刑事判决书认定的事实,Y会计所的会计师等人还前往现场实地查看,故Y会计所知道或应当知道发行人的虚假陈述行为。而对于Y会计所的签字会计师所涉刑事犯罪情况,过失犯罪不等同于民事责任中的过失,民事责任的认定也不以刑事罪名为基础。《最高人民法院关于审理涉及会计师事务所在审计业务活动中民事侵权赔偿案件的若干规定》第五条连带责任的情形除了“与被审计单位恶意串通”之外，还规定了诸多严重失职的情形。且对于出具证明文件重大失实罪而言，其本身就体现签字会计师存在严重失职的行为，并非民事责任上的一般过失。

两审法院均支持了国浩上海律师的观点，一致认定 Y 会计所对 D 公司的全部债券本息损失承担连带责任。

（四）关于本案与此前诉讼竞合及多重受偿问题

首先，本案为侵权类的责任纠纷，与 D 公司就 Z 公司的债券违约相关主张并非同一法律关系。D 公司的损失是明确的，在本案中主张的损失并非必须以他案的偿款项为计算前提。

其次，根据最高人民法院在相关司法案例中的认定，双重受偿问题并不影响案件中的责任认定，其可以在执行中进行必要的协调。如最高人民法院在（2019）最高法民申 4155 号案件中指出，“为避免民事权利人（同时为刑事被害人）双重受偿，可在执行中对刑事追偿与民事责任依据实体责任的认定进行综合处理。因此，即使相关刑事案件尚未追赃完毕，亦不影响本案就民事损害赔偿问题作出判决”。在（2015）民申字第 2598 号案件中也认定“二审法院在审理本案中，已经注意到了本案法律关系和 ZS 控股与 JC 物流之间法律关系的关联性，并在二审判决中进行了释明，指出在相关案件执行中应进行必要的协调，在款项上予以扣减，避免出现 ZS 控股双重受偿情形的发生。沈阳 DF 等再审申请人认为本案二审判决会致使 ZS 控股双重受偿，该申请理由亦不能成立”。

最后，《座谈会纪要》第三十二条指出，“……债券服务机构根据生效法律文书或者按照先行赔付约定承担赔偿责任后，对超出其责任范围的部分，向发行人及其他相关责任主体追偿的，人民法院应当支持”，也就是说，该类案件赋予债券服务机构追偿权，以确保各主体能够根据自身责任范围承担相应责任。

综上，是否双重受偿问题并非责任认定过程中应当考虑的因素，其完全可以在执行程序中解决。对此，法院在裁判文书中也明确了扣除 D 公司通过其他法律途径已实际获偿的金额。

三、案例点评

近年来，我国债券市场违约频发，债券发行人因经营不善、盲目扩张、违规担保等原因而不能按期还本付息,以及欺诈发行、虚假陈述等违法违规事件,严重损害了债券持有人和债券投资者的合法权益。然而,从债券虚假陈述责任纠纷案件相关的法律适用来看,当时有效的仍是2003年版的《虚假陈述司法解释》,其出台至今已近20年,且主要是以股票交易为模型对证券虚假陈述的相关问题作出的规定,并未能考虑债券的特殊性以及其他新的市场情况,导致在法律适用上捉襟见肘。此外,由于该类型案件不多,该领域的审判经验和相关研究不足,诸多法律问题存有争议和疑惑。

本案立案时,立案庭曾对起诉文件存在疑惑。当时有效的2003年版《虚假陈述司法解释》仍要求前置程序,而本案并无通常类似案件中的行政处罚文件,仅有相关刑事裁判文书。虽然2003年版《虚假陈述司法解释》所规定的前置程序中包括了"刑事裁判文书",但由于此前并无刑事裁判文书作为前置文件的先例,其具体如何适用存在障碍。经多次沟通说明和提示刑事裁判认定的事实情况,本案得以立案受理。从后续的《座谈会纪要》内容和2022年新出台的《最高人民法院关于审理证券市场虚假陈述侵权民事赔偿案件的若干规定》来看,均取消了前置程序的要求,从某种意义上可以说,本案是取消前置程序下的首例案件。

在本案审理过程中,原被告双方就私募债问题、会计所承担的责任范围问题等展开辩论,承办法官也多次内部沟通讨论。在此前案例并无涉及私募债的虚假陈述责任问题的背景下,国浩上海律师多方研究说理,得到了法院的支持。

本案还涉及刑民交叉的复杂问题,国浩上海律师通过适用刑事判决中查明的事实,作为民事案件责任认定的重要砝码,这也是两审法院均认定Y会计所承担责任的重要依据。随着《刑法修正案(十一)》的出台,证券领域的刑事责任问题越发凸显,由此带来的刑民交叉问题也会越来越多,这就需要针对该类风险问题统筹考虑、整体把握。

目前,无论承销商、会计所还是律所,压实看门人责任不再是一句口号,而是需要在业务办理中审慎注意和勤勉尽职。由本案可见,责任范围和适用领域都在逐步扩大,这也就要求办理债券相关业务的专业人员做好工作底稿,从专业合规的角度出具意见。

四、专家推荐

推荐人:樊健　上海财经大学法学院副教授

推荐内容:

在我国债券市场近年违约频发的大背景下,欺诈发行、虚假陈述等违法违规事件使得债券持有人和债券投资者的合法权益受到严重损害,如何进行专业而全面的求偿备受关注。国浩上海律师在代理原告的过程中,从证券市场相关法律法规的立法及监管精神,以及司法实践中类案的审判思路,层层说理、论证。本案系首例私募债虚假陈述责任纠纷案件、首例单独要求中介机构承担全部连带责任的案件、首例在无行政处罚文件的情况下向中介机构主张权利并获支持的案件、首例涉刑事裁判的私募债刑民交叉案件,也是《座谈会纪要》下的首例债券虚假陈述责任纠纷案件,提供了极具价值的参考。

第四章　公 司 运 营

上市公司董事会对股东临时提案的合理审查范围和边界在哪里？

承办律师

何利锋　国浩律师(杭州)事务所管理合伙人

李　威　国浩律师(杭州)事务所律师

■ 案例概述

上市公司董事会换届时，小股东通过临时提案增加董事候选人，利用差额选举、累积投票制度获得董事会席位，谋取上市公司控制权。作为守方的大股东，利用掌握现任董事会的优势，以各种理由否定小股东临时提案、拒绝将临时提案提交股东大会审议，以保住对董事会的控制权。如此戏码，在我国上市公司治理领域时常上演。

国浩杭州管理合伙人何利锋、律师李威经办完成的“浙江某资本公司诉某医疗公司公司决议纠纷案”正是一起典型的上市公司控制权争夺案，该案涉及的法律问题——董事会对临时提案的审查权，非常经典，极具讨论价值。同时，该案还获得了证券时报、中国经营报等媒体的关注和报道，一时间成了资本市场热议的话题。

一、案情简介

某医疗公司是一家在深圳证券交易所挂牌的上市公司，浙江某资本公司(我方委托人)是某医疗公司的小股东。2020 年 10 月 30 日,浙江某资本公司连同其他股东(合计持股 10% 以上)向某医疗公司董事会提请召开 2020 年第一次临时股东大会并进行董事会和监事会的换届选举。11 月 10 日,某医疗公司发布公告,根据董事会的召集,决定于 11 月 25 日召开临时股东大会,进行董事会、监事会换届,现任董事会、监事会提名了下届董事、监事的候选人。11 月 12 日,浙江某资本公司(持股 4.02%)等 3 名股东通过电子邮件向某医疗公司董事会发送了临时提案(扫描件),提请增加董事、监事候选人。次日,浙江某资本公司将临时提案纸质材料送至某医疗公司董事会办公室联系地址,却被拒之门外。11 月 16 日,浙江某资本公司再次将纸质材料提交给某医疗公司。

2020 年 11 月 18 日,某医疗公司发布董事会决议公告,董事会认定浙江某资本公司提交的临时提案为无效提案,并拒绝提交临时股东大会审议,理由如下:

1. 收到纸质材料时间(16 日)距离股东大会召开日期(25 日)不足 10 日;

2. 提案材料中未包括授权委托书、表明股东身份的有效证件、提案人关于提案符合《上市公司股东大会规则》第十三条规定的声明以及提案人保证所提供持股证明文件和授权委托书真实性的声明。

11 月 25 日,某医疗公司召开临时股东大会,未增加浙江某资本公司临时提案,仍以现任董事会、监事会提名的人员为候选人,并选举出新一届董事会,监事会因表决结果未过半、未能换届成功。

2020 年 11 月 25 日,中国证券监督管理委员会浙江监管局向某医疗公司等出具警示函,认定某医疗公司于 11 月 12 日收到浙江某资本公司临时提案的电子邮件、11 月 13 日浙江某资本公司将临时提案书面纸质材料送至董事会办公室联系地址,但某医疗公司迟至 11 月 18 日才对临时提案进行披露,且披露收到临时提案的时间是 11 月 16 日,存在未及时披露临时提案的情形。12 月 24 日,浙江某资本公司向浙江省诸暨市人民法院提起诉讼,要求确认涉案董事会决议无效、撤销涉案临时股东大会决议。

国浩律师接受客户浙江某资本公司委托后,认为该案件主要焦点在于:

1. 董事会是否有权审查临时提案,是实质审查还是形式审查;

2. 涉案董事会决议援引《深圳证券交易所上市公司业务办理指南第 8 号——股东大会》(以下简称《8 号指南》)作为依据,是否适当;

3. 董事会决议效力存在瑕疵,与临时股东大会效力有何关联,能否导致临时股东大会决议被撤销。

针对上述问题,国浩律师做了类案检索、法律法规的检索,梳理出法律法规对董事会审查权限的规定,合理界定了董事会的审查权限为有限的形式审查权;并援引同类案例证明:(1)董事会未将临时提案提交股东大会审议的,损害了股东的提案权;(2)董事会未将临时提案提交股东大会审议的,属于股东大会召集程序违法,股东大会决议应予撤销;(3)董事会决议与股东大会决议效力密切相关,如董事会决议被撤销,则在该董事会决议基础上召开的股东大会召集程序违法,股东大会决议亦应撤销。

最终,国浩律师的主张得到了法院的肯定和回应,2021 年 7 月 2 日,浙江省诸暨市人民法院作出(2021)浙 0681 民初 335 号民事判决书,认定浙江某资本公司已经于 2020 年 11 月 12 日、13 日通过电子邮件、现场送达等方式向某医疗公司送达了有效的临时提案,符合提前 10 日的要求;还认定《公司法》第一百零二条第二款[①]对临时提案的要求仅为内容属于股东大会职权范围、有明确议题和具体决议事项,某医疗公司不应设置其他障碍,进而认定某医疗公司提出的“缺乏纸质材料、缺乏授权委托书”等理由不符合法律规定;最终支持浙江某资本公司诉讼请求,判决撤销案涉董事会决议、临时股东大会决议。

某医疗公司不服提起上诉。2021 年 10 月 29 日,浙江省绍兴市中级人民法院作出(2021)浙 06 民终 3045 号民事判决书,判决驳回某医疗公司上诉,维持一审判决。

二、争议焦点

(一)通过电子邮件提交临时提案是否符合《公司法》第一百零二条“书面提交”的要求

《公司法》第一百零二条第二款中规定“单独或者合计持有公司百分之三以上股份的股东,可以在股东大会召开十日前提出临时提案并书面提交董事会”;证监会《上市公司股东大会规则》第十四条第一款规定“单独或者合计持有公司 3% 以上股份的普通股股东(含表决权恢复的优先股股东),可以在股东大会召开 10 日前提出临时提案并书面提交召集人。召集人应当在收到提案后 2 日内发出股东

---

① 《公司法》(2023 修订)第一百零五条第二款。

大会补充通知,公告临时提案的内容”。某医疗公司《公司章程》第五十三条第二款规定:“单独或者合计持有公司3%以上股份的股东,可以在股东大会召开10日前提出临时提案并书面提交召集人。召集人应当在收到提案后2日内发出股东大会补充通知,公告临时提案的内容。”

综观上述规定,股东提出临时提案以书面为必须,不能是口头形式,这是法律法规基于股东大会的严肃性、规范性对股东行使临时提案权提出的一种形式上的要求。《公司法》没有进一步规定“书面”的具体形式,那么股东是否必须提交纸质的材料,才符合书面提交的要求呢?

实际上,《民法典》对书面的定义和范围有着清楚的界定,《民法典》第四百六十九条规定:“当事人订立合同,可以采用书面形式、口头形式或者其他形式。书面形式是合同书、信件、电报、电传、传真等可以有形地表现所载内容的形式。以电子数据交换、电子邮件等方式能够有形地表现所载内容,并可以随时调取查用的数据电文,视为书面形式。”此外,《电子签名法》第四条规定:“能够有形地表现所载内容,并可以随时调取查用的数据电文,视为符合法律、法规要求的书面形式。”

据此可见,书面形式并非限于纸质文书,也包括电子文书,只要电子文书满足有形、可随时调取查用这两项要求,就属于合法的书面形式。电子邮件就是一种典型的电子文书。

那么,浙江某资本公司在送达纸质提案材料之前,已经通过电子邮件将扫描版提案材料提交给某医疗公司董事会,电子邮件的形式已符合书面提交的要求。某医疗公司为浙江某资本公司后续提交纸质文件设置障碍实属没有必要。

(二)某医疗公司董事会拒绝将浙江某资本公司临时提案提交股东大会审议是否合法

1. 董事会对临时提案是否有实质审查权

董事会是否有权审查股东提交的临时提案,理论上有一定争议,有人认为董事会收到合格股东提交的临时提案后,必须“原封不动”地提交给股东大会审议,没有任何审查权。尽管该争议仍未统一,但董事会审查股东临时提案,已经成为公司治理实践中的通常做法。

认可董事会有审查权后,需要界定该审查权的边界,是形式审查,还是实质审查。对此,《公司法》第一百零二条第二款规定:“单独或者合计持有公司百分之三以上股份的股东,可以在股东大会召开十日前提出临时提案并书面提交董事会;董事会应当在收到提案后二日内通知其他股东,并将该临时提案提交股东大会审议。临时提案的内容应当属于股东大会职权范围,并有明确议题和具体决议事项。”从前述规定来看,董事会作为股东大会召集人时,没有权限对股东临时提案进行实质审查,只要符合“提案内容属于股东大会职权范围”“提案有明确议题和具体决议事项”这两项形式要求,董事会就应当将该临时提案提交股东大会审议。

证监会《上市公司股东大会规则》第十三条规定:“提案的内容应当属于股东大会职权范围,有明确议题和具体决议事项,并且符合法律、行政法规和公司章程的有关规定。”第十三条在《公司法》第一百零二条的两项要求之外,增加了“符合法律法规和公司章程规定”的要求。值得注意的是,在《公司法》二次审议稿中,吸收了该条规定,二次审议稿第一百一十五条第二款规定:“单独或者合计持有公司百分之一以上股份的股东,可以在股东会召开十日前提出临时提案并书面提交董事会,临时提案应当有明确议题和具体决议事项。董事会应当在收到提案后二日内通知其他股东,并将该临时提案提交股东会审议;但临时提案违反法律、行政法规或者公司章程的规定,或者不属于股东会职权范围的除外……”

如何理解临时提案需符合法律法规和公司章程的规定?如果董事会认为不合法,股东认为合法,董事会是否有最终的决定权?对此,国浩律师认为,从立法目的的角度,应尽量减少对股东行使临时提案权的限制,除非临时提案的内容明显严重违法,如禁止小股东查阅公司会计账簿、未经清算直接分配公司财产,否则董事会应当将该临时提案提交股东大会审议。董事会如有异议,可以在股东大会审议该项提案时阐述自己的意见,争取多数股东的支持,以投票的方式否定该项提案,而不是直接拒绝将该项提案提交股东大会审议、剥夺股东的权利。

就该观点,上海证券交易所在《上市公司信息披露监管问答(第二期)》也予以认可:“哪些股东可以向股东大会提交临时提案?临时提案应当符合什么要求,召集人是否可以对其进行实质性审查?根据公司法等有关规定,单独或者合计持有公司3%以上股份的股东可以向股东大会提出临时提案,但应当在召开10日前提出。提案需要满足以下要求:一是符合法律、行政法规和公司章程的有关规定;二是属于股东大会职权范围;三是有明确议题和具体决议事项。这一提案权,是《公司法》规定的一项基本股东权利,原则上不应予以限制。根据《上市公司股东大会规则》第十四条的规定,只要股东的临时提案符合上述要求,股东大会召集人就应在收到提案后的2日内发出股东大会补充通知,公告临时提案的内容,及时将相关临时提案提交股东大会审议。按照前述规定,股东大会召集人对股东提案的内容没有进行实质审查的职权,召集人是公司董事会的,原则上也无须专门召开会议进行审议,其在收到股东相关申请时,只要核实提议股东资格属实、相关提案符合前述三项要求,就应当将其提交股东大会审议。如果董事会认为股东资格相关形式要件不齐备或议案相关资料不完整,应当一次性向股东提出补充提交要求,不应无故拖延甚至拒不将其列入股东大会议案。"

2. 某医疗公司董事会拒绝将临时提案提交股东大会的理由是否成立

本案当中,某医疗公司董事会依据《8号指南》提出了三项否定理由:(1)缺少授权书;(2)缺少股东身份证明;(3)缺少提案人关于提案符合《上市公司股东大会规则》第十三条规定的声明以及提案人保证所提供持股证明文件和授权委托书真实性的声明。

这三项理由是否成立呢?《8号指南》第二条"股东大会的提案"第一项规定:"股东提出临时提案的,应当向召集人提供持有公司百分之三以上股份的证明文件。股东通过委托方式联合提出提案的,委托股东应当向被委托股东出具书面授权文件。提出临时提案的股东或其授权代理人应当将提案函、授权委托书、表明股东身份的有效证件等相关文件在规定期限内送达召集人。临时提案的提案函内容应当包括提案名称、提案具体内容、提案人关于提案符合《股东大会规则》第十三条规定的声明以及提案人保证所提供持股证明文件和授权委托书真实性的声明。"

结合本案事实,浙江某资本公司在提出临时提案时,自身持股比例已达4.02%,超出了《公司法》3%的要求,是否拥有其他股东的授权不影响自己行使临时提案权,某医疗公司第一项"缺少授权书"的理由不成立。在本案争议发生之前,浙江某资本公司与某医疗公司有过多次沟通,经常以电子邮件的方式向对方送达文件,某医疗公司一直认可浙江某资本公司的股东身份和文件真实性,其在本案中也没有质疑或否认,仅是认为浙江某资本公司应当在提出临时提案时提交相关文件,某医疗公司第二项、第三项理由均不成立。

除了某医疗公司董事会提出的理由本身是否成立的问题,退一步来讲,假设这些理由成立,董事会可以以此为依据拒绝将临时提案提交股东大会审议吗?从体系解释的角度来看,《8号指南》第二条第一项的这些要求,均是文件材料上的要求,第一项没有规定缺少这些材料的后果就是不得提交股东大会审议;而第二条第二项的内容为:“召集人认定临时提案不符合《股东大会规则》第十三条规定,进而认定股东大会不得对该临时提案进行表决并做出决议的,应当在收到提案后二日内公告相关股东临时提案的内容,以及做出前述决定的详细依据及合法合规性,同时聘请律师事务所对相关理由及其合法合规性出具法律意见并公告。”可见,《8号指南》第二条第二项对董事会审查临时提案的标准和依据已经作出了规定,仅限于《上市公司股东大会规则》第十三条的要求,不包括《8号指南》第二条第一项的要求。因此,某医疗公司以《8号指南》作为拒绝提交的理由,没有任何法律依据。

(三)涉案董事会决议、股东大会决议的效力应如何认定

1.关于董事会决议的效力

如上文分析,某医疗公司董事会拒绝将浙江某资本公司临时提案提交股东大会审议没有法律依据,应当对涉案董事会决议效力予以否定性评价。

涉案董事会决议的直接结果是导致浙江某资本公司的临时提案未能纳入股东大会审议清单,违反了提案确定的法定程序,该董事会决议应当予以撤销。

从更深层意义上来看,涉案董事会决议实际上损害了浙江某资本公司依据《公司法》第一百零二条享有的临时提案权,侵害了股东的基本权利。法院也可依据决议内容违反法律规定为由,直接认定决议无效,给予涉案董事会决议更严厉的评价。

2.关于股东会决议的效力

董事会与股东大会是公司内部两个不同的组织机构,原则上两者作出的决议效力应当各自评价,互不干涉。但是,从本案来说,涉案董事会决议的效力瑕疵直接影响了涉案股东大会决议的效力。

从《公司法》第一百零二条第二款的内容来看,董事会作为股东大会召集人,收到股东临时提案后,将提案及时通知其他股东,并将提案提交股东大会审议,这属于股东大会召集程序的一个环节,某医疗公司董事会的做法导致案涉临时股东大会召集程序存在严重瑕疵。

《公司法》第一百零二条第三款又规定:“股东大会不得对前两款通知中未列

明的事项作出决议。"涉案董事会决议否定了临时提案,导致临时提案未能纳入股东大会议程。而临时提案的内容恰恰与案涉临时股东大会已有的提案内容直接相关。如前所述,某医疗公司董事会召集临时股东大会的目的是进行董事会、监事会的换届,某医疗公司董事会提名了若干候选人,浙江某资本公司以临时提案的方式也提名了若干候选人,两者之间存在互斥关系。如果浙江某资本公司的临时提案没有被否定,与会股东选举的候选人范围将发生变化,投票、计票等表决方式也会发生变化,等额选举也会变成差额选举,当选人员也有可能与既有结果不同。涉案董事会决议还导致案涉临时股东大会表决方式存在严重瑕疵。

因此,根据《公司法》第二十二条第二款[①]的规定,案涉股东大会因召集程序、表决方式违法而应予撤销。

三、专家推荐

推荐人:沈建萍　国浩律师(杭州)事务所合伙人

推荐内容:

本案是上市公司控制权纠纷的典型案例。本案的焦点问题主要是董事会对股东临时提案的审查范围和边界、董事会决议效力存在瑕疵是否影响股东大会决议的效力。对于这些问题,两位国浩代理律师做了详尽的准备工作,两审法院在裁判文书中也有精辟的论理,为上市公司董事会合法行使提案审查权指明了方向。

---

① 《公司法》(2023修订)第二十六条第一款。

股东循环出资的行为是否构成抽逃出资?

承办律师

宋　钊　国浩律师(郑州)事务所管理合伙人、主任

袁鹏举　国浩律师(郑州)事务所合伙人

苏　冲　国浩律师(郑州)事务所合伙人

吕继科　国浩律师(郑州)事务所合伙人

■ 案例概述

股东损害公司债权人利益纠纷是最为重要的公司诉讼案由之一。在审理股东损害公司债权人利益纠纷案件中,各方利益冲突剧烈,更应注意划分各方利益保护以及商事交易自由之间边界的界定。

由国浩郑州管理合伙人、主任宋钊,合伙人袁鹏举、苏冲、吕继科于 2022 年 9 月经办完成的"某小额贷款公司诉某农牧公司等损害公司债权人利益责任案"标的额巨大、事实认定复杂,律师论证了多次注资表象下的虚假增资和减资,通过以"实质重于形式"的穿透式思维来跟踪资金流动,从构成要件、行为模式等角度帮助法院有效突破了抽逃出资行为隐蔽性带来的认定难题。本案系 2021 年全国法院十大商事案件之一,集中体现了司法领域中的"穿透式审判"理念。

一、案情简介

(一)基本案情

某小额贷款公司因某担保公司提供担保,未对存在风险的贷款进行提前收回,经过生效判决确定某小额贷款公司对某担保公司享有担保债权。后经了解某

担保公司存在虚假增资行为,某小额贷款公司起诉某担保公司的股东某农牧公司、某实业公司要求其在抽逃出资的范围内对某担保公司的债务承担连带赔偿责任,要求参与验资的某银行、某会计师事务所在虚假验资的范围内对上述债务未足额清偿部分承担赔偿责任。

(二)案件过程

某小额贷款公司于2017年11月22日和2018年8月27日分别向宜阳县某畜牧有限公司、三门峡市某建筑工程有限公司发放贷款5000万元,某农牧公司提供连带责任保证,由于某农牧公司出现负面信息,某小额贷款公司欲提前收回贷款本息,某农牧公司提出追加某担保公司提供连带责任保证,某小额贷款公司基于某担保公司的实力接受其担保且未提前收回贷款。2019年4月,因为两借款人未按约还款,担保人也未履行担保义务,某小额贷款公司遂向郑州市中级人民法院(以下简称郑州中院)提起诉讼并在取得生效判决后申请执行,某担保公司未履行担保责任。在执行过程中,某小额贷款公司获知某农牧公司、某实业公司作为某担保公司的股东存在虚假增资行为,国浩律师利用执行程序对此进行调查。

经过调查发现虚假增资的主要事实如下:2018年5月23日,某担保公司召开股东会,一致同意公司增资扩股,原股东某农牧公司认缴新增注册资本17.55亿元,新股东某实业公司认缴3.85亿元等;为履行增资决议,2018年5月28日,某农牧公司将第一笔投资款3.81亿元汇入某担保公司账户,某担保公司以债权投资形式把该3.81亿元转入有关合作社及其他单位,后者把该款项转入深圳某基金账户,深圳某基金把该款项退回某农牧公司账户,某农牧公司再次将3.81亿元以增资款形式汇入某担保公司,如此循环六次,完成增资金额达到17.55亿元,某实业公司也以同样方式进行增资,金额达到3.85亿元,使某担保公司的注册资金达到30亿元;2018年5月28日,某银行向某会计师事务所出具六份银行询证函回函,分别载明:收到某农牧公司投资款金额3.28亿元、3.25亿元、3.28亿元、1.494亿元,某实业公司投资款金额3.28亿元、1.494亿元。同日,某会计师事务所向某担保公司出具验资报告,载明:截至2018年5月28日,某担保公司已收到股东某农牧公司新增注册资本17.55亿元,收到某实业公司出资3.85亿元。

(三)审理结果

郑州中院一审判决:(1)某农牧公司在其未履行出资、抽逃出资数额17.55亿元的范围内对某担保公司所承担的连带清偿责任向某小额贷款公司承担补充赔偿责任。(2)某实业公司在其未履行出资、抽逃出资数额3.85亿元的范围内对某担保公司所承担的连带清偿责任向某小额贷款公司承担补充赔偿责任。(3)驳回某小额贷款公司的其他诉讼请求。

某小额贷款公司、某农牧公司不服,向河南省高级人民法院(以下简称河南高院)提起上诉。河南高院二审认为一审判决认定某农牧公司、某实业公司未履行出资义务、抽逃出资合法有据;某小额贷款公司没有直接的证据证明其接受某担保公司提供的担保是基于其增资行为,或使用了某银行、某会计师事务所在某担保公司增资时为其出具的银行询证函回函、验资报告,某小额贷款公司未收回贷款的损失与某银行、某会计师事务所的验资行为不存在法律上的因果关系,依法不应当承担补充赔偿责任。

后某小额贷款公司以二审认定某小额贷款公司未收回贷款的损失与某银行、某会计师事务所的验资行为不存在法律上的因果关系认定错误及未就某银行、某会计师事务所的验资行为是否存在过错进行认定为主要理由向河南高院提起再审,河南高院认为某小额贷款公司称其基于公示的增资变更登记接受某担保公司担保属于对银行询证函回函、验资报告的使用理据不足,也不符合《最高人民法院关于金融机构为企业出具不实或者虚假验资报告资金证明如何承担民事责任问题的通知》(法〔2002〕21号)第一条的规定中使用金融机构虚假资金证明的要件,且金融机构为保障债权安全,在接受担保时一般应依据相关企业的全部资产状况的相关证明资料作出决定,不应仅依据营业执照中载明的注册资本额,依法裁定驳回再审申请。

二、代理思路

《公司法》以及相应司法解释对于公司股东抽逃出资认定形式采取列举式和兜底规定,意在防止法律的不周延性,以及社会情势的变迁性,而本案即是在当下抽逃出资情形愈加复杂隐秘的形势下为认定股东是否属于抽逃出资提出适用“实质优于形式”的认定标准,因此对于案涉公司股东是否构成未履行出资、抽逃出资以及出资过程中某银行、某会计师事务所的验资行为与某小额贷款公司未收回贷款的损失是否存在法律上的因果关系成为本案的主要争议焦点。

(一)股东循环出资的行为是否构成未履行出资、抽逃出资

1. 法院观点

根据《最高人民法院关于适用〈中华人民共和国公司法〉若干问题的规定(三)》第十二条第四项的规定,法院认为某农牧公司将单笔资金循环投入来达到增资的形式效果,随后通过流入第三方,某农牧公司又以第三方股东的身份以减资的名义将资金收回,虽然第三方深圳某基金召开合伙人会议,决议退还出资款,某农牧公司也公告了减资事宜,但因最终收回的款项发生在上述增资款的循环流转中,并非实质来源于深圳某基金,且某农牧公司在深圳某基金的减资也未在国家企业信用信息公示系统作变更登记,应当认为某农牧公司从深圳某基金收回的资金并非减资款,上述收回资金的行为属于抽逃资金,从实质上认定某农牧公司符合股东抽逃出资的行为。此外,根据《最高人民法院关于适用〈中华人民共和国公司法〉若干问题的规定(三)》第十三条第二款、第十四条第二款的规定,法院判决支持了代理律师关于请求未履行出资义务、抽逃出资的股东某农牧公司及某实业公司在未出资本息范围内对公司债务不能清偿的部分承担补充赔偿责任的请求。

2. 律师工作

在某小额贷款公司申请执行某担保公司担保债权过程中,由于基本无财产可供执行,委托人获悉某担保公司实际被某农牧公司控制,在某农牧公司出现重大风险情况下进行增资,其增资应当是不真实的。国浩律师利用案件执行程序先后查询了某担保公司公司登记及验资的相关资料,某担保公司、某农牧公司和某实业公司验资前后的银行流水,取得了验资的基本证据;为进一步收集证据,国浩律师及案件执行法官到某担保公司现场了解情况,某担保公司事后出具《河南某担保公司增资事项说明》(以下简称《增资事项说明》),某农牧公司和某实业公司虚假增资的事实得以确认。故某小额贷款公司主动提起诉讼,向某农牧公司、某实业公司和对验资具有过错的某银行、某会计师事务所主张权利。

首先,某小额贷款公司的证据足以证明某担保公司虚假增资21.4亿元。《增资事项说明》明确了某农牧公司和某实业公司通过资金循环方式进行增资的事

实,且《增资事项说明》系各方在尚未产生争议的情况下出具,证明某农牧公司、某实业公司对某担保公司增资系为了通过某担保公司提供担保获取更多资金,避免金融机构压缩贷款,同时也证明某担保公司知晓增资背景并配合完成具体资金周转流程,即某农牧公司和某实业公司以3.81亿元循环七轮,完成21.4亿元虚假增资;同时国浩律师通过执行案件项下律师调查令调取了某担保公司和某农牧公司银行流水、验资报告,某银行提交的7家合作社和某实业公司的股东郑州某贸易有限公司(以下简称某公司)的银行流水客观上也印证了《增资事项说明》关于某农牧公司和某实业公司以3.81亿元资金循环七轮虚假验资21.4亿元的基本事实,21.4亿元增资系某担保公司参与验资的七个银行账户内不同时段资金累计相加得出的数额,银行出具询证函回函时,其所记载的资金已经不在相应账户内,某担保公司其他六个验资账户在2018年5月28日24时已无验资资金,仅某银行薛店支行的验资账户内尚余少量资金,且2018年5月29日仅有的少量验资资金也全部转出。

其次,某农牧公司从深圳某基金减资不成立,某农牧公司提交的减资公告、深圳某基金决议均为复印件,无法与原件核对;深圳某基金向某农牧公司转款时间为2018年5月28日,明显早于深圳某基金减资决议时间2018年8月13日,不符合减资流程;另外,经在国家企业信用信息公示系统查询,截至开庭当日,某农牧公司未在深圳某基金减少出资。

最后,某担保公司验资当日对外转款不属于验资资金的真实合法使用,违反了验资账户及验资资金使用的相关规定。结合《增资事项说明》和某担保公司向41家合作单位转账的时间和金额,足以说明其向41家单位转款行为系循环增资的环节,而非真实投资。国浩律师通过对上述证据的收集、使用和阐述,基本还原了某农牧公司和某实业公司通过单笔资金循环出资的整个路径,向法庭展现了该案主要事实的全貌,对于法院认定某农牧公司和某实业公司循环出资的行为是否构成未履行出资、抽逃出资提供了充分扎实的事实根据与法律依据。

(二)贷款损失与验资行为是否存在法律上的因果关系

1. 法院观点

根据《最高人民法院关于金融机构为企业出具不实或者虚假验资报告资金证明如何承担民事责任问题的通知》第一条的规定,法院认为某小额贷款公司主张其基于公示的增资变更登记接受某担保公司担保属于对案涉银行询证函回函、验资报告的使用,并不符合上述通知第一条规定中使用金融机构虚假资金证明的要件,不能证明案涉银行询证函回函、验资报告的出具与某小额贷款公司的损失之间存在因果关系,且金融机构为保障债权安全,在接受担保时一般应依据相关企业的全部资产状况的相关证明资料作出决定,不应仅依据营业执照中载明的注册资本额,故认定某小额贷款公司相关理由不能成立。

2. 律师工作

首先,某小额贷款公司提交的证据可以证明其接受某担保公司担保所受到的贷款损失与某银行、某会计师事务所出具的虚假银行询证函、验资报告具有因果关系。第一,根据某会计师事务所、某银行分别出具的验资报告、银行询证函回函完成虚假增资,进行工商变更登记并进行公示。某小额贷款公司在某担保公司增资后基于对其工商登记的信赖接受其担保。由于其虚假增资无力承担担保责任,导致某小额贷款公司贷款未获得清偿、遭受损失。第二,某小额贷款公司基于公示的增资变更登记接受某担保公司担保属于对验资报告、银行询证函回函的使用。若某担保公司无此次增资事宜,则某小额贷款公司就不会与某担保公司进行经济往来,更无借新还旧和拖欠利息的行为的发生和持续存在,不会在某农牧公司具备担保能力时丧失通过诉讼途径维护自身权利的良机。

其次,某农牧公司、某实业公司构成虚假增资,某会计师事务所、某银行参与虚假增资过程,某会计师事务所、某银行参与验资是为了保障验资的真实性,但其出具不实、虚假的验资报告、银行询证函回函导致了虚假验资和工商登记的完成。同时,某会计师事务所、某银行对于某农牧公司、某实业公司循环出资进行增资的事实视而不见,某银行更是参与了资金循环的转账环节,而径直出具明显不符合事实的验资报告、银行询证函回函。

最后,某银行对某担保公司验资账户及验资账户资金使用存在明显过错。第一,某银行违反规定未就某担保公司增资验资开立临时存款账户;根据《人民币银行结算账户管理办法实施细则》(以下简称《账户管理细则》)第十一条的规定,增资验资应当开立临时存款账户,并参照注册验资临时存款账户管理。由于某会计师事务所向某银行发送询证函,某银行知晓其所询证事项为验资事宜,故根据前述规定,某银行应当为某担保公司验资开立临时存款账户,但某银行却未要求某担保公司就增资验资事宜开立临时存款账户。第二,某银行未按照验资账户对某担保公司验资账户进行管理。根据《账户管理细则》第十九条的规定,增资验资账户在有效期届满前退还资金的,应出具工商行政管理部门的证明。由于某银行违规未就某担保公司验资开立临时存款账户,其作为专业的机构,即使某担保公司未开立临时存款账户,其亦应当参照验资账户的标准对某担保公司一般验资账户进行管理。根据前述规定,某担保公司要求退还验资账户内资金的,应当由工商行政管理部门出具证明;某银行在没有工商行政管理部门出具证明的情况下,为某担保公司办理转款手续,违反了前述规定和其办理业务应有的合理审慎注意义务。

三、案例点评

本案是一起典型的股东虚假出资、中介机构涉嫌虚假验资的案例,其法律意义主要体现为它对两个疑难法律问题的实践判定颇有参考意义,但也存在相应的遗憾。

一是明确了股东出资是否真实"实质优于形式"。本案所涉抽逃出资的行为非常特殊,即股东将基本相同金额出资循环多次增资到目标公司,其后又将该出资流向其控制的第三方,再通过第三方减资来抽回出资,但第三方未作减资变更登记,故股东的整体行为构成抽逃出资,应依法对目标公司的债权人承担补充赔偿责任。本案对股东出资商事行为的定性,采用"实质优于形式"的认定标准,突破了交易的形式稳定性,体现实质公正性,是近年来人民法院在民商事审判中强调的"穿透性思维方式"的具体体现,通过表面复杂的商业交易安排、资金往来,准确定性交易模式,确定当事人商事行为背后真实的交易目的,根据真实的权利义务关系来认定商事行为的性质与效力,以规范市场主体的行为,维护公平诚信的交易秩序。在抽逃出资的认定上,对于规范股东出资行为起到重要的警示和示范作用。

二是严格审查金融机构等为公司出具不实或者虚假验资报告的行为与公司债权人的损害之间存在法律上的因果关系,只有因果关系成立,具有过错的验资机构才需承担责任。债权人尤其是专业的金融机构在与公司发生经济往来时,若基于对企业注册资本实力的信任,应当在发生经济往来时注意收集和核实企业验资报告及验资报告所依据的资金证明等证据,确定企业注册资本实缴,以便于股东虚假出资后追究参与验资的会所和银行的相关责任。

三是本案遗憾之处，法院均认定某农牧公司、某实业公司未履行出资义务、抽逃出资，但却未就某会计师事务所出具的验资报告和某银行出具的银行询证函回函是否虚假及某会计师事务所、某银行在验资过程中的过错进行认定，对有关机构依法进行验资没有形成好的示范和导向作用。

四、专家推荐

推荐人：张付成　郑州大学法学院副教授

推荐内容：

现代公司法的目的在于实现相关利益主体之间合理的利益均衡，在审理股东损害公司债权人利益纠纷案件中，各方利益冲突剧烈，更应注意划分各方利益保护以及商事交易自由之间边界的界定，既要对抽逃出资行为进行法律规则的适用和判断，保护善意第三人的合法权益，又要限制司法裁量权介入商事主体的经营自由。

本案的突出价值在于，在认定是否属于抽逃出资时，综合全案证据及事实，对单个商事交易行为放到本案整体环境进行判断，从抽逃出资的构成要件、表现形式、特点等多角度综合判断。作出适用"实质优于形式"的认定标准，对于司法实践中隐蔽性十足的抽逃出资行为如何作出衡量和判断提供了宝贵的实践参考经验及标准。此外，对在出资行为中产生的相应机构的过错认定及责任承担标准也提供了有益借鉴，即确定了只有在有关机构的过错行为与债权人损害结果存在法律上的因果关系时，有关机构才需要承担相应的责任，对于司法实践中因中介机构过错追究其责任也具有一定的参考价值。

推荐人：谢鸿飞　中国社会科学院法学研究所研究员

推荐内容：

股东损害公司债权人利益纠纷是最为重要的公司诉讼案由之一。本案的典型法律意义主要体现为它对两个疑难法律问题的实践判定颇有贡献。

一是明确了股东抽逃出资可适用"实质优于形式"理念予以认定。

二是肯定了只有在金融机构等为公司出具不实或者虚假验资报告的行为与公司债权人的损害之间存在法律上的因果关系时，侵权责任才能成立。①

---

① 参见《2021 年全国法院十大商事案件》，载微信公众号"最高人民法院"2022 年 1 月 29 日，https://mp.weixin.qq.com/s/c_xQtGiqsSOsmbzuWn9SZQ。

如何通过穿透式思维解决股东内部纠纷?

承办律师

何利锋　国浩律师(杭州)事务所管理合伙人

李　威　国浩律师(杭州)事务所律师

■ 案例概述

在一般的公司经营管理中,公司的董事会与股东会(股东)之间发生意见分歧时,股东会(股东)作为权力机构有最终的决策权。但是如果该公司是一人有限公司(股东是一人法人股东),该公司的董事会由母公司的全体自然人股东组成,董事会的意见仍然要让位于母公司的意见吗?

国浩杭州管理合伙人何利锋、律师李威于2022年2月经办完成的"黄某某诉杭州某公司公司决议纠纷案"是一起围绕上述公司法问题展开的经典案例。两位律师抽丝剥茧、另辟蹊径,运用穿透式思维刺破多层公司股权结构,不仅帮助当事人赢得了诉讼,而且为一人有限公司的公司治理和小股东权利保护问题提供了极具价值的宝贵经验。

一、案情简介

黄某某持有香港某公司25%股权,系香港某公司的第二大股东。除黄某某以外,香港某公司还有其他4名自然人股东。香港某公司持有杭州某公司100%股权,系杭州某公司登记的唯一股东。香港某公司5名自然人股东,组成了香港某公司、杭州某公司的董事会。本案法律关系见图1。

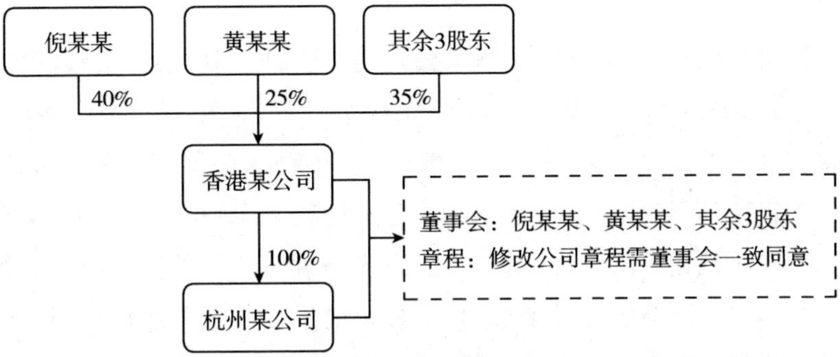

图1　本案法律关系

2015年12月21日,杭州某公司变更公司章程,修改了董事会表决条款,对于重大事项(如制订公司增加或减少注册资本方案;制订公司合并、分立、解散方案或者变更公司形式;修改公司章程;公司的年度财务预算方案、决算方案等)需经出席董事会会议的董事一致通过(一致决),对于一般事项(如决定和批准总经理提交的重要报告;通过公司的重要规章制度;决定设立公司的分支机构等)可采用简单多数通过决议(多数决)。

香港某公司董事会成员与杭州某公司董事会成员重合,香港某公司章程细则对董事会的职权也规定了类似于杭州某公司的一致决条款。2015年至2020年,杭州某公司每年召开董事会,会后作出董事会决议,董事会决议记载本次讨论的每个议题、议题主要内容、表决结果、异议人员的反对意见。5名董事均在董事会决议上签字。杭州某公司召开董事会的当天,香港某公司还会召开股东会,并作出股东会决议,股东会决议的内容与董事会决议内容时有重合。案涉争议发生前,杭州某公司董事会、香港某公司股东会大部分议案是全票赞成通过,曾经有过几次一票反对、四票同意的情况,相应会议决议会记载"暂不通过、另行沟通后再作决定"的内容。

2020年,黄某某与香港某公司第一大股东关于两家公司经营方针出现分歧与矛盾,香港某公司第一大股东开始要求删除公司章程内的一致决条款。2021年1月24日,杭州某公司召开董事会会议,香港某公司召开股东会会议,主要议案是讨论修改杭州某公司、香港某公司章程(删去一致决条款),除黄某某外,其余董事/股东均同意删除。2021年2月1日,香港某公司作出股东决定,决定修改杭州某公司公司章程,该股东决定上加盖了香港某公司的公章,第一大股东在股东决定上签名。

为维护自身权利,黄某某以杭州某公司为被告,向桐庐县人民法院提起公司决议纠纷之诉,要求确认杭州某公司 2021 年 1 月 24 日董事会决议、香港某公司 2021 年 2 月 1 日股东决定不成立,并申请了行为保全,限制杭州某公司修改公司章程。何利锋律师、李威律师代理案件后全面复盘、梳理两家公司历次会议决议,并辅以图表等可视化手段向法庭提交证据,充分说明公司的实际经营决策情况,即当事人之间并未严格区分母子公司,子公司的重大事项并非母公司一人决策,而是由 5 个自然人股东直接决策。同时未局限于两层股权架构的商事外观,提出了穿透式审判思维、内外有别原则,指出本案的实质是内部自然人股东之间的争议,并非表面的董事会与股东之间的争议,应以公司日常经营决策中的相关事实综合判断行使决策权利的实际股东。

2021 年 10 月 25 日,桐庐县人民法院作出(2021)浙 0122 民初 723 号民事判决书,认定杭州某公司虽登记为一人公司,但根据案涉两家公司的股权架构、股东和董事会成员情况、两家公司的历史会议表决惯例等因素,可以认定涉及公司重要事项的会议决议均需要 5 个自然人股东一致同意方可通过。而案涉的董事会决议、股东决定涉及修改公司章程等重要事项,因黄某某持反对意见,未达到决议通过的比例要求,故相应决议不成立,最终支持了黄某某的诉讼请求。杭州某公司提起上诉,因未按时缴纳上诉费被杭州市中级人民法院按撤诉处理。后杭州某公司申请再审,被杭州市中级人民法院裁定驳回再审申请。

二、代理思路

(一)董事会决议效力的问题

1. 一致决条款是否有效

一致决条款指的是公司章程约定股东会或董事会某些重大事项需经全体股东或全体董事通过,该种约定通常是为了保障小股东的利益,防止大股东滥用资本多数决、损害小股东和公司利益。对于一致决条款的效力,实务界和理论界存在一定的争议,持肯定说的人士认为该等条款可以有效保护小股东利益、遏制资本多数决的滥用,持否定说的人士则认为该条款容易导致公司陷入僵局。结合本案公司章程增加一致决条款的背景和条款具体内容,案涉一致决条款是合法有效的,理由如下:

第一,案涉一致决条款是为了保障母公司(香港某公司)自然人股东在子公司(杭州某公司)拥有直接的经营决策权而修改的,符合全体股东的真实意思表示。案涉两家公司的股权架构为:5个自然人股东持有香港某公司股权,香港某公司持有杭州某公司100%股权。从股权架构上看,自然人股东不直接持有子公司股权,不能行使股东权利,无法以登记股东的身份参与子公司经营决策。而在子公司董事会层面,5个自然人股东担任董事、组成董事会,自然人股东可以以董事的身份行使母公司股东权利,以董事会决议来实现股东会决议的治理效果。该等治理结构在杭州某公司经营初期未曾出现问题,5个自然人股东没有出现较大的分歧和矛盾,自然人股东的集体意志无论是通过母公司贯彻到子公司,还是通过子公司董事会直接实现,均没有较大阻碍。但自2015年以来,股东之间开始出现经营理念的差异,杭州某公司治理结构当中的隐患逐渐外露。

具体来说,杭州某公司的实际经营决策应当由内部的董事会决定,但对第三人来说,与公司发生交易,只需获得公司的盖章、法定代表人的签字作为认可依据,最多再获得登记股东香港某公司认可交易的文件,即可证明第三人是善意第三人,尽到了审查义务。但香港某公司、杭州某公司公章均由第一大股东掌握,杭州某公司的法定代表人也是由第一大股东担任,第一大股东存在滥用大股东权利、未经其他股东同意即私自对外作出决定的可能。因此,为保证董事会作为杭州某公司最终权力机构的地位,黄某某于2015年提议修改公司章程,增加重要事项需经董事一致同意的条款,该提议经全体股东审议后通过,香港某公司、杭州某公司公司章程均进行了相应修改。

第二,案涉一致决条款采用了列举式的方式明确重大事项的范围,不会导致公司陷入僵局。一致决条款可分为列举式和概括式两种类型,前者指的是在公司章程中罗列需经董事一致同意方可决定的重大事项,重大事项往往包括《公司法》第四十三条第二款①规定的特别事项(修改公司章程,增加或者减少注册资本的决议,公司合并、分立、解散或者变更公司形式);后者指的是所有重要事项均需一致同意,实际上是以一致同意代替资本多数决,极易导致公司大小事项均需董事一致同意,董事之间意见产生分歧时,董事会可能长期无法作出有效决议,公司陷入僵局。而案涉公司章程,列举了11项情形作为重大事项,如增加或减少注册资

① 《公司法》(2023修订)第六十六条第三款。

本、修改公司章程、决定公司合并分立解散等，7 项情形作为一般事项，如通过公司重要规章制度、设立公司分支机构、决定总经理及高级管理人员的聘用等，董事会仅需对重大事项适用一致决条款，对一般事项则适用简单多数决，不会导致公司的大小事项均需董事会一致同意，仍然符合资本多数决的原则。

2. 董事会决议是否成立

《最高人民法院关于适用〈中华人民共和国公司法〉若干问题的规定（四）》第五条规定："股东会或者股东大会、董事会决议存在下列情形之一，当事人主张决议不成立的，人民法院应当予以支持：（一）公司未召开会议的，但依据公司法第三十七条第二款①或者公司章程规定可以不召开股东会或者股东大会而直接作出决定，并由全体股东在决定文件上签名、盖章的除外；（二）会议未对决议事项进行表决的；（三）出席会议的人数或者股东所持表决权不符合公司法或者公司章程规定的；（四）会议的表决结果未达到公司法或者公司章程规定的通过比例的；（五）导致决议不成立的其他情形。"

本案中，案涉董事会决议审议是修改公司章程事项。根据杭州某公司《公司章程》第二十一条"对下列重大事项须经出席董事会会议的董事一致通过，方可决定……（3）修改公司章程"的规定，修改公司章程是《公司章程》明确约定的需董事一致决的事项。而案涉董事会决议对该事项的表决结果是，4 个董事同意，1 个董事（黄某某）反对，未达到一致决的通过比例，当属不成立的决议。

（二）股东决定效力的问题

1. 涉案股东决定代表谁的意志

涉案股东决定的内容："根据《公司法》及本公司章程的有关规定，本出资人作出如下决定：……同意修改公司章程，具体修改内容见'2021 年 2 月 2 日杭州某公司新章程'。"涉案股东决定落款处加盖了香港某公司的公章，并附有杭州某公司法定代表人、同时也是香港某公司第一大股东的签名。涉案股东决定代表的是香港某公司第一大股东的个人意志，并非香港某公司的意志，更不是香港某公司全体 5 名股东的集体意志。理由如下：

第一，涉案股东决定的内容违反了香港某公司 2021 年 1 月 24 日股东会决议。

① 《公司法》（2023 修订）第五十九条第二款。

本案中,香港某公司全体股东于2021年1月24日召开会议讨论修改杭州某公司公司章程的问题,4名股东表示同意,1名股东(黄某某)表示反对。表决结果未达到一致决的表决比例,该项议案未通过。

投赞成票的股东之一陈某某表示“下一步要求公司法律顾问、倪某某法律顾问、黄某某法律顾问审议章程修改的合法性”。决议文件中对该项议案的记载是“审议《关于修改杭州某公司章程的说明》”,而非“审议通过《关于修改杭州某公司章程的说明》”,与此前股东会决议全票通过某项议案的记载方式存在明显区别。这两处文字记载也表明了与会股东认可议案未获通过的结果。

在香港某公司权力机构没有同意修改公司章程的情况下,涉案股东决定却记载“同意修改公司章程”,显然违反了先前的股东会决议。

第二,涉案股东决定是未经股东会集体讨论、集体审议的非法决定。涉案股东决定落款日期为2021年2月1日,距离2021年1月24日香港某公司股东会7天,如果在这7天内召开了新的股东会、形成了新的股东会决议,则涉案股东决定具备法律效力。但事实上,这7天内,并未召开任何香港某公司的股东会,也没有任何形式的关于修改公司章程问题的讨论。实际上,涉案股东决定是香港某公司第一大股东为了办理章程修改备案,应登记机关所需而出具的一份文件,未经过香港某公司权力机构的集体决议。

第三,涉案股东决定没有得到全体5名股东的签字认可。《公司法》第三十七条第二款①规定:“对前款所列事项股东以书面形式一致表示同意的,可以不召开股东会会议,直接作出决定,并由全体股东在决定文件上签名、盖章。”召开股东会并非股东作出决定的唯一方式,股东对所议事项无异议时,也可以签名的方式直接作出决定。但涉案股东决定,仅有第一大股东的签字,没有其余4名股东的签字,不符合《公司法》的前述规定,不能代表香港某公司全体股东的意志。

2. 涉案股东决定是否成立

《公司法》第六十一条②规定:“一人有限责任公司不设股东会。股东作出本法第三十七条第一款所列决定时,应当采用书面形式,并由股东签名后置备于公司。”一人公司仅有一个股东,不设股东会,股东签名作出书面决定后即可形成股

① 《公司法》(2023修订)第五十九条第二款。

② 《公司法》(2023修订)第六十条。

东决定。若按此观点，一人公司的股东决定似无不成立的问题。

但是，一人公司有两种类型，一种是一个自然人股东设立的公司，另一种是一个法人股东设立的公司。一个自然人股东作出股东决定，自签名后即形成股东决定，当无异议。但一个法人股东作出股东决定，为避免损害法人股东的利益，特别是中小股东的利益，还应考察该决定是否经过了法人股东股东会或董事会的授权。质言之，对于法人股东设立的一人公司，应当将股东决议程序上移，考察法人股东的权力机构是否作出了有效的决议，否则无法体现法人股东的真实意思表示。

而涉案股东决定，明显违反先前的香港某公司股东会决议，又未得到香港某公司全体自然人股东的同意或事后追认，不具备合法的权力来源，不符合作出股东决定的程序，应当依据《最高人民法院关于适用〈中华人民共和国公司法〉若干问题的规定（四）》第五条第五项“导致决议不成立的其他情形”的规定，认定为不成立的股东决定。

（三）究竟谁是行使杭州某公司股东权利的主体

从上文的分析来看，本案所涉公司的治理结构较为特殊，但在实践中也并非孤例。一般而言，一人有限公司不设股东会，往往也不设董事会，仅设一名执行董事，执行董事若与法人股东产生意见分歧，法人股东拥有最终决策权当无争议。但是，案涉的一人有限公司杭州某公司，其法人股东香港某公司的5个自然人股东直接组成了杭州某公司的董事会，自然人股东的意志直接可以通过董事会决议的方式形成，而无须通过法人股东香港某公司进行间接传达。那么问题是，究竟谁是行使杭州某公司股东权利的主体？是登记的法人股东，还是法人股东的5个自然人股东？对此，我们认为，结合本案的情况，应当穿透股权结构，直接认定5个自然人股东是杭州某公司行使股东权利的主体，理由如下。

1. 本案审判应当适用《全国法院民商事审判工作会议纪要》（以下简称《九民会议纪要》）穿透式审判思维，刺破表面看真相，认定行使股东权利的5个自然人是杭州某公司的实际股东。

“穿透式审判思维”是《九民会议纪要》借鉴金融监管领域的“穿透式监管”而提出的重要概念。《九民会议纪要》关于穿透式审判思维的原文表述为：“注意处理好民商事审判与行政监管的关系，通过穿透式审判思维，查明当事人的真实意思，探求真实法律关系。”

最高人民法院法官刘贵祥在《在全国法院民商事审判工作会议上的讲话》中

进一步指出:"要树立穿透式审判思维,在准确揭示交易模式的基础上,探究当事人真实交易目的,根据真实的权利义务关系认定交易的性质与效力。"《全国法院民商事审判工作会议纪要理解与适用》在对《九民会议纪要》第二十八条"实际出资人显名的条件"解释中也指出该条的制定目的是:"从保护实际权利人的角度,打破实际出资人行使权利时所遇到的不必要的障碍,通过穿透式思维,查明实际出资人、显名持股人以及半数以上其他股东的真实意思,保护各方当事人的真实法律关系。"

在金融领域的涉私募基金、委托理财、信托纠纷等案件当中,许多法院也适用"穿透式审判思维"作出认定,对涉案当事人法律关系进行实质定性,穿透多层法律关系、多层交易结构。

回归到本案所涉争议,案涉董事会决议未能通过修改公司章程的议案,但案涉股东决定又清楚载明"同意修改公司章程"并加盖了股东的公章,股东与董事会的意见出现了冲突。若受限于外在形式,则会被表面现象蒙蔽,简单依据《公司法》第三十六条①"有限责任公司股东会由全体股东组成。股东会是公司的权力机构,依照本法行使职权",第四十六条②"董事会对股东会负责,行使下列职权……"认定涉案股东决定效力高于董事会决议效力。但实际上,涉案股东决定没有经过香港某公司权力机构的授权,涉案董事会决议才是香港某公司权力机构真实意思表示的反映。因此,本案需要适用穿透式审判思维进行审理,透过两层股权结构的表面认定行使杭州某公司股东权利的真实主体。

2. 本案应按照《公司法》"内外有别"的原则,根据公司日常经营决策过程中的事实认定行使公司决策权利的实际股东。

《公司法》"内外有别"原则指的是:对外,涉及公司外部法律关系、牵涉第三人利益时,应坚持商法的公示主义与外观主义原则,按公司对外公示的内容进行认定,从而维护商事交易安全和经济秩序稳定,如《公司法》第三十二条第三款③、《最高人民法院关于适用〈中华人民共和国公司法〉若干问题的规定(四)》第六条;对内,属于公司内部法律关系不涉及第三人时,应以公司出资人的实际出资情况、实际行使股东权利情况等,探究行为人的真实意思表示,保护实际出资人的利

---

① 《公司法》(2023修订)第五十八条。

② 《公司法》(2023修订)第六十七条第二款。

③ 《公司法》(2023修订)第三十四条。

益,如《最高人民法院关于适用〈中华人民共和国公司法〉若干问题的规定(三)》第二十四条第二款规定“前款规定的实际出资人与名义股东因投资权益的归属发生争议,实际出资人以其实际履行了出资义务为由向名义股东主张权利的,人民法院应予支持。名义股东以公司股东名册记载、公司登记机关登记为由否认实际出资人权利的,人民法院不予支持”。《九民会议纪要》第二十八条规定:“实际出资人能够提供证据证明有限责任公司过半数的其他股东知道其实际出资的事实,且对其实际行使股东权利未曾提出异议的,对实际出资人提出的登记为公司股东的请求,人民法院依法予以支持。公司以实际出资人的请求不符合公司法司法解释(三)第24条的规定为由抗辩的,人民法院不予支持。”

本案属于公司股东内部之间的纠纷,应按照“内外有别”原则,根据公司内部章程、权力机构设置和运行情况、会议记录等可以反映公司内部治理情况的证据,对杭州某公司的真实股东作出认定。

结合本案事实,5个自然人股东是杭州某公司实际股东的理由如下。

(1)香港某公司和杭州某公司定期召开股东会、董事会,且两家公司的会议均于同一日召开,5个自然人股东分别在两家公司层面以股东、董事的身份直接对公司重大事项进行决策。

(2)两家公司股东会和董事会除审议本公司事项外,还会跨公司审议子公司的事项,并未严格区分母子公司。

(3)5个自然人担任杭州某公司的董事,而公司章程约定的董事一致决事项,其中包括《公司法》上股东会需审议的事项,这一特殊安排赋予了5个自然人股东+董事的权利,董事会=股东会。

(4)香港某公司和杭州某公司在多年的实际运作过程中,也遵循了一致决的原则,历史上也曾有一人反对、该议案未获通过的情况。

(5)香港某公司没有实际经营场所、业务、人员、收入,香港某公司和杭州某公司法人人格混同。

三、专家推荐

推荐人:沈建萍　国浩律师(杭州)事务所合伙人

推荐内容:

在金融、证券监管部门推行穿透式监管的背景下,司法实践当中也出现一定穿透式审查的趋势,如“名为实为”交易模式中虚伪意思表示的否定,人民法院不再拘泥于传统的外观主义,而是着重审查当事人内心真实意思表示。而本案,正是法院刺破公司多级股权结构,运用穿透式审查思维的典型案例。

纵览本案,案件说理较为充分,代理律师分别从公司股权结构、董事会成员、公司历史运作、公司实际经营等细节角度着手,条分缕析,环环相扣;同时,又结合了穿透式审判思维、公司法内外有别原则等理论观点,颇有深度。本案为多级股权结构下公司治理的规范提供了有价值的探讨素材,值得反复推敲、学习。

市属国企合规方案的“苏州样板”是如何打造的？

承办律师

葛霞青　国浩律师（苏州）事务所党总支书记、合伙人

俞　峰　国浩律师（苏州）事务所合伙人

李　岚　国浩律师（苏州）事务所合伙人

范小驰　国浩律师（苏州）事务所律师

倪晶晶　国浩律师（苏州）事务所律师

■ 案例概述

“合规”是2021年的“热门词”，人人都在说合规，但合规到底是什么？合规管理到底应该怎么做？由国浩苏州合伙人葛霞青、俞峰、李岚，律师范小驰、倪晶晶等于2022年5月承办完成的“苏州市属国企试点合规管理体系建设专项法律服务项目”系苏州市属国企首家试点单位某文旅集团的合规管理体系建设专项法律服务项目，团队在缺乏既有案例的参考的背景下，通过扎实开展合规评价排摸企业管理现状，结合企业管理实际，帮助企业创造性地构建了以法务、内控、风控三位一体的大合规管理组织体系、“1+3+9+N”合规管理制度体系为核心的市属国企合规方案，成功打造了国企合规管理的“苏州样板”，为“国企改革三年行动”贡献了律师力量。

一、项目简介

随着国企改革三年行动的深入推进以及央企、省属国企合规管理试点工作的逐步开展，为推动苏州市属国企全面加强合规管理、提升合规经营管理水平，苏州

市国资委于2020年11月发布了《苏州市市属国有企业合规管理指引(试行)》。2021年7月,随着该项指引的落地实施,苏州某集团被苏州市国资委列为市属国有企业中唯一一家合规管理体系建设的试点单位。国浩律师(苏州)事务所作为该项目的专项法律顾问,接受苏州某集团的聘用后,立即着手组建了由国浩苏州合伙人葛霞青带领的法律服务团队,项目律师包括国浩苏州合伙人俞峰、李岚,律师范小驰和实习律师倪晶晶等。

本次法律服务主要包括合规评价和合规管理体系建设两项内容。接受苏州某集团委托后,律师团队根据苏州某集团提供的前期基础资料,结合苏州某集团的具体需求,制订了具体翔实的法律服务方案和工作推进计划,于2021年11月下旬正式启动项目。律师团队基于对公开信息的初步调查梳理了项目基础资料清单,完成对苏州某集团所提供项目基础资料的初步审阅分析后,前往苏州某集团开展现场调查,进一步查阅相关资料并对苏州某集团相关人员进行访谈。通过资料审阅、梳理、分析、人员访谈等工作的开展,律师团队对苏州某集团在公司治理、市场交易、投资管理、资产管理、安全生产管理、财务管理、劳动用工、捐赠与礼品接待以及工程管理九大重点领域的合规管理现状进行了评估,出具合规评价报告,提出了八十余项合规管理建议。

在合规评价报告的基础上,律师团队和苏州某集团合规管理人员进一步就合规管理体系建设方案开展了深入探讨,对照市国资委对国有企业的各项合规管理要求,结合苏州某集团现有的组织管理体系、各项管理制度及内控管理实际,确定了苏州某集团合规管理的组织体系、制度体系及运行保障机制方案。律师团队依照建设方案,构建了“合规委员会—合规管理小组(合规管理联席工作会议)—合规部—合规管理员/联络员”的多层次全方位的合规管理组织体系,制作了以合规管理实施细则为核心,以合规审查办法、合规管理监督办法、合规风险管理办法以及合规委员会工作制度为配套的合规管理制度体系,并在对现有法律、法规、政策规定及内部管理制度梳理分析的基础上,在2022年5月完成了上述九大重点领域的合规业务规程的制作。此外,为了便于苏州某集团在实际运营中真正理解并落实贯彻各项合规管理制度,律师团队还编制了《合规风险库》《重点环节合规审查流程图》《合规工作手册》《合规承诺书》《合规管理法律法规汇编》等多项文件。

二、律师工作

国浩苏州律师团队在本次法律服务中的工作可以分为项目前期、项目现场调查及合规评价报告和合规管理体系文件制作三个主要阶段。

（一）项目前期积极沟通，提前审阅项目基础资料

本着打造苏州国企合规精品项目的初心和目标，律师团队在项目前期与苏州某集团开展了多轮沟通，充分了解客户的痛点及诉求，结合客户的主责主业及战略发展规划，就本次合规管理体系建设的重点业务领域选定、建设步骤等方面提出了具体的建议。

项目正式启动后，为有效提高作业效率、缩短现场调查时间，律师团队采用了先开展项目资料初审再进场调查的工作方式。在此期间，律师团队充分利用各项调查工具，获取了苏州某集团债券发行等材料，有利于更加精准把握问题点。

（二）有计划地开展项目现场调查工作

项目进场后，律师团队提前制作了访谈人员名单和访谈计划，以便于提前做好访谈人员的安排。在现场完成资料审阅和人员访谈后，律师团队及时整理追加调查事项，每日现场工作结束前以书面清单的形式向客户提交补充资料清单和待确认问题清单，便于对接人员及时进行内部统筹安排、提高工作效率。针对因保密要求部分资料只能现场阅览无法复印的问题，律师团队在明确各项资料的审核标准和要点的基础上，合理分解现场工作，通过团队分工合作高效完成。此外，现场调查小组在每日现场调查结束前举行内部总结会议，对当日现场调查工作情况以及下一步工作内容和工作计划进行总结和安排。

（三）分工合作制作合规评价报告和合规管理体系文件

2022 年 2 月完成现场调查后，受疫情影响，律师团队通过微信沟通、线上会议等方式向客户及时汇报了合规评价结果，并就基于合规评价结果对合规管理体系建设方案的建议进行了充分沟通。在与客户就后续作业方针达成一致之后，为提高工作效率，在团队内部采取了双线同步作业的方式。一方面，按照业务领域对合规评价报告进行分解，事先确定各部分内容的框架结构和要点，再在团队内部

进行分工;另一方面,按照建设方案确定合规管理体系文件的构架及主要内容,并按照分工负责各自业务领域的文件撰写。同时,由于本次作业涉及的文件制作量很大,为了避免后续大幅修改,在确定文件制作方案后,先期制作了合规评价报告的样稿、合规管理体系文件目录、合规管理组织架构、合规管理业务规程样稿等文件,与客户进行反复的沟通,事先确定格式和细节,提高作业效率。

三、项目亮点

国有企业合规管理作为国有企业三年改革行动的重要组成部分,要求服务律师在项目法律服务过程中,不仅应当凭借自身的专业技能和服务经验做好各项法律服务,还应当具备创新意识,结合客户的需求和法规要求,创造性地完成工作。本次项目的亮点可以归纳以下几个方面。

(一)注重现有管理制度与内控制度的协同

国浩苏州律师团队注意到客户作为一家成立10多年的中型国有企业,已经建成了130余项制度,涉及公司治理、投资管理、资产管理、安全生产等公司管理的各个方面,现有的各项制度建设相对完善,但也存在同一事项重复规定甚至不同制度对同一事项的规定不一致等情形。此外,公司已经建立了内部控制制度并且每年度进行内部控制评价,但内部控制制度的一些内容与实际执行的部分制度存在出入;同时,其每年的内部控制评价更注重对内部控制制度的流程落实情况,而对其制度与既有制度的衔接问题关注较为不足。

基于上述实际情况,律师团队在合规评价阶段强化了对既有管理制度及内控制度的审核,不仅关注既有管理制度本身的合规合法性,还关注既有管理制度之间以及既有管理制度与内控制度之间的协同性,全面仔细梳理了不同制度对同一事项规定的差异性,在合规评价报告内详细披露了既有制度存在的问题。

(二)基于客户实际情况搭建合规管理组织架构

国浩苏州律师团队注意到客户现有的组织架构中已设置内控职能部门和法务职能部门,其中内控工作主要由内审部负责,合同审核等法务工作由法务部负责,内控和法务分属不同部门。律师团队基于以往国企法律服务的经验,以及对国企监管要求的深刻认知,认为若再单独建立一套独立运行的合规管理体系将导致客户的内部管理流程过于烦冗,可能会导致合规管理体系运行成本增大,这将不利于合规管理体系的贯彻实施。

为此,律师团队基于苏州某集团的内部组织架构设置及运行实际情况,提出了设置内控、法务、风控三位一体化的合规管理组织体系的建议,即在董事会下设置合规委员会,合规负责人牵头组建合规管理小组,合规管理小组通过合规联席会议的方式具体运作,同时设置合规法务部作为合规管理部门,将原有的内控管理、法务管理一并纳入合规法务部,集团各部门及下级子公司设置的合规管理岗(合规管理员和合规联络员)由原内控联络员兼任,合规管理员和合规联络员实行双线汇报机制,在向集团各部门/二级子公司进行合规汇报的同时,重大事项应当同时向合规法务部汇报。上述合规管理组织体系的设置,不仅能够充分利用既有人员配置,精简组织架构设置,更有利于全面有效地开展各项合规管理工作。

(三)重点关注合规管理制度的可执行性

再好的制度体系建设如果不能真正地落地执行,等同"纸上谈兵"。因此在构建合规管理体系时,律师团队结合客户的实际运行情况,选择在既有的管理体系中通过增加合规审查流程来实现合规管理职能。在设置事前合规审查流程时,也同时关注与既有内控流程的契合,避免出现同一事项多次审批的情况;在事后监督方面,对照市属国企合规管理要求,在制度层面设置了合规自查、合规评估、合规调查等多种方式,合规评价作为年度常规事项可与每年度内部控制评价合并开展。

合规管理要发挥作用,各个合规管理岗位认真落实执行是关键因素之一。在完成制度建设后,律师团队依据现行有效的各项法律法规及政策文件,并基于苏州某集团各项内部管理制度,对各重点领域分门别类地制作了各业务领域的合规管理指引,作为各项具体合规管理业务的操作指引。每一项合规业务指引均从主要概念、职责部门、主要法律依据、主要制度依据、合规管理基本要求、合规管理具体要求、重点环节的事前合规审查流程及合规监督等八大方面详细规定了各项业务应当遵循的合规管理要求及合规管理工作流程,并列举了所依据的法律法规和制度依据。各业务人员在开展一项任务时,通过学习该项业务的合规管理规程,就能了解具体的合规管理要求和所需的流程。

同时,为了配合各项合规管理工作制度的顺利实施,律师团队还编制了《合规风险库》《重点环节合规审查流程图》《合规管理主要法律法规汇编》《九大重点领域法律法规汇编》《合规工作手册》《合规承诺书》等多项文件,帮助合规管理岗更好地掌握和理解所从事业务的合规管理要求。

四、项目点评

本案是国浩苏州承办的首个国有企业合规管理法律服务项目,与以往办理过的其他合规项目相比,在办案思路、工作方法、作业内容等方面都存在比较大的差异。而且,本次合规项目涉及合规评价和合规管理体系制度建设,工作量大,时间紧迫,对律师团队的法律服务能力也提出了比较高的要求。

在合规评价阶段,律师团队充分发挥以往在投资并购类尽调项目中积累的工作经验,在项目时间紧张的情况下,充分考虑客户的实际困难,准确把握合规评价方向和要点,从制度建设和制度执行两个层次对客户开展了全面的合规评价,采用灵活的作业方式,点面结合、有的放矢地高效完成了各项工作,不仅帮助客户完善了制度建设,还帮助客户发现了可能存在风险的事项,提出了富有建设性的意见。而在合规管理体系建设阶段,律师团队以“可执行”和“有效率”为出发点,从实际出发,不断开拓创新思维,协助客户搭建了既满足国企合规管理要求,又契合企业管理实况的合规管理组织机构体系和制度体系,不仅注重合规管理制度的覆盖面,更注重合规管理制度与现有制度的融合,便于客户在日常的运作管理中能够真正落实合规管理,强化企业的内部治理,实现以合规促发展的目标。

通过本次法律服务,国浩苏州律师不仅对国有企业的运行状况有了更加深刻的理解,还有效积累了合规业务的办案经验。同时,国浩苏州律师团队在整个法律服务过程中,充分展现了国浩团队分工合作、协同作战的业务能力和团队优势,获得了客户的一致认可和好评。在本次合规业务完成后,2022 年 6 月,苏州某城保护集团成立,这是苏州市委、市政府为进一步加强苏州历史文化名城保护工作作出的一项重要战略部署,国浩苏州也将继续为其合规管理体系建设提供法律服务。

五、专家推荐

推荐人:黄建新　国浩律师(苏州)事务所管理合伙人、主任

推荐内容:

作为苏州市属国企的首个试点项目,国浩苏州法律服务团队的每一项工作都是在缺乏既有案例参考、不断摸索中开展的。在本项目中,团队利用以往在非诉项目中积累的丰富经验,能够因地制宜地根据实际情况制订工作方案并开展具体工作,能够在深刻理解客户需求的基础上富有创新地设计合规管理组织架构体系和制度体系,并能够克服疫情影响及时完成全部工作内容,体现了国浩律师的专业和敬业。

第五章　破 产 重 整

百亿债务危机之下，公司如何通过合并重整实现涅槃新生？

承办律师

马　骏　国浩律师（杭州）事务所合伙人

叶通明　国浩律师（杭州）事务所管理合伙人

张丽平　国浩律师（杭州）事务所合伙人

吴竞轶　国浩律师（杭州）事务所律师

陈江刚　国浩律师（杭州）事务所律师

徐嘉赫　国浩律师（杭州）事务所律师

孙　晶　国浩律师（杭州）事务所律师

楼梦柯　国浩律师（杭州）事务所律师

■ 案例概述

大型集团式民营企业实质合并破产重整中，因企业数量多且关系复杂，对外债务结构多样且规模巨大，企业通常面临内外交困的不利局面。如何有效运用破产重整制度，通过精巧的重整方案设计，充分挖掘企业的重整价值，不仅是对担任管理人律师专业水平的考验，也是破产法相关理论在实践中运用的重要价值体现。

由国浩杭州合伙人马骏负责，管理合伙人叶通明、合伙人张丽平，律师吴竞铁、陈江刚、徐嘉赫、孙晶、楼梦柯等作为管理人团队成员完成的“浙江 JD 控股集团有限公司等 JD 系八公司合并重整案”即是一起浙江省内有较大影响的通过破产保护机制成功挽救民营企业、有效防范和化解区域性重大金融风险的典型案例。

本案中对关联企业实质合并标准的把握与程序运用、关联企业合并重整下重整方案的设计与安排等,体现了律师的专业水平和综合能力,为关联企业合并破产的具体路径选择及运用重整方式挽救危困的大型集团式民营企业提供了借鉴样本。本案入选“最高人民法院 2019 年度人民法院十大商事案件”“2019 年度浙江法院破产审判年度十大典型案例”“浙江省破产管理人协会 2019 年度十大优秀履职案例”等。

一、案情简介

以浙江 JD 控股集团有限公司为核心的 JD 系企业,主要生产制造消防器材、天然气压缩无缝气瓶及高压管道等,是国内先进能源装备系统供应商,系绍兴地区制造先进能源装备为主的大型民营企业集团,企业年产值达 13.8 亿元。JD 系企业因前期盲目扩张,后期财务成本、设备折旧、市场形势等多种因素叠加导致企业陷入经营危机。2018 年 1 月底,随着实际控制人的坠楼身亡,JD 系公司资金链断裂,巨额债务风险全面爆发。2018 年 3 月,债权人、债务人分别对 JD 系公司提出破产申请,人民法院经审查后于 2018 年 4 月起陆续裁定受理浙江 JD 控股集团有限公司等 JD 系八公司的重整,并指定国浩律师(杭州)事务所等担任管理人,由国浩杭州律师担任管理人负责人。

2018 年 10 月,人民法院根据管理人申请并经合并重整听证程序,认定 JD 系八公司人格高度混同,各公司资产、负债难以区分,分别重整会严重损害债权人整体清偿利益,JD 系八公司符合关联企业实质合并重整的要件,依法裁定对 JD 系八公司合并重整。

整个重整期间,为维持重整企业经营价值,管理人在法院、政府的支持下,并在企业高管的协助配合下确定“破产不停产”的重整思路,围绕资金、职工、供应商等重要生产要素逐一施策,快速恢复企业生产经营,确保了整个重整期间生产不停、管理不乱、员工不散,并为后续重整企业的重整投资人引入、重整方案设计、重整价值确定、挖掘与最大化实现打下牢固基础。

管理人经对JD系八公司主营优势业务和非核心产能、核心资产和非核心资产进行甄别后，结合行业市场与投资人接洽情况，确定对其中四家优势实体企业重整招募，对其余劣势产能和非核心资产快速出清。基于四家实体企业业务相对独立，资产体量大，根据企业重整需求及市场行情，确定对四家实体企业单体招募投资人单纳入同一重整计划的重整思路。在各方共同努力下，JD系八公司合并重整案成功引入包括世界500强企业、中国500强企业及优秀民营企业等有实力的理想重整方。同时，对其他重整价值不高且不具挽救可能性的企业，在合并重整程序中作出合理出清或其他安排，实现资产或资源的有效盘活。

2019年6月，基于上述重整思路所形成的重整计划草案经债权人会议表决通过，且获得人民法院裁定批准。2022年9月，重整计划执行完毕并获得了人民法院确认，自此JD系八公司重整程序终结。重整计划的全面执行，使600余户债权人获得了更优的债权清偿或其他权益安排，保障了上千名企业职工的就业，实现了区域的金融风险控制与社会稳定。同时，重整企业的优势资源和产业在引入有实力的投资人后获得了更进一步发展与拓展，并成为当地乃至全国范围内行业优势企业。

二、律师工作

在对关联的重整企业基本情况进行全面准确调查基础上，管理人对公司陷入债务危机的原因进行深入剖析，以提升重整价值为主线，确定关联企业合并重整和"整体重整、分别招募、协同推进"的重整思路，并在程序中创新与探索债的分段分期清偿、核心融资租赁物资产处置、关联企业合并重整中出资人合并表决机制设置等，回应解决重整面临的债的清偿、企业运营价值保护等核心问题，最终结合债务人企业具体情况、案件特性形成较为成熟的重整方案，具体办案思路如下。

（一）重整价值的准确判断与充分挖掘

JD系八公司中有四家公司聚焦于消防设备、燃气装备、大型无缝特殊钢管、压力容器等产品与服务的研发、生产制造、销售，分别是国内先进能源装备系统供应商，也是绍兴地区优势产能企业，在行业内享有一定的品牌知名度和市场美誉度，具备一定的重整价值。进入破产程序时，该等企业因面临大量诉讼、账户被查封冻结、现金流枯竭，企业濒临停工停产的境地。通过对企业经营能力与营业事务的分析,如能解决企业日常现金流问题,仍能维持日常生产经营并形成造血能力。而要实现重整成功,首先需要保障生产经营必要的资金以及生产的基本条件,维持职工稳定,确保该公司破产不停产。

为此,管理人采取“盘活资金”“稳住经营”“优化治理”的思路,来确定、判断与挖掘企业的重整价值。

1. 解决企业最紧迫也是最直接的经营资金问题,管理人一是通过发函、申请法院发函、派员上门等方式,集中密集联系各地法院解除银行账户查封,盘活账户内资金约计3000万元,扫除了因银行账户无法使用而给继续经营带来的障碍;二是利用多方资源、采取多种措施着重解决资金短缺问题,如通过政府纾困资金支持,垫付职工工资解决拖欠工资问题,确保员工稳定;三是协助企业加大应收款回收力度,并借力银行监管部门,以最快速度追回银行个别清偿款等,提高JD系八公司可支配资金额度。

2. 根据各重整企业的具体情况,制定重整期间的印章使用、合同审核和资金支付审批制度,确保重整企业营业事务有序合规开展。在实际监管中,根据是否有利于重整、是否损害债权人利益、是否为生产经营所需的原则,在充分参考公司原经营管理团队意见的基础上,决定是否继续履行重整受理前相关合同,平稳推进重整企业的经营。

3. 根据各重整企业生产经营的内容,是否有利于债务人、债权人利益等因素,监管债务人对外合同签署、业务开展以及费用收支,确保重整企业业务开展、资金安排的合理性,优化公司内部治理结构。

在上述思路指导下,JD系八公司由破产前的濒临停工停产,成功实现了重整期间内企业生产不停、公司管理不乱、在职员工不散,使生产销售形势不断向好。JD系八公司“破产不停产”,为后续重整成功奠定了牢固基础。

(二)关联企业合并重整方案的严谨论证与实施

JD系公司所涉及的关联企业众多,达30余家,包括境外公司,企业规模较大且关系复杂,且相互之间存在不同程度的关联,该等关联企业如何处理、是否需要合并重整、合并重整范围如何确定、合并重整后企业经营业务如何安排、如何衔接后续重整投资人招募程序等,都是重整程序中面临的难题。故针对上述问题,管理人抽丝剥茧,从整体把控并分类处理,即在对全部关联企业形成完整全面调查、人格混同的核查基础上，形成分类处置意见，重点确定合并重整范围，果断对合并范围内关联企业实施实质合并重整，有效破解资产债务难以厘清之难题，具体如下。

1. 整体的分析与研判

对JD系全部30余家关联企业的财务、资产、人员、经营以及与进入破产程序的公司之间互保及混同情况等逐一进行调查，在各项情况核查基础上根据混同程度、持股比例等情况，分类制订“纳入重整程序、单独申请破产清算、股权转让或自行清算、债务追收”等针对性处置方案。

2. 重点核查实质合并重整的关联企业

对需纳入合并重整范围的关联企业，因规范层面关于关联企业实质合并的标准并不明确，仅2018年3月4日最高人民法院颁布的《全国法院破产审判工作会议纪要》（法〔2018〕53号）第三十二条对实质合并的标准进行了原则规定，即关联企业成员之间存在“法人人格高度混同”“区分各关联企业成员财产的成本过高”“严重损害债权人公平清偿利益”的情形可适用实质合并，但是实务中如何把控这一标准，以及实质合并的程序应如何设置等意见并不统一，操作也较为多样，极大考验了国浩律师对上述标准与程序的专业把控。为此，管理人在接管后的第一时间内启动人格混同、资产区分、债权人结构核查工作。一是在实质合并的实质标准审查上，从内部的各关联企业的意志体现、决策与融资等实际控制、资金调配使用与利益安排、资产人员场所使用方面，从外部的债权人结构、债权相互担保、商业行为预期等方面，对实质合并的上述三个标准予以全面审查；二是在实质合并的程序把控与运用上，因实质合并关系债权人的利益实现、债务人企业的经营安排，该案中引入听证程序，在该听证会上就债权人，特别是持反对意见的债权人的质疑进行解释与说明。最终该案经实体与程序两个层面，精确把握JD系八公司的合并重整实质，认定JD系八公司间高度关联，在公司运营、人事、财务尤其是资金使用等表征公司法人人格的要素方面高度混同，导致JD系八公司间的财产界限模糊、负债主体无法明确区分，构成法人人格混同。后经管理人申请并在全面听证、审查后并提请法院裁定JD系八公司进行合并重整。

关于实质合并及实质合并后的主体存续处置问题，管理人区分了破产法与公司法层面主体合并的差异，在重整计划中，从公司法层面对合并破产下公司主体作出相应安排与处理，实现有重整价值和挽救可能的主体予以存续，无重整价值和挽救可能的主体出清。这一操作模式获得其他法院和管理人的认同,如北京市第一中级人民法院之后出台的《关联企业实质合并重整工作办法(试行)》第五十条关于主体资格存续即有同样规定。

(三)"整体重整、分别招募、协同推进"重整思路的巧妙设计

JD系公司分别在专业化气体储存和运输装备、消防器材、大口径特种无缝钢管及高压钢质无缝气瓶的研发、制造、销售及服务的方面具有重整价值,但该四家公司整体资产规模较大,在外部的市场经济增长下行的背景下,一味强调和要求将JD系八公司合并成单一的主体并由单个重整方来重整,不具有现实性,也会因时间的拖延错失了最佳的重整时机。为此,管理人在快速厘清企业资产负债概况,及时与准确诊断债务危机原因,有效判断和甄别业务、产能与资源的优劣,解决与消除以资产与负债混同为关键特征的法人人格混同造成的消极影响基础上,提出"八家公司整体合并重整,即四家重整招募、三家清算注销、一家存续解决历史遗留问题"之设计,最终该方案设计获得有效推进,并取得良好社会效果。

该模式对管理人的工作标准提出了较为严格的要求。不同的重整方提出的要求各异、决策程序各不相同,如何统一和平衡成为棘手的问题;另外,重整方高度重视或有负债能否得到妥善安排,如何有效协助重整方隔离该等风险亦是对管理人专业能力的巨大挑战;再者,任一重整方若未按约定履行义务可能会导致整体重整的失败,不仅各方的艰辛付出和努力将前功尽弃,而且影响债权人等各方利益。面对难题,管理人审慎应对:(1)借力相关各方,和政府、法院、债务人高管分工协作、群策群力,通过针对性的上门拜访、邀请实地考察、申请政府给予政策支持等方式,经过近6个月的招募后成功锁定4家公司的重整意向方。在谈判中,坚持以"求大同存小异、顾大局弃小利"为原则,坚定重整成功确保债权人得益、重整方有投资回报、债务人获得重生、地方经济稳步发展的共同目标,并在分别签署的重整协议中,设定统一的重整资金支付、重整资产交割期限。(2)在重整计划中设置专门条款以应对任一重整方未按约定履行义务的处理方式,最大限度避免整体重整失败的可能性。(3)重整计划获裁定批准后,管理人根据重整投资协议约定以及重整计划规定,对4家公司重整范围内资产的交割时间、重整资金支付、股权变更、第一期债权清偿时间等进行统一安排,坚持同步推进、分别对接、有序开展的原则。(4)安排适当的主体和相应的资产应对或有负债清偿风险。

除了纳入重整投资范围内的4家公司及核心资产外，管理人根据各公司资产的处置难度、与生产经营的关联程度，以及与重整意向方的沟通协商，确定了非核心资产的范围，并把握资产处置时机，适时开展相应资产的变现处置工作。非核心资产处置工作的快速开展，一方面剥离债务人名下低效的资产，消除了重整方对于该等资产后续管理等产生的费用以及税务风险的担心，有助于重整程序的推进；另一方面低效资产的处置也为JD系八公司的日常生产经营获得了必要的资金支持，从而有效维系JD系八公司重整期间的正常经营。

（四）重整投资障碍的全面扫除，市场化引入重整投资人

1. 提前谋划与筹划，妥善解决重整程序中资产业务区分、债务豁免所得税务风险等问题，尽量消除影响重整成功的风险与因素

本案基于实际情况采取“整体重整、分别招募、协同推进”的重整思路，故管理人在重整投资人招募的同时，根据企业主营业务、投资人意向，对相关企业的资产及业务进行相应区分与划分，为分别招募重整投资人、确定重整投资范围做好准备，保障了后续重整计划的顺利执行。

JD系八公司重整推进过程中，不但面临债务人因其自身经营产生的历史账务调整、税务处理问题，还涉及因重整资金性质、债务豁免收益等所产生的税务问题，以及企业实质合并重整后再维持部分公司主体资格的财务调整等。为此，管理人及时梳理债务人税务风险，提前进行税务筹划，并积极寻求税务部门的指导和支持。除此之外，还采取委托税前损失鉴定、非核心资产账务剥离、分类调账、重新建账指导等措施，并对重整资金的会计核算、税务处理进行专项分析与指导，较为圆满地解决了JD系八公司合并重整过程中的各项会计、税务问题。

2. 妥善协调重整程序推进和资产权属争议解决，兼顾多方利益，探索重整企业核心经营资产（融资租赁物）的合理处置模式，保障核心经营资产完整性

JD系八公司的主要机器设备系融资租赁物，且为重整所需核心资产，融资租赁物相关物权/债权关系的处理将直接影响重整方的引入、重整方案的形成和重整计划的制订，尤其本案部分融资租赁物涉及的一物多融相关争议未决，相关出租人配合意愿较低，既不明确提出对融资租赁物行使物理上的取回权，也未明确授权管理人进行处置，一定程度上加大了重整程序中的处置难度。为此，管理人充分论证“一物多融”权属争议处理路径、未能获得全部融资租赁出租人授权情形

下融资租赁物处置的可行方案等,又考虑到行使物理上的取回权在经济上及实际操作上的不可行,一方面积极参与融资租赁纠纷案的应诉,申请追加相关出租人为第三人,请求法院依法对涉及一物多融的融资租赁物归属进行裁判。另一方面,投入精力继续与各出租人进行沟通和解释,说服其有条件地作出授权,由管理人统一对作为重整主要资产的融资租赁物纳入重整程序中进行处置。经与融资租赁出租人的多次沟通、协商,获得主要出租人的理解和授权。管理人最终在重整计划中明确将融资租赁物纳入重整资产范围一并处置,并参照抵押物计算规则,按评估价值确定相应占比计取融资租赁物价值,待全部重整资金支付且相应融资租赁物权属确定后再行给付融资租赁物对应价值款项。

上述关于融资租赁物的处置模式,既提高了融资租赁物价值,该方案也获得了融资租赁的出租方认可,维护了广大债权人和融资租赁物出租人及各相关方的利益,核心资产一并纳入重整投资范围,也有利于重整进程推进。

(五)充分参与下实现权益妥善安排,提升重整计划可接受度

1. 合理分析、预判相关利益方预期,促成相关大额债权人与关联方民间和解,实现庭内重整程序与庭外债务重组有效衔接

JD系八公司约近40%普通债权金额系民间借贷形成,该等债权人同时向案外人主张担保责任的承担。如不妥善安排该等债权人的相关利益,不仅影响重整计划普通债权组的表决,而且将对案外人(当地有影响力的企业)产生重大不利影响。为此,管理人通过尽快审核该等债权人债权、解释重整相关方案、合理分析利弊等方式积极配合、促成相关主体与该等债权人的和解。最终在各方共同努力下,形成了民间借贷债权人和相关主体共同通过适当方式参与重整、以将来的预期收益解决债务清偿的现实困境为核心的民间和解方案。同时,政府提供政策支持促成民间和解方案的实施。

该举措不但有效化解了案外人的担保争议,也平衡了本案相关民间借贷债权人的经济利益,以促使该等债权人支持本案重整,确保重整计划的顺利表决通过,达到了化解风险和促成重整之双重目的。

2. 克服线性优化陷阱,设置普通债权分段清偿方案,实现了大额债权有效保障与小额债权人利益的兼顾

JD系八公司债权结构特征明显,其中供应商债权金额比例较低,但是人数占

比较高。同时,供应商债权人在程序中的受偿安排一定程度上影响了重整计划执行期间企业的持续经营,为此,管理人在对债权结构特征、偿债金额的分析基础上,充分考虑影响重整程序中债权人受偿比例的所有的定量和变量因素,其中债权人的人数、债权总额、每个债权人的单项债权额,模拟清算的分配比例等主要四项定量因素和重整投资人的出价和小额债权的划分界线(以及由此决定的清偿比例和清偿额)等两项变量因素,最后在多种条件测试下合理确定分段分期清偿方案,最终也获得了大多数债权人的认可与支持。

该清偿方案的实施,较好照顾了承担风险能力较弱的小额债权人,同时因相较于清算,大额债权人的清偿率有较大提升,且对大额债权人利益的影响极小,兼顾和平衡大额债权人和小额债权人的利益,较好实现了实质公平,最终重整计划获得了绝大多数债权人的赞同,重整计划执行期间企业的经营稳定与可持续性得到保障。

3. 回归表决权的实质属性,探索并创新关联企业合并重整中出资人合并表决机制,解决出资人组表决困境

当时适用的破产规范未对关联企业合并重整中的出资人组设置、出资人表决权计算等问题作出规定,而 JD 系八公司中多家公司存在相互持股之情形。另外,由于实际控制人已死亡,其表决障碍需要消除。再者,若各公司独立表决,当有个别公司出资人组表决不通过时,难以确定八家公司出资人组总体表决的通过规则。为有效解决前述难题,管理人根据公司合并的一般原则及各原始出资人实际出资情况,结合原国家工商局之有关规定合并出资人组并确定各出资人的表决额,参照《公司法》第四十三条第二款①关于股东会表决机制的规定进行表决,即关联企业成员不参加对出资人权益调整事项的表决,其对其他关联企业成员的出资额按出资比例穿透至外部出资人,视为外部出资人对关联企业的出资额,最终经代表 2/3 以上表决权的股东通过,则为该组通过出资人权益调整方案。最终,各出资人除一家公司放弃表决外,其余均同意重整计划对出资人权益的调整。

因该表决机制能真实反映各出资人的权益占比,更符合实质合并的内涵和本意,具有法理基础。同时,维护出资人权益,并简化了表决程序,有效解决了各公司单独表决较难操作的实务困境。后北京市第一中级人民法院出台的《关联企业

---

① 《公司法》(2023 修订)第六十六条第三款。

实质合并重整工作办法(试行)》中第四十七条、第四十八条所规定的关联企业出资人组设置与出资人表决权的计算,与本案所设置的出资人表决权机制一致,印证了本案出资人组表决方案设置的合理性。

三、案例点评

(一)创新探索关联企业合并重整的模式与思路

该案为涉及多家关联企业的合并重整案,重整模式选择、重整方案设计是重整计划的核心内容,也关系重整的成败。管理人根据案件实际情况有针对性地对通过引入单个重整方统一重整、引入多个重整方同步重整等方案的可行性进行谨慎研判和分析后,迅速稳妥地确定了"整体重整、分别招募、协同推进"的初步重整思路,即对具有优势业务和产业的 4 家重整企业进行重整方招募,并保留其经营主体资格;保留 JD 控股至其完成相应义务,先后注销其余三家公司,剥离并适时处置非核心资产。该重整思路的快速确定,不仅为程序中重整投资人招募、重整计划制订与重整计划执行等工作铺垫基础,同时也对关联企业合并重整模式进行了有益探索并予以实践验证。特别是对于大型集团式民营企业的重整提供了有效的模式借鉴。

(二)从实体与程序的双维视角解释、阐述说明并精准把握关联企业实质合并的要件,创新探索实质合并重整的标准与程序

在已有破产规范对实质合并的条件规定尚不明确的情形下,本案从实体与程序的双维视角对实质合并的要件进行探索:一是在实质合并的实质标准审查上,从内外部两个维度标准予以审查,即从内部的各关联企业的意志体现、决策与融资等实际控制、资金调配使用与利益安排、资产人员场所使用方面,从外部的债权人结构、债权相互担保、商业行为预期等方面,对实质合并予以全面审查;二是在实质合并的程序把控上,通过引入听证程序,听取不同意见并有针对性地作出解释与说明。最终该案在实体与程序两个层面,精确把握 JD 系八公司的合并重整实质,最终该案在充分听取债权人的意见后,人民法院根据管理人的审查意见最终作出实质合并的裁定。

（三）合理设计出资人表决机制及债权分段分期清偿模式等规则，确保各方权益实现的公平公正

本案在操作过程中，因破产相关规范对关联企业合并破产的相关制度并未作出规定，故本案在法治化原则下，采取股权穿透原则合理设置关联企业合并重整中出资人表决机制，有效解决合并重整案中出资人表决权的难题；充分考虑影响重整程序中债权人受偿比例的所有的定量和变量因素基础上，合理设计分段分期清偿方式，最终提高了重整计划的可接受度。

JD系八公司合并重整案债务规模巨大、关联企业众多、企业资产复杂、员工数量较多、维稳压力以及地方金融风险较大，重整具有一定的困难和挑战。国浩杭州担任管理人勤勉尽职，严格按照“合法、合规、合理”以及最大化保护和均衡各方利益的原则，为JD案获得重整成功提供了专业支撑，使债权人利益得到有效保障，4家实体企业获得重生，地方金融与社会稳定风险得以化解，得到了各方的高度赞誉。该案也为关联企业合并破产的具体路径选择、运用重整方式挽救危困的大型集团式民营企业提供了借鉴样本。

四、专家推荐

推荐人：邹海林　中国社会科学院法学研究所研究员

推荐内容：

JD案是法院坚持市场化、法治化方向，以专业化、信息化手段，充分发挥破产审判职能和府院联动机制作用成功挽救危困民营企业、有效防范和化解区域性重大金融风险的典型案例。

1. 坚持市场导向，在继续经营维持生产力的同时，通过破产程序中债权人会议全程监督下公开招募、多轮对接商谈、邀请实地考察等方式引进业内世界500强和中国500强企业作为重整投资人，引入重整资金近12亿元，实现重整企业有效生产力与重整投资人资源的优化配置。

2. 坚持法治原则，人民法院依法审判有序推进破产进程，从2018年4月及时受理锁定债务风险、10月通过听证依法裁定人格高度混同关联企业合并重整，到2019年6月批准重整计划，在各关键节点，人民法院依法审查实质合并重整的条件、重整计划合法性、债权人权益保障、担保企业主要股东与债权人共同设立公司

参与重整投资、债务分段清偿等重点难点法律问题,妥善平衡和依法保障企业职工、债权人、投资人、债务人企业股东等利害关系人权益。在人民法院和债权人会议监督下,破产管理人依法开展接受债权申报(债务规模达84亿余元)、审核、制订重整计划草案等专业法律服务。

3. 地方政府履行职工工资保障、政策协调等公共服务职能,与破产审判有效衔接。案件审理中,政府提供工资垫资、依法对接招商引资政策,国土、房管、税务、工商等依法解决重整进程中碰到的税务筹划等具体问题,切实优化营商环境,实现破产法律框架与政府公共服务的有序对接。①

① 资料来源:《2019年度人民法院十大商事案件》,载微信公众号"最高人民法院"2020年1月18日,https://mp.weixin.qq.com/s/x1_BvrdMMp9W9E9rOrA5tg。

在企业破产返还原物纠纷中，如何利用证据规则认定复印件效力？

承办律师

彭山岭　国浩律师(青岛)事务所合伙人

王　东　国浩律师(青岛)事务所律师

案例概述

基于破产程序的概括执行规则，普通债权人清偿率极低，且管理人相较于债权人，具有优位权选择。在由国浩青岛合伙人彭山岭、律师王东经办完成的"破产企业管理人诉公司原高管返还原物破产衍生纠纷案"中，管理人占据主导地位，享有"解除房屋购房合同，返还原物"的前提时，国浩律师结合案件情况，避免与管理人对上述问题进行争锋，将抗辩争议焦点集中在"是否职务侵占"，将"敌我"优势进行调转，并基于当事人证据的不完善，充分运用"举证责任"分配制度，最终扭转不利局面赢得胜诉判决。该案对在破产程序中如何与管理人交谈、应诉提供了参考价值，同时也为后续与管理人谈判是否解除房屋买卖合同增添了胜利砝码，从而"一揽子"真正助当事人解决其困扰。

一、案情简介

2012 年 7 月，王某某就职于 JNH 公司，担任该公司高管，负责项目的招商和运营。2014 年 10 月，经 JNH 公司内部流程审批，王某某享受员工购房折扣购买涉案房屋。因青岛市购房限购政策，王某某未缴纳购房款。2016 年 6 月，经 JNH 管理层内部流程审批，暂不收取王某某购房款，提前将房屋交付给王某某。自

2017 年年初,王某某装修完毕房屋,并居住涉案房屋至今。后因 JNH 公司资金断裂,于 2020 年 8 月 24 日,被青岛市黄岛区人民法院裁定受理破产重整申请,并指定管理人。经管理人资产调查,其认为王某某系侵占涉案房屋,要求返还房屋,一审法院驳回其诉讼请求。管理人不服,上诉请求:

1. 王某某与 JNH 公司不存在真实房屋买卖关系,涉案房屋系王某某依职权侵占,属于无权占有,一审法院认定事实错误;

2. 现涉案房屋的产权仍归 JNH 公司所有,不论房屋买卖关系是否成立,因王某某未对涉案房屋享有所有权,依据物权优先债权的规定,JNH 公司有权要求王某某返还原物;

3. 即使 JNH 公司与王某某之间存在真实的房屋买卖关系,根据《企业破产法》的相关规定,现房屋买卖合同已经解除,无须另行处理。

鉴于上述情形,王某某委托国浩青岛合伙人彭山岭、律师王东担任其代理人,维护其合法权益。国浩律师综合案件事实,厘清争议焦点系何种类型"无权占有",应围绕一审确定案由的规则下查清事实、适用法律。待争议焦点确定后,国浩律师在缺乏主要证据原件支撑下,依据管理人的自述、证据复印件等方面阐明"举证责任分配"制度具体应用,以在判断涉案房屋系合法占有的认定上达到高度盖然性,从而得到法院支持。

2022 年 8 月 10 日,青岛市中级人民法院作出(2022)鲁 02 民终 8292 号判决书,驳回上诉,维持原判。

二、代理思路

举证责任非一成不变,法律客观上赋予"主张人"初步的举证责任后,案件事实待证明责任便一直处于动态过程,每一个案件事实都需要双方或多方不断提供对己方有利的证据,从而获得审判法官的支持。基于此,在个案中,律师应综合案件情况进行评判,选出适用某案的应诉方式即诉讼策略。诉讼策略与当事人的实体权益系"手段—结果"关系,通过"手段—结果"的比例原则,获得最优效果。举证成本是每一个案子不可忽视的存在,用较小的举证成本产出较大的利益,便是职业法律人特有的职业技巧。鉴于破产程序的特殊性,由管理人接管债务人资产,代表债务人应诉,要准确识别管理人的意图,妥善利用诉讼策略,将不利于己方的局面予以扭转。

(一)在举证责任处于攻防转换过程中,JNH 公司应承担主张事实处于“真伪不明”败诉风险

首先,JNH 公司主张王某某依照职权侵占,系无权占有(涉案房屋的占有自始至终没有法律或合同上的依据),该情形在诉讼前就应有相关事实或证据被“客观”地确定下来,即该举证责任不能由双方当事人分担,应当仅由 JNH 公司予以承担。但 JNH 公司未提出任何证据证实,擅自认定王某某无权占有,其主张的事实处于“真伪不明”的境地。并且 JNH 公司在一审中提交的由 JNH 公司向王某某出具的关于退还房屋的告知函中载明有:“经了解目前您(王某某)正在使用的,系当年经青岛 JNH 内部关系批准使用……”的内容,亦表明王某某系经 JNH 公司(内部关系)批准使用涉案房屋,而非王某某无权占有涉案房屋。故,王某某对其占有涉案房屋的原因已经进行了合理说明并提交初步证据予以证明。JNH 公司对其关于王某某无权占有涉案房屋的主张,未能举出充足证据予以举证证明,应承担举证不利的后果。

其次,虽然王某某提供的员工购房折扣审批单、关于我司集团副总裁王某某购买 JNH 房特殊事项的请示系复印件,以及其他辅助证据或缺原件或不完整,但对于“抗辩”JNH 公司主张的无权占有已达到法官的心证程度接近证明标准。JNH 公司拟反驳王某某提供的证据,应提出新的反证或证实上述证据材料尤其是员工购房折扣审批单、关于我司集团副总裁王某某购买 JNH 房特殊事项的请示系伪造,即通过申请笔迹鉴定或询问签字主体,从而达到查明事实程度。“申请鉴定或询问签字主体”系涉及上述证据的可靠性问题,是典型的辅助事实。鉴于王某某提出的证据已经使法官的心证程度接近证明标准,换言之,在当事人之间客观存在的攻击防御态势已经使得是管理人而不是王某某有申请鉴定或询问之“证明的必要”。管理人没有对这种“必要”作出回应就是本案最终判决其败诉的重要原因之一。

(二)诉讼策略至上性

诉讼代理策略至关重要,当 JNH 公司经一审审判发觉诉求缺乏事实依据,拟在二审审判环节依据新的事实混淆诉辩争议焦点时,国浩律师秉承诉辩争议焦点不变,对 JNH 公司主张的新诉求或事实依据应另行起诉之原则,进行抗辩。同时,

为防止法官避免增加诉累之缘故,拟对新的事实或依据一并审理,对JNH公司提出的新事实与依据予以全面驳斥,使法官在兼顾程序正义与实体正义下,作出最有利王某某之判决。

1. 二审应围绕一审确认的诉辩争议焦点进行审理

一审程序,JNH公司选择案由为返还原物纠纷即物权纠纷,一审确认争议焦点为JNH公司是不是无权占有涉案房屋,且双方在一审中也是围绕该争议焦点展开论述,因此JNH公司的上诉事实理由与法律依据应当围绕"无权占有"即"返还原物案由纠纷"的相关事实与法律规定展开。但JNH公司提交的上诉状中除了第一部分"上诉人与被上诉人之间不存在真实房屋买卖关系,一审法院认定事实错误,适用法律错误"是围绕"返还原物"案由纠纷展开。其他两部分"现涉案房屋的产权仍归上诉人所有,无论房屋买卖关系是否成立,上诉人均有权要求被上诉人返还原物""即使上诉人与被上诉人之间存在真实的房屋买卖关系,根据破产法的相关规定,现房屋买卖合同已经解除,无须另行处理"均系变更了返还原物案由,即从物权纠纷转变为合同纠纷,违背了案由概括诉争法律关系的规则,同时也对"返还原物"的诉求发生变更,即增加了解除房屋买卖合同关系后,再要求返还房屋。诉争法律事实便从"职务侵占"房屋转变为"有权占有房屋"后"解除房屋买卖合同",再要求返还房屋的"无权占有"。根据《最高人民法院关于适用〈中华人民共和国民事诉讼法〉的解释》第三百二十六条的规定,JNH公司在二审程序中变更诉讼请求的,王某某不同意在二审中一并审理,JNH公司应当另行起诉,要求解除或确认房屋买卖合同关系的解除。综上,JNH公司在一审中未对房屋买卖合同有效以及解除合同的权利提出独立的请求,在一审未据此对其作出承担民事责任的情形下,其主张解除房屋或仅是一种抗辩理由,并不构成《民事诉讼法》上的独立上诉请求,理应不予受理。针对该主张,在二审判决也得以支持。

2. 即便依据《企业破产法》相关规定,JNH公司管理人也无权对房屋买卖合同享有解除权

针对解除法律依据,依据最高人民法院案例关于该解除法律规定的适用情况予以驳斥。虽我国不属于判例国家,且该案例也不属于指导案例,但最高人民法院的案例仍具有一定的参考作用。(2022)最高法民再55号判决书说理部分:《企业破产法》第十八条的规定意在保护合同相对方的正当权利,避免管理人长期不

对合同是否继续履行作出决定，使合同处于不确定状态，损害合同相对方利益。故该条规定限制的是管理人的合同履行选择权，即管理人未在法定期限内通知或答复合同相对方，管理人便丧失要求对方继续履行合同的选择权，但不能直接推定解除合同，合同是否解除仍需视具体情况而定。结合到本案，自提出返还房屋已临近一年，且一直未提出解除合同事由，因而合同解除与否不应由管理人选择，而应由王某某决定。

三、案例点评

随着经济下行的压力，越来越多的企业面临破产。由于破产企业前期盲目扩张经营，举债规模远远超于其资产水平，导致普通债权人的清偿率极低。依据合同占有债务人财产的相对性，在进入破产程序中被破产规则所打破，债权的相对性遭到破坏。管理人为了全体债权人利益，对非物权原因占有的债务人财产予以追回，债权人遭受的损失在破产程序中予以申报并清偿。基于这一概括执行规则，普通债权人因未取得优位利益，导致其清除率极低，不愿返还已有的债务人资产。在通常情况下，双务均未履行完毕的合同，管理人享有解除权，即在该案中，若管理人行使破产解除权，要求王某某进行返还财产是有法律依据的。但因管理人作为第三方接管债务人的资产、资料时，基于破产债务人职工的流失、材料保管不当，往往会有很多信息未掌握齐全。

基于上述背景，代理律师赢得胜诉判决便较为艰难。艰难不代表必输，因而如何选择诉讼策略，需结合案件的事实，选择最优解。在该案中，国浩律师深谙破产管理人履职规则，结合当事人陈述、案件证据归纳情况，明晰管理人对案件的态度以及信息掌握情况。“知彼知己”方能灵活应对，将自身劣势转化为自身优势。程序正义要求诉讼程序基于“一案一请求”原则审判当事人的个案诉讼请求，当一审未予变更诉讼请求时，二审则不允许变更。基于该规则，国浩律师进一步将管理人的劣势扩展到败诉。

法律事实与客观事实有所区别，因而代理律师要灵活运用举证责任分配，使抗辩双方在证据攻防转换过程中，处于不同的举证责任。国浩律师在本案中充分发挥了“证明责任”非一成不变的应运，以多组证明力低的证据初步证明王某某的合法权益时，JNH 公司因未能举出反证，从而处于举证不能的败诉风险。

四、专家推荐

推荐人:石建　中南财经政法大学国家治理学院讲师,中南财经政法大学党内法规研究中心研究人员

推荐内容:

信息差决定着案件的走向。在破产衍生诉讼中,该种情况尤为突出。对于涉及第三人的诉讼,管理人接收的信息在某种程度上甚至不如第三人知悉的多。管理人误判王某某系职务侵占房屋,并将该信息直接以书面形式告知了王某某。王某某举证责任仅需证明非职务侵占,故,即便是多组缺乏原件的证据结合王某某的高管身份,足以将事件真伪不明的举证责任转移到管理人身上,其如举证不出,则应承担败诉风险。同时,国浩律师考虑全面,考虑到管理人会基于一审不利的事实变更上诉请求,结合二审的"一案一诉求审查"程序正义原则,让本案诉争焦点仍固定在是否存在职务侵占,将双方的举证、答辩、陈述全部围绕该争议焦点展开,进一步扩大了信息差的利用,避免自身陷入不利的领域。

执行转破产案件能否转入重整程序？

承办律师

夏少林　国浩律师(武汉)事务所管理合伙人、主任

刘苑玲　国浩律师(武汉)事务所合伙人

李亚平　国浩律师(武汉)事务所合伙人

卢　静　国浩律师(武汉)事务所律师

■ 案例概述

由国浩武汉管理合伙人夏少林,合伙人刘苑玲、李亚平,律师卢静经办完成的“某建筑工程公司执行转破产重整案”是湖北省首例执行转破产后重整成功的典型案例。破产管理过程中,国浩律师因案施策,充分发挥主观能动性,在较短的时间内完成了执行转破产案的重整工作,实现了债权人清偿率提升、投资人顺利入驻、破产企业涅槃重生的三赢局面,体现了管理人的专业水平和解决复杂问题的能力。该案入选 2022 年度武汉法院优化法治化营商环境十大创新举措案例,被认为是深入贯彻执行中央经济工作会议提出的“要依法为实施市场化破产程序创造条件,加快破产清算案件审理以及要尽可能多兼并重组,少破产清算,做好职工安置工作”会议精神的生动实践。

一、案情简介

武汉某建筑工程有限公司作为当地老牌建筑施工企业,因公司经营管理不善、对外大量负债,于 2017 年 6 月停止经营,法定代表人失联,相关员工自行离散,企业拖欠银行借款、税务局税金、职工工资、原料供应商货款等多方债务不能

及时清偿,引发群体诉讼(仲裁)及重大社会隐患。

国浩律师接受武汉市东西湖区人民法院指定担任本案破产管理人后,迅速开展破产管理工作,在破产清算期间,国浩律师发现,因破产企业核心资产被长期占用,难以腾退且交易税费过高,意向购买人均不愿按照破产清算参与竞拍,案件处理一度陷入僵局。同时,该公司股东曾在债权人会议上提出过重整申请,但是对执行转破产案件进行重整,在湖北省执转破案件中尚无先例,投资人对重整前景亦有忧虑。

二、律师工作

(一)整体工作情况

为此,国浩律师一方面与受案法院多次商议,在合议庭的大力支持下,该案最终成功转入重整程序。另一方面,国浩律师在受案法院设立的现代互联网技术平台公开招募投资人,终于迎来转机,一家投资人同意以 3600 万元出资参与重整并交纳了保证金,高于资产评估价格 1400 万元,大幅度提高了普通债权的清偿比例。

此后,国浩律师及时提交了重整可行性分析报告,与意向投资人签订投资框架协议后,立即制作了重整计划草案并充分征求债权人意见。结合各方诉求,国浩律师对重整计划草案进行合理调整,投资人又追加了 100 万元投资款,使重整计划草案在债权人会议上顺利通过,受案法院最终裁定批准该公司重整计划。

经过重整,破产企业已恢复正常经营,在保证建筑施工主业的基础上,开展厂房租赁、物流信息等配套业务,实现了凤凰涅槃、浴火重生。

(二)重难点问题及应对思路

作为湖北省首例执行转破产重整的案例,能否顺利推进实施,直接影响着省内以后类似案例的处理思路,无论是人民法院还是管理人,均承受着一定的办案压力。从结果来看,本案最终取得了良好的办案效果和社会效果,但其过程中凸显的各种重难点问题及处理方法,值得管理人总结积累。

1. 创新执行转破产重整路径,助力投资人引进工作

本案中,因债务人财产有限,主要资产为厂房,如进入破产清算程序进行司法拍卖,财产价值可能大幅贬损,扣除交易税费后,实际用于清偿债务的资金更少,

不利于最大化实现债务人财产价值。对此,国浩律师一方面争取将该案成功转入了重整程序;另一方面借助受案法院设立的现代互联网技术平台公开招募投资人,双管齐下,促成了案件的重整成功,不仅实现了债务人财产价值最大化,也大幅提升了普通债权清偿率。

2. 刚柔并济,寻求府院联动支持,确保项目资产顺利移交

本案中,存在债务人厂房被部分债权人非法侵占,未经许可对外出租的情况。破产申请受理前,债务人通过多种途径尝试收回厂房,均未取得好的效果。国浩律师接受指定后,对占据债务人厂房的非法占用方采用"刚柔并济"的策略,一方面依法通知对方腾退,并向当地派出所报警、申请人民法院强制执行;另一方面不间断地开展谈判磋商的工作,力求在保证债务人、债权人利益不受损的前提下,尽可能高效、和谐地解决腾退问题。

3. 因势利导,及时化解社会矛盾,保障重整计划平稳落地

债务人作为传统建筑企业,其债权人构成十分复杂,包含了大量的民间借贷债权、农民工劳务债权和小微企业的工程货款类债权,涉及群众面较广。因群众对破产法缺乏了解,心理上无法接受只能收回部分债权的事实。对此,国浩律师一方面尽力设法提升债务人财产价值,说服投资人追加投资款;另一方面逐一与债权人面谈,开展普法工作并进行心理安抚,耐心解答群众疑问,争取理解。经过管理人努力,普通债权清偿率由破产清算预期下的3%左右,大幅提升至重整阶段的9.71%,获得了债权人对管理人及人民法院的信任,化解了社会矛盾,保障了重整计划的顺利实施。

(三)办案启示

1. 从事破产管理工作必须具备创新意识

随着市场经济的发展,企业破产案件日趋复杂多变,具备创新意识日益成为合格管理人的必要条件。本案中,创新意识帮助管理人更好地识别了投资人的潜在担忧,并通过执行转破产重整程序的探索,以及对受案法院设立信息化平台的运用,巧妙地化解了投资人顾虑,促成了重整投资,最大限度地保障债权人和债务人的利益。

当然,在破产管理中创新时,需要遵循一定的原则。首先,创新应当具有可行性,即要考虑到本案实际情况,确保创新方案具有法律依据;其次,创新应当具有

经济性,即要确保创新方案能够切实提高案件清偿率,降低办案成本;最后,要注意创新的系统性,要考虑到债权人、债务人、投资人等多方面因素,确保创新方案的协调性,避免顾此失彼,过分侵害某一方的利益而降低该主体对创新方案的接受和支持。

2. 以问题为导向,才能更好地发挥府院联动机制优势

本案是"府院联动"机制成功应用的典型案例,管理人之所以能够获得府院联动的支持,很大程度上是因为管理人对遇到的疑难问题进行了聚焦,使得法院和有关部门能够精准对接,高效配合。

引进投资人工作中,管理人将困难精准识别为投资人对重整程序和执行力度的信心不足,使得受案法院和有关部门在联动时能够有的放矢,有针对性地帮助管理人解决问题。受案法院设立的信息化平台实现了不动产登记部门、人民法院、土地规划等部门的信息联动,管理人在该平台发布招募信息,不仅拓展了招募途径,也让潜在意向投资人能更加信任管理人发布的信息,增强了参与投资的信心;企业资产交付过程中,人民法院及时采取的执行措施和公安机关的有力配合,也帮助管理人顺利从占用人处收回了厂房,给予了投资人继续履行投资协议的信心,保障了重整计划的顺利实施。

3. 管理人的职责边界:法定职责和社会责任

破产管理不同于普通律师工作,履职时的工作对象涵盖了内部股东、职工,外部债权人、投资人和社会公众,以及税务、社保、工商等政府部门等多个方面。这一特征决定了管理人工作具有公益性、社会性。因此,除了《律师法》《企业破产法》等法律规定确定的基本职责外,社会责任也是破产管理人不可忽视的重要方面。

本案中,考虑到本案债权人多为弱势群众,涉及面广,管理人并未机械开展破产管理工作,在债权审查、财产管理、投资人引进磋商、制订重整计划的工作中,管理人始终坚持履行社会责任,把群众关心的问题列入工作重点,耐心解答群众疑问,帮助群众争取追加投资和降低交易成本的机会,尽量帮助群众挽回损失。对个别困难群众,管理人还联系慈善机构为其捐款,帮助其渡过难关。

相辅相成的是,社会责任的承担对法定职责的履行亦有促进作用。管理人通过采取必要的社会责任措施,增强了群众对破产管理工作的理解和信任,进而提升了管理人法定职责的公正性和有效性。本案管理人能在复杂的矛盾中找到平衡点,高效履职,离不开履行社会责任时的信誉积累。

三、案例点评

受理本案的武汉市东西湖区人民法院认为，本案将最大化实现企业资产价值和保护债权人及债务人合法权益有效结合起来，具体点评如下①：

"一家企业从官司缠身的被执行人转为资不抵债的破产企业，经过重整再次获得生机，一波三折，最终取得了三赢：一是保障了优先债权的全额清偿；二是大大提高了普通债权的清偿比例；三是让一个债台高筑、资不抵债的倒闭企业，通过重整成功重返市场，再次呈现勃勃生机。"

"该破产重整案件既是湖北省首例执行转破产后重整成功的典型案例，也是深入贯彻执行中央经济工作会议提出'要依法为实施市场化破产程序创造条件，加快破产清算案件审理以及要尽可能多兼并重组，少破产清算，做好职工安置工作'会议精神的司法实践。根据债务人财产状况及债权人情况，发挥主观能动性依法开展工作、利用现代互联网技术公开招募投资人、最大化实现企业资产价值和运营价值。既解决了债权清偿率不足问题，又保护了广大债权人及债务人的合法权益，营造了良好经济秩序和经营氛围。真实体现了破产管理对于优化营商环境、服务辖区经济发展的积极推动作用。"

四、专家推荐

推荐人：张善斌　武汉大学法学院教授、湖北省法学会破产法研究会会长

推荐内容：

本案创造性地运用"执行转破产""破产清算转重整"等程序，高效推进了困境企业破产重整。通过深入挖掘企业重整优势因素，公开招募引入外来资金，实现了企业经营结构调整，化解了企业债务危机，使危困企业"涅槃重生"，最大化保障了企业及债权人的合法权益。本案是湖北省首例执行转破产后重整成功的典型案例，极具参考价值。

---

① 武汉市东西湖区人民法院：《为民办实事|执行转破产不是终局　重整助力企业重生——湖北省首例执转破重整成功案例》，载微信公众号"武汉市东西湖区人民法院"2021 年 7 月 28 日，https://mp.weixin.qq.com/s/0g_ETfvOOyn4oUW-4Vc9Fw。

第六章　建 工 房 产

工程进度款能否享有建设工程优先权?

承办律师

王永平　国浩律师(合肥)事务所管理合伙人

■ 案例概述

因某地产集团陷入流动性危机,诸多开发商受到冲击无法支付工程进度款,前期开具的商票也无法兑付。如何在危机中以高度的警觉性第一时间分析案件内容,迅速调整案件处理方法,用最快最稳的方式最大限度地保障委托人的权益是本案的实务难点。

由国浩合肥管理合伙人王永平于 2021 年 12 月经办完成的“某建设公司与淮南某公司建设工程施工合同纠纷案”即是在某地产公司陷入流动性危机的背景下最早采用法律手段维权的案例之一。该案论证严谨,充分体现了律师的专业水平,对尚未结算工程起诉标的确定问题、债务人前期支付未到期商票处理问题作出了极具参考价值的回应。

一、案情简介

2019 年 2 月 1 日,某建设公司与淮南某公司签订了一份《建设工程施工合同》,合同约定某建设公司承包淮南某公司开发的位于淮南市田家庵区某工程的主体及配套建设工程,工程总建筑面积 197,604.47 平方米。合同工期 370 天至

160 天不等,合同暂定总价 3.54 亿元,采用清单计价方式,清单计价部分采用综合单价包干形式。工程进度款根据不同施工项目按照当期实际完成产值的 100% 或 80% 进行支付,结算款可按施工许可证的施工范围分批结算及支付,结算后两个月内发包人累计付款至结算造价的 97% ,余结算造价的 3% 作为工程保修金。

2020 年 8 月 13 日,某建设公司与淮南某公司又签订了一份《建设工程施工合同》,约定某建设公司承包淮南某公司开发的位于淮南市田家庵区主体及配套建设工程,工程总建筑面积 107,475.69 平方米。合同工期 524 天至 75 天不等,合同暂定总价 1.99 亿元,采用清单计价、除增值税综合包干计价及按定额计价共三种计价方式。工程进度款根据不同施工项目按照当期实际完成产值的 100% 、50% 或 80% 进行支付,结算款可按施工许可证的施工范围分批结算及支付,结算后两个月内发包人累计付款至结算造价的 97% ,余结算造价的 3% 作为工程保修金。

合同签订后,某建设公司按约定的施工计划合理安排施工,截至 2021 年 7 月 31 日,项目部分楼栋已移交精装修,部分楼栋主体结构施工。但是,由于某地产集团于 2021 年 8 月初爆发流动性危机,案涉工程不再支付工程进度款,前期开具的商票也无法兑付。鉴于淮南某公司无力支付工程款的实际情况,某建设公司向淮南某公司发出停工函,并停工。

2021 年 8 月 19 日,淮南某公司向某建设公司出具说明,确认:截至 2021 年 8 月 12 日,淮南某公司对某建设公司承建的案涉工程项目首期(二标段)累计确认产值 235,657,820.95 元;11#—13#、15#楼(二标段)累计确认产值 84,771,254.67 元;贴息赶工奖累计确认 12,922,783.57 元(首二期 12,117,956.40 元,二期二标 804,827.17 元);进度奖励累计 3,448,105.08 元(含开盘奖励 195,000 元);委托工程造价 710,165.48 元。以上,淮南某公司确认截至 2021 年 8 月 12 日,某建设公司累计确认产值 337,510,129.75 元。

另外,2021 年 8 月 13 日,淮南某公司及某地产集团另行确认某建设公司完成案涉工程项目首期(二标段)主体及配套建设工程 2021 年 7 月工程进度款产值 2,003,136.36元;2021 年 9 月 14 日,淮南某公司及某地产集团另行确认某建设公司完成案涉工程项目部分楼栋主体及配套建设工程 2021 年 9 月工程进度款产值 10,682,950.49 元。

以上,经淮南某公司确认,案涉工程停工前,某建设公司已累计完成工程产值 350,106,216.60 元。

案涉工程停工后,淮南市委、市政府、淮南市田家庵区委、区政府高度重视,指派工作组介入处置,提出“保工期、保交楼、保稳定”的明确要求,为履行企业社会责任,确保案涉项目如期竣工交付,某建设公司委托王永平律师团队提供法律服务,前期代理某建设公司提出诉讼并就欠付工程进度款快速获得一审判决,同时在政府协调下,启动复工建设。

二、代理思路

在某地产集团流动性危机之初,因淮南某公司无法支付工程进度款且商票无法兑付,某建设公司在国浩律师的建议下及时提起诉讼,并经法院立案受理。后流动性危机爆发,涉及企业及诉讼众多,为了在一定程度上保障企业的正常经营秩序,全国所有以某地产集团公司及其关联企业为被告的一审商事及金融纠纷案件,包括诉讼额 300 万元以上的建工合同案件,全部集中由广州地区法院管辖。此时,国浩律师全面介入案件,认为解除合同的诉讼策略战线过长且变数大,立即调整了诉讼方案,放弃解除合同,变更诉讼请求为支付工程进度款,力求快速取得法院判决。

本案在审理过程中,某建设公司诉请支付工程进度款及利息是否应予支持、债务人前期支付未到期商票如何处理、某建设公司是否享有建设工程优先受偿权等问题成为本案争议焦点。

(一)某建设公司诉请支付工程进度款及利息是否应予以支持

法院根据双方的对账情况确认某建设公司进度款产值数额,判决淮南某公司按照合同约定的工程进度款支付比例,向某建设公司支付欠付工程进度款并支付利息。

关于淮南某公司答辩要求扣除工期延误违约金的主张,一审判决以涉案工程继续施工履行尚未竣工结算为由,未予支持。

另外,法院判决淮南某公司支付欠付工程进度款,事实上确认了该公司存在未按合同约定提供资金的违约行为,对于后期认定工期延误责任具有重要意义。

(二)债务人前期支付的未到期商票是否纳入已付款范围的问题

淮南某公司曾以商业汇票方式向某建设公司支付部分工程款,因某地产集团陷入流动性危机,商业汇票已经无法兑付。代理律师向法庭提供淮南某公司向某建设公司出具的承诺函作为证据,证明淮南某公司承诺未兑付商票应当属于工程欠款,故应视为某建设公司未收到工程款,某建设公司有权根据施工合同向淮南某公司追索对应的工程款及主张工程价款优先受偿权等相关权利。

法庭依据承诺函及律师论述等,认为淮南某公司向某建设公司开具的商业汇票,不应纳入其已付款范围。关于淮南某公司抗辩商票属于票据纠纷,因淮南某公司承诺未兑付商票应当属于工程欠款,且该商票事实上已经无法最终承兑,某建设公司对上述商票承诺配合淮南某公司另行处理返还交接手续,故该部分款项属于支付工程进度款范畴,对淮南某公司认为未兑付票据仍属于已支付工程款的抗辩意见未予采纳。

(三)某建设公司能否在施工工程范围内享有折价或拍卖价款优先受偿权的问题

一审判决认为,《最高人民法院关于审理建设工程施工合同纠纷案件适用法律问题的解释(一)》(法释〔2020〕25号)第四十一条规定,承包人应当在合理期限内行使建设工程价款优先受偿权,但最长不超过18个月,自发包人应当给付建设工程价款之日起算。本案中,某建设公司主张的是工程进度款,发生于合同尚未履行完毕的工程施工过程中,与上述规定的应当给付的建设工程价款性质不同。而对于应当给付的建设工程价款,双方并未进行最终结算,故尚未达到优先受偿权的起算时间,某建设公司在本案中主张优先受偿权的请求不予支持,某建设公司可待优先受偿权起算时间达到后,另行主张权利。

国浩律师认为一审判决对法律的理解有误,协助某建设公司提起上诉。安徽省高级人民法院二审认为,建设工程优先受偿权是为维护社会公平正义,维护弱者生存权利和社会秩序而赋予承包人的一项民事权利,应秉持公平原则与诚信原则,结合法律规定和具体案情,在平等保护各方利益的前提下予以审查。案涉工程进度款债权数额确定,且已完工程经分部分项验收合格,某建设公司主张建设工程优先受偿权应当予以支持。二审改判某建设公司在93,150,365.55元范围内就其施工的案涉工程折价或拍卖的价款优先受偿。

本案案涉工程停工受到了淮南市委、市政府和淮南市田家庵区委区政府高度重视,指派工作组介入处置。国浩律师加入处理本案后,建议某建设公司响应政府号召积极复工复产,同时变更诉讼请求,将要求解除合同支付结算工程款,变更为请求支付已确认产值的工程进度款,极大地减少了争议,解决了项目复工问题,也避免了司法鉴定产生的费用和拖延的时间。在操作中,一方面,某建设公司配合政府将项目剩余房产备案至政府指定的平台公司、将资金转入政府指定账户,在政府监管下复工复产,完成了政府提出的“保工期、保交楼、保稳定”的要求;另一方面,针对淮南某公司资产被其他债权人查封的情况,某建设公司依据享有优先受偿权的生效判决,要求参与分配,有效地维护了自身权益。

三、案例点评

2021 年 7 月,某地产集团爆发流动性危机,其下属淮南某公司开发的淮南某项目由某建设公司总承包,于 2021 年 7 月停工,项目停工后,该项目后续处理受到政府高度重视。

本案在起诉及审理阶段,存在几个难点:(1)工程尚未结算,如何确定起诉标的?(2)前期支付的未到期商票 9000 余万元如何处理?(3)如何启动工程复工?

在淮南某公司未支付大量工程进度款,且某地产集团流动性危机爆发的前提下,代理律师作出以下应对。

1. 及时反应,建议某建设公司第一时间提起诉讼,并依据当下情况变更诉讼请求,将要求解除合同支付结算工程款,变更为请求支付已确认产值的工程进度款,极大地减少了争议,也避免了司法鉴定产生的费用和拖延的时间。

2. 将未到期商票列为欠付工程进度款主张权利,在安徽省高级人民法院存在不支持判例的情况下,该主张仍获得安徽省高级人民法院支持。

3. 放弃解除合同的要求,参与多次谈判,最终协助某建设公司配合政府将项目剩余房产备案至政府指定的平台公司、将资金转入政府指定账户,在政府监管下复工复产,较好地承担起了社会责任。

4. 就进度款债权是否享有建设工程优先受偿权问题,在一审法院作出否定判决的情况下,依法上诉并取得二审改判,为某建设公司后期维权提供了有利的法律依据。

在某地产集团流动性危机全面爆发后,最高人民法院要求由广州市中级人民法院集中管辖,自某地产集团案件被要求由广州中院集中管辖以来,债权人已向该院提起了数百起诉讼,案件积压导致债权人在冻结某地产集团资产和挽回损失方面进展缓慢。某地产集团也因此获得了一些喘息的空间,房地产项目得以继续进行。当然,保障债务人利益的同时,相对地,必然会伤害到债权人的利益。

国浩律师在接手本案后,直接在项目所在地法院起诉,并根据现实紧迫的情况,建议某建设公司更改诉讼方案,且因起诉时间较早,未受集中管辖影响,这是某地产集团流动性危机爆发后最早采用法律手段维权的案例之一,当其他案件还在广州市中级人民法院排队等待受理时,本案即已取得一审判决。

四、专家推荐

推荐人:刘本胜　国浩律师(合肥)事务所合伙人

推荐内容:

这是某地产集团流动性危机爆发后最早采用法律手段维权的案例之一。国浩律师凭借其高度警觉性和优秀的案件处理能力第一时间分析案件内容,迅速调整案件处理方法,突破了尚未结算工程起诉标的确定问题、债务人前期支付未到期商票处理问题、如何启动工程复工等问题,以最快最稳的方式最大限度地保障了委托人的权益,并配合政府将项目剩余房产备案至政府指定的平台公司、将资金转入政府指定账户,在政府监管下复工复产,维护了委托人的社会形象。

建设工程施工合同纠纷中，民事诉讼“高度盖然性”证明标准如何适用？

承办律师

李　琪　国浩律师（成都）事务所合伙人

■ 案例概述

在房地产融资代建项目中，代建单位未取得开发企业授权已委托施工单位进场，后代建项目因股权合作受阻而终止，施工单位起诉代建单位承担工程款，如何判断施工合同的当事人和责任主体？

国浩成都合伙人李琪经办完成的“成都某置业公司、某创公司、四川某建筑装饰公司建设工程施工合同纠纷案”即是在没有任何直接证据证明有权代理关系的情形下，通过证据组织和证明标准适用，仅依靠间接证据并采取民事诉讼“高度盖然性”证明标准打赢建设工程纠纷的典型案例。该案对于同类型案件的代理工作，具有一定的指导意义和参照适用价值。

一、案情简介

2016 年 3 月，成都某置业公司受某创公司委托实施案涉天府新区华府某项目的代建操盘管理，但因股东间股权合作尚在产权交易机构挂牌过程中，因此，双方实际尚未签署任何委托代建协议，某创公司也未向成都某置业公司出具授权委托文件。四川某建筑装饰公司即按照成都某置业公司要求，在案涉地块上进行施工，施工内容为华府某项目临时售楼部建设（包括基础设施及钢结构）、临时道路建设，四川某建筑装饰公司和成都某置业公司也未签订书面工程施工合同，成都某置业公司实际安排了本案第三人郎某某(成都某置业公司员工)负责案涉项目现场管理,并向四川某建筑装饰公司提供了售楼部工程全部施工图,发出指令让四川某建筑装饰公司施工。

后项目因股东间股权合作终止导致代建项目停工,四川某建筑装饰公司讨要工程款未果,于2019年1月将成都某置业公司、某创公司起诉至天府新区人民法院,要求两被告连带支付工程款及赔偿损失。某创公司否认与成都某置业公司有委托关系,也否认与四川某建筑装饰公司建立建设工程合同关系。因此,本案的重要争议焦点在于,在没有任何直接证据的情况下,如何判断本案建设工程施工合同的双方当事人和责任主体。

本案历经天府新区人民法院一审、成都市中级人民法院二审,成都市中级人民法院终审认为,鉴于成都某置业公司已经提交了多项间接证据,能够形成证据锁链,证实某创公司明知成都某置业公司就华府某项目进行项目操盘,办理了华府某项目临时售楼部方案,并实际准允成都某置业公司按照楼盘操盘要求通知四川某建筑装饰公司进场施工,并最终依据《合同法》第四百零三条第二款①关于因委托人的原因造成受托人不履行义务,第三人享有选择权之规定,认定四川某建筑装饰公司的合同相对方是某创公司。终审判决某创公司向四川某建筑装饰公司承担工程款支付和损失赔偿责任,案件取得最终胜诉代理结果,为当事人成都某置业公司避免遭受经济损失近人民币900万元及商誉损失。

二、代理思路

(一)清晰、全面梳理项目施工部分、项目股权运作部分、项目实施情况等案件背景情况

因本案纠纷系因股东间股权合作终止而发生,因此必须首先全面梳理项目实施情况及项目股权运作部分等背景情况,在清晰、准确掌握全案事实、背景情况及细节的基础上,才能为下一步组织、收集间接证据找到突破口和关键。

1.施工部分

2016年3月,四川某建筑装饰公司按照成都某置业公司要求,开始在天府新区华阳街道案涉地块上进行施工。施工内容为华府某项目临时售楼部建设(包括

---

① 现行《民法典》第九百二十六条第二款。

基础设施及钢结构)、临时道路建设。四川某建筑装饰公司、成都某置业公司未签订书面工程施工合同。成都某置业公司安排郎某某负责案涉项目现场管理,并向四川某建筑装饰公司提供施工图,发出指令让四川某建筑装饰公司施工。某创公司系华府某项目三宗土地的建设用地使用权人,并取得了案涉项目的用地规划许可。

2. 项目运作部分

2016 年 3 月,案外人某发展公司与案外人某宏公司签订《股权转让框架协议》和《项目开发合作协议》,约定案外人某发展公司持有案外人北京某置业公司100% 的股权,案外人北京某置业公司持有某创公司 100% 的股权;案外人某发展公司作为国有公司,拟通过西南联交所公开挂牌转让持有的北京某置业公司 49% 的股权和债权,从而实现与受让方某宏公司合作开发某创公司名下的天府新区某项目地块的目的。

根据《股权转让框架协议》及《项目开发合作协议》安排,该项目"由某地产(成都某置业公司,成都某置业公司系某宏公司股东之一,持有某宏公司 9.9% 的股权)负责操盘并派驻总经理",协议并对总经理及管理团队逾期开盘的违约责任作出约定。相关股权合作安排如图 1 所示。

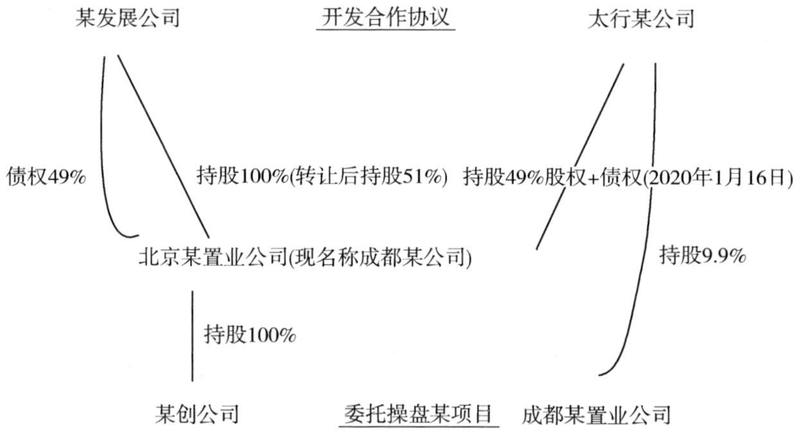

图 1　相关股权合作安排

3. 项目实施情况

基于前述股东间股权合作协议安排,因天府新区某项目时间紧、任务重,在某发展公司与某宏公司之间标的股权挂牌转让并完成工商变更登记前,成都某置业公司即接受某创公司委托先期进入项目实施操盘,并就临时售楼部工程安排四川某建筑装饰公司进行装修施工,但某创公司、成都某置业公司尚未来得及签订任何书面委托操盘协议,某创公司亦未向成都某置业公司下达任何授权委托书。

某宏公司于2016年6月在西南联交所摘牌取得了某发展公司持有的北京某置业公司49%的股权和债权,但某发展公司违约拒不配合某宏公司办理标的股权的变更登记,案涉临时售楼部工程因此于2016年5月被迫停工,后某发展公司与某宏公司就标的股权和债权转让纠纷起诉至四川省高级人民法院,相关判决、裁定调取后亦作为本案证据。

此后3年,四川某建筑装饰公司就案涉临时售楼部工程款向某创公司主张支付已完工程工程款680万元、钢构件保管费150万元及工程款利息始终未果,于2019年1月将成都某置业公司作为第一被告、某创公司作为第二被告起诉至天府新区人民法院,要求二被告对前述工程款费用承担连带责任。因本案中没有关于某创公司向成都某置业公司下达任何操盘授权委托的直接证据,某创公司也未与四川某建筑装饰公司签署售楼部工程施工合同,加之某创公司对于授权委托矢口否认,并反诉成都某置业公司和四川某建筑装饰公司在其项目宗地上联合实施土地侵权行为,导致本案没有任何直接证据能够证明建设工程施工合同关系的双方当事人为某创公司和四川某建筑装饰公司,进而应由某创公司向四川某建筑装饰公司支付工程款。因此,本案在于判断哪一方应当对四川某建筑装饰公司承担工程款支付义务,加之四川某建筑装饰公司也未签署建设工程施工合同,因此所涉工程产值及损失等均需通过司法鉴定予以确定,案件代理难度极大。

(二)施工合同当事人和责任主体的甄别

本案的焦点和关键在于,在没有任何书面直接证据(如欠缺成都某置业公司操盘后向某创公司汇报工程进展情况的微信、聊天记录、邮件等基础事实证据)的情况下,如何确定本案建设工程施工合同的当事人和责任主体。成都某置业公司坚持认为,原审法院认定"某创公司自始知晓四川某建筑装饰公司在案涉项目进行施工"事实清楚包括:(1)根据案涉项目用地、规划许可等手续一审法院关于"某创公司系案涉项目的土地使用权人、建设用地单位"的认定属实;(2)一审法院关于"某创公司协助办理了四川某建筑装饰公司施工项目的行政审批"的认定属实;(3)一审法院关于"某创公司就华府某项目组建的项目组成员中包括某创公司人员"的认定属实;(4)原审法院认定"四川某建筑装饰公司和某创公司形成事实上的建设工程施工合同关系”且“合同有效”,认定事实清楚,适用法律正确。同时,律师充分关注和向法庭论证了项目开发合作协议签订、股权挂牌交易,成都某置业公司提前进场操盘,以及代建项目因股东方股权收购和债权收购发生争议导致中止的背景情况。

(三)工程设计方案报建参与及行政审批

一审中,成都某置业公司提交的一审法官与天府新区规划建设局工作人员的询问录音证据依法可以作为认定本案事实的根据,参照《民法典》规定和根据《合同法》规定,某创公司“盖章出具全套申请资料,协助办理四川某建筑装饰公司施工项目的行政审批”的行为属默示意思表示,据此能够确认其对于成都某置业公司的操盘授权。

庭审已经查明,某创公司系案涉项目的土地使用权人、建设单位,而依据《成都市城乡规划条例》第四十九条规定,以及成都市规划管理局发布的《建设工程设计方案审查(建筑类)》报建指南,建设工程设计方案审查的申请人依法只能是项目建设单位,天府新区规划建设局只有在依法审核建设单位关于工程设计方案的审查申请和资料后,经审核合格的才对设计方案加盖技术专用章。

因此,如果没有某创公司作为建设单位的主导及配合提供全套盖章申请资料,案涉临时售楼部工程是不可能完成技术审查的,更不可能取得建设方案设计总平面布置图。由此可知,某创公司作为售楼部工程的建设单位,对于售楼部工程建设全部情况明确知悉,且从售楼部工程报批报建手续办理开始即全程主导及参与、配合。该等情况与成都某置业公司提交的录音证据反映的客观事实也是一致的,但二审程序中该录音证据因为系代理人私下录制,未被二审法院作为本案证据予以采信。

(四)关联关系的突破论证

本案进一步补充提交的以下证据能够充分证明,某发展公司和某创公司是“爷孙公司”的关联关系,二者实际按照“两个公司、一套人马”、人员混用、高管交叉任职的模式,具体负责整个案涉项目和案涉临时售楼部项目的建设管理工作,成都某置业公司系接受某创公司的授权委托实施案涉项目的管理,具体分述如下。

1. 四川省高级人民法院相关生效判决和裁定书反映的基本事实和法院认定,

解释了成都某置业公司中止操盘和四川某建筑装饰公司突然退场的真实原因。四川省高级人民法院于2019年11月15日作出的(2018)川民初31号民事判决书中,法院认为部分论述:“而本案的事实是,某宏公司付清股权和债权转让款后至本案诉讼前,四川某土地公司一直未按照产权交易合同约定办理股权交割事宜,某创公司董事长(由四川某土地公司选派)也未召集新的董事会,故案涉协议的违约方应为四川某土地公司,其迟迟未配合办理股权工商变更登记手续,导致某新公司和项目公司某创公司董事会未能如期成立并开展工作,董事会领导下的项目公司总经理团队亦无法按期成立并实施操盘事宜,最终导致双方合作的停滞。”

2. 关于“贺某”等高管人员同期、同时任职某发展公司和某创公司,能够证明某发展公司和某创公司实际按照“两个公司、一套人马”、人员混用、高管交叉任职的模式运营案涉项目的客观情况。从《项目开发合作协议》约定的内容和(2018)川民初31号判决认定的事实以及成都某置业公司在二审中提交的工商登记信息等证据来看,综合贺某在案涉工程施工期间担任某创公司法定代表人,同时也担任某发展公司法定代表人,该公司100%持有案外人北京某置业公司的股权,北京某置业公司又100%持有某创公司股权的事实,某发展公司与案外人明确约定拟通过某创公司在案涉项目所在地块进行房地产开发且约定项目由成都某置业公司负责操盘的事实,成都某置业公司提供了向贺某等人汇报华府某项目工作进度等邮件的事实,以及四川天府新区公园城市建设局应天府新区人民法院征询项目售楼部相关工程报批手续问题的回函载明的事实,故应当认定是某创公司申请办理了华府某项目临时售楼部方案审查,某创公司在诉讼中关于其完全对案涉项目的施工不知情的主张不应予以采信。

某创公司才是华府某项目的项目公司和建设单位(土地使用权人),而这种房地产开发管理模式并不影响在“法律关系(权利义务关系)”和“责任主体”上依法认定某创公司是成都某置业公司操盘管理案涉项目的授权委托方。

因此,国浩律师代理工作的价值和关键点,在于具体、全方位和多角度、多维度挖掘、收集和组织间接证据,从而寻求和实现全案突破。以上证据已经形成证据链条,能够证明成都某置业公司系基于某创公司的授权委托实施案涉项目的操盘管理,前述所有该等人员的职务行为的效力均应当归于华府某项目业主和建设单位即某创公司,该等人员也是代表某创公司接受成都某置业公司的操盘管理服务的,依法应将该有权代理行为的法律后果归于某创公司,判令某创公司向四川某建筑装饰公司支付工程款并赔偿损失。

(五)案例分析

1. 案件当事人

上诉人(原审被告):某创公司。

被上诉人(原审原告):四川某建筑装饰公司。

被上诉人(原审被告):成都某置业公司(是本案件本所的委托人)。

原审第三人:郎某某。

2. 案件的争议焦点

(1)本案建设工程施工合同双方当事人和责任主体问题。成都某置业公司在诉讼中认可是由该公司安排四川某建筑装饰公司入场,但主张系按照某创公司股东与案外人某宏公司签订的股权转让及合作协议中关于某地产负责操盘并派驻总经理的相关安排,受某创公司委托实施案涉项目的操盘管理。某创公司否认与成都某置业公司有委托关系也否认与四川某建筑装饰公司建立建设工程合同关系。因此,首先应当确定四川某建筑装饰公司的合同相对方究竟是成都某置业公司还是某创公司,即谁与谁形成了事实上的建设工程施工合同关系。

(2)工程价款、钢结构费用问题。发包人未按照约定支付价款的,承包人可以催告发包人在合理期限内支付价款。因某创公司未与四川某建筑装饰公司签署售楼部工程施工合同,因此,只能通过司法鉴定确定工程价款。当事人一方不履行合同义务或者履行合同义务不符合约定,给对方造成损失的,损失赔偿额应当相当于因违约所造成的损失,四川某建筑装饰公司要求支付已经完成加工的钢结构费用,但该费用属于因合同履行不能而造成的损失,应通过司法鉴定确定损失金额。

(3)场地占用费及保管费损失、利息和鉴定费问题。场地占用费及保管费需有合同依据且已经实际产生。当事人对欠付工程价款利息计付标准有约定的,按照约定处理;没有约定的,按照中国人民银行发布的同期同类贷款利率计息。利息从应付工程价款之日计付。当事人对付款时间没有约定或者约定不明的,建设工程未交付,工程价款也未结算的,利息从当事人起诉之日计算。因本项目当事人对付款时间没有约定,建设工程未竣工亦未交付,工程价款也未结算,工程款利息应从四川某建筑装饰公司起诉之日计算。实际发生的鉴定费应据实确认和结算。

3. 法律适用

本案在法律适用中，主要分析如何确定本案建设工程施工合同的当事人和责任主体，应当适用哪些法律规定来判断和认定合同相对人。从查明事实来看，能够认定四川某建筑装饰公司实际对案涉工程进行了施工，那么，四川某建筑装饰公司主张工程款，则首先应当确定四川某建筑装饰公司的合同相对方究竟是成都某置业公司还是某创公司。从四川某建筑装饰公司和成都某置业公司关于进场施工的事实陈述来看，能够认定四川某建筑装饰公司是接受成都某置业公司的指令进入施工现场的，在施工过程中由成都某置业公司向四川某建筑装饰公司提供施工图纸，直接向四川某建筑装饰公司发出指令的是代表成都某置业公司履职的郎某某。从施工现场签署的各项过程性资料来看，亦由郎某某签字，且四川某建筑装饰公司自行制作的说明、收方单等资料上关于朗诗项目的记载都能证明，从进场到施工，四川某建筑装饰公司均相信其合同相对方是成都某置业公司。但项目停工后，四川某建筑装饰公司又被告知发包人是某创公司，四川某建筑装饰公司开始向某创公司主张权利，且在诉讼中坚持某创公司是其合同相对方。

虽然成都某置业公司始终无法提交某创公司向其出具的授权委托书等直接证据证明双方存在委托关系，人民法院也不能采信成都某置业公司单方提交的华府某项目通讯录，但从《项目开发合作协议》约定的内容和(2018)川民初 31 号判决认定的事实以及成都某置业公司在二审中提交的工商登记信息等证据来看，综合贺某在案涉工程施工期间担任某创公司法定代表人，贺某同时也担任某发展公司法定代表人，该公司 100% 持有案外人北京某置业公司的股权，北京某置业公司又 100% 持有某创公司股权的事实，某发展公司与案外人明确约定拟通过某创公司在案涉项目所在地块进行房地产开发且约定项目由成都某置业公司负责操盘的事实，成都某置业公司提供了向贺某等人汇报华府某项目工作进度等邮件的事实，以及四川天府新区公园城市建设局的回函载明的事实，故应当认定是某创公司申请办理了华府某项目临时售楼部方案审查，某创公司在诉讼中关于其完全对案涉项目的施工不知情的主张依法不应被采信。

在审理本案过程中，天府新区人民法院和成都市中级人民法院主要适用以下实体法和程序法。对于合同相对人进行审查判断，人民法院适用司法解释中民事诉讼“高度盖然性”证明标准认定。鉴于当前成都某置业公司已经提交了多项间接证据，能够形成证据锁链，证实某创公司明知成都某置业公司就华府某项目进行项目操盘,某创公司办理了华府某项目临时售楼部方案并实际准允成都某置业公司按照楼盘操盘要求通知四川某建筑装饰公司进场施工;加之依据《合同法》第四百零三条第二款[①]关于因委托人的原因造成受托人不履行义务,第三人享有选择权之规定。鉴于当前四川某建筑装饰公司已经认定其合同相对方是某创公司,并坚持合同相对方是某创公司的意见,结合前述,人民法院最终亦认定四川某建筑装饰公司的合同相对方是某创公司,本案具体适用的法律及相关司法解释主要包括:

(1)《合同法》第二百八十六条[②]规定:发包人未按照约定支付价款的,承包人可以催告发包人在合理期限内支付价款。发包人逾期不支付的,除按照建设工程的性质不宜折价、拍卖的以外,承包人可以与发包人协议将该工程折价,也可以申请人民法院将该工程依法拍卖。建设工程的价款就该工程折价或者拍卖的价款优先受偿。

(2)《合同法》第四百零三条第二款[③]规定:受托人因委托人的原因对第三人不履行义务,受托人应当向第三人披露委托人,第三人因此可以选择受托人或者委托人作为相对人主张其权利,但第三人不得变更选定的相对人。

(3)《民事诉讼法司法解释》第九十条[④]规定:当事人对自己提出的诉讼请求所依据的事实或者反驳对方诉讼请求所依据的事实,应当提供证据加以证明,但法律另有规定的除外。在作出判决前,当事人未能提供证据或者证据不足以证明其事实主张的,由负有举证证明责任的当事人承担不利的后果。

(4)《民事诉讼法司法解释》第一百零八条第一款和第二款[⑤]规定:对负有举证证明责任的当事人提供的证据,人民法院经审查并结合相关事实,确信待证事实的存在具有高度可能性的,应当认定该事实存在。对一方当事人为反驳负有举证证明责任的当事人所主张事实而提供的证据,人民法院经审查并结合相关事实,认为待证事实真伪不明的,应当认定该事实不存在。

三、案例点评

因本案没有任何直接证据证明委托代理关系,案件的代理难度极大,法官的

① 现行《民法典》第九百二十六条第二款。
② 现行《民法典》第八百零七条。
③ 现行《民法典》第九百二十六条第二款。
④ 现行《民事诉讼法司法解释》(2022 修正)第九十条。
⑤ 现行《民事诉讼法司法解释》(2022 修正)第一百零八条第一款和第二款。

自由裁量度很高。国浩律师作为成都某置业公司的代理人,在诉讼策略制定、应诉方案设计方面的不断创新,对于间接证据全方位、多角度、多维度进行挖掘、收集和组织,国浩律师秉持探寻司法公平正义之理念,循着案件的蛛丝马迹穷尽一切努力,通过大量间接证据,从无到有,抽丝剥茧,层层递进,逐步还原事实真相。在案件证据收集组织过程中,国浩律师运用了缜密的逻辑思维和推理能力、语言文字表达能力、证据组织能力,是一个全案仅依据间接证据形成证据锁链,从而赢得诉讼的案件。同时,因本案没有任何直接证据证明有权代理关系,律师在证据组织和证明标准的法律适用上,仅依靠间接证据,最终说服法院采取《民事诉讼法司法解释》第一百零八条规定的民事诉讼“高度盖然性”证明标准认定案件事实和适用法律,历时两年半,最终取得了优异的代理成效,并取得了良好的法律效果、积极的社会效果和经济效益的统一。

国浩律师根据代理本案的经验及对全案证据的组织分析和风险把控,结合近年来所服务的房地产公司实施的委托融资代建项目中吸取的相关经验和教训,为某控股集团梳理和起草了《房地产融资代建项目证据指引》,受到高度赞赏和一致好评。

四、专家推荐

推荐人:罗浩　国浩律师(成都)事务所管理合伙人

推荐内容:

像福尔摩斯探案集里描述的那样,这是一个几乎没有任何书面反驳证据的案件,用“扑朔迷离”来形容也毫不为过。作为被告代理人,要想取得案件的胜诉,难度可想而知。但是,国浩律师怀揣着在个案中实现公平正义的理想追求,凭着那双犀利深邃的眼睛、打不死的“小强”精神,以及锲而不舍的努力,突破重重迷雾,层层挖掘,找到了众多有利于被告的书证、人证以及音频证据等,最终通过精细化证据组织、“证据高度盖然性”证明标准运用,和逻辑清晰、合理有力的论述,以及优异的庭审表现征服法官,获得了一审和二审合议庭的一致支持,判决被告成都某置业公司不承担任何责任。

本案的亮点和特色在于,国浩律师从案件的实质着手,在逆境中竭力运用创新性思考,挖掘到对当事人有利的证据,用大量间接证据击败对手和征服法官,这就是优秀诉讼律师所应当具备的“拿手绝技”,也是诉讼律师应当肩负的使命和至关重要的职业素养。本案例于 2022 年 1 月 21 日获评国浩律师(成都)事务所 2021 年度“优秀诉讼案件奖”。

挂靠施工引发的建设工程合同纠纷中，被挂靠人应否承担连带责任？

承办律师

罗　德　国浩律师（长沙）事务所合伙人

邱家宝　国浩律师（长沙）事务所律师

案例概述

关于我国建筑行业中普遍存在的挂靠施工现象，挂靠人与被挂靠人是否需要承担连带责任一直是理论界和实务界争议的焦点。由国浩长沙合伙人罗德、律师邱家宝于 2022 年 8 月经办完成的“马某诉刘某军、青某建设集团有限公司建设工程施工合同纠纷案”即是一起建设工程施工合同纠纷中有关挂靠责任承担的典型案例。该案为类似案件的裁判提供了借鉴，同时 也为广大的施工企业再一次提出了警示，依法依规经营应当是企业奉行不二的宗旨和底线。

一、案情简介

刘某军与刘某康系堂兄弟，2009 年，二人成立了湖南康某置业投资有限公司（以下简称康某公司），刘某康为实际控制人。2011 年 11 月 17 日，湘潭某建设投资有限公司（以下简称建投公司）与康某公司签订《安置区建设项目 BT 合同》，康某公司以 BT 模式承建安置小区。康某公司与青某建设集团有限公司（以下简称青某建设公司）签订《安置区工程施工合同》。2012 年 3 月 3 日，刘某军与青某建设公司签订《建设工程内部承包合同》。实质上是刘某军两兄弟为了自己施工，借用了青某建设公司的资质。2012 年 9 月 8 日，刘某军伪造了一枚与青某建设公司名称相近的公章与马某签订《施工承包(分包)合同》,由马某承建安置区17—20栋,安置区建设项目已于2013年9月竣工验收。

2016年12月,由建投公司以及康某公司认可的湖南某工程造价咨询有限公司审计,“安置区建设项目”编审价款为174,831,528元。其中,第13—20栋房屋每栋房屋面积为2,367.69平方米,编审金额为32,202,374.83元。

2017年1月13日,马某等四人向刘某军作出承诺书,内容大致如下:为了争取各班组的工程款能在年前得到解决,由康某公司出具一份“内部班组对账确认单”,再由各班组直接拿此单到建投公司要求其支付下欠工程款。

2017年1月21日,刘某军与马某形成两份“内部班组对账确认单”。金额为3,471,296元的对账确认单内容为:因安置区工程建设需要,马某承包了该工程中的17—20栋施工,现经过双方对承包结算和往来账务进行核实,一致认定,欠马某人工工资款3,471,296元整,刘某军签写“请建投公司直接支付,在我方工程回购款中予以扣减”,康某公司在该份对账确认单上盖章。金额为6,138,371元的对账确认单内容为:因安置区工程建设需要,马某承包了该工程中的17—20栋施工,现经过双方对承包结算和往来账务进行核实,一致认定,欠马某人工工资款6,138,371元整,刘某军签写“请青某建设公司直接在我项目工程款中予以扣减”,且附有“安置区班组内部剩余工程款结算金额定案表”等。

马某就剩余6,138,371元工程款向法院起诉,要求刘某军支付剩余款项,青某建设公司承担连带责任。一审法院判决刘某军支付马某剩余工程款6,138,371元及逾期付款违约金,青某建设公司在收取的管理费范围内承担连带责任。一审判决后,马某和青某建设公司均上诉,二审法院审理后改判青某建设公司就刘某军的全部欠款承担连带责任。青某建设公司不服向湖南省高级人民法院申请再审遭驳回。国浩长沙律师接受青某建设公司的委托代理申请抗诉及再审事宜,本案经湖南省人民检察院抗诉后,湖南省高级人民法院提审,并再审改判青某建设公司不承担连带责任。

二、律师工作

从接手本案开始,国浩律师作为被告青某建设公司的代理人,迅速将案件基本事实及一审、二审、再审驳回程序中相关案件材料进行了梳理,与委托人青某建设公司的案件负责相关人员进行案件研讨,确认公司想法。后检索类似案例形成报告,并对行业相关的常见法律问题向委托人进行阐释。经过全面系统的梳理,精准定位本案的代理思路。在庭审时,国浩律师就争议焦点进行了详细论证。经过律师团队的通力协作,充分争取,有效推翻了本案一审、二审法院观点,有力维护了委托人的合法权益。

三、案例分析

(一)本案主要争议焦点和一审、二审法院观点

1. 刘某军与马某的对账确认单是否为真实结算,是否可作为结算依据

法院观点:6,138,371 元的"内部班组对账确认单"能与其提交的"安置区班组内部剩余工程款结算金额定案表"上的金额相吻合,该定案表上有马某、刘某军的签名,还有成控负责人张某的签名。刘某军虽对该定案表中的"投入项目部使用资金"220.8 万元有异议,但并未在一审法院指定的期间内提供相应的证据予以证实,故该"内部班组对账确认单"是双方真实意思表示,可以作为案涉工程的结算依据。对于金额为 3,471,296 元的"内部班组对账确认单",马某称系为配合刘某军向建投公司索要工程款而出具,刘某军对此并未提出异议,青某建设公司上诉虽提出刘某军欠马某人工工资为 3,471,296 元,但没有提供证据证实,也无法合理解释金额为 6,138,371 元的"内部班组对账确认单"所存在的前提和必要性,对该上诉理由不予采纳。另外,建投公司与康某公司均对湖南某工程造价咨询有限公司的审计金额予以认可,其中,第 13—20 栋房屋每栋房屋面积为 2,367.69 平方米,编审金额为 32,202,374.83 元,马某承建的 17—20 栋的总工程量系上述工程量的一半,工程款总金额也是在上述总金额的一半范围内,符合客观实际,并未超过相应的标准。

2. 委托人青某建设公司是否应承担连带责任

法院观点:青某建设公司与康某公司签订了《安置区工程施工合同》,刘某军与青某建设公司又签订了《建设工程内部承包合同》,约定刘某军按建设方审定的工程结算总造价 2% 向青某建设公司支付管理费用,依据上述合同足以认定刘某军与青某建设公司属于挂靠与被挂靠的关系。青某建设公司不认可与刘某军存在挂靠关系的上诉理由,与法院查明的客观事实不符,法院不予采信。刘某军与马某签订《施工承包(分包)合同》时使用了名称为"湖南青某建设集团有限公司"的公章,而实际上"湖南青某建设集团有限公司"并不存在。在涉案工程实际施工

过程中,青某建设公司的名称与"湖南青某建设集团有限公司"的名称交叉使用,青某建设公司作为被挂靠单位,对挂靠人随意使用其单位名称的情况放任管理,存在过错,导致马某有充分的理由相信《施工承包(分包)合同》中的"湖南青某建设集团有限公司"即为本案工程的施工单位青某建设公司。因此,青某建设公司具有向马某支付工程款的义务,应当对刘某军应支付给马某的全部工程款承担连带清偿责任。

(二)律师代理思路

1. 从法律事实角度推翻一审、二审关于结算金额定额定案表的认定

一审、二审法院采纳内部班组对账确认单和结算金额定案表作为本案中结算依据的关键性证据。对于在第三方审计机构编审金额之外的增项,尽管一审、二审中,原代理人均提出了异议,但法院并未采纳。再审中,重点以该220万元款项的真实性、法律性质、责任主体作为案件事实的突破口,以此推翻一审、二审判决就有关事实的认定,至少达到从工程款中剔除该笔费用的目的。代理人认为,该笔款项未包含在第三方审计机构确定的工程价款范围之内,刘某军对于该笔款项不予认可,原告未能提供可证明该款项客观发生且属于工程价款范围的证据,该笔220万元款项理应从工程价款中予以剔除。

2. 从法律适用角度推翻一审、二审关于连带责任的认定

一审、二审法院关于连带责任的认定并不一致,一审法院判决青某建设公司在收取管理费范围内承担连带责任,二审法院则判决青某建设公司就全部欠款承担连带责任。两审法院对于青某建设公司责任认定的标准并不一致,一审法院更趋向于责任和利益的平衡,二审法院则趋向于保护原告的信赖利益。经仔细研判案件材料,国浩律师认为一审、二审法院均忽略了马某与刘某军、刘某康的身份关系,其观点均存在偏颇之处,如仅以刘某军与青某建设公司存在挂靠关系即认定青某建设公司需承担连带责任显然法律依据不足,尤其是二审法院的观点实质上是认定刘某军构成对青某建设公司的表见代理。国浩律师认为,原告马某与刘某军、刘某康系朋友、同乡,且曾系康某公司员工,对于案涉项目存在的挂靠行为以及项目的实际承包人应当知道,其对青某建设公司自始无信赖利益可言,因此青某建设公司不应承担连带责任。

四、案例点评

该案系建设工程施工合同纠纷中有关挂靠责任承担的典型案例。尽管《民法典》《建筑法》等法律法规明令禁止施工单位出借资质、挂靠施工等行为,但不可否认的是,挂靠施工仍然是我国现行建筑行业中普遍存在的行为,不但是民营企业,即便是国有企业也同样大量存在。挂靠施工为法律所禁止,客观上也容易造成安全、质量等问题,同时因为工程价款结算、工程质量等问题容易酿成诉讼。目前,我国建筑法律法规和司法解释对于挂靠施工中责任的承担并没有明确规定,很多法院简单地以《最高人民法院关于适用〈中华人民共和国民事诉讼法〉的解释》第五十四条作为判定被挂靠人承担连带责任的依据,而该条款作为民诉法司法解释的条款之一,明显属于程序性条款,仅是解决挂靠民事行为中诉讼主体的问题,而不能作为认定承担法律责任的依据。对于挂靠人与被挂靠人是否需要承担连带责任,要结合具体案情综合分析,既要考量挂靠双方的过错程度,也要考量相对人的善意与过失,在建设工程施工合同无效时更应如此。本案历经一审、二审、再审驳回、省人民检察院抗诉、省高级人民法院提审等诸多程序,省高级人民法院最终支持青某建设公司的观点,予以改判,将结算金额定案表中的220万元以及相应的税费从工程价款中予以剔除,并判决青某建设公司无须承担连带责任。该案为类似案件的裁判提供了借鉴,同时也体现了法院尊重客观事实,公平衡量当事人权、责、利以及有错必纠的严谨态度。同时,该案的处理也为广大的施工企业再一次提出了警示,依法依规经营应当是企业奉行不二的宗旨和底线,本案中,案涉项目青某建设公司收取的挂靠管理费仅100多万元,最终因法院判决被执行的款项近2000万元,尽管本案及另一案件后续被改判,但面对作为自然人的原告,执行回转难上加难。

五、专家推荐

推荐人:饶忠山　国浩律师(长沙)事务所管理合伙人

推荐内容:

在我国建筑法律法规和司法解释对于挂靠施工中责任的承担并没有明确规定的大背景下,对于挂靠人与被挂靠人是否需要承担连带责任的问题备受讨论,且各地法院对于被挂靠方应如何承担民事责任,认定标准不一,不利于市场主体就此形成稳定预期。马某诉刘某军、青某建设公司建设工程施工合同纠纷案的争议主要聚焦于挂靠人与被挂靠人是否需要承担连带责任,国浩长沙在代理被告的过程中,从法律事实角度和法律适用角度推翻一审、二审关于结算金额定额定案表及连带责任的认定。最终湖南省高级人民法院支持委托人的观点,予以改判,并判决委托人无须承担连带责任。该案为类似案件的裁判提供了借鉴,同时也体现了法院结合案件事实,兼顾公平,有错必纠的严谨态度。亦警示广大的施工企业需严格依法依规进行经营,也对于统一本地区裁判尺度,稳定市场预期,保护交易安全,进一步规范建筑行业具有示范意义。

第七章　知识产权

是研发者还是代工者？

承办律师

金　笑　国浩律师（长沙）事务所合伙人

案例概述

由于法律程序以及实体法的复杂性，海外知识产权维权一直是中国企业的难点。在此大环境之下，由国浩长沙合伙人金笑带领团队经办完成的“深圳公司与美国公司商业秘密国际仲裁案&337 调查”一案是一起极少见的国内中小企业主动向美国大型公司发起知识产权维权并取得胜利的案件，具有典型意义。

本案中，美国某公司利用与深圳某公司合作过程中获取的技术秘密，在美国提出一系列专利申请，并先发制人在香港国际仲裁中心（Hong Kong International Arbitration Center，HKIAC）对深圳某公司提起了仲裁。之后，深圳某公司在外部律师团队的帮助下，以侵占商业秘密为由对美国公司提起了反请求，并最终胜诉。

一、案情简介

（一）第一阶段：收到仲裁通知，被控违反独家权和保修义务

2015 年 5 月，美国某公司（以下简称美国公司）以深圳某公司（以下简称深圳公司）违反独家权和保修义务为由对深圳公司向香港国际仲裁中心提起仲裁，声称其是制造某种 LED 显示屏面板技术的持有人，与深圳公司于 2013 年 11 月 21

日签署了供应商协议(Supplier Agreement)。根据该协议,深圳公司为美国公司制造一种名叫“New Technology Products”的LED显示屏面板(以下简称新面板),美国公司向深圳公司提供这种面板的参数及技术信息,并拥有新面板推广、销售的独家权。深圳公司从2015年3月起开始对国际市场上的LED显示屏面板的客户进行大规模的邮件营销,试图向第三方销售新面板。深圳公司销售和推广新面板的行为违反了供应商协议中的独家权规定及保密义务,同时深圳公司拒绝按照供应商协议中的保修条款,为故障面板提供替换品,违反了保修义务。

据此,美国公司请求禁止深圳公司销售新产品与使用美国公司的技术信息,并赔偿因深圳公司拒绝提供替换面板而造成的损失等。

(二)第二阶段:深入调研事实,合同纠纷转变为专利申请权争议

2015年6月,国浩律师接受深圳公司委托,正式参与代理本仲裁案。从仲裁通知来看,如果案件事实如美国公司所陈述的,深圳公司仅仅是“代工”美国公司的产品,那么Supplier Agreement中的相关安排是有些不太符合常理的。通常在代工的情形下,不会由代工者给予委托生产方一个独家销售权。产品既然是由委托生产方研发的,委托生产方理所当然有权对产品进行销售,它的独家销售权是不需要由其他主体来给予的,并且委托生产方的独家销售权也不应当附加条件,但Supplier Agreement中规定如果美国公司连续两个季度未能达到约定的购买额,将失去独家权。

律师就前述疑点与深圳公司进行了详细沟通,发现:(1)Supplier Agreement中的新面板,是由深圳公司独立研发的,美国公司没有提供任何技术帮助。美国公司在2013年6月新面板即将研发完成的时候,要求成为新面板的全球独家销售商,并承诺了较高的每季度的销售额。深圳公司为获得稳定增长的订单,因而同意了将新面板的独家销售权授权给美国公司。在Supplier Agreement签署后,美国公司以各种理由向深圳公司索取了大量关于新面板的技术信息。(2)因为Supplier Agreement中独家权的限制,深圳公司不能向第三方销售面板。在签署合同后长达一年多的时间里,美国公司没有一个季度达到了Supplier Agreement中约定的购买额,深圳公司也因此陷入了非常严重的经济困境,不得不选择开始向其他客户销售新面板。

在仲裁通知中,美国公司声称已向美国专利商标局(United States Patent and

Trademark Office,USPTO)提出关于新面板的专利申请,待专利授权后,保留对深圳公司提出专利侵权的权利。律师即在 USPTO 网站上对美国公司的专利状况进行持续检索,发现:2015 年 7 月 14 日公开的 6 项与 LED 面板相关的临时专利申请中,有 5 项包含了大量的新面板的图纸,这 5 项与新面板相关的临时专利申请最早的申请时间是 2014 年 7 月 16 日。此外,还发现了以上述 5 项临时专利为基础的 15 项专利申请,并且 2 项专利申请已获得授权。专利的检索结果使得整个已经正在进行的仲裁案件出现了根本性的转变——整个案件已经从一个普通合同纠纷而转变为一个关于专利申请权争议的案件。

(三)第三阶段:提出反请求,主张美国公司构成侵占商业秘密获胜

深圳公司于 2015 年 9 月 29 日以美国公司违反 Supplier Agreement 中的保密义务侵犯了深圳公司的商业秘密为由向 HKIAC 提出反请求,主张美国公司构成侵占商业秘密,要求将所有关于新面板的专利裁决归深圳公司所有,并要求美国公司赔偿损失 3,253,062.76 美元并承担仲裁费及律师费。

双方随后陆续进行了关于商业秘密侵权问题的证据开示,交换证人证言和专家报告,反驳证人证言等。2016 年 9 月 28 日至 10 月 1 日,HKIAC 进行为期 4 天的庭审(Oral Hearing),最终仲裁庭认定美国公司违反了得克萨斯州商业秘密法及双方签署的保密协议中所约定的保密义务,构成侵犯深圳公司商业秘密,美国公司应向深圳公司赔偿 1,073,441.49 美元。

(四)仲裁后续:成功应对关联 337 调查案

2018 年 3 月 27 日,律师发现香港仲裁案的申请人美国公司依据《美国 1930 年关税法》第 337 节规定向美国国际贸易委员会(United States International Trade Commission,ITC)发起 337 调查,指控 11 家中国企业出口、销售的 LED 显示屏及组件侵犯其专利权,请求 ITC 发布普遍排除令和禁止令。而美国公司声称被侵权的两项专利,即为在 HKIAC 仲裁案中仲裁庭认定“使用”了深圳公司商业秘密的专利。本案律师与 HKIAC 仲裁案中的美国律师参加了 2018 年 4 月由中国机电进出口商会组织的应对此次 337 调查的,并与其他参与的美国律所共同讨论了对此次 337 调查的应对策略。在代理 337 调查案的过程中,由于有本案的经验基础,律师在证据开示(Discover)和证言采集(Deposition)中要求美国公司及其总裁披

露涉案两项专利权属争议的所有诉讼和仲裁文件。在经历这两个程序后不久,美国公司向美国 ITC 申请撤回了 337 调查案件。2019 年 2 月 21 日,美国 ITC 作出裁决,同意美国公司撤回 337 调查案件。

二、代理思路

(一)关于专利问题的反击:夺回专利?还是申请专利无效?或是主张侵犯商业秘密?

1. 溯源程序(Derivation Proceeding)

经过咨询美国专利律师、查阅相关美国法律,律师发现 2011 年 9 月 16 日最新修改的《美国发明法案》(Leahy Smith America Invents Act)新增了溯源程序(Derivation Proceeding)①。此程序主要用于解决存在争议的专利申请,判断先申请人的发明是否源自后提交申请的发明人,进而确认该项专利申请的真正发明人,从而保证发明人享有对该发明创造申请专利的权利。该程序的设立,在于保证专利权只授予真正做出该项发明创造的人或是与发明人直接相关的其他主体,防止因欺骗或其他不正当行为获得专利授权。相比美国专利法中传统的抵触程序,溯源程序保证了在先申请制度下②,真正发明人的利益不受损害。

从美国专利法的相关规定来看,深圳公司可以启动溯源程序来夺回关于新面板的专利申请。但必须满足以下条件:第一,深圳公司必须就同样的权利要求提出专利申请;第二,深圳公司必须证明自己是专利的真正发明人;第三,深圳公司必须证明美国公司在先申请是源自(derive from)深圳公司;第四,深圳公司必须在美国公司关于新面板的专利申请公开后一年内启动溯源程序。

以上四个要件中,深圳公司关于新产品的研发记录可以支持第二项要件;深圳公司通过邮件向美国公司提供新面板的包括图纸在内的技术信息的邮件可以支持第三项要件。但是要想启动溯源程序,深圳公司还需要就同样的权利要求在美国提出专利申请,以符合第一项要件。在仔细分析美国公司的专利申请后,律

① See American Invents Act(H. R. 1249), in the amended section 3. First Inventor to File, 135 §.

② 在 2011 年 9 月 16 日前,原来的美国专利法采取“先发明制”,而非大多数国家采取的先申请制。“先发明制”强调确认最先完成发明创造的人,并保证该发明人对其发明创造的专利申请权。2011 年新的美国专利改革法案确立了“发明人先申请制”,其关键在于确认真正的发明人,并在满足相关法律要件下,保证真正的发明人最先提出专利申请。

师初步判断,如果想要较全面覆盖新面板的技术特征,深圳公司至少需要提交2-3个专利申请,而在美国的专利申请最迟需要在2016年7月14日前提交。深圳公司关于新面板的研发是在中国国内进行的,因此在向美国提交专利申请前又必须先在中国提交专利申请。

此外,目前启动溯源程序案件少、成功率难以判断。经过咨询多位美国专利律师得知:由于溯源程序是2011年新《美国发明法案》中设置的程序,本案之前启动溯源程序的案件大约仅有6件,已经有结果的一半案件中,启动溯源程序的一方都未能成功主张专利申请权。这就意味着溯源程序的成功率令人担忧,至今为止未能有成功案例说明溯源程序的复杂性,也无法为本案提供举证或其他方面的指引。

2. 专利无效程序

鉴于溯源程序的复杂性和成功率的不可预知性,律师不得不考虑采用专利无效的方式。根据新美国专利法,通过行政手段无效专利有两种制度:一种是双方重审制度(Inter Partes Review),另一种是授权后重审制度(Post Grant Review),两种制度在可以提出的专利无效理由、启动时间方面有所不同,具体区别见表1:

表1 “授权后重审制度”与“双方重审制度”的异同

	授权后重审	双方重审
开始实行时间	2012年9月16日	
提出时机	不晚于专利颁发日或再颁日9个月	专利颁发日9个月后或者PGR中止后
证据类型	在先销售、在先公开,专利不可实施,专利不具备显而易见性等全部证据	在先专利和书面出版物
是否有证据开示(Discovery)程序	是	是
理由	35 U. S. C. 282(b)(2)或(3)中规定的所有无效理由	新颖性(35 U. S. C 102):非显而易见性(35U. S. C. 103)
在专利人初步回复后,USPTO在3个月内决定是否接受请求,其依据	争议专利至少有一个权利要求项有过半的机会被无效可能或第三方提出全新或未解决之法律问题,且此一法律问题对其他专利或申请案由其重要性	争议专利至少有一个权利要求项有无效之合理可能

续表

<table>
<tr><th colspan="2"></th><th>授权后重审</th><th>双方重审</th></tr>
<tr><td rowspan="2">专利权人的修改尺度</td><td>一般情形</td><td colspan="2">专利人可修改一次,删除被挑战之权利要求,增加合理数目的权利要求作为替代。修改时不得扩大专利保护范围,也不得引入新主题</td></tr>
<tr><td>特殊情况</td><td>双方同意或者专利权人理由充分,可作其他修改</td><td>如双方同意或符合 USPTO 规定,可作其他修改</td></tr>
<tr><td colspan="2">审查部门</td><td colspan="2">专利审批和上诉委员会 Patent Trial and Appeal Board(PTAB,即原 PTAI)</td></tr>
<tr><td colspan="2">结案周期</td><td colspan="2">USPTO 决定启动程序 1 年内,要作出最终审查决定,如有充分理由,决定期限最多可延 6 月,假使有并案审查情况,决定期限亦可再酌量调整</td></tr>
<tr><td colspan="2">是否可上诉</td><td colspan="2">后续程序任一方若不满其决定,可向联邦上诉法院(CAFC)上诉</td></tr>
<tr><td colspan="2">禁反言</td><td colspan="2">相应程序公布最终决定,该第三方,不得再引用 PGR 期间提出的理由,或者有合理机会应该提出的理由,在 UPSTO、地方法院或 ITC337 调查程序中挑战权利要求的有效性</td></tr>
</table>

深圳公司只要提交在 2014 年 7 月 16 日前新面板在先销售的证据,美国公司在美国关于新面板的专利申请即非常有可能被无效。专利被无效的后果是,美国公司不再拥有专利权,但同时深圳公司也将无法拥有对新面板的专利权,也将导致无法禁止他人在美国使用和销售与新面板类似的产品。

3. 侵占商业秘密

从前述分析可知无论是溯源程序还是专利无效程序,都不能弥补因美国公司抢先申请专利而给深圳公司造成的损失。律师开始考虑深圳公司能否针对损失寻求索赔的问题。

经过再三分析,律师认为可能的索赔理由只有一个,即侵占商业秘密(Misappropriation of Trade Secret)。在本案中商业秘密侵占成立大体需符合三个要件:

(1)美国公司在专利申请中描述的新面板的技术方案构成商业秘密。根据《得克萨斯州统一商业秘密法》(Texas Uniform Trade Secrets Act),商业秘密须具备价值性、保密性、秘密性。新面板不同于市场上其他面板的技术优势足以说明新面板的技术方案的价值性。深圳公司在公司内部对于新面板的图纸和技术资料的严格管理措施,以及深圳公司在与美国公司签署 Supplier Agreement 之前拒绝向美国公司提供新面板的事实能够表明这些技术信息的保密性。秘密性,即不为公众所知悉。在美国公司申请美国专利前,深圳公司一直没有在自己公司网站上公开过新面板,更没有向其他客户披露过关于新面板的任何技术信息,因此关于新面板的技术信息在美国公司申请美国专利前一直处于秘密状态。虽然在美国公司申请美国专利前,深圳公司曾向美国公司出售过少量试产的新面板用于测试,但深圳公司与美国公司之间存在保密义务,因此深圳公司向美国公司的销售行为不会导致这些关于新面板的技术秘密丧失秘密性。律师判断,美国公司为了避免他们关于新面板的专利被无效,应该不会主动提出上述专利申请前新面板销售的事实。

综上可知,新面板的技术信息基本符合价值性、保密性、秘密性三个要件,构成商业秘密。

(2)美国公司从深圳公司处获取了相关技术信息。在本案中,美国公司与深圳公司之间往来的大量邮件能体现出美国公司向深圳公司索取技术资料、深圳公司向美国公司提供技术资料。

(3)美国公司使用或披露了商业秘密。美国公司在其美国专利申请中不仅包含了大量新面板的图纸,而且其专利的权利要求中也包含了大量的新面板的技术特征。美国公司提交专利申请的行为,构成对深圳公司关于新面板的技术秘密的"使用"和"披露"。

(二)仲裁程序中的保密措施——保护令(Protective Order)

1. 保护令(Protective Order)文本的达成

本案最大的争议焦点在于新面板是由谁研发的,深圳公司为证明新面板由自己研发,必须提交关于新面板的研发资料和特殊生产工艺,而这些是美国公司尚未掌握的核心技术秘密。如果按照通常程序进行证据交换,就有可能造成商业秘密的"二次泄密"。

对于这种情形,在国内涉及商业秘密的民事审判实践中,有些法院的处理方式是[①]:第一,对证据展示采取对等原则,即原告在举证商业秘密材料时向被告展示到什么程度,被告也应该向原告展示到什么程度;第二,对证据材料采取逐层开示原则,即将涉及商业秘密的技术资料分为外围技术和核心技术,每部分具体又可分为若干层次,然后按照对等原则,从外到内,层层开示,层层质证,展开的层次

① 参见上海市第二中级人民法院民五庭:《审理商业秘密侵权案件的几点做法》,载上海市第二中级人民法院网,http://www.shezfy.com/view.html?id=3170,最后访问日期:2023年3月9日。

以足以认定被告侵权与否为限;第三,对证据材料有限的交换原则。为避免当事人掌握对方当事人的书面商业秘密资料而导致商业秘密传播的失控,在证据交换的方式上,有些法院采取不在当事人之间交换核心技术资料的做法,而要求各方当事人到法院阅卷,在法庭组织下进行证据开示并质证的做法。

为了防止"二次泄密",律师最开始向仲裁庭提出请求:允许双方先向仲裁庭提交证据,由仲裁庭根据案件的进程再逐步向双方交换证据,且对于深圳公司提交的设计核心技术证据暂时不向美国公司做披露。但仲裁庭立即否定了这些请求,仲裁庭认为不向另一方交换证据势必剥夺了另一方对证据进行回应的权利,有悖公平原则;但考虑到律师提出的保密原则,仲裁庭可以发布一项 Protective Order,作为对于本次仲裁程序的保密措施;仲裁庭会提供一个适用于美国法院的 Protective Order,具体条款及内容需要由双方当事人来合意达成。

在原有的 Protective Order 文本中,保密资料仅有一种类型,即标有"Confidential"的文件,凡是标记有"Confidential—Subject to Protective Order"的任何文件,各方当事人(包括律师、及律师事务所的雇员、专家证人)不得向他人披露也不得自行使用。

但律师认为这样的保密措施仍会造成深圳公司技术秘密的"二次泄密",因此增加了一种保密信息的类型——"Highly Confidential",这种类型的保密信息在本次仲裁中只能由仲裁庭、双方律师、专家证人可以看到,双方当事人都不能看到,因此这类文件会打上"Highly Confidential—Attorneys' & Tribunal's Eyes Only"的标记。"Highly Confidential"保密措施的设定,在理想状态下,既使双方律师能看到对方证据以便庭审中进行交叉询问,又使得对方当事人不能直接接触到核心技术证据。

美国公司律师收到修改后的 Protective Order 文本后,也意识到了对于"Highly Confidential"信息不能向当事人做披露的限制。因此他们也对"Highly Confidential"信息的范围增加了限制性规定——被标记为"Highly Confidential"应当是深圳公司未向美国公司披露的技术秘密。因此,将来深圳公司提交的被标记为"Highly Confidential"的信息是不能主张为深圳公司被美国公司侵犯的商业秘密。

美国公司的这个限制性条款的加入,促使律师必须非常谨慎地考量提交的3300 多页证据的每一页是否属于深圳公司被侵犯的商业秘密,如果是,则不能打上"Highly Confidential"的标记;因此如果被标记上"Highly Confidential",那么该页证据中包含的内容将不可能被主张为被侵犯的商业秘密。所以,律师必须一方面进行着证据保密定级的工作,另一方面同时进行着深圳公司被侵犯的商业秘密点的总结。最后根据美国公司关于新面板的专利申请中公开的内容,律师罗列了5个方面共13项商业秘密。经过庭审的检验,本案律师对商业秘密点的总结以及每一份证据保密等级的划分没有让对方从技术上找到反驳理由。

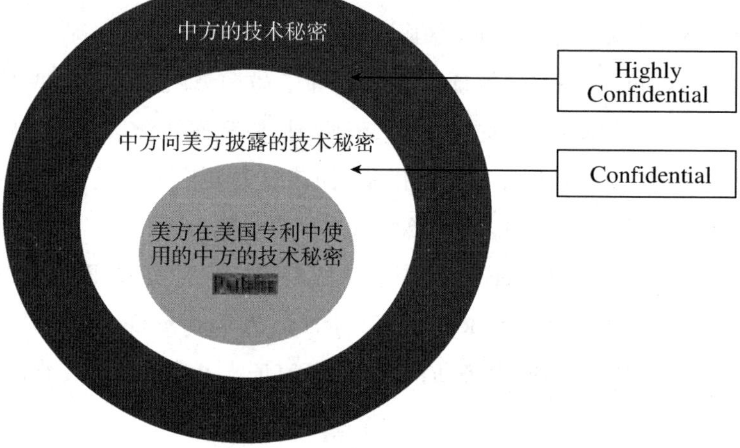

图1　Protective Order 文本中保密信息的类型

2. Protective Order 对证据提交的影响

Protective Order 中保密措施不仅针对双方提交的证据,而且还针对接下来的证人证言和专家报告,甚至是后来的庭审。在律师提交的三份证人证言中,其中有两份证言主要讲述新面板的研发思路和过程,其中必然涉及美国公司原来并不知晓的核心技术秘密。专家报告中一个重要的部分是从双方所提交的关于新面板的技术资料来判断哪一方更有可能是新面板的真正研发方,也必然有对一些深圳公司提交的核心技术资料的引用和评述。因此,律师在提交证人证言和专家报告时做了两个版本,一个版本标记上"Highly Confidential—Attorneys' & Tribunal's Eyes Only",这个版本只有美国公司的律师和专家能看;而另一个版本把一些涉及核心技术的内容进行了涂黑(Redacted)处理,标记上"Confidential—Subject to Protective Order",这个版本美国公司可以看到。

在开庭前,双方交换了 Pre - hearing brief 后,律师发现美国公司提交过的证据中也有一些涂黑部分,主要是一些美国公司维修票据。票据上的维修内容和进行维修的人被涂黑后,无法判断这些被涂黑的票据是否与深圳公司出售给美国公司的新面板维修有关,是否为合理的维修费用。但美国公司并没有准备两个版本,为此律师向仲裁庭提出了异议,仲裁庭要求美国公司向深圳公司的律师提供没有涂黑的维修票据。

3. Protective Order 对庭审的影响

双方提交的文件、证人证言、专家报告中,只有深圳公司提交的证据真正因涉及核心技术秘密而有"Highly Confidential"部分,因此当美国公司的律师针对深圳公司的反诉对深圳公司的证人进行交叉询问时,需要时刻注意盘问的内容是否涉及"Highly Confidential"的内容,如果有,深圳公司代理律师必须及时提出异议,要求美国公司的证人暂时离场。

(三)证据开示(Discovery)

1. 证据开示制度的意义

证据开示(Discovery)是英美法系民事诉讼中"允许一方当事人通过他方当事人来获得案情的一种程序。证据开示帮助诉讼当事人在民事案件中为开庭做准备"。[①]

2. 证据开示的规则和具体流程

在本案中,证据开示程序无疑是对中国的当事人和律师的一项重大挑战之一。本次仲裁中进行了两次证据开示:一次是在 2015 年 11 月 29 日,关于美国公司请求中涉及的独家权和保修两个问题;另一次是在 2016 年 2 月 29 日,关于深圳公司反请求的商业秘密侵权。

律师在 Request to Produce 中列出了大量美国公司需要证明自己是新面板研发人的文件,如新面板的原始图纸、研发过程资料、新面板的测试文件、美国公司的研发和生产面板的设备及场地,以及美国公司向深圳公司提供新面板技术信息的证据。如果美国公司真的是新面板的研发方,这些文件理应持有,美国公司无法对这些文件出示请求提出反对。此外,从前期的美国公司提交的证据中律师发现美国公司主张是新面板雏形的 Ultrapanel 与深圳 LJ 公司(国内一家大型 LED 面板制造商)的专利非常相似,很有可能就是由深圳 LJ 公司制造,美国公司向其

---

① 参见[美]彼得·G. 伦斯特洛姆编:《美国法律辞典》,中国政法大学出版社 1998 年版。

购买的。因此,律师要求美国公司提供与深圳 LJ 公司所有的邮件往来记录以及双方合作文件,后来的确找到了美国公司和深圳 LJ 公司于 2008 年签署的面板购买合同,这为后来主张美国公司不具备面板研发能力提供了有力的证据支持。

如前所述,第二次证据开示的文件由于涉及技术秘密,所以双方是在仲裁庭发布了 Protective Order 后才提交。本案律师将第二次证据开示中的 3200 多页文件分成了三类:标记为"Highly Confidential",标记为"Confidential",以及没有打任何标记即不需要采取保密措施的文件。所有的文件必须以 PDF 格式提交,并且在文件右上角打上文件的连续编码,便于日后证据的引用。美国公司则提交了 3800 多页证据,且绝大多数文件与案件没有关系,甚至还夹杂了大量 LED 显示屏上播放广告的文件,经过筛查发现大约只有 10% 的证据与 Request to produce 有关。事实上这就是美国公司应对证据开示程序的策略之一——海量战术,即提交大量无关文件,并将所有文件顺序全部打乱,为对方找到有用文件制造障碍。

三、案例点评

(一)只要足够专业,蝼蚁也能撼动大象

在本案中,美国公司的母公司是美国行业内排名 TOP10 的广告公司,而深圳公司仅是一家在国内中高端领域有自主研发能力的小型企业。两家公司经济实力悬殊,而国际仲裁具有费用高昂的特点,往往被称为"富人的游戏"。但深圳公司作为占理的一方,包括律师团队、专家证人、事实证人以及翻译在内的所有诉讼参与人都抱着无论如何都要为中国企业维护合法权益的信念,齐心协力,在本案中投入了大量的精力,才逐渐改变了案件中双方的力量对比状况。

首先,深圳公司所聘请的律师团队在知识产权领域的专业知识和执业经验更占优势。此次仲裁中的核心问题是关于专利所有权和商业秘密的,美国公司聘请的两家律师事务所都不是专精知识产权领域的律师。反之,代表深圳公司的律师团队成员则由两名中国知识产权律师和一名美国专利律师组成,在知识产权领域经验丰富。

其次,深圳公司对解决方式的选择也是本案的制胜关键。如前所述,面对本案深圳公司可以选择的三种途径,律师团队对每一种途径都进行了详细深入的调查分析,试图寻求其中成功率最高的方式。事实上,溯源程序和专利无效程序在表面看来,都是相当不错的选择,深圳公司所持有的证据似乎在这两种方式中都

有很高的制胜可能,律师团队则进行了详细考察,从溯源程序的复杂和不确定性以及专利无效可能对深圳公司的长远影响出发否定了这两种方式,最终选择了最为快速且直接可获得赔偿的第三种方式。笔者认为,这点也对其余中国企业的海外应诉有着重要的借鉴意义,敦促企业在应诉时,慎之又慎,选择最妥适的解决方式,获取最大化的收益并避免遭受不必要的损失。

最后,最重要的一点是深圳公司律师团队在技术问题上投入了大量精力。自接受委托介入案件后即开始对案件中涉及的三种面板的技术特征进行了充分的研究和总结,帮助深圳公司整理出新面板的详细研发经过以及完整的研发证据。律师团队通过大量的研究分析,对各项技术问题均有透彻的理解,从而才能与深圳公司的专家证人进行充分讨论,并对专家报告的撰写提供了建设性意见。相反,美国公司律师对技术问题的分析和理解显然是准备不足、不够充分的,在仲裁过程中几乎回避了所有关于核心技术问题的争论。

(二)企业开展海外业务,必须有海外专利布局意识

专利风险已经成为中国产品出口海外的最大风险。中国企业应在产品出口前对目标地进行与产品相关的专利尽职调查,以评估产品出口后所存在的潜在专利侵权风险,并应当提前2年左右在目标国家进行专利布局、购买相应的专利等,然后再将产品销售至目标地。这样不仅可以有效地避免专利侵权风险,使自己的产品能够畅通无阻地进行销售;而且可以有效地防止自己的产品技术被模仿,甚至被剽窃。

(三)中国企业必须重视研发资料的管理和保存

在本案中,深圳公司律师团队在第二次证据开示前花了3个月的时间帮助深圳公司来收集和梳理零散的研发资料。很多中国企业缺乏对研发资料的归档和管理,各种文件往往散落在不同的部门,而且不注意保存研发过程的产品研发记录,而事后需要时再去收集研发过程的证据时往往事倍功半。

研发资料和记录对于有意拓展海外业务的中国企业来说至关重要:一是对于先发明制的美国,符合法律要求的、有效的研发记录将有助于美国相关机构确定发明日和发明人,在专利申请和专利诉讼中用来提出针对先申请者的异议,以争取获得专利申请权或避免遭遇诉讼拖累。二是帮助企业保护其商业秘密,在出现

研发人员跳槽到竞争对手并将技术秘密带走的情况时,可以用研发记录证明技术秘密为本公司研发创造并拥有,以控诉对方侵犯了本公司所有的商业秘密。

(四)应当积极应对才能在海外纠纷中获得公平结果

对于我国当下或未来准备长期立足于海外市场的技术密集型企业,应在产品准备出口时即做好可能面临专利侵权诉讼或美国 337 调查的心理准备,并做好应对时相关资金上的安排。因为届时一旦发生面临专利诉讼或 337 调查的情况,中国企业将需要支付高额的诉讼费用和律师费。消极回避,甚至在相关程序中缺席,只会导致在相应程序中的不利结果,致使中国企业面临高额的赔偿金,甚至中国企业的产品永远被排除在该国市场之外。中国企业目前在美国 337 调查中的败诉率极高,究其原因,主要是因为很多中国企业在面临 337 调查时心生恐惧,认为自己不可能胜诉,从而选择了逃避和缺席。律师认为,当海外知识产权纠纷发生时,涉诉中国企业不应当有畏惧心理,应当勇敢、积极面对,一方面充分了解已涉诉的争议中的规则,全面准备、积极应诉,并利用程序性规定争取更多的收集证据的时间;另一方面应尽可能针对对方提出反诉或启动专利无效程序,从而化被动为主动,增加更多制胜可能。

四、专家推荐

推荐人:寿晶晶　中国知识产权研究会咨询部部长、国家海外知识产权纠纷应对指导中心主任助理

推荐内容:

以往的涉美知识产权案件中,我国企业总是处于被动地位,应诉率及胜诉率低,本案在面临事实复杂不清、涉案专利技术艰深、“二次泄密”问题突出等诸多难点的不利情形下,仍旧取得了胜诉,足以体现律师在涉外知识产权领域中的专业性和钻研精神。承办律师在纷繁复杂的事实中抽丝剥茧,挖掘并紧紧抓住对方获取中国企业技术秘密并在美国抢先申请专利的这一关键性事实,推动案件从普通商事合同纠纷案转变为专利权属以及商业秘密侵占争议案。为证明中国企业才是涉案专利的真正发明人,律师团队深入了解并梳理了涉案产品的研发背景和经过,准确归纳出涉案产品的技术秘密点,帮助企业整理出完整的研发证据。在维权路径的选择上,律师团队全面衡量了溯源程序、专利无效程序及主张侵占商业秘密三种潜在路径的利弊，同时考量到当事人的经济情况和现实需求，选择了以侵占商业秘密为由寻求索赔的最佳道路。在案件审理过程中，承办律师通过申请保护令(Protective Order)这一保密措施也很好地避免了中国企业的涉案产品的技术秘密"二次泄密"问题的发生。本案在涉外知识产权纠纷案件中具有极高的借鉴价值，律师在事实剖析、技术研究与归纳、当事人利益最大化等法律适用方面都做到了精益求精，也为类似案件提供了新思路、新方法。

更重要的是，本案对我国企业海外知识产权维权而言具有极大的积极意义。本案是对美国对中国企业知识产权侵权无端指控的一次有力回击，并为后续337系列调查案件的顺利解决奠定了基础，极大振奋了我国LED行业等科技企业自主研发的信心和士气。在全球市场竞争越发激烈的背景之下，知识产权保护对我国企业产品走向海外的重要性已经不言自明，本案的成功经验也无疑为我国企业的海外知识产权维权打开了一个新局面。

百年名校校名被他人抢注且使用多年，学校如何维权？

承办律师

方诗龙　国浩律师(上海)事务所合伙人

■ 案例概述

囿于先前对知识产权维权意识不强，部分高校名称被他人抢注的情况时有发生。特别是在抢注商标已经使用多年并且具有一定知名度的情况下，如何维护高校合法权益系实践难点。

由国浩上海合伙人方诗龙、律师高律于2020年7月经办完成的"'沪江'商标系列无效宣告案"是一起高校商标维权的典型案例。本案中，国浩律师作为高校一方的代理人，应对迅速、分析充分、论证严谨，充分体现了专业水平，成功维护了客户商标权益，对同类案件极具参考价值。该案入选国家知识产权局2019年度十大商标异议评审典型案例之一、国家知识产权局商标局巡回审理第一案，是中国高校商标维权的代表性案例，为高校商标维权，尤其是对自身有重要意义的标识的权益保护，起到了良好的示范作用。

一、案情简介

上海某大学前身是成立于1906年的沪江大学，已走过110多年历史。然而，"沪江"商标被自己培养的2005届毕业生伏某于2006年注册，并创办了在线教育网站"沪江网"(运营主体为：某股份有限公司)。上海某大学领导层在10年之后即2016年才意识到"沪江"商标权属问题，此时"沪江网"知名度已经很高，正处于上市前夕,注册的沪江系列商标已经有70多件。在谈判无果的情况下,上海某大学与"沪江网"之间就"沪江"相关商标的归属等问题产生了一系列纠纷,包括商标与不正当竞争诉讼、商标行政程序纠纷(商标异议、商标无效)等。其中,在2018—2019年,上海某大学针对沪江网名下"沪江"商标提起无效宣告请求,为后续上海某大学注册使用"沪江"有关商标扫除障碍。

国浩律师作为上海某大学的代理人,自2016年起全程参与上海某大学的"沪江"商标维权,全程代理本次商标无效宣告争议程序。国家知识产权局商标局经过评审,并安排口头审理后,最终裁定宣告无效。诉讼案件经过一审、二审之后,于2020年7月20日达成了和解协议,国浩律师成功帮助学校维护了合法权益。

二、代理思路

(一)梳理分析案件难点

国浩律师接受委托后,迅速查阅分析了案件材料,并与委托人等有关人员讨论,梳理分析了案件难点。

1. 2018—2019年,上海某大学与"沪江网"就"沪江"相关商标互相提出了大量的商标异议、无效程序,持续时间长,双方争议问题复杂多样,渊源颇深。

2. 上海某大学前身为沪江大学,维护"沪江"标识权益关系到自身文脉传承,对于上海某大学而言具有重要的历史意义。

3. 上海某大学的商标注册启动较晚,商业使用情形较少,而"沪江网"的商标注册已有10年,作为知名在线教育网站,对于"沪江"商标的注册和使用已有了较大的规模,在这种处于下风的对抗中,如何赢得"沪江"商标的权属,从何处下手,考验了律师的专业技能和智慧。

(二)本所律师围绕争议焦点的主要意见

1. "沪江"是上海某大学在先使用的、且有一定影响力的未注册商标。

上海某大学的前身是成立于1906年的"沪江大学",在100多年的历史长河中一直广泛使用"沪江"两字。即便是从改革开放之后起算,上海某大学也一直将"沪江"以多种方式在教育领域中进行了并正在进行广泛的使用。

2. "沪江网"公司的法定代表人伏某与上海某大学之间具有特定关系,明知"沪江"是上海某大学在先使用在教育培训等服务上的商标却予以申请注册。依据《商标法》第十五条第二款的规定，争议商标应予宣告无效。

“沪江网”公司的法定代表人伏某与上海某大学之间有两层特定关系。首先，伏某是上海某大学外语学院的学生，在1998年至2005年在上海某大学就读本科和研究生，这是双方在庭审中明确承认的事实。其次，伏某在校期间参与“沪江语林网”的运营，并领取报酬。关于上述特定关系，列举事实如下：

（1）沪江语林网（www.lwoods.net）是上海某大学投资建立、组织领导并进行监督管理的网站。网站从一开始的建设构想、探索即由上海某大学老师为主导进行，且建设该网站所需的域名服务费、网站建设费、购买相关设备、学生领取的报酬等均由上海某大学出资。伏某曾参与网站运营活动，并领取了报酬。沪江网公司明确知悉“沪江”是上海某大学在先使用的网站名称、未注册商标。

（2）上海某大学在2002年4月11日《关于外语学院教师与学生创办外语学习网站工作的意见》中，肯定了吕某等老师积极创办外语学习网站所取得的成绩，并指出“为满足校内外越来越多的喜欢通过该网站学习外语人员的需要，以及扩大上海某大学外语学院的社会知名度，吕某等同志拟扩充该网站硬件设施，以便进一步发展该网站的作用，也是应予支持的”。

（3）上海某大学于2002年4月19日指定了沪江语林学习网站内容审定与监控临时责任人，分别为吕某、魏某、华某，责任书中提及伏某为网站主要操作员。

（4）上海某大学外语学院2002年12月《外语学院经济责任审计自查报告》中提到“为培养学生应用语言的能力和实践能力，学院投资建立了‘沪江雨林教学网站’（www.lwoods.net）。促进了学生与企业的联系，扩大了我校对外的影响，目前该网站的日点击率已达2万次”。（注：文中提到的“沪江雨林教学网站”即沪江语林网，“雨”字应为笔误。）

由此可见，“沪江语林网”自始就是上海某大学外语学院的官方网站，建设资金全部由校方支出，并由在校师资加以主持，其主要功能就是提供在线外语教育、培训服务。上海某大学通过“沪江语林网”开展外语教育、培训活动，使“沪江”商标在相关公众中进一步扩大了知名度。

基于这种特定关系，伏某对于沪江大学作为上海某大学前身的事实，对于上海某大学在教育、培训等服务上在先、长期使用“沪江”商标的情况，特别是对于外语学院投资建设“沪江语林网”的情况在主观上是明知的。伏某担任法定代表人的沪江网公司申请注册与“沪江”相同的争议商标的行为，属于《商标法》第十五条第二款规定的应不予注册的情形。争议商标应予宣告无效。

3.“沪江”是上海某大学在先使用在教育、教学、培训等服务上的知名服务特有名称，同时也是上海某大学在先使用并有一定影响的商标。沪江网公司申请注册争议商标的行为，属于《商标法》第三十二条规定的情形。

“沪江”并非地理名词，其来源于上海某大学前身“沪江大学”校名的特取部分，此外不具有其他含义。“沪江”这一名称经过上海某大学的长期、大量、广泛使用，在教育领域具有很高的知名度，成为上海某大学在先使用在教育、教学、培训等服务上的知名服务特有名称（有一定影响的服务名称），同时也是上海某大学在先使用并有一定影响的商标。根据《商标法》第三十二条的规定，申请商标注册不得损害他人现有的在先权利，也不得以不正当手段抢先注册他人已经使用并有一定影响的商标。沪江网公司明知上海某大学“沪江”名称、商标的知名度，却将“沪江”文字申请注册争议商标，其行为损害了上海某大学的在先权益，并且构成了以不正当手段抢先注册上海某大学在先使用并有一定影响商标的情形，争议商标应予宣告无效。

4.沪江网公司申请注册争议商标具有明显的恶意和不正当性，违反了《商标法》第七条第一款的诚实信用原则。

伏某在多个场合坦白“沪江网”的名称即来源于“沪江大学”，甚至在宣传中也刻意攀附“沪江”之名。沪江网公司申请注册争议商标具有明显的恶意和不正当性，明显违反了《商标法》第七条第一款的诚实信用原则。

综上所述，从明确的事实和对应的法律来看，沪江网公司抢注争议商标的行为无疑违反了《商标法》第十五条第二款、第三十二条和第七条第一款的规定，争议商标应予无效。另外，上海某大学也特别指出：上海某大学始终高度重视“沪江”人文蕴含的广泛传播和品牌形象的塑造，“沪江”品牌是属于学校全体师生校友的共同无形资产和弥足珍贵的精神财富，学校鼓励学生创新创业，但不能让学校的公共资源被个人独占，学校将本着对高等教育发展历史和事业负责，对海内外所有沪江校友负责，也是对当前和未来的全体师生校友负责的态度，对“沪江”商标归属和使用问题维权到底。

三、案例点评

本案是上海某大学和沪江网公司之间多年来复杂商标争议中的典型之一。

本案中,国家知识产权局商标局明确,2013 年《商标法》第三十二条所指的在先权利是指除了商标权以外的其他权利,同时也认可了"沪江"属于上海某大学在教育等服务类别上在先使用的未注册商标。

对于双方争议的对"沪江"的权属,商标局在综合考虑各项案件证据材料,并综合考量本案争议历史,考虑双方的特定关系、上海某大学与"沪江大学"历史渊源及双方当事人对"沪江"文字的使用情况等各项因素的基础上,开创性地认为,"沪江"文字不宜由沪江网公司一家独占使用,上海某大学和沪江网公司宜在附着明显区别部分的情况下合理使用"沪江"文字。同时,商标局也认定了沪江网公司将"沪江"注册在教育、培训等服务上的行为,有悖于 2013 年《商标法》第十五条第二款的精神,违反了《商标法》有关规定。

本案商标局最终支持了上海某大学的无效意见,宣告沪江网公司的"沪江"商标无效。但在双方对于"沪江"的权属问题上,综合考量各项因素,发挥智慧,认定双方都可以在明显附着区分的情况下使用。为该长久以来的纠纷给出了解决方案,也为以后此类案件给出了重要参考和指引。

四、专家推荐

推荐人:刘晓海　国浩律师(上海)事务所合伙人、同济大学教授

推荐内容:

本案是典型的高校维权案,不是针对现在的校名或简称,而是针对历史上曾经使用过的校名,现在虽不作为校名使用,但仍在多个场合使用,被他人注册说明高校先前的知识产权维权意识薄弱,没有重视商标的注册,才造成了此案。国家知识产权局商标局在上海商标审查协作中心进行的首次巡回评审,是国家知识产权局的商标评审庭首次走出北京,在京外开展口头审理的全新实践,为巡回评审制度化开了一个好头。本案在商标异议不成功的情况下,最终无效成功,最终促成了双方诉讼争议的全面和解,体现了商标裁决机关对本案的利益平衡,也体现了代理人在漫长争议过程中的执着精神和代理水平。

侵犯商业秘密罪案件中，如何发现和证明被控“侵权”技术是公知技术？

承办律师

张旭涛　国浩律师(大连)事务所管理合伙人

■ 案例概述

在刑事辩护领域，侵犯商业秘密罪与其他侵犯知识产权犯罪相比，具有高科学技术含量、秘密性等特征，这些都对律师的刑事辩护工作提出了极大的挑战。由国浩大连管理合伙人张旭涛于2021年10月经办完成的“某涉嫌侵犯商业秘密罪被不起诉案”即是一起对涉嫌侵犯商业秘密罪成功辩护的典型案例。该案通过辩护律师对证据分析、交叉询问等核心辩护技能的充分运用，为此类案件提供了科学有效的辩护方向，具有典型性和可复制性。

一、案情简介

“被害单位”B公司向某县公安局举报王某某等人、C公司、某国企(以下简称A公司)及某国企总工程师黄某某等员工侵犯其商业秘密，某县公安局立案后于2018年11月15日向某县人民检察院移送审查起诉。某县人民检察院经过两次退回补充侦查、两次补查重报、三次延长审查起诉期限，于2019年7月8日向某县人民法院提起公诉。

起诉书指控：黄某某作为A公司技术人员，在C公司与A公司技术研发项目中，黄某某等人明知王某某等人提供的图纸采用了B公司技术且技术来源不合法等情况，仍旧继续使用王某某等人提供的图纸，用于生产制造，据此认为黄某某等人构成侵犯商业秘密犯罪。

某县人民法院于2020年6月16日至19日、6月29日至7月10日进行了长达14日的不公开审理。2021年9月17日,某县人民检察院撤回对黄某某的起诉。2021年9月26日,某县人民法院作出裁定,准许某县人民检察院撤回起诉,并于2021年9月27日向黄某某送达了刑事裁定书。

2021年10月21日,某县人民检察院作出X县检刑不诉(2021)×××号不起诉决定书,认为某县公安局认定的犯罪事实不清、证据不足,不符合起诉条件,决定对黄某某不起诉。

二、案例分析

本案的争议焦点是案涉技术是否构成商业秘密,案涉当事人是否具有侵犯商业秘密的主观故意和客观行为。结合案件争议焦点,国浩律师制定了详细的辩护策略,具体发表了以下辩护观点。

(一)本案案涉技术是公知技术,依法不属于商业秘密

根据《反不正当竞争法》第九条第四款之规定,商业秘密,是指不为公众所知悉、具有商业价值并经权利人采取相应保密措施的技术信息、经营信息等商业信息。《刑法》(2017年版)侵犯商业秘密罪中的商业秘密,与《反不正当竞争法》中关于商业秘密的定义相同。

根据这一定义,反向思考,技术信息如具备下列情形之一的,应依法认定为不构成商业秘密:(1)已为公众所知悉;(2)不具有商业价值;(3)权利人未采取相应的保密措施。

如果案涉技术信息因已为公众所知悉(以下简称公知技术)而依法不构成商业秘密,那么即使此类技术信息确实具有商业价值,即使权利人已经对该技术信息采取了相应的保密措施,并且即使犯罪嫌疑人或被告人也确实实施了《刑法》第二百一十九条规定的以不正当手段获取,披露、使用或者允许他人使用以前项手段获取的权利人的技术信息,违反保密义务或者违反权利人有关保守商业秘密的要求,披露、使用或者允许他人使用其所掌握的技术信息等行为,其行为依法也不构成侵犯商业秘密罪。

由此可见,公知技术如果能够辩护成功,将在整个侵犯商业秘密罪的辩护过

程中，起到釜底抽薪的关键作用。

起诉书指控黄某某等人侵犯B公司的商业秘密，集中于王某某等人提供的图纸与B公司的图纸中的三个部分（以下简称秘点）完全相同。

上述秘点除一个众所周知的事实，社会公众可以轻易知悉、明显不具备商业秘密不为公众所知悉的特征外，其余两个秘点，无论是B公司所谓的技术的整体，还是B公司所谓的技术的具体秘点，均属于公知技术，依法均不属于商业秘密：

1. 学术专著已将案涉技术整体进行公开，证实案涉技术在整体上属于公知技术，不是商业秘密。

2. 专利及非专利技术检索文献已将案涉技术从整体和具体技术点进行公开，证实案涉技术从整体到具体技术点均为公知技术，不是商业秘密。

3. 有专门知识的人证实案涉技术，具有国家标准和行业标准，相关技术属于行业常识，从整体到具体技术点，均为公知技术。

4. 案涉公知技术鉴定意见不合法、不真实、不客观，依法不应予以采信，不应作为本案的定案依据。

（二）本案鉴定证据涉嫌程序违法

1. 司法鉴定人未出庭。

根据《刑事诉讼法》第一百九十二条第三款之规定，经人民法院通知，鉴定人拒不出庭作证的，鉴定意见不得作为定案的根据。根据《司法鉴定程序通则》第十八条第一款之规定，司法鉴定机构受理鉴定委托后，应当指定本机构具有该鉴定事项执业资格的司法鉴定人进行鉴定。

国浩辩护律师认为，本案鉴定人经人民法院通知，拒不出庭作证，出庭的所谓鉴定人不是本机构具有该鉴定事项执业资格的司法鉴定人，因此，该鉴定意见不得作为定案的根据。

2. 鉴定人不具备案涉技术的鉴定能力。

根据《最高人民法院关于适用〈中华人民共和国刑事诉讼法〉的解释》（以下简称《刑诉解释》）第八十五条之规定，鉴定人不具备法定资质，不具有相关专业技术或者职称，或者违反回避规定的，鉴定意见不得作为定案的根据。

在鉴定人没有学过相关技术甚至没有见过相关产品，不知道相关技术的国家标准、行业标准存在的情况下，可见，本案案涉的鉴定人既不是本机构的司法鉴定人,也不具有相关专业技术,更没有专业技术职称,根本不具备本案中相关案涉技术信息的法定的司法鉴定资格和鉴定能力。根据上述《刑诉解释》之规定,这样的鉴定人作出的鉴定结论,出具的鉴定意见,其结论依法不应予以采信,不应作为本案定案的依据。

3. 鉴定违反了《司法鉴定程序通则》规定。

根据《司法鉴定程序通则》第二十三条之规定,司法鉴定人进行鉴定,应当依下列顺序遵守和采用该专业领域的技术标准、技术规范和技术方法:(1)国家标准;(2)行业标准和技术规范;(3)该专业领域多数专家认可的技术方法。

本案中,鉴定人当庭承认,其没有检索相关技术的国家标准、行业标准,其对于相关技术是否存在国家标准、行业标准也不清楚、不了解。因此,鉴定人严重违反上述《司法鉴定程序通则》之鉴定程序规定,其出具的鉴定意见不合法、不真实、不客观,依法不应予以采信。

4. 鉴定机构未经委托人同意,擅自将鉴定事项转委托。

作为公安机关依法委托的司法鉴定机构,在未经委托人许可和授权的情况下,擅自将委托人委托的鉴定事项,转委托给查新检索机构国家知识产权局专利检索咨询中心(以下简称国知检索中心)进行查新检索。

同时鉴定人当庭承认,鉴定意见作出非公知性判断的依据是其一无所知的国知检索中心出具的《查新检索报告》。

根据《司法鉴定程序通则》第五条之规定,司法鉴定实行鉴定人负责制度。司法鉴定人应当依法独立、客观、公正地进行鉴定,并对自己作出的鉴定意见负责。

上述转委托行为,违反了《司法鉴定程序通则》第五条之规定,司法鉴定人在对于鉴定意见依据的《查新检索报告》的查新机构国知检索中心的业务范围和资质、检索人的资质、检索范围等一无所知的情况下,当庭承认其在鉴定意见中作出的非公知性判断完全依赖于《查新检索报告》。由此可见,鉴定人没有也不可能依法独立、客观、公正地进行鉴定,因此,该鉴定意见依法不应予以采信,更不应作为本案的定案依据。

5. 查新检索机构依法无权就本案进行查新检索。

6.《查新检索报告》未检索国家标准、行业标准,且检索方法错误,检索结论错误,不具有专业性。

7. 鉴定人对案涉技术点,仅进行整体非公知鉴定,未就具体技术点进行鉴定。

8. 案涉同一性鉴定意见不合法、不真实、不客观,依法不应予以采信,不应作为本案的定案依据。

(1)司法鉴定人未出庭、无鉴定能力和资质;

(2)A公司使用的图纸与案涉图纸不具有同一性;

(3)鉴定意见技术比对范围狭窄;

(4)鉴定人对案涉技术的所有权缺乏认知。

(三)本案案涉技术不属于B公司所有,该公司依法不是本案的被害人

1. 本案案涉技术归境外某公司所有。

2. B公司不是案涉技术的权利人。

境外某公司是由某某国际集团有限公司(以下简称某某国际公司)出资成立的有限责任公司,系独立的企业法人。而某某国际公司为B公司的全资子公司,也就是说,B公司出资设立了某某国际公司,某某国际公司出资设立了境外某公司,境外某公司系B公司的孙公司。

根据《公司法》第十四条第二款[①]之规定,公司可以设立子公司,子公司具有法人资格,依法独立承担民事责任。

无论是B公司的子公司某某国际公司,还是其孙公司境外某公司,均具有独立企业法人资格,各公司作为独立企业法人,其权利义务不能混同。本案中,境外某公司作为收购方与出售方签订了《知识产权转让协议》,则境外某公司对于出售方出让的知识产权具有所有权,该权利属于独立企业法人境外某公司,不属于B公司,B公司既不是本案案涉技术的权利人,更不是本案所谓的被害人。

3. 案涉技术是否属于境外某公司与B公司签订的《知识产权转让协议》约定范围存疑。

4. 境外某公司与B公司签订的《知识产权转让协议》案涉技术是否为商业秘密未作表述。

5. 境外某公司未对案涉技术采取任何保密措施。

---

① 《公司法》(2023修订)第十三条第一款。

(四)黄某某等人的图纸均系合法取得,不存在侵犯商业秘密罪构成要件的任一情形

根据《刑法》第二百一十九条之规定,有下列侵犯商业秘密行为之一,给商业秘密的权利人造成重大损失的,处3年以下有期徒刑或者拘役,并处或者单处罚金;造成特别严重后果的,处3年以上7年以下有期徒刑,并处罚金:(1)以盗窃、利诱、胁迫或者其他不正当手段获取权利人的商业秘密的;(2)披露、使用或者允许他人使用以前项手段获取的权利人的商业秘密的;(3)违反约定或者违反权利人有关保守商业秘密的要求,披露、使用或者允许他人使用其所掌握的商业秘密的。明知或者应知前款所列行为,获取、使用或者披露他人的商业秘密的,以侵犯商业秘密论。本条所称商业秘密,是指不为公众所知悉,能为权利人带来经济利益,具有实用性并经权利人采取保密措施的技术信息和经营信息。本条所称权利人,是指商业秘密的所有人和经商业秘密所有人许可的商业秘密使用人。

国浩律师认为,本案中,A公司以及黄某某等人取得的资料系合法取得,不存在盗窃、利诱、胁迫或者其他不正当手段获取的情形,因此黄某某等人不构成侵犯商业秘密犯罪。

实践中,为保障商业秘密交易的安全、促进交易各方之间的信赖,对于善意且有偿获取商业秘密之人,参照"善意取得"制度进行保护。被告人A公司及黄某某等人主观为善意且A公司支付合理对价,应当对其采用"善意取得"制度予以保护,而非指控其涉嫌侵犯商业秘密罪。且根据《反不正当竞争法》的规定,只有第三人明知或应知经营者的违法行为,仍旧非法获取、使用或者披露他人商业秘密的,才承担法律责任。本案中,被告人A公司及黄某某等人系在不知情的情况下支付合理对价,获得了该商业秘密,不应当承担任何责任。

(五)被告人黄某某不具有侵犯商业秘密罪的主观故意

1. 在订立合同时,被告人黄某某主观上不具有侵犯商业秘密的故意。

被告人A公司作为甲方与乙方C公司签订合同过程中,黄某某主动提出增加不侵犯第三方知识产权的合同条款,双方在采购合同中明确约定:乙方保证所提供产品和相关技术资料不侵犯他人知识产权(该条款由黄某某提出要求增加),否则由乙方承担责任。同时,要求C公司出具承诺函。这一行为证明了被告人A

公司及黄某某在订立合同时,已经具有防范侵犯知识产权情形出现的意识,并且要求对方将保证不侵犯他人知识产权的承诺落实在合同的条款中,同时要求C公司的母公司出具侵权连带责任承诺函。这些证据证明被告人A公司及黄某某等人在订立合同时主观上不具有侵犯商业秘密的故意。

2. 在订立合同后,黄某某并不明知、应知C公司提供的图纸系非法获得。

相关证据证明,在与C公司开始合作之时以及合作后相当长一段时间内,被告人黄某某等人对C公司涉嫌侵犯知识产权的行为情形均不知情。

3. C公司的涉案主要员工的相关工作的资历深,具有设计图纸的能力,被告人A公司及黄某某等人有理由相信该设计团队能够胜任图纸的设计工作。

(六)黄某某在客观上没有实施侵犯他人商业秘密的犯罪行为

1. 黄某某取得的案涉图纸,系合法取得;
2. 黄某某对案涉图纸采取了保密措施;
3. 黄某某对案涉技术缺乏了解;
4. 黄某某在图纸比对后未使用案涉技术。

(七)被告人A公司及黄某某等人不存在起诉书指控的"使用商业秘密进行非法营利活动,造成特别严重后果"的情形

根据《刑法》第二百一十九条之规定,成立侵犯商业秘密罪要求"给商业秘密的权利人造成重大损失",只有当获取商业秘密的行为人使用、允许他人使用或者披露该商业秘密时,才可能导致权利人遭受重大损失。单纯获取商业秘密的行为,并不是获取商业秘密罪的实行行为,真正的实行行为是"行为人使用、允许他人使用或者披露商业秘密"。本案中,被告人A公司及黄某某等人在得知涉案图纸可能涉嫌违法取得后,并没有实施对外披露及让他人使用等行为,且公诉机关没有任何证据能够证明被告人A公司及黄某某等人具有披露、使用、进行非法营利活动的情形,卷宗中的证据也不能证明被告人A公司及黄某某等人给被害单位造成了任何经济上的损失。因此,被告人A公司及黄某某等人不存在起诉书指控的"使用商业秘密进行非法营利活动,造成特别严重后果"的情形。

1. A公司既未制造完毕也未对外销售,A公司在本案中只有损失没有获利;
2. A公司在图纸比对后,未使用案涉技术制造;

3. A 公司及黄某某等人未泄露案涉技术;

4. B 公司未因本案遭受任何损失,反而获利;

5. 本案案涉的司法会计鉴定补充意见书不合法、不真实、不客观,依法不应予以采信,不应作为本案的定案依据。

本案案涉的司法会计鉴定的鉴定机构不具有司法鉴定资质,鉴定人不具有司法鉴定资格,鉴定材料的真实性、合法性、有效性存疑,案涉技术的研发费用是境外某公司支付的,B 公司没有支付案涉技术的研发费用,B 公司所谓的“研发”与实际图纸形成时间矛盾。

值得注意的是,根据《人民检察院司法会计工作细则(试行)》第二十四条的规定,制作鉴定文书须遵守以下规定:(1)鉴定意见不得超出委托要求范围;(2)鉴定意见不得依据犯罪嫌疑人供述、被害人陈述、证人证言等非财务会计资料形成;(3)鉴定意见不应涉及对定罪量刑等法律问题的判断。

本案案涉鉴定意见的鉴定结论中明确表述:B 公司因王某某等人实施侵犯商业秘密行为而导致的损失为人民币……元,其中存在“实施侵犯商业秘密行为”“导致的损失”等涉及定罪量刑法律问题的判断,该判断违反了前述法律法规之相关规定,依法不应予以采信,不得作为本案的定案依据。

综合以上观点,国浩辩护律师提出了本案案涉技术不属于商业秘密,B 公司不是案涉技术的权利人,A 公司及黄某某等人取得的所有资料均为合法取得,且取得后没有向公众泄露,B 公司在本案中没有任何损失,反而获利。黄某某等人没有侵犯商业秘密的主观故意和客观行为,其行为不符合《刑法》中侵犯商业秘密犯罪的构成要件,依法不应认定为犯罪,公诉机关的指控缺乏事实和法律依据。

三、案例点评

本案中,辩护人从案涉技术不是公知技术重点着力,在整个侵犯商业秘密罪的辩护过程中,起到釜底抽薪的关键作用,同时从主观故意、客观行为等角度入手,推翻了“涉嫌侵犯商业秘密罪”的指控,得出无罪的结论。最终,公诉机关撤回起诉,并作出不起诉决定。

在本案的辩护过程中,辩护人不仅做到了重视案件事实本身,更是巧妙运用了其开拓、缜密的逻辑思维,为本案找到了有效、合适的辩点。本案中,辩护人重点采用了以下辩护方式:(1)证据分析;(2)交叉询问;(3)申请有专门知识的人出庭;(4)证据展示;(5)法庭辩论;(6)有效沟通。

在刑事辩护过程中,律师不应当局限在公诉人的思维模式之中,而是要善于运用开拓的眼光、发散的思维去寻找解决问题的路径,穷尽一切合理、合法的方法,为当事人争取公正的裁判结果;在制定辩护策略、拟定辩护观点时,也要注重思维的缜密性,要做到对公诉人的公诉观点有所预判。

四、专家推荐

推荐人:梁剑兵　辽宁师范大学法学院教授

推荐内容:

本案属侵犯商业秘密罪的刑事案件,具有特殊性,争议焦点在于案件所涉及技术是否属于商业秘密。首先,辩护人通过大量学术研究著作及专利与非专利技术检索文献,从多角度充分证明了案件所涉技术已是公知技术,当事人图纸及技术均为合法取得,并无侵犯商业秘密的行为。随后又证明了本案案涉技术不属于B公司所有,该公司无权主张当事人侵犯其商业秘密。辩护人在案件代理过程中对于争议重点把握十分全面,辩护策略科学有效,最终为当事人争取到了不起诉的结果,具有很强的典型意义。

如何通过“三步法”证明双方当事人签订合同存在虚假意思表示？

承办律师

邱奎霖　国浩律师（南京）事务所管理合伙人

赵　鉴　国浩律师（南京）事务所合伙人

■ 案例概述

2022 年，最高人民法院知识产权法庭为集中展示法庭在技术类知识产权和垄断案件中的司法理念、审理思路和裁判方法，法庭从审结的案件中精选多个典型案例，并提炼相应的裁判要旨对外发布。

国浩南京管理合伙人邱奎霖、合伙人赵鉴承办的一起“某公司与某江苏公司技术秘密许可使用合同纠纷案”，标的金额约人民币 2 亿元，该案成功入选《最高人民法院知识产权法庭裁判要旨摘要（2021）》第 53 号。最高人民法院在该案中针对“认定双方当事人签订合同是否存在虚假意思表示”这一疑难问题确定了“三步法”审理思路，为之后的案件提供了参考。

一、案情简介

（一）基本案情及审理经过

2016 年 12 月，某江苏公司与某公司签订涉案技术许可协议，某江苏公司将协议所涉柴油发动机的全部商业机密和核心技术授权给某公司使用，许可使用费为人民币 2 亿元（固定）及每年运营该技术秘密收入的 3.5%。合同有效期 10 年。

协议还约定了某江苏公司应当交付的具体技术资料。涉案合同签订后,某公司向某江苏公司指定银行账户转账共计人民币 2 亿元。

某江苏公司董事会在涉案合同签订 4 个月后向某公司出具回购方案,拟于 2017 年 8 月与某公司正式签署回购协议,并分四期向某公司支付人民币 2 亿元回购款。2017 年 10 月 31 日,某江苏公司及其关联公司向某公司开出人民币 2 亿元转账支票。但因支票过期,某公司无法取得这 2 亿元人民币。

2018 年,某公司向江苏省高级人民法院提起诉讼,认为涉案技术许可协议是因招商引资需要而签订,并非双方真实意思表示应属无效,请求法院判令某江苏公司返还技术许可费 2 亿元人民币。一审法院认定涉案合同无效,判令某江苏公司返还 2 亿元人民币。某江苏公司、某公司不服一审判决,向最高人民法院提出上诉(某公司仅就连带赔偿责任问题上诉)。最高人民法院知识产权法庭认定双方当事人以虚假意思表示订立合同,即某公司与某江苏公司均没有签订技术许可协议的真实意思表示,双方所隐藏的拟获得政府投资奖励的真实意图并不构成另一种隐藏的民事法律行为,并作出了驳回上诉、维持原判的终审判决。

(二)裁判观点

本案的一审、二审争议焦点均在于涉案技术许可协议是否系双方真实意思表示以及涉案 2 亿元是否应予返还。根据《民法总则》第一百四十六条第一款[①]、第一百五十五条[②]、第一百五十七条[③]的规定:行为人与相对人以虚假的意思表示实施的民事法律行为无效;无效的或者被撤销的民事法律行为自始没有法律约束力;民事法律行为无效、被撤销或者确定不发生效力后,行为人因该行为取得的财产,应当予以返还;不能返还或者没有必要返还的,应当折价补偿。

本案中,双方所签订的技术许可协议是技术秘密使用许可合同。这一类型合同的主给付义务主要在于许可方向被许可方提供约定的技术,被许可方获得技术后可以在约定期限内按照约定方式使用;相应地,被许可方需向许可方支付约定的许可使用费,许可方一般情况下可以自由支配许可使用费。

然而,在涉案技术许可协议项下,两项主给付义务均不具备一般技术许可协

---

① 现行《民法典》第一百四十六条第一款。
② 现行《民法典》第一百五十五条。
③ 现行《民法典》第一百五十七条。

议项下主给付义务的基本特征。基于涉案技术许可协议项下两项主给付义务均不具备一般技术许可协议项下被许可方可依约使用技术、许可方可自由支配许可使用费的基本特征,可以初步认定双方当事人并无签订法律意义上的技术许可协议的真实意思表示。

同时,综合全案案情,本案根据某公司与某江苏公司双方主给付义务对其意思表示虚假性的认定,与根据双方当事人订立合同前后的情况和履约行为等相关事实对双方订立合同所隐藏的真实意图的认定,相互吻合,并能够排除合理怀疑。据此,本案有充分事实和法律依据最终认定该双方当事人以虚假的意思表示订立合同。某公司有权请求法院认定涉案技术许可合同无效并判令某江苏公司返还某公司已付款人民币2亿元。

二、代理思路

国浩律师代理本案后,详细梳理了案涉技术交易的背景、谈判过程,认为该案的真实交易是名为技术授权,实为获取政府奖励,该案中原被告的行为属于通谋虚伪意思表示,但是要证明这一点并不容易;另一条可选择的思路是仅从技术本身入手,认为某江苏公司授权的技术存在重大瑕疵,从而导致合同目的无法实现,这一点经过技术专家初步研判,证明较为容易,但法律后果不一定足以实现诉讼目的。

最终,国浩律师决定双管齐下,在深入了解案件事实的基础上,一方面围绕通谋虚伪行为组织了大量证据材料,试图证明合同订立前后谈判的背景、各方的真实意图;另一方面针对技术本身进行了专家论证,试图证明案涉技术不仅是过时的、没有价值的,更重要的是根本不完整、无法投入生产。

经审理,一审、二审法院均认可国浩南京律师的代理意见,并且最高人民法院还在本案中针对"认定双方当事人签订合同是否存在虚假意思表示"这一疑难问题确定了"三步法"审理思路:第一步,根据合同主给付义务的真实情况进行判定。如果双方当事人之间的主给付义务实际上根本不具备特定类型合同项下主给付义务的基本特征,则可以初步认定双方签订合同时存在虚假意思表示。第二步,根据双方当事人订立合同前后的情况(特别是双方缔约背景)和履约行为等相关事实,进一步认定双方订立合同所隐藏的真实意图。第三步,综合全案案情,如果上述两个方面的认定可以相互吻合并能够排除合理怀疑,即可最终认定双方当事人以虚假意思表示订立合同。上述“三步法”审理思路路径清晰、逻辑严密，为今后该类案件的审理提供了重要参考。而这三步法的确立，得益于国浩律师从交易背景和交付技术两个方面举证的代理思路。

三、案例点评

一方面，认定双方当事人签订合同是否存在虚假意思表示，属于合同类案件的常见疑点和审理难点。本案判决针对这一司法实践疑难问题总结、提炼出“三步法”审理思路，路径清晰、逻辑严密，为该类案件的审理提供了重要参考。另一方面，由于本案所涉的事项关系某产业园未来的发展计划，因此本案后续可能带来的社会效应及社会价值将远远超出案件本身原告所诉请的金额。

四、专家推荐

推荐人：马国强　国浩律师事务所执行合伙人

推荐内容：

经过不懈努力，两名代理律师最终为当事人挽回了巨大损失，并维持了国有平台融资管理的稳定性。同时，该案入选《最高人民法院知识产权法庭裁判要旨摘要（2021）》，这不仅代表律师的代理思路得到了两级法院的认可，还意味着该案具有典型意义，能够为今后同类型案件的处理提供参考价值。

民事篇

第八章　一般合同

非关联担保之债权人如何举证担保的有效性?

承办律师

周喆人　国浩律师(上海)事务所管理合伙人

黄佳楠　国浩律师(上海)事务所律师

■ 案例概述

上海某合伙企业诉上海某房地产开发公司等金融借款合同纠纷两案是《全国法院民商事审判工作会议纪要》(以下简称《九民纪要》)实施以来非关联担保之债权人未能提供担保人相关决议却最终认定担保有效的典型案例,为实践中非关联担保之债权人如何举证担保的有效性提供了极具价值的参考。该案由国浩上海管理合伙人周喆人、律师黄佳楠经办完成,荣获国浩上海 2020 年度"最佳项目(诉讼)奖",具备一定的典型性、标杆性。

一、案情简介

上海某合伙企业为上海某房地产开发公司提供总规模为 14.19 亿元的融资。为此,上海某房地产开发公司与上海某合伙企业、上海银行某支行签署7.69亿元委托贷款合同,与上海某合伙企业、上海银行某支行签署 6.5 亿元委托贷款合同(以下合称两委托贷款合同)。徐某良、徐某平、徐某胜、上海 H 房地产有限公司、上海 × 商业广场有限公司、上海 J 房地产有限公司(以下合称三公司保证人)分别与上海某合伙企业就两委托贷款合同签署保证合同,为两委托贷款合同项下债务提供保证担保。

因贷款到期后上海某房地产开发公司无力偿付两委托贷款合同项下全部本金,上海某合伙企业于 2019 年 7 月向上海金融法院提起两案诉讼[案号分别为(2020)沪 74 民初 1871 号、(2020)沪 74 民初 1881 号],要求借款人履行到期债务、承担违约责任,并要求三公司保证人承担保证责任。

但上海某合伙企业作为非关联担保之债权人,于两案中均未能提供三公司保证人的董事会决议或股东会决议。而案件审理过程中,三公司保证人虽确认各保证合同的真实性,但却均根据《九民纪要》,以签署保证合同时未作董事会决议或股东会决议为由,就保证合同的效力提出抗辩,主张保证无效。因此,三公司保证人签署的保证合同是否合法有效、三公司保证人能否承担保证责任成为本案的争议焦点。

两案一审首次开庭结束后,上海某合伙企业更换原诉讼代理人,改为委托周喆人律师、黄佳楠律师处理该两案。国浩律师通过调查举证,力证三公司保证人已经得到三公司董事会全部成员一致决策并作出真实意思表示,三公司保证人所签署的保证合同均有效,三公司保证人应承担保证责任。

最终,上海金融法院作出(2020)沪 74 民初 1871 号、(2020)沪 74 民初 1881 号民事判决,认定三公司保证人签订保证协议系经决议机关全体成员一致决策的意思表示,三公司保证人提供的保证担保有效,应承担保证责任。

二、代理思路

本案涉诉标的本金已高达 14.19 亿元,相比于已缺乏还款能力的上海某房地产开发公司而言,诉讼时已隶属于某集团的三公司保证人更具有足额偿付能力。因此,本案中,能否力证保证合同有效并使得三公司保证人承担保证责任,成为上海某合伙企业的主要诉求,也成为本案争议焦点。

本案中,上海某合伙企业与三公司保证人之间各自签署了保证合同,均约定由保证人为案涉委托贷款合同项下的贷款承担连带保证责任。在庭审过程中,三公司保证人虽确认各保证合同的真实性,但却抗辩称:各保证合同系保证人原法定代表人越权签署,理应无效;且目前没有发现各保证人曾就同意签署各保证合同做出的决议记录,故上海某合伙企业应举证证明存在该等决议。对此,国浩律师积极调查举证,主要从以下几方面力证三公司保证已经得到三公司董事会全部成员一致决策并作出真实意思表示,三公司保证人所签署的保证合同均有效,三公司保证人应承担保证责任。

(一)曾在各保证合同签署时担任各保证人董事的徐某良、徐某平、徐某胜(亦同为本案被告)均已自认:各保证人在签署各保证合同前均曾根据各自章程的规定作出过决议,明确同意签署各保证合同

1. 三公司保证人的章程均规定,公司向其他企业投资或者为他人提供担保,由董事会作出决定。

2. 在签署各保证合同之前及当时,三公司保证人的董事会均由被告徐某良、徐某平和徐某胜三人组成。2016 年 4 月起至 2018 年 10 月止,即在三公司保证人各自签署保证合同之前及当时,三公司保证人的董事会成员均为 3 人,均为被告徐某良、徐某平和徐某胜,并由徐某良担任董事长、法定代表人。

3. 被告徐某良、徐某平、徐某胜自认,三公司保证人均按照章程规定就签署各保证合同前作出过决议。在庭审过程中,针对三公司保证人签署的保证合同效力如何的争议焦点,被告徐某良、徐某平、徐某胜分别于 2019 年 12 月 23 日出具确认书。该三份确认书的内容均相互印证,还原了以下事实:(1)在三公司保证人签署涉案之各保证合同前,被告徐某良、徐某平和徐某胜作为三公司保证人的董事依据各家公司章程要求分别召开了董事会,就提供涉案之保证担保事分别进行了讨论并均一致决议同意由各保证人分别为涉案委托贷款提供保证担保,且将相关决议结果通知了原告。(2)2018 年 7 月 10 日,徐某良遂按上述决议结果用公司公章并以法定代表人的身份签署了各保证合同。

综上,被告徐某良、徐某平和徐某胜各自出具的确认书已构成自认,且各被告的自认内容完全一致、相互印证,共同锁定以下事实:三公司保证人在签署各保证合同前根据其各自章程的规定由各自的董事会进行了决议,并各董事会均一致决议同意签署各保证合同,为案涉委托贷款合同提供连带责任保证担保。显然,各保证人在庭审中抗辩称"没有发现各保证人曾就同意签署各保证合同作出的决议记录"这一点,与事实完全不符。同样,徐某良作为各保证人当时的法定代表人在董事会作出同意之决议后按相关决议结果使用公司公章加盖并同时以法定代表人和董事长的身份签字而签署各保证合同的行为,完全符合章程的规定,代表了

各保证人的真实意思表示。

此外,从举证责任的角度,鉴于被告徐某良、徐某平和徐某胜的自认,原告无须再就三公司保证人关于签署各保证合同作出决议一事进行进一步举证。

（二）案涉融资所涉及的框架协议的约定和签署,进一步印证了各保证人已就签署各保证合同作出同意之决议并法定代表人签约并未越权这一事实

2018 年 7 月 10 日,上海某合伙企业和借款人上海某房地产开发公司、徐某良、徐某胜、徐某平以及三公司保证人共同就涉案之融资及担保等事宜签署了框架协议。徐某良、徐某胜、徐某平在框架协议上签字,正代表着其三人作为各保证人的全体董事一致同意三公司保证人为上海某房地产开发公司提供担保,并表明和承诺三公司保证人均已获得公司机关授权。上海某合伙企业基于三公司保证人董事会全体成员的共同承诺,已产生合理信赖,完全有理由相信三公司保证人已获得董事会决议和授权,故原告为善意债权人。并且,在本案已有证据足以证明三公司保证人曾经通过董事会决议签订保证合同的前提下,不存在“越权担保”的行为,亦不存在债权人“善意”与否的讨论,无论上海某合伙企业是否审查三公司保证人的董事会决议,均不影响各保证合同的效力。

1. 被告徐某良、徐某胜和徐某平签署框架协议的行为及在框架协议中所作的承诺,足以印证三公司保证人业已按照章程要求作出过同意签署各保证合同的决议。

首先,从签署主体的身份上来看,在框架协议中,由被告徐某良、徐某胜、徐某平系与借款人上海某房地产开发公司、三公司保证人等共同作为“融资方”签署该协议。换言之,鉴于当时三公司保证人董事会成员皆为徐某良、徐某胜和徐某平三人,故被告徐某良、徐某胜和徐某平显然并不仅仅是以自然人保证人的身份签署框架协议的。

其次,从约定内容上来看,框架协议中明确约定了该案所涉的融资方案、担保方式。因此,签署框架协议的各方,包括被告徐某良、徐某胜和徐某平在内,均表明一致同意框架协议中所约定的融资方案、担保方式,并由各保证人提供保证担保。

最后,从融资方的承诺来看,融资方共同连带向上海某合伙企业承诺和保证,签署本协议已获得各自权力机构的批准,并采取一切适当和必要的企业法人行为

授权其法定代表人签署并执行本协议。鉴于三公司保证人董事会成员当时皆为徐某良、徐某胜和徐某平,故该三人在框架协议中一致同意三公司保证人对外提供担保,并承诺各保证人提供该等保证担保已获得了其各自权力机关授权,足以证明当时三公司保证人董事会已同意公司对外担保事项。而这一点又与被告徐某良、徐某胜和徐某平所出具的确认书完全相印证。因此,各保证人在签署各保证合同之前已经根据其章程作出决议,且法定代表人根据董事会决议授权签署各保证合同,均已是不争的事实。

2. 在该案已有证据足以证明各保证人曾经过董事会决议的前提下,无论上海某合伙企业是否审查董事会决议、是否"善意",均不影响各保证合同的效力。

本案中,被告徐某良、徐某胜和徐某平出具的确认书中明确表述,三公司保证人曾就同意签署各保证合同一事作出过董事会决议,并且三人曾将该决议通过之事项告知上海某合伙企业。而在框架协议中,作为三公司保证人董事会全体成员的徐某良、徐某胜和徐某平再次书面向上海某合伙企业承诺各保证人提供的保证担保已获得权力机关授权。根据禁止反言的原则,董事会成员皆有义务履行相应的授权程序。

即使当时上海某合伙企业仅基于三公司保证人董事会全体成员的告知和承诺对于三公司保证人已作出过同意之董事会决议一事产生信赖,而未独立查阅和留存相关董事会决议之文件,也不影响各保证合同的效力。本案中,无论是确认书中的自认,还是框架协议的签署及其中的承诺,均足以证明法定代表人徐某良当时签署各保证合同时均是经过董事会决议和授权的,不存在越权担保之说。在此情况下,各保证合同本身合法有效,对于各保证人具有约束力,无论原告是否"审查"、是否"善意",均不会影响其效力。

(三)即使法院认定不存在有效授权,上海某合伙企业作为非关联担保的债权人,也对三公司保证人的对外担保善意且无过失,担保行为也应该被认定有效

《九民纪要》第十八条对于债权人"善意"的认定标准作了阐述。在公司为他人提供担保的情形下,即本案所涉的保证担保类型,《九民纪要》认为"只要债权人能够证明其在订立担保合同时对董事会决议进行了审查,就应当认定其构成善意"。本案中,上海某合伙企业显然符合《九民纪要》中"善意"债权人的标准。无

论是三公司保证人全体董事出具的确认书中的自认,还是三公司保证人和其全体董事签署的框架协议及在其中所作的明确承诺,均可证明上海某合伙企业已对于董事会决议进行过合理的审查。需要特别强调的是,《九民纪要》并未以债权人能否提供出相关董事会决议作为其是否进行过审查的唯一判断标准,也未对如何“审查”作出要求,而只是规定“能够证明进行过审查”即为“善意”。

此外,《九民纪要》并没有认为是否审查董事会决议为认定善意的唯一标准,更没有认为在公司为他人提供担保的情况下,债权人应当审查董事会决议。《九民纪要》只是从司法实践的层面,列举了“如果债权人能证明对董事会决议进行过审查,则债权人属于善意”这一种情形,但并没有排除其他也可以认定属于善意的情况。综合本案情形而言,本案中的上海某合伙企业显然属于善意债权人,其对担保权的期待利益应当受到保护。

综上所述,经各方面证据相互印证,三公司保证人已就案涉保证担保事宜进行过内部决策并获得一致通过,签署相关保证合同系三公司保证人真实意思表示,即使本案无形式上的董事会决议,上海某合伙企业也合理信赖基于框架协议和三公司保证人董事会成员的证明,无论上海某合伙企业是否审查董事会决议,均不影响三公司保证人签署的保证合同的效力。

三、案例点评

上海某合伙企业与上海某房地产开发公司关于金融借款合同纠纷两案例为《九民纪要》实施背景下,对于物权法和担保法适用的典型案例。上海某合伙企业作为非关联担保之债权人未能提供保证人之董事会决议或股东会决议的情况下,国浩律师结合其他证据力证案涉担保系经三公司保证人决议机关全体成员一致决策的意思表示。最终,保证担保被认定有效、保证人应承担保证责任。

《九民纪要》第十七条规定,为防止法定代表人随意代表公司为他人提供担保给公司造成损失,损害中小股东利益,《公司法》第十六条①对法定代表人的代表权进行了限制。根据该条规定,担保行为不是法定代表人所能单独决定的事项,而必须以公司股东(大)会、董事会等公司机关的决议作为授权的基础和来源。但从该条行文来看,只有当在“法定代表人未经授权擅自为他人提供担保的,构成越

① 《公司法》(2023 修订)第十五条。

权代表”的情形下，才需根据债权人善意与否去认定担保合同效力。换言之，只要法定代表人系经章程规定的程序授权而签署担保合同的，就并不影响担保合同的效力，而无须考虑债权人的主观善意判断。

两案的重要价值在于，三公司保证人的抗辩思路始终围绕上海某合伙企业不能提供有关决议为由来主张上海某合伙企业“非善意”，但债权人是否善意系在公司对外“越权担保”下的判断。两案中，国浩律师团队作为债权人的代理律师从三公司保证人签署担保合同时的董事会人员构成情况，该等董事对在融资交易过程中所扮演的角色、对于整个融资交易安排的知悉情况和就整体交易作出的认可和承诺，以及整体交易文件和相关书证的相互印证情况等方面着手，合理论证了三公司保证人之董事会知悉并同意三公司提供担保的情况，从而证明三公司保证人之董事会成员均对公司向上海某合伙企业对上海某房地产开发公司的债权由三公司提供保证担保形成了一致同意的意思表示，符合《公司法》第十六条规定，公司为他人提供担保的，依照公司章程的规定，由董事会或者股东会、股东大会决议。因此，三公司保证人作出的对外担保是经公司决议机关授权的，不属于“越权担保”，不存在对上海某合伙企业作为非关联担保之债权人是否善意的分析。

在《九民纪要》施行前，司法裁判中对于公司对外担保效力的问题始终未能形成较为统一的裁判观点。《九民纪要》也通过第十七条规定，在法定代表人擅自对外签订担保合同构成越权代表的情况下，区分订立合同时债权人是否善意分别认定合同效力，债权人善意的则合同有效，反之则合同无效。上述两案在关于“法定代表人是否构成越权代表”的判断阶段，业已实现对担保有权的证明，免于案件陷入“越权代表签订的担保合同是否有效”的复杂论证。

本案是《九民纪要》实施以来非关联担保之债权人未能提供担保人相关决议却最终认定担保有效的典型案例，为实践中非关联担保之债权人如何举证担保的有效性提供了极具价值的参考。本案也于2020年度荣获国浩上海“最佳项目（诉讼）奖”，具备一定的典型性、标杆性。

四、专家推荐

推荐人：申黎　国浩律师（上海）事务所合伙人

推荐内容：

上海某合伙企业诉上海某房地产开发公司两案是在《九民纪要》实施的背景

下,涉及认定担保合同效力时,非关联担保之债权人未能提供担保人相关决议却最终认定为案涉相关担保有效的典型案例。

国浩上海律师作为上海某合伙企业的代理人,通过案涉交易的背景和履行情况,充分论述债权人应构成善意债权人,并结合在案证据,有力论证在案证据已相互印证,相关公司保证人就案涉保证担保事宜已进行过内部决策并获得一致通过,签署相关保证合同系三公司保证人真实意思表示,无论上海某合伙企业是否审查案涉保证合同是否存在董事会决议,均不影响公司保证人签署的保证合同的效力。故本案在法定代表人是否构成越权代表的判断阶段,就已实现对案涉担保有效的有力证明,为实践中非关联担保之债权人如何举证担保的有效性提供了极具价值的参考。

以借贷为名的投资合作关系，如何解构与穿透？

承办律师

黄萍萍　国浩律师（成都）事务所管理合伙人

詹承晏　国浩律师（成都）事务所律师

■ 案例概述

民间借贷本质上是一种资金融通行为，其收益固定、可预期，而投资合作最大的特征为风险性和不确定性，是投资人为取得不确定的收益而将一定投入转化为资本的商业行为。在一起“似是而非”的民间借贷案件中，看似民间借贷关系的成立“确凿无疑”，但最终原告主张的民间借贷关系及全部相关诉求却被完全推翻。

由国浩成都管理合伙人黄萍萍、律师詹承晏于2022年8月经办完成的“张三诉李四民间借贷纠纷案”是一起深度梳理民间借贷关系构成、辨析民间借贷关系与投资合作关系的典型案例。该案办理过程细致严谨，体现了代理律师的专业水平，对处理背景复杂多变的重大民间借贷案件、理解和适用民事举证规则和证明标准有较高的参考价值。

一、案情简介

2017年12月4日，李四向张三出具借条“本人李四，向张三借到人民币800万元用于某地建设工程项目（以下简称案涉工程项目）的投标保证金，工程中标后保证由张三组织管理实施、签订相关合同后借条失效，否则应在2017年12月10日前全额退回，过期不能退还，本人愿承担24%年息”。张三于2017年12月4日至6日,分多次共计向李四转款800万元,于最后一次转款附言“投标保证金”。

2017年12月5日,李四与王五(本案第三人)签订《案涉工程项目合作协议》,约定双方就案涉工程项目达成合作:(1)李四负责项目跟踪,并与某具备施工及投标资质的建设工程公司(以下简称建设工程公司)进行衔接,落实项目投标、中标、合同签订及相关费用事宜;王五出资800万元作为项目投标保证金,该款转入李四个人账户,李四出具借条,中标后转为履约保证金,如未中标,李四即在开标后第二天退还王五。(2)双方对工程总量进行划分,李四施工30%,王五施工70%,其中王五施工部分应向李四交纳15%的管理费及3%的中标单位管理费,王五承诺上述管理费在项目中标通知书拿到后10个工作日内付清。

2017年12月8日,案涉工程项目招标人发出中标通知书,明确建设工程公司中标,该中标企业项目经理为王五。

2017年12月11日至22日,张三又分多次向李四共计转款1200万元。

后经法院查明的重要事实:(1)张三通过其实际控制、其妻担任法定代表人的企业和其他关联企业参与案涉工程项目施工。(2)王五自始至终未向李四支付过《案涉工程项目合作协议》中约定的800万元投标保证金。(3)针对张三在2017年12月11日至22日内转账给李四的1200万元,双方未订立任何借条、借款协议等书面凭证。

2020年年底,张三以李四多年未偿还借款本金及利息为由诉至法院,要求李四支付借款本金2000万元及利息,并承担案件诉讼费用。

黄萍萍律师、詹承晏律师接受李四委托后,在认真分析案件争议性质基础上以本案并非民间借贷关系而是投资合作关系提出了管辖权异议;在案件进入实体审理阶段后,双方围绕“案涉款项是否系借款,案涉借条中载明的失效条件是否成就”的争议焦点充分举证、辩论。代理人通过对民间借贷法律关系的构成要件和背景分析、民间借贷关系与投资合作关系的特征梳理,就当事人间实际法律关系进行大量举证,最大限度向法院还原案件事实。在原告形式证据明显不利于委托人的情况下,代理人对民事诉讼证据规则的准确适用牢牢把握住了法官调查重点和方向、强化了法官心证。

最终,一审法院经审理,认定案涉款项并非借款,故驳回原告张三全部诉讼请求。张三提起上诉,成都市中级人民法院经审理确认二审查明事实与一审一致,认为李四提出的案涉“借条”已经失效,所涉款项不应退还的主张具有高度可能性,对其抗辩理由予以采信,故驳回张三上诉,维持原判。后张三向四川省高级人民法院申请再审,四川省高级人民法院经审理,最终认定张三的再审申请不符合《民事诉讼法》(以下简称《民诉法》)规定的再审情形,裁定驳回张三的再审申请。

二、代理思路

(一)案件事实分析

本案中,代理人为证明原被告之间的真实法律关系并非民间借贷而是投资合作关系,向法院举示数组证据。结合原告诉请及双方举证情况,本案的争议焦点为:案涉款项是否系借款,案涉借条中载明的失效条件是否成就。

上述两个争议焦点实际互为关联,案涉借条中载明了借条失效的三个条件:案涉工程项目中标,原告张三组织管理实施,签订相关合同。只要李四能够举证证明借条的三个失效条件已经成就,则李四对案涉款项不负有还款义务。与此同时,李四通过对借条失效条件的举证也能够说明原被告双方基于案涉工程项目建立的投资合作关系,在张三投资目的已经实现的情况下,案涉款项性质应为无须返还的投资款,而非借款。

本案中,原告张三列出借条、款项转账凭证等证据,从形式上看,已具备借款法律关系成立的重要要件——双方就借款形成了合意、原告已经实际提供了款项。而代理人却通过一系列的证据进行了反驳,使得法院最终无法确信双方之间就案涉款项存在借款关系:

(1)案涉"借条"失效的三个条件实质上均关系着原告张三能否参与实施案涉工程项目,如果达成了,意味着合作条件成立,"借条"当然失效;如果达不成,张三投资参与案涉工程项目的目的无法实现,则可据此要求李四还款。代理人强调张三提供款项的真实目的是参与案涉工程项目,而非一般民间借贷关系中出借人仅为获得资金利息收益,故原告张三主张双方借款合意达成的证据——案涉借条,仅仅是李四利用"借条"的形式,为合作伙伴张三在提供款项时因其能否参与项目的条件尚不确定、若条件未达成能够收回款项采取的保障措施。

(2)针对原告张三转账款项的事实:

首先,代理人通过案涉工程项目中标通知书、建设工程公司项目公司在张三就本案起诉前就已经出具的说明材料、张三通过其实控或关联企业与建设工程公司签署的劳务分包、设备租赁等合同、第三方机构受当地经侦部门委托出具的项目关联人员资金核查报告等证据证明案涉借条中的失效条件均已成就——张三已经实际参与了案涉工程项目并从中获利,故款项无须返还。

其次,如果案涉款项是借款,那么在借款的最后还款时间2017年12月10日到期后,张三作为正常的出借人就应该催促借款人李四还款,但是张三不但不催促,还在接下来的十几天中陆续追加转账1200万元且未签订任何借条或书面凭证,足以说明原告张三主张的借款关系并不足以采信,其追加1200万元正是因为其参与投资条件已经具备、项目中标结果已经被其认可,故才追加了1200万元投资款。

再次,张三通过向李四提供借款参与项目投资的方式,与李四和王五签署的《案涉工程项目合作协议》无论从内容、方式、款项金额上都能完全呼应。更为重要的是,王五在未支付合作协议中800万元的情况,仍然作为案涉工程项目的项目经理参与了项目,并实际负责施工工作。这也从侧面印证了张三与王五的合伙关系以及三人共同投资参与案涉工程项目的事实。

最后,2000万元的款项金额,在自然人民间借贷案件中是巨大的数目,还款期限到期后两三年的时间中出借人从未催告过借款本金及利息显然也不符合一般认知和常理,这都进一步说明了案涉款项的真实性质是什么,李四为什么不用返还。

(二)法律适用分析

1. 根据相关规定,自然人之间的民间借贷关系成立并生效需同时具备借款合意和款项交付两个要件,这两个要件并非孤立存在,而需相互印证。

在司法实践中,基于对民间借贷领域虚假诉讼高发、频发的防范,法院对民间借贷关系真实性、合理性的审查更趋全面、深入,在出借人就涉案借款发生和形成、款项催收过程中的诸多细节事实和关键事实的陈述前后不一、无法自圆其说的情况下,无法认定民间借贷关系成立并生效。

本案中,原告张三虽然已对民间借贷关系成立的两个要件事实予以证明,但案涉金额本身较大、案涉借条明确约定了失效条件、出借人无法合理说明其对借款本息进行过催收等因素都导致法院的审理重心并不仅仅是民间借贷关系的两个要件事实,而且对借贷关系形成的整个背景和情况更为关注。

2. 另外，本案在一定程度上涉及民间借贷关系和投资合作关系的区分问题。

民间借贷本质上是一种资金融通行为，其收益是固定的、可预期的；而投资合作是投资人为取得不确定的收益而将一定投入转化为资本的商业行为，正是因为投资风险无法预估，所以投资结果本身具有不确定性。

案涉借条明确约定了失效条件不成立时的还款期限以及后果，但在该期限届满后，张三作为出借人既不催收、又在不签订任何书面凭据的基础上追加支付1200万元、更在此后的近3年时间中不索要利息、不催收本金，都不符合民间借贷的常规操作和一般动机；相反，双方正是在投资合作关系中，合作人看到投资目的已经逐步实现才会主动追加投资而不要求返还前期投入。因此，尽管原被告双方是否构成投资合作关系不是本案审理范围，在原审法院对双方未形成民间借贷关系进行分析说理时也能窥见二者关系的重要区别。

3. 民间借贷纠纷常作为民诉法举证责任和证明标准的教学示范。

原告张三作为出借人应对其提出的主张即原被告双方存在民间借贷关系进行举证，否则应当承担举证不能的法律后果即其诉请不被法院支持。而被告李四主张双方不存在民间借贷关系即反驳张三认为民间借贷关系存在的主张也应当进行充分举证，否则其反驳法院不予采纳。而上述张三主张双方存在民间借贷关系而提供的证据系典型的本证，而李四反驳或否认张三主张事实存在而提出的证据为反证。

《最高人民法院关于适用〈中华人民共和国民事诉讼法〉的解释》（以下简称《民诉法解释》）第一百零八条规定了本证与反证的证明标准，针对本证所证明的事实，须达到高度可能性的标准，法院方能认为该事实存在；但作为反证来说，则是仅需使得法官对待证事实认为真实的心证受到动摇，转而对待证事实的真伪丧失确信即达到目的。在本案中，张三应对其借贷关系成立的主张举证达到高度盖然性之标准，法院方能支持其诉请；而李四反驳借贷关系成立的举证达到使双方是否构成借贷关系这一事实真伪不明，法院就足以采纳其反驳意见。

本案二审法院认为李四的抗辩理由具有高度的可能性，故采信其抗辩理由。张三以此作为再审申请理由之一，认为二审法院法律适用错误。事实上，二审法院适用法律完全正确，其认为李四所提出抗辩理由的证明标准达到了高度可能性，已经远远高于《民诉法》规定反驳待证事实需达到的“真伪不明”的证明标准，二审法院认定待证事实（民间借贷关系）不存在，符合《民诉法》规定。这也是再审法院最终裁定驳回再审申请的根本理由。

三、案例点评

(一)贯彻民诉法、新证据规则相关规定,加强对举证责任、证明标准的理解与适用

举证责任分配、证明标准认定贯穿民事诉讼的始终。实务中,将举证证明责任与本证、举证责任转换与反证、反证与抗辩等概念混淆使用数见不鲜。本案中,针对“当事人之间存在民间借贷关系”这一待证事实,双方当事人各自举证说明,在一定程度上是对《民诉法》第六十七条第一款、《民诉法解释》第一百零八条进行的“教科书式”演绎,有助于在同类案件中加强举证责任和证明标准规定的理解和适用。

同时,本案从一审、二审到再审的裁判,逐步明确了法官自由心证的“操作方式”,心证公开的内容越发清晰、全面。结合《最高人民法院关于民事诉讼证据的若干规定》第八十五条规定,我国民事诉讼自由心证的原则和要求为“依法、全面、客观原则,运用逻辑推理、日常生活经验和充分说理”,在本案中,法院驳回原告张三诉请的核心在于我方通过举证使得本案待证事实处于一种“真伪不明”的状态,而法院如何将这种“真伪不明”状态和“内心确信”动摇的结果展现出来,就体现了法官心证的“具体操作”。尤其在本案的再审裁判文书中,法官将本案争议部分,结合认定的事实和采信的证据进行了鞭辟入里的说理,有助于我们进一步理解法官心证的形成过程、应用方式和尺度。

(二)平衡双方当事人利益,践行诚实信用原则

在司法实践中,以民间借贷关系“掩盖”当事人之间的投资合作/合伙合作关系的案件常有发生。当事人实现投资目的后,又以此前形式上的“借条”“借款协议”来主张款项返还的行为,违反诚实信用原则。如果该等行为大量发生,更将不利于市场主体公平参与商事活动,影响诚信、公正社会的构建。本案各级法院对案件的裁判结果体现对诉讼处分原则的恪守,平衡了双方当事人利益,即使对方当事人认为双方之间存在其他与案涉款项有关的债权债务关系,也可通过另案解决。

四、专家推荐

推荐人:罗浩　国浩律师(成都)事务所管理合伙人

推荐内容:

该案作为民间借贷纠纷中较为复杂的一类案件,既体现了对民间借贷关系和投资合作关系的甄别,同时对证据规则的理解和运用也颇深入、标准。证据规则的掌握和使用作为诉讼律师的“基本功”,该案的代理过程和法院审理过程系对民事诉讼举证责任和证明标准的示范教学,有助于厘清证据规则中基本、重要概念的区别和使用方式。同时,本案裁判逐步明确了法官自由心证的“操作方式”,便于在类似案件中进一步理解法官心证的形成过程、应用和尺度。

该案在主要证据均对委托人不利的情况下,代理律师结合案件实际情况、灵活精准制定代理策略,使案件一审、二审至再审均取得了胜诉结果,最大限度维护了委托人合法利益。民间借贷纠纷作为民事案件中数量最大、发生频率最高的纠纷类型之一,本案具有代表性和示范作用。

如何认定公司人格存在横向混同？

承办律师

叶燕芳　国浩律师（福州）事务所合伙人

案例概述

《公司法》第二十条第三款[①]是审理公司人格纵向否认案件的主要法律依据，但对如何认定股东行为构成《公司法》第二十条规定的"滥用"，审判实践中裁判尺度不一。对此，《全国法院民商事审判工作会议纪要》（以下简称《九民纪要》）不仅提出了具体的指导意见，而且在此基础上规定了公司人格横向否认的适用情形。由国浩福州合伙人叶燕芳于 2020 年 5 月经办完成的"福建某公司诉苏州某公司、陈某、福鼎某公司买卖合同纠纷案"，涉及股东滥用公司法人独立地位和股东有限责任，逃避债务，严重损害公司债权人的利益。代理律师根据《九民纪要》精神，充分论证了股东和实际控制人对公司的过度支配与控制，提出的否认公司人格意见被法院采信。该案代理思路对此类案件的处理有一定借鉴意义。

一、案情简介

2019 年 3 月，原告福建某公司与苏州某公司签署《销售协议书》，约定苏州某公司向原告采购铝材。协议签订后，原告依约向苏州某公司提供铝材，但苏州某公司未按约定支付货款，经多次协商催告，仍未支付。原告遂在福建省闽侯县人民法院起诉苏州某公司，要求苏州某公司支付拖欠的货款。诉讼中，原告发现苏

① 《公司法》（2023 修订）第二十三条第一款。

州某公司原控股股东陈某和福鼎某公司的股东陈某某、方某某是一家人(陈某系陈某某和方某某的儿子),陈某利用控制股东地位将苏州某公司的业务和资产无偿转移给福鼎某公司后,将其持有的苏州某公司的96.24%股权变更给他人,以逃避苏州某公司债务,导致苏州某公司无力支付原告货款,严重损害原告的合法权益。原告遂根据《公司法》第二十条第三款[①]和《九民纪要》相关规定,申请追加陈某和福鼎某公司为共同被告,主张陈某"构成过度支配与控制",应对苏州某公司的债务承担连带责任,同时应当否认苏州某公司和福鼎某公司的法人人格,判令福鼎某公司对苏州某公司的债务承担连带责任。

能否适用《九民纪要》第十一条第二款规定否认苏州某公司与福鼎某公司的法人人格,从而判决福鼎某公司对苏州某公司的债务承担连带责任,是本案的难点。国浩律师从《九民纪要》横向否认公司人格的司法裁判指导意见出发,通过一系列证据充分论证陈某、陈某某、方某某一家三口控制多家关联公司,滥用公司法人独立地位和股东有限责任,将苏州某公司资产、利益输送给福鼎某公司,逃避苏州某公司债务,严重损害原告合法权益,构成《公司法》第二十条规定的"滥用"。最终,福建省闽侯县人民法院于2020年5月30日作出(2020)闽0121民初32号民事判决,支持原告主张。判决作出后,苏州某公司、陈某和福鼎某公司均未提出上诉。

二、代理思路

本案被告苏州某公司拖欠原告货款,事实比较清楚、证据较为充分,原告通过起诉要求苏州某公司支付货款,难度不大。但苏州某公司没有可供执行的财产,即使获得胜诉判决,原告也难以实现债权。因此国浩律师在接受委托后,将苏州某公司的股东是否存在未到资或者抽逃出资的情形,苏州某公司是否存在转移公司资产的行为,作为一项重要的工作内容。经调查发现,苏州某公司原控股股东陈某和福鼎某公司的股东陈某某、方某某是一家人(陈某系陈某某和方某某的儿子),且苏州某公司实施了将业务和资产无偿转移给福鼎某公司的行为。为此,国浩律师根据《公司法》第二十条第三款和《九民纪要》相关规定,申请追加陈某和福鼎某公司为共同被告,主张陈某"构成过度支配与控制",应对苏州某公司的债

---

① 《公司法》(2023修订)第二十三条第一款。

务承担连带责任，同时应当否认苏州某公司和福鼎某公司的法人人格，判令福鼎某公司对苏州某公司的债务承担连带责任。

本案被告缺席，法官对于能否适用《公司法》第二十条第三款和《九民纪要》第十一条规定，否认苏州某公司和福鼎某公司的法人人格，非常谨慎。国浩律师根据《九民纪要》精神，结合相关证据展开充分论证，具体分析、论证如下：

1. 苏州某公司和福鼎某公司是陈某、陈某某、方某某一家三口控制的关联公司。

原告证据 8、证据 9、证据 14 载明：陈某某和方某某系夫妻关系，陈某是陈某某和方某某的儿子；陈某在 2019 年 9 月 6 日前持有苏州某公司 96.24% 股权，是苏州某公司的控股股东；陈某某和方某某是福鼎某公司股东，且陈某某是该公司法定代表人、执行董事兼总经理。《公司法》第二百一十六条[①]规定："……（四）关联关系，是指公司控股股东、实际控制人、董事、监事、高级管理人员与其直接或者间接控制的企业之间的关系以及可能导致公司利益转移的其他关系……"《企业会计准则第 36 号——关联方披露》第四条规定："下列各方构成企业的关联方：……（八）该企业的主要投资者个人及与其关系密切的家庭成员。主要投资者个人，是指能够控制，共同控制一个企业或者对一个企业施加重大影响的个人投资者。（九）该企业或其母公司的关键管理人员及与其关系密切的家庭成员。关键管理人员，是指有权力并负责计划，指挥和控制企业活动的人员。与主要投资者个人或关键管理人员关系密切的家庭成员，是指在处理与企业的交易时可能影响该个人或受该个人影响的家庭成员。（十）该企业主要投资者个人，关键管理人员或与其关系密切的家庭成员控制，共同控制或施加重大影响的其他企业。"可以认定苏州某公司和福鼎某公司系陈某、陈某某、方某某一家三口控制的关联公司。

2. 陈某作为苏州某公司控股股东，滥用公司法人独立地位和股东有限责任，转移苏州某公司资产，逃避苏州某公司债务，严重损害原告合法权益，依法应对苏州某公司的债务承担连带责任。

《公司法》第二十条第三款规定"公司股东滥用公司法人独立地位和股东有限责任，逃避债务，严重损害公司债权人利益的，应当对公司债务承担连带责任"。最高人民法院民事审判第二庭在《全国法院民商事审判工作会议纪要》理解与适

① 《公司法》（2023 修订）第二百六十五条。

用中对《九民纪要》第十一条第一款解读如下:审判实践中,在多个关联公司由同一人、夫妻、母子或者家族控制的场合,如果发生公司债权人利益受到损害的情况,公司债权人提出公司某一样股东存在滥用控制权的行为,就应当重点进行审查是否存在滥用控制行为的情形。以下情形,一般可以认定为滥用控制权:(1)母子公司之间或者子公司之间进行利益输送的;(2)母子公司或者子公司之间进行交易,收益归一方,损失却由另一方承担的;(3)先从原公司抽走资金,然后再成立经营目的相同或者类似的公司,逃避原公司债务的;(4)先解散公司,再以原公司场所、设备、人员及相同或者相似的经营目的另设公司,逃避原公司债务的;(5)过度支配与控制的其他情形。实践中,前述(1)—(4)列举的情形不能包括滥用控制权的所有情形,所以需要有一个兜底条款。

结合本案,福鼎某公司和苏州某公司虽然不是母子公司,但如前所述,两者系关联公司。原告证据3和证据10载明:苏州某公司在2019年10月24日确认"我司于2019年8月将厂房和设备搬迁至福鼎汽配厂",福鼎某公司的法定代表人陈某某和业务人员郭某某均确认苏州某公司的设备、原材料全部搬到福鼎某公司。结合原告证据13可知,在陈某将苏州某公司的设备和原材料搬到福鼎某公司后,苏州某公司已无任何经济价值,故陈某才以0元价格将其持有的94.25%股权(对应注册资本为942.5万元)全部转让给案外人。而且原告证据6、证据7、证据10可证明,原告根据苏州某公司要求将《销售协议书》6—8月订单项下的货物(合计价值3,314,804.77元)送至福鼎某公司,至本案诉讼期间,福鼎某公司厂区内仍有原告提供的货物。这些证据足以证明,陈某滥用苏州某公司控股权,将苏州某公司的全部资产(包括厂房、设备、《销售协议书》项下的货物等)转移给福鼎某公司,导致苏州某公司无力清偿原告货款,严重损害原告合法权益,符合滥用控制权的认定标准。根据前述法律规定,陈某应当对苏州某公司的债务承担连带责任。

3. 陈某、陈某某、方某某一家三口滥用控制权,将苏州某公司的利益输送给福鼎某公司,导致福鼎某公司获益、苏州某公司无力清偿原告货款,严重损害原告合法权益,福鼎某公司应对苏州某公司的债务承担连带责任。

最高人民法院民事审判第二庭在《全国法院民商事审判工作会议纪要》理解与适用中指出:纪要在第11条第2款规定了公司人格否认中横向否认的典型情形。横向否认,指的是控制股东控制多家子公司或者关联公司,其滥用控制权使多家子公司或者关联公司财产边界不清、财务混同,利益相互输送,丧失人格独立性,沦为控制股东逃避债务、非法经营,甚至违法犯罪工具的,可以综合案件事实,否认子公司或者关联公司法人人格,判令承担连带责任。

结合本案,原告证据6—15可以证明:陈某、陈某某、方某某一家三口通过控制上海A公司、上海B公司、福鼎某公司、苏州某公司等多家关联公司开展摩托车汽车配件生产经营业务,且这几家公司存在人格混同、财产边界不清、利益相互输送的情形,具体表现在:(1)上海B公司在前某、奥某汽车网上介绍上海A公司和福鼎某公司系其下辖公司,苏州某公司在上海人才热线网上介绍其为上海A公司分公司;(2)上海A公司2017年向原告采购时,指定收货申请和对账单上加盖的都是苏州某公司印章;(3)福鼎某公司的厂区内贴着苏州某公司质量控制三检表、苏州某公司汽配半成品入库单、上海B公司质量日报表;(4)本案立案后,人民法院将送达给苏州某公司的诉讼文书邮寄至苏州某公司的住所地被退回,其后邮寄至福鼎某公司住所地反而完成了送达。鉴于陈某利用控股权将苏州某公司的全部资产转移给福鼎某公司,导致福鼎某公司获益、苏州某公司受损且无力清偿原告货款,沦为陈某一家三口逃避债务的工具,根据《九民纪要》的精神,应该否认福鼎某公司的法人人格,判决其对苏州某公司的债务承担连带责任。而且,福鼎某公司实际参与了《销售协议书》的履行,收取了《销售协议书》6—8月订单项下的货物(合计价值3,314,804.77元),实际享受了合同权利而未支付合理对价,该行为直接导致苏州某公司财产减损,无法向原告支付货款。根据关联公司对债权人共同承担民事责任的认定标准,即福鼎某公司直接参与了引起苏州某公司民事责任的法律事实,福鼎某公司也应对苏州某公司的本案债务承担连带责任。

关于法人人格否认的举证责任,一方面,国浩律师以能够证明苏州某公司与福鼎某公司存在财产边界不清、财务混同、业务混同、利益输送的重要证据即财务账册资料在两公司控制之下为由,依据《最高人民法院关于适用〈中华人民共和国民事诉讼法〉的解释》第一百一十二条规定,申请法院责令两公司提交2017—2020年度的财务账册资料。另一方面,提供了两个裁判观点,即最高人民法院(2015)民二终字第85号民事判决:“在审理法人人格否认案件时,考虑到债权人处于信息劣势而举证困难等因素,人民法院通常会根据上述规定合理分配举证责任,在债权人用以证明股东滥用公司法人独立地位和股东有限责任的证据令人产生合理怀疑的情形下,将没有滥用的举证责任分配给被诉股东。”江苏省高级人民法院(2016)苏民申6105号裁定“在债权人已经就债务人及关联公司人员混同、业务混同进行初步举证并导致对两公司人格混同产生合理怀疑的而情况下,关联公司仅是否认,拒绝提供相反证据的,应当承担举证不能的不利后果”。主张原告已经提供陈某一家三口滥用控制权以及足以令人对苏州某公司和福鼎某公司人格混同产生合理怀疑的证据。陈某及两公司在收到起诉状及相关证据材料后,既未到庭应诉也未提供任何答辩意见和反驳证据,且无正当理由拒不按法院要求到庭就案件有关事实接受询问,应当认定原告的主张成立。

三、案例点评

本案陈某作为苏州某公司的原控股股东,滥用公司法人独立地位和股东有限责任,转移苏州某公司资产,逃避苏州某公司债务,损害原告合法权益,原告要求陈某对苏州某公司的债务承担连带责任,符合《公司法》第二十条[①]规定。但原告要求苏州某公司的关联公司福鼎某公司承担连带责任,则无直接的法律依据。如何理解与适用《九民纪要》第十一条规定,是本案的难点。该纪要第十一条第二款规定了公司人格否认中的横向否认,即控制股东或实际控制人控制多家子公司或者关联公司,滥用控制权使多家子公司或者关联公司财产边界不清、财务混同,利益相互输送,丧失人格独立性,沦为控制股东逃避债务、非法经营,甚至违法犯罪工具的,可以综合案件事实,否认子公司或者关联公司法人人格,判令承担连带责任。本案中,虽然陈某不是福鼎某公司的登记股东,但陈某的父母是福鼎某公司的股东和实际控制人,且陈某利用控制权将苏州某公司的全部资产转移给福鼎某公司,导致福鼎某公司获益、苏州某公司受损且无力清偿债务,沦为陈某一家三口逃避债务的工具,符合横向人格否认的情形。该案的典型意义在于能否将关系密切的家庭成员认定为关联公司的实际控制人。如果仅以工商登记为准,则本案难以认定陈某对福鼎某公司有控制权,需要根据实际情况对《九民纪要》第十一条第二款规定的“实际控制人”进行理解和适用。陈某与父母之间的密切关系,不言而喻,陈某作为苏州某公司控股股东,将苏州某公司的资产转移给父母控制的福鼎某公司,应当认定其对福鼎某公司亦有控制权。因此,对于亲属设立的关联公司,如果实施了《九民纪要》第十一条第二款规定的行为,可以否认关联公司的法人人格。

---

① 《公司法》(2023 修订)第二十三条。

四、专家推荐

推荐人:陈炳庚　国浩律师(福州)事务所管理合伙人、主任

推荐内容:

实务中,法院一般不轻易否认公司的独立人格,而法人人格的横向否认因《公司法》未明确规定,被认定的难度更大。国浩福州律师在代理原告过程中,积极调查取证,立足《九民纪要》精神,成功论证了实际控制人的关联公司存在财产混同的事实,在已经提供陈某一家三口滥用控制权以及足以令人对苏州某公司和福鼎某公司人格混同产生合理怀疑的证据情况下,根据《最高人民法院关于适用〈中华人民共和国民事诉讼法〉的解释》以及《最高人民法院关于民事诉讼证据的若干规定》的规定,申请法院责令苏州某公司和福鼎某公司提交财务账册资料,以查明两公司是否存在人格混同的情形,将举证责任转移给被告。该诉讼思路和策略,值得办理此类案件的律师进行借鉴和思考。

经纪公司为运动员代收收入是经纪合同的强制性主给付义务吗?

承办律师

周喆人　国浩律师(上海)事务所管理合伙人

闵人瑞　国浩律师(上海)事务所律师

高溱徽　国浩律师(上海)事务所律师

案例概述

2019年,我国著名拳击运动员、奥运冠军、世界拳王邹某某与前经纪公司发生合同纠纷,但其却在一审(一审并非国浩代理)中败诉,其提出的诉讼请求悉数被一审法院驳回。面临一审不利局面,国浩上海管理合伙人周喆人与律师闵人瑞、高溱徽在二审中针对中西方的职业拳击运动以及演艺经纪合同方面的政策制度、法律法规、经典案例、前沿学理展开了细致的法律研究,围绕体育经纪合同的性质应如何认定、运动员与经纪公司权利义务应如何平衡等问题进行论证。

在国浩律师的努力下,二审法院最终彻底推翻一审判决,邹某某的主要诉讼请求都得到了支持,获得了远超预期的重大胜利。本案是中国职业拳击运动乃至体育运动史上与演艺经纪史上的里程碑案件,极大地推动了中国现代职业拳击的法治建设,具有重大社会意义和法律意义。

一、案情简介

著名拳击运动员、奥运冠军、世界拳王邹某某(作为乙方)曾与某知名体育经纪公司(以下简称S经纪公司)(作为甲方)签订《经纪代理委托合同》,约定由S

经纪公司担任邹某某方一切体育及其相关活动的全球范围唯一、独家、全权代理经纪公司,S 经纪公司代收邹某某全年收入,后由双方按比例分配。但在《经纪代理委托合同》实际履行过程中,S 经纪公司严重拖欠代收收入。邹某某为保障自身合法权益诉请法院,要求 S 经纪公司返还拖欠的代收收入。

本案一审进行了不公开开庭审理(本案一审并非国浩代理),由于双方均未能充分举证,一审法院仅酌情认定 S 经纪公司应向邹某某支付 60 余万元拖欠收入及利息损失,远低于邹某某提起的诉讼请求。

本案二审阶段,邹某某更换原诉讼代理人,改为委托周喆人律师作为主办合伙人带领国浩律师团队处理本案。面对严重不利的一审判决,国浩律师立即展开对本案的全面分析和研究,针对中西方的职业拳击运动以及演艺经纪合同方面的政策制度、法律法规、经典案例、前沿学理展开了细致的法律研究以及对本案体育经纪合同的性质、运动员与经纪公司权利义务如何平衡等问题进行了缜密、细致、全面的论证。最后,国浩律师敏锐地发现并指出一审法院在酌情认定邹某某拳赛收入过程中的种种矛盾之处,并与当事人全力配合、密切沟通,广泛收集各种形式的证据材料并补充提交给二审法院。

最终,通过国浩律师与当事人的共同努力,上海市第一中级人民法院作出(2020)沪 01 民终 11 × × × 号判决,撤销此前的一审判决,并重新判决 S 经纪公司应支付邹某某 800 万元及利息损失,为邹某某成功争取到超过一审判决金额 10 余倍的权益,获得了远超预期的重大胜利。

国浩律师以深厚扎实的法律素养、勤勉尽责的工作态度、高质高效的法律服务、远超预期的积极结果赢得了客户的高度赞誉。为表谢意,当事人夫妇特为国浩律师送上“正义卫士、律师楷模”的锦旗。

二、争议焦点

1. 主要争议焦点之一:《经纪代理委托合同》项下“代收收入”这一约定的性质是什么? S 经纪公司是否需因其未履行“代收收入并分配”这一行为而承担相应的违约责任?

虽然案涉《经纪代理委托合同》名义上包含了“委托代理”等字眼,但其本身系一个包含多种权利义务关系的复合性合同,而非一个简单的委托代理合同。本案中,S 经纪公司仅用单纯的委托代理关系将“代收收入”片面地解释为其单方权利、而非其应履行的义务。对此，国浩律师从案涉合同条款约定、学理观点、实践认知等方面对案涉《经纪代理委托合同》项下的经纪公司“代收收入”之性质进行了充分、全面的论证，具体如下：

第一，从案涉合同约定本身来看，《经纪代理委托合同》项下的“代收”条款本身的约定，既是一种权利，又是一种义务。片面将“代收”视为一种权利的观点，脱离了其义务属性，既不符合合同约定与当事人真实意思表示，也违背了公平原则，亦无法保持双方权利义务的对等与平衡。

《经纪代理委托合同》具体约定了S经纪公司代收邹某某的收入并按约定进行分配，仅从文义上来看，S经纪公司代收收入的行为既是其合法权利也是其应尽义务。假如，简单地认定该行为系单纯的权利或单纯的义务，均会导致双方权利义务的失衡。本案中，S经纪公司代收收入行为的法律性质未超脱合同约定的范畴，因此，在邹某某已参加各项活动，可获得相应收入的情况下，S经纪公司既有权利也有义务代收邹某某的收入并将代收收入按合同约定的分配方式支付给邹某某。

第二，从学理层面来看，学界普遍认为，“经纪人依约代收并支付艺人/运动员收入”是经纪人的一项主给付义务，而且是一项“强制性义务”。具体而言，学界认为，将艺人或运动员的全部活动及全部经纪事务都交给一个经纪人负责的合作模式，称为“全约”。而在“全约”中，由于经纪事务的“独家性”，经纪人的权利和义务往往混同在一起，既是权利又是义务。基于“全约”对艺人或运动员自由开展活动的高度约束力，除非明确约定经纪人无须将合同中约定的经纪人义务作为“强制性义务”履行，否则该义务应既属于经纪人的权利，也属于经纪人的主给付义务。①

第三，从实践层面来看，通常情况下，艺人/运动员参与演艺活动/比赛，都是由经纪人以自己名义与第三方达成合同关系，并以经纪人的名义收取艺人/运动员提供劳务的相关报酬，或虽然名义上由艺人/运动员收取款项，但实际上由经纪人控制该收款账户或实收款项。从法理上看，基于该款项的初始性质属于“艺人/运动员劳务报酬”，故其“所有权”应归属于艺人/运动员，经纪人收款或控制款项的行为，应认定为经艺人/运动员许可的“代收”“代管”行为。鉴于“劳务

① 参见王钺翰：《演艺经纪合同性质二元论》，载《上海法学研究》集刊2019年第22卷。

报酬(含肖像等有偿使用许可)”系艺人/运动员职业属性上的唯一收入来源,再加之,经纪人对艺人/运动员的紧密控制,故按双方约定的分配比例及支付方式将艺人的劳务报酬支付给艺人,应属于经纪人的主给付义务之一。

第四,从经纪人与运动员权利义务的分配来看,在体育经纪关系中,体育经纪人权利的取得是以义务的履行为前提的,其主要权利是在法律规定的范围内合理地履行义务、取得合法的经济利益,而主要义务则是诚信、善意地为运动员提供订立合同的机会,合理地管理运动员的日常事务,包括经济财务的收入和开支,维护体育运动员的利益等。经纪人必须尽到自己的注意义务和谨慎义务,随时对合同履行的市场环境进行合理的注意和谨慎的观察,并竭尽全力保证经纪业务的顺利进行以及合同的完全履行。而运动员的主要义务则是,完成经纪人安排的活动、并提供自己的人力成本(专业能力)。若经纪人承担的“代收”义务并非强制性的义务,一旦经纪人利用身份的便利以及信息的不对称性获取违法的经济利益,运动员根本无法判断经纪人是否忠诚地履行代收义务、是否存在履行延迟、不适当履行、不完全履行等违法违约行为,运动员的合法权益无法得到保障,进而导致经纪人与运动员权利义务的严重失衡、违反公平原则。

综上所述,国浩律师认为:“代收”收入并按约分配收入既是S经纪公司在经纪合同项下享有的权利,更是其作为经纪人的义务,而且是一种强制性的主给付义务,对S经纪公司具有强制约束力。S经纪公司不履行“代收”收入或分配收入任一义务均属于对合同的违约,应当承担相应违约责任。

2. 主要争议焦点之二:如何在难举证的情况下证明案涉拳赛的真实收入?

在本案一审中,关于案涉拳赛收入的构成及金额,由于双方当事人均未能充分举证,导致一审法院仅酌情认定了极低的金额。但是,国浩律师经研究后发现,《经纪代理委托合同》项下S经纪公司是邹某某一切体育及相关活动之全球范围唯一、独家、全权代理经纪公司,邹某某的一切赛事收入均由S经纪公司代收,因此,对于案涉拳赛的收入,邹某某难以提供相关直接证据,系获取证据的弱势一方。

面对以上困难和障碍,为最大限度地保护国浩客户的合法利益,国浩律师穷尽举证之可能,通过力所能及的一切途径收集与案涉拳赛有关的各种形式的证据材料(包括但不限于国内外互联网中关于案涉拳赛的新闻报道、采访、图片、视频、海报、广告、票务平台、门票金额、上座率、代言产品、赞助商、直播平台、转播平台以及相关收视率等）并展开全面分析，以试图最大限度地还原案涉拳赛的真实收入。

譬如，国浩律师通过对各类体育新闻的搜集提取，分别从澎湃新闻、人民网、网易体育等新闻报道中提取到案涉拳赛的观看人数及上座率，并结合票务平台显示的线上门票定价信息，估算出案涉拳赛的门票收入。又如，国浩律师在网络新闻中捕捉到，S经纪公司总裁曾在采访中自认，本案所涉其中一场拳赛的最低级别赞助已经接近百万级别；经过进一步分析可发现，该等信息亦能和相关宣传海报中的赞助商相印证。

国浩律师在一审证据明显处于弱势的情形下，通过以上扎实的证据收集工作、全面的证据整理工作以及充分的证据补强工作，在二审中成功达到民事诉讼中的“高度盖然性”之证明标准，使二审法官对于案涉拳赛真实收入高达千万的事实形成了内心确信，最终成功扭转乾坤，为邹某某取得远超预期的积极结果。

三、案例点评

本案是中国职业拳击运动乃至体育运动历史上以及演艺经纪历史上的里程碑案件。竞技体育是当代体育的核心部分，它以比赛为基本形式，具有多种社会功能，与社会有广泛的结合面，从而产生多方面的效益。新时代竞技体育的改革与发展，离不开法治的有力保障。本案的影响力远超案件本身，引发了对中国现代体育行业的各方参与者在体育经纪合同项下的权利义务分配问题的深思。

体育经纪合同的本质是对运动员个人无形资产的开发与利用，运动员通过赛事创造商业价值，经纪人获得投资收益。因体育经纪合同内涵丰富，不能为某一典型合同所包含，通常体育经纪合同会同时兼具行纪、居间、委托代理等性质的条款。一般而言，演艺经纪的权利义务是围绕着艺人与经纪公司对演艺资源的争夺和控制而构建的，然而现代职业拳击经过百年的发展，其核心资源已经为推广人事实上所控制，在美国等国家，拳赛资源既在事实上也在法律上为推广人所控制。但在我国职业拳击行业与世界接轨的过程中，并未形成职业推广人群体。因此出现了拳手与推广人权利义务混同，经纪公司与推广人权利义务混同的情况。正是基于中国职业拳击行业存在结构性缺陷，才会出现本案这样的标志性纠纷。

在本案诉讼的过程中，国浩律师与客户全力配合、密切沟通，针对复杂的案情，制定精准的诉讼思路和策略：一方面，通过国内外的互联网媒体以及拳击协会等组织，广泛收集各种形式的证据材料并展开全面分析，完成了扎实的证据收集工作;另一方面,通过国内外法律著作与文献,对中西方的职业拳击运动以及演艺经纪合同方面的政策制度、法律法规、经典案例、前沿学理展开了细致的研究,完成了充分的法律研究工作。在二审全过程,国浩律师作为代理人针对本案体育经纪合同的性质、拳手与经纪公司权利义务如何平衡等问题,进行了缜密、细致、全面的论证,为本案的最终胜诉判决奠定了坚实的基础。

本案的另一个亮点在于:如何在当事人缺乏直接证据且已面临严重不利的情况下,通过补充举证而达到民事诉讼中的证据"高度盖然性"标准进而扭转一审的不利局面?

《最高人民法院关于适用〈中华人民共和国民事诉讼法〉的解释》第一百零八条第一款规定:"对负有举证证明责任的当事人提供的证据,人民法院经审查并结合相关事实,确信待证事实的存在具有高度可能性的,应当认定该事实存在。"该规定亦即我国民事诉讼法律中的"高度盖然性"证明标准。对代理律师而言,如何在证据材料有限且获取困难的情况下,尽可能地收集有利证据、并进行组织梳理,最后达到"高度盖然性"之证明标准并实现本方证明目的,既是实务工作中的重点,也是难点。

四、专家推荐

推荐人:申黎　国浩律师(上海)事务所合伙人

推荐内容:

本案是中国体育法以及娱乐法上的典型案件,本案的成功代理具有重大法律意义,极大地推动了中国现代职业拳击的法治建设。同时,本案亦对于同类案件有示范意义,为实践中代理人如何论证具有多种法律关系的混合合同项下的权利义务之分配,如何在证据有限、举证困难的情况下充分论证待证事实的存在具有高度可能性等方面均提供了一定的借鉴和参考价值,具有极大的代表性和典型性,在一定程度上展示了国浩律师在商事争议解决领域优秀的专业业务水平。

如何利用证据规则“打破”闭环证据链?

承办律师

李海嘉　国浩律师(成都)事务所合伙人

刘骊敏　国浩律师(成都)事务所律师

■ 案例概述

“合同有约定从约定”是民商事法律领域最重要的原则之一,但在合同“明文约定”内容与实际履行情况严重偏离的情况下,如何还原事实真相以维护当事人的合法权利?由国浩成都合伙人李海嘉、律师刘骊敏承办的一起服务合同纠纷案中,一份看似“服务单价约定清晰明确”的合同,外加三份合同项下被告方盖章确认服务数量的审核确认单组成了原告方据以主张天价服务费及损失赔偿的“铁证”。国浩律师作为被告方律师,凭借专业与敬业,大海捞针搜集证据,抽丝剥茧还原真相,推翻了原告方的“铁证”,维护了我方当事人的合法权利。

一、案情简介

我方当事人(被告)为业内知名某文化传媒企业,拥有较为丰富的资源可承接各大网站、互联网媒体的拟发布信息的内容合规性审核业务,该项业务的目的为确保刊载信息不涉及违背公序良俗的内容。为完成所承接的互联网信息审核工作,被告方筛选了多家可提供互联网审核服务的机构作为下游合作方,并与其分别签署了《审核服务合同》,约定审核服务机构的人员在通过被告的专业审核培训后,被告方将向其按照每个经培训合格的审核人员每个工作日派发不少于300条内容审核的工作量,且明确约定审核服务的结算单价为人民币1.2元/条。原告即为被告签约的审核服务机构之一。

被告于2019年2月与原告签订了案涉《审核服务合同》,合同明确约定了被告方向原告派发的审核业务结算单价为人民币1.2元/条。

2019年3月下旬,被告通过电话、微信等多种方式向包括原告在内的多家审核服务机构征询了"×项目"的审核合作意向,并确定委托原告承接"×项目"的审核服务工作。被告工作人员在与原告工作人员沟通中表示该项目属于"微小单",需要另行签订协议来确定结算价格,但此后双方一直没有签订补充协议另行约定结算价格。而在2019年4月、5月、6月被告方向原告出具了三份确认上月度审核工作量的盖章版确认函,且确认函明确表述是《审核服务合同》项下审核工作的工作量确认。此后,由于"×项目"的业主方通知被告审核工作因技术原因暂停,被告在7月11日正式向原告发出关于"×项目"内容审核情况说明函通知该原告停止审核工作。

虽然原被告双方一直未就案涉审核服务价格签署协议,但在2019年4月8日起至7月22日,原被告工作人员多次就审核价格进行微信沟通。由于"×项目"业主方迟迟未与被告方确定结算价格,导致被告也未能确定就"×项目"与原告的结算价格并签署协议,仅在微信聊天中表示该价格需等"×项目"业主方确定结算价格后再定。

2019年8月20日,原告终于与"×项目"业主方签订了《审核服务费用结算协议》,确定了"×项目"业主方按人民币0.1元/条的价格向被告结算支付审核服务费,总计人民币145万元。被告随即与原告日常负责对接的人员联系结算付款事宜,并于8月27日致函原告通知其尽快办理结算以便付款,但原告置之不理。随后,被告得知原告已向成都市中级人民法院提起诉讼,要求被告按照《审核服务合同》约定的结算单价人民币1.2元/条向其支付审核服务费及违约金共计3300余万元,并保全冻结了被告基本账户上人民币2000多万元的流动资金,造成被告资金链断裂、经营出现严重困难。

从形式上看,原告向法院提交的《审核服务合同》明确约定了结算单价人民币1.2元/条,以及三份经被告盖章的确认函且载明是该合同项下审核服务工作量的确认,形成了足以支持原告诉请的"闭环证据链",形势对被告极其不利。但作为被告方代理律师,国浩律师通过艰苦细致的工作,围绕当事人间实际法律关系进行大量举证,最大限度向法官还原案件客观事实,并通过对民事诉讼证据规则的准确适用,以及对法官心证的引导、强化,在原告形式证据可谓“铁证如山”的情况下,经成都市中级人民法院一审判决、四川省高级人民法院二审判决、最高人民法院再审裁定,最终被告只需要向原告支付3,156,937.08元的审核服务费(该金额为原告诉请金额的1/10),最大限度地保护了当事人合法权益。

二、争议焦点分析

本案一审法院归纳的争议焦点为:(1)如何认定被告应当向原告支付的案涉审核服务费的结算金额;(2)被告应否支付违约金和赔偿违约损失;(3)被告股东应否对被告的债务承担连带责任。二审法院在此基础上增加了两条争议焦点,增加项为:(1)原告单方终止履行案涉合同是否构成违约,应否赔偿被告相应损失以及损失数额的确定问题;(2)原告主张的律师费、诉讼保全保险担保费等维权费用应否由被告承担。

在上述争议焦点中,核心问题是“如何认定被告应当向原告支付的案涉审核服务费的结算标准”,而要回答该问题,实质需要回答以下两个子问题:

1.“×项目”审核服务是否适用《审核服务合同》所约定的结算单价?

2.如“×项目”审核服务不适用《审核服务合同》所约定的结算单价,那又该以什么价格标准进行结算?

三、代理思路

作为被告代理人,国浩律师的代理工作紧密围绕“×项目审核服务是否适用《审核服务合同》所约定的结算单价”,以及“如×项目审核服务不适用《审核服务合同》所约定的结算单价,又该以什么价格标准进行结算?”这两个核心问题来进行。

(一)如何打破“铁证”

原告向法院提交了双方签字盖章的《审核服务合同》之外还向法院出示了三份有被告盖章确认的确认函,函件上明确载明了确认函是依据《审核服务合同》而作出的。因此,从形式上看,原告主张的应该按照《审核服务合同》约定的单价及确认函所确认的数量进行结算是闭环的证据链。作为被告代理人,国浩律师则着力于“还原事实真相”。为此,国浩律师积极调动被告,“大海捞针”似地寻找一切关于案涉“×项目”属于“微小单”而非《审核服务合同》约定服务内容的证据。国浩律师将被告员工中与该项目有过接触的全部员工的短信、微信、电子邮件进行了全面排查,终于找到了被告员工曾于×项目审核开始前与原告员工的微信聊天记录中有表述“微小型内容审核是否愿意合作,要另外签订补充协议……”的内容。此外,还找到了原告员工多次询问被告员工“×项目”的上游委托方与被告签约及审核服务费结算价格的情况。

国浩律师通过提供相应电子证据,最终帮助法官形成了“如果原告认为×项目的审核价格就是依据《审核服务合同》所约定的人民币 1.2 元/条,合同约定清晰明确,则没有必要继续进行结算价格的沟通确认”的心证。国浩律师还通过实拍的审核工作过程视频,直观对比了“×项目”和正常的《审核服务合同》项下项目审核工作量,对比了双方盖章认可的案涉“×项目”审核数量与《审核服务合同》项下约定的日均审核数量存在超过 10 倍的巨大差异,从数量差距上佐证案涉项目不属于《审核服务合同》约定的业务范围。再结合×审核项目的上游方与被告签署并实际执行的审核服务合同中的审核价格是人民币 0.1 元/条,远低于原被告间签署的《审核服务合同》所约定的人民币 1.2 元/条,如此悬殊的“价格倒挂”不合常理。最终法官支持了我们提出的“×项目审核服务不应该适用《审核服务合同》所约定的结算单价”的抗辩。

(二)如何确定审核服务费结算标准

因为原告确实为被告提供了审核服务,被告应该向原告支付审核服务费用,除抗辩“×项目”审核服务不适用《审核服务合同》所约定的结算单价之外,作为被告代理人,国浩律师还必须向法官释明该以什么价格标准进行结算。而原被告双方就此问题从未有过协商,仅在原被告员工间的微信聊天记录中存在“跟你们的结算价格将与我们跟“×项目”的甲方的结算价格挂钩”这样的模糊表述。因此,提出合理的结算价格也是本案的关键及难点。

为此,除向法官提供被告与上游按每条 0.1 元结算的审核服务合同及发票复印件之外,国浩律师还制作了审核过程的对比视频,具象化展示《审核服务合同》项下审核业务与“×项目”审核业务在单条审核工作量上有 10 倍左右差异;又联系人民网、四川新闻网等具有互联网审核业务的龙头企业寻找“市场参考价”,并据此提出类似“×项目”审核的市场价格应在每条 0.08 元至 0.12 元。此外,国浩律师还提供了权威券商审核业务相关研究报告，让法官对审核业务市场价格有较为全面了解。最终，以国浩律师提出的“每条0.08元至0.12元之间”这一市场价格标准的上限0.12元/条作为被告“自认价格”，法官作出了对结算价格的判决。

（三）“无关资料”的“无用之用”

作为被告代理律师，国浩律师在二审阶段向法院提交了部分“情绪证据”，如被告获取的各种奖项、入选四川省专精新中小企业名单、被评为十大潜力独角兽企业等，用以证明被告作为一家专精特新国有企业，因原告利用合同漏洞恶意起诉，被告基本账户被冻结，被迫裁员降薪，一度陷入危困境地。虽然该些“证据”不满足法律意义上的“三性”，但在已有其他证据证明原告存在故意利用合同漏洞发起诉讼以图牟利嫌疑的情况下，该些“无关资料”能在一定程度上激发法官的朴素正义观，影响其自由心证，可谓“无用之用”。

四、法律适用分析

《最高人民法院关于适用〈中华人民共和国民事诉讼法〉的解释》（以下简称《民诉法解释》）第一百零八条规定了本证和反证的含义和证明标准，即对负有举证证明责任的当事人提供的证据，人民法院经审查并结合相关事实，确信待证事实的存在具有高度可能性的，应当认定该事实存在。对一方当事人为反驳负有举证证明责任的当事人所主张事实而提供的证据，人民法院经审查并结合相关事实，认为待证事实真伪不明的，应当认定该事实不存在。本案中，在合同证据从表面上看明显对原告有利的情况下，作为被告代理人，国浩律师将抗辩重心放在了“通过大量旁证，使得合同证据所显示的事实真伪不明”之上，即通过聊天记录、工作量对比等使法官对原告主张的心证产生动摇，进而对“×项目”审核业务是否属于《审核服务合同》项下的审核业务的真伪丧失确信。从本案一审、二审的判决结果来看，法官也确实是因原告提出的主张“明显有违常理”且原告无法合理解释而支持被告抗辩主张的。

五、案例点评

根据2019年12月25日公布的《最高人民法院关于修改〈关于民事诉讼证据的若干规定〉的决定》重新公布的《最高人民法院关于民事诉讼证据的若干规定》

(以下简称《新证据规则》)第八十五条规定,民事诉讼自由心证的原则和要求为"依法原则、全面、客观原则,运用逻辑推理、日常生活经验和充分说理"。本案中,法院驳回原告诉请的核心在于国浩律师通过举证使得本案中的待证事实——"×项目审核业务是否属于《审核服务合同》项下的审核业务"处于一种"真伪不明"的状态。作为被告代理律师,在本案中可谓对《民诉法解释》第一百零八条进行了"教科书式"演绎。从本案一审、二审到再审的判决(裁定)来看,法官自由心证的"操作方式",即心证公开的内容,也越发清晰、全面。本案中各级法院对案件的裁判结果也体现了法官对诉讼处分原则的恪守,平衡了双方当事人利益,有利于构建诚信、公正的市场交易环境。

六、专家推荐

推荐人:罗浩　国浩律师(成都)事务所管理合伙人

推荐内容:

准确把握举证责任分配及证明标准认定是决定疑难民商事案件代理效果的关键因素,并贯穿民事诉讼的始终。本案代理律师融会贯通《民事诉讼法》《新证据规则》的相关规定,充分应用对举证责任、证明标准的理解与适用,在合同证据对所代理的当事人显著不利的情况下力挽狂澜,还原了事实真相,维护了当事人合法权利,也为构建诚信公正的市场交易环境贡献了法治力量。

此外,本案中艰巨繁杂的证据搜集梳理过程也显示出,复杂案件,尤其是涉及新经济领域的案件,主办律师需最大限度发挥主观能动性,承担"项目经理"的职能,穷尽一切可能地搜索相关信息。此外,作为代理律师也要激励当事人发挥主人翁精神,全力协助证据组织,因为很多细节只有当事人自己及其所在行业的业内专家才能敏锐把握,而这很可能就是扭转局面的"气口"。最后,向法官精练、清晰地呈现事实则考验的是律师"讲故事"功底以及将证据组织起来支持所陈述事实的能力;同时,也要相信法官有"朴素的道德感",以有依据的事实寻求其同情与支持,从而争取到最终胜利。

第九章　担 保 合 同

开证行自行释放信用证项下提单，是否构成放弃担保物权？

承办律师

张国权　国浩律师(青岛)事务所合伙人

■ 案例概述

信用证开证业务和押汇业务究竟是连续的债权还是彼此独立的债权；申请开立信用证及开证后的押汇业务中，开证银行宣称对信用证项下货物或单据享有的担保权益究竟为何种性质，上述两个问题一直是信用证贸易融资业务中长期以来模糊不清的法律争议。

由国浩青岛合伙人张国权承办的"某银行日照高科园支行诉日照某食品公司、山东某能源公司保证合同纠纷案"案情复杂、证据繁多，国浩律师通过向法院厘清开立信用证与叙做进口押汇的关系、某银行股份有限公司日照高科园支行(以下简称高科园支行)对信用证项下单据享有何种权利及其释放提单的行为是否构成对涉案押汇合同项下担保物权的放弃、委托人是否存在过错等方面进行了详细的论证和分析，法院基本采纳国浩律师的观点，且本案生效判决核心观点与之后最高人民法院于 2019 年 2 月 5 日发布的 111 号指导案例裁判主旨完全吻合，对金融机构提高对相关担保法律的准确理解、完善风险防控机制、梳理相关业务流程有重要参照意义。同时，本案入选"山东省高级人民法院服务保障民营经济高质量发展十大典型案例”。

一、案情简介

高科园支行与山东某能源有限公司(以下简称能源公司)签订《授信额度协议》,向能源公司提供贸易融资额度。《授信额度协议》特别条款约定,能源公司进口开证必须落实第三方监管,开证业务全部按照货押模式开展,须有效控制货权并监控企业货款回笼。协议附件约定,在高科园支行“垫款或承兑、承付后,即享有处置信用证项下全套单据/货物的权利或其他可能按照任何适用法律法规能够享有的担保权益或财产权益”。高科园支行随后与日照某食品有限公司(以下简称食品公司)签订《最高额保证合同》,食品公司为《授信额度协议》项下融资提供最高额连带责任保证。2014 年 6 月,能源公司因进口铁矿石业务申请开立一份信用证。2014 年 7 月 1 日,涉案信用证受益人提交的单据到达高科园支行。2014 年 7 月 3 日,在未通知食品公司的情况下,高科园支行将信用证下包括提单在内的全套单据交付给能源公司,对提单或提单项下货物及货物销售款项未采取监管措施,能源公司销售货物后未将款项用于归还该支行信用证款项。2014 年 9 月 29 日,能源公司向高科园支行提交进口押汇申请书,就信用证项下部分款项(总计 400 万美元)申请押汇。押汇日期届满后能源公司无力还款,高科园支行起诉食品公司,要求其对 400 万美元押汇款及利息承担连带保证责任。食品公司认为高科园支行应放弃提单/货物的质押权,要求在该支行放弃货物质押权价值范围内免除保证责任。法院最终判决委托人即食品公司免除 400 万美元押汇款本金及利息的保证责任。

张国权律师自 2015 年 7 月开始代理本案,案件历经一审败诉,二审发回重审,重审一审胜诉、重审二审胜诉,再审胜诉五个阶段,直至 2019 年 12 月结案。

二、代理思路

本案的争议焦点为:(1)高科园支行对诉争信用证项下单据/货物享有何种权利;(2)高科园支行将信用证项下单据交付第三人的行为是否构成对担保物权的放弃。如是,食品公司的免责的范围为何。

在代理本案过程中,国浩律师首先向法院厘清开立信用证与叙做进口押汇的关系。本案的开立信用证和叙做进口押汇是连续不可分割的一项业务,涉及的是信用证项下的同一笔债权。国浩律师就此提出,审理本案时,应把信用证和押汇的全部事实和法律关系一并综合考量。高科园支行在信用证开证业务项下放弃提单质权,应使得食品公司在押汇业务中免除保证责任。

其次,本案最重要的争议点是认定高科园支行对信用证项下单据享有何种权利及其释放提单的行为是否构成对涉案押汇合同项下担保物权的放弃,食品公司能否得以免责。对此,代理人广泛查阅专业文章及相关判例,提出高科园支行对信用证项下单据(提单)享有质权的观点。国浩律师认为,信用证开证和押汇业务中,开证行对信用证项下的提单享有权利质权,该质权自开证行收到信用证议付行或托收行交付的单据之日即依法设立。开证行向开证申请人交付单据后,通过委托第三方对货物进行监管(目前业务中较为普遍的做法),提单的权利质权自然转为进口货物的动产质权。本案中,高科园支行放弃单据的权利质押在先,导致其在叙做押汇业务时无货物可监管,将有质权担保的债权转化为无质押权担保的债权。高科园支行自行放弃物权担保,食品公司应当在其放弃物权担保的范围内免除保证责任。因高科园支行自行放弃的物权担保价值超过本案押汇金额,本案中食品公司应免除全部保证责任。

最后,从过错角度而言,食品公司亦不应承担保证责任。通过分析《授信额度协议》相关条款,以及高科园支行作为金融机构应负有高于一般民事主体的注意义务,国浩律师指出,本案中高科园支行违背诚实信用,损害了食品公司在信用证押汇业务中对金融机构的信赖利益,如最终由食品公司为高科园支行放弃质权担保的行为买单,于食品公司而言显失公平。

三、案例分析

国浩律师基于对信用证相关业务的充分把握,在准确理解法律规定,敏锐发掘案件争议焦点的基础上,认真、细致地收集证据,提交代理意见,且代理意见被法院采纳。

本案符合专业性和指导性要求。本案厘清了信用证贸易融资业务中两个长期以来模糊不清的法律争议,对审理同类案件具有重要参考意义。本案核心观点与之后最高人民法院于 2019 年 2 月 5 日发布的 111 号指导案例裁判主旨完全吻合。

首先,信用证开证业务和押汇业务作为金融机构最常见的贸易融资业务类别,二者究竟是连续的债权关系抑或是彼此独立的两个债权关系,在实践中存在很大争议。本案中,高科园支行主张信用证开证业务和押汇业务是两个不同的贸易融资业务,二者形成两笔不同的金融债权。若二者系不同的贸易融资业务,则保证人系对两个不同的债权分别提供担保,即使高科园支行在信用证开证业务项下放弃了物权担保,也不导致食品公司在之后的押汇业务中免除保证责任。国浩律师则认为,信用证开证业务与押汇业务实质上系连续的债权关系,而非两个独立的债权。在信用证开证业务中,申请人向银行申请开立信用证后,负有向开证行支付信用证项下款项的义务。如果申请人无力支付信用证项下款项或因其他原因希望获得资金融通,会就信用证项下全部或部分款项,向开证行申请押汇,押汇期限届满时,将开证行垫付的信用证款项本息一并归还。因此就业务过程分析而言,押汇业务实际是对开证申请人不能偿还的信用证款项予以展期,而展期的债权则来源于申请开立信用证,故两者涉及的是同一笔债权,是连续的、不可分割的同一业务。本案终审判决书亦明确"押汇借款在本质上属于信用证垫款所形成债务的一种续延"。

其次,在申请开立信用证及开证后的押汇业务中,开证银行宣称对信用证项下货物或单据享有的担保权益究竟为何种性质?国内各银行对开证和押汇业务均有格式文本,约定内容大同小异,一般为"开证行垫款或承兑、承付后,即享有处置信用证项下全套单据/货物的权利或其他可能按照任何适用法律法规能够享有的担保权益或财产权益"等类似表述,但很少对"担保权益"或"财产权益"究竟是何种权利及如何行使作出明确约定。这种"担保权益"或"财产权益"如何与现行法律规定的具体担保权利种类相对应,学界和司法实践中对该问题均无法达成统一观点:根据公开途径检索,2015 年之前的生效判决大多认为开证行享有的担保权利不能自动设立,此类观点在本案中对我方十分不利。

国浩律师认为,本案法律争议焦点是高科园支行对提单享有的权利性质的确定、释放提单是否构成放弃质权、食品公司能否在高科园支行放弃权利的范围内免责等。其中,认定高科园支行对信用证项下提单享有何种权利是重中之重。根据《物权法》第二百二十三条[①]提单可以出质之规定及《物权法》第二百二十四条[②]

① 现行《民法典》第四百四十条。

② 现行《民法典》第四百四十一条。

“以汇票、支票、本票、债券、存款单、仓单、提单出质的,当事人应当订立书面合同。质权自权利凭证交付质权人时设立……”之规定,国浩律师对高科园支行对信用证项下提单享有质押权的观点进行了充分论证:

首先,本案中,高科园支行和能源公司订立的《授信额度协议》附件1《用于开立国际信用证业务》第六条第二款规定:“在乙方(高科园支行)垫款或承兑、承付后,即享有处置信用证项下全套单据/货物的权利或其它可能的按照任何适用法律、法规能够享有的担保权益或财产权益……”故《授信额度协议》中明确约定高科园支行对信用证项下全套单据(包括提单)享有担保权益。上述约定的相关表述来自银行业通用的国际贸易惯例。

其次,我国法律规定,权利人对提单享有的担保权益为权利质权,对货物享有的担保权益为动产质权。我国法律规定中的相关表述虽与上述贸易惯例用词不完全一致,但在二者不存在冲突的情况下,应对合同条款进行有效解释。虽然《授信额度协议》附件中的表述未直接使用“权利质权”和“动产质权”,但结合法律规定,其意思表示是唯一的、明确的,据此可以认定双方已通过《授信额度协议》明确约定开证行对信用证项下提单享有质权。

最后,案涉提单通过指示交付由高科园支行合法持有,存在提单指示交付的事实。上述过程完全符合《担保法》《物权法》规定的权利质权的设立要件,高科园支行对提单的权利质权依法设立。

国浩律师的上述观点均被法院采纳,法院判决中明确认定“高科园支行对诉争信用证项下单据具有质押权”。

本案终审判决于2018年4月作出。2019年2月25日,最高人民法院公布111号指导案例认定:“提单具有债权凭证和所有权凭证的双重属性,对于提单持有人而言,其能否取得物权以及取得何种类型的物权,取决于当事人之间的合同约定。本案符合权利质押设立所须具备的书面质押合同和物权公示两项要件,建行广州荔湾支行作为提单持有人,享有提单权利质权。”最高人民法院111号指导案例的裁判与本案观点完全契合,故本案确立的观点对后续同类案件的审理和裁判具有重要的参考和指导意义。

四、案例点评

1.本案取得良好社会效果,具有一定社会影响。2019年4月,案件入选“山东省高级人民法院服务保障民营经济高质量发展十大典型案例”。

山东省高级人民法院认为“本案准确地把握了双方争议的焦点,通过层层调查,在查清案件事实的基础上,精确地还原了各当事人之间存在的法律关系。在逐步分析,慎重考虑过后,认定支行将信用证项下提单交付第三人的行为,应视为其对提单权利质押权的放弃。食品公司应在支行放弃权利质权范围内免除担保责任。本案的审理过程中,充分彰显了人民法院平等保护的司法理念,增强了民营企业对司法的认同感、获得感。该案判决生效后,取得了良好的社会效果与法律效果。同时,通过个案判决进行辨法析理,为民营企业在融资过程中如何合理地维护自身权益,如何诚信守责提供了良好的范本。人民法院司法判决发挥了应有的指引作用”。

2. 以此案例为基础,国浩律师进一步就相关理论问题进行深入研究,撰写的《进口信用证开证行提单权利质权向货物动产质权的转化》论文,获得2016年山东省律师协会理论研讨活动三等奖。

因本案所涉争议焦点极具典型意义且当时存在极大的分歧,国浩律师于2016年撰写的《进口信用证开证行提单权利质权向货物动产质权的转化》一文中,除了提出在信用证开证业务中,开证行对提单享有质权外,国浩律师还详细阐述了提单质权借助于委托第三方监管货物等模式,向动产质押权转化的过程,论述只要开证银行按照约定的流程规范操作,在贸易融资业务顺利进行的同时,银行的物权担保也可以实现无缝对接、转化,银、企可以实现共赢的观点。该论文获得2016年山东省律师协会理论研讨活动三等奖。

本案高科园支行对自身享有的质(押)权理解不清晰,随意放弃物权担保,最终导致自身重大权益损失,足以引以为戒。本案对金融机构提高对相关担保法律准确理解,完善风险防控机制,梳理相关业务流程有重要参照意义。

本案成功代理,除了国浩律师对案件整体把握能力强,敏锐抓住争议焦点的因素外,国浩律师熟知信用证业务流程也至关重要。律师应尽可能提高自身专业化水平,对服务的客户的业务领域,以及办理案件涉及的业务流程等,尽最大可能予以了解,这对准确理解委托人意图、办理好委托事项有重要意义。

律师对代理案件涉及的疑难法律问题及时进行总结,写成论文或编写典型案例,有助于提升自身执业能力,扩大案例社会影响。

五、专家推荐

推荐人:董桂武　青岛大学法学院教授

推荐内容:

本案明确了信用证贸易融资业务长久以来两个模糊不清的法律争议,即信用证开证业务和押汇业务涉及同一笔债权关系,两者是连续不可分割的一个业务。本案在正常角度难以胜诉的情况下,代理律师确定了新的代理思路,主张原告不当放弃主债务人提供的物权担保,从而使委托人在原告放弃的物权担保范围内免除保证责任。本案的成功代理,为委托人免除了高额的保证责任,增强了民营企业对司法的认同感、获得感,为民营企业在融资过程中如何合理地维护自身权益,如何诚信守责提供了良好的范本,取得了良好的社会效果和法律效果,对审理同类案件具有重要参考意义。

担保人借道债务人清偿贷款，究竟是借款还是担保？

承办律师

常　勤　国浩律师（太原）事务所合伙人

案例概述

母公司为子公司融资提供担保是企业融资过程中常见的增信行为。但实践中，出于商业利益的考量，保证人可能通过不同常态的支付路径来实际承担保证责任，该行为是否构成履行担保责任的行为以及保证人是否可以向反担保人追偿在实践中形成争议。

在国浩太原合伙人常勤承办的“煤矿集团诉建材集团融资反担保追偿权纠纷案”中，出于维护债务人商业信誉的考虑，担保人以不同寻常的方式向债权人支付了案涉款项，针对案涉支付行为，庭审各方形成不同见解。国浩律师通过梳理大量在案证据和进行大量法律检索，力争还原当时的交易情形以及探究当事人交易的本质，帮助委托人进行多层次、多维度、严谨复杂的法律判断，从款项流向到利益平衡，从现实需求到法理自洽，最终还原了各方的真实意思表示并通过权利义务对等的视角进行充分说理，终获省级人民法院和最高人民法院的采纳与支持，为煤矿集团远超预期地挽回了逾 6 亿元经济损失。

一、案情简介

煤矿集团与建材集团（均为国企）于 2011 年共同组建钢铁公司。煤矿集团持股 49%，建材集团通过其占股 51% 的建材公司持有钢铁公司剩余 51% 股份。

2014年11月27日，钢铁公司向信托公司贷款10亿元，期限2年。煤矿集团为该笔贷款提供全额保证担保，建材集团为煤矿集团提供其所承担保证责任范围内51%的反担保，反担保期限2年。获得贷款后，钢铁公司在若干还款节点上陆续出现还款逾期的情况，因此在最后一笔还款节点前后，信托公司先后多次提醒还款事宜并要求煤矿集团承担担保责任。

为尽力维持钢铁公司的资信能力，两股东采取由煤矿集团出资、由钢铁公司完成清偿的方式归还贷款，并形成《借款合同》等相关财务凭证。煤矿集团分别于2016年7月5日及2016年12月2日向钢铁公司支付3000万元和10.2亿元，钢铁公司随即完成对应期的利息和本金的清偿。为补充煤矿集团出资清偿贷款所形成的资金缺口，建材集团又协调信托公司向煤矿集团发放15亿元贷款，建材集团为该笔15亿元贷款向信托公司提供了承担远期回购义务的增信措施。

2018年11月，建材集团将其控制的建材公司的51%股权在北京产权交易所挂牌出让，意味着建材集团意图通过剥离子公司的方式甩开钢铁公司巨额亏损的财务包袱，这一行为不仅打破了国企双方共同输血维系钢铁公司持续运转的长期默契，更可能导致国有资本对钢铁公司控制权的丧失，进而引发国有资产流失及社会不稳定因素上升等重大风险。在责任承担层面，建材集团股权转让极有可能造成煤矿集团独自背负建材集团控股经营钢铁公司时期形成的10亿元贷款债务，严重违背双方按股比承担责任的合作初衷与权利义务平衡。

基于上述情况，建材集团在很大程度上不可能基于后续的合作实现对煤矿集团的利益补偿，煤矿集团的经济损失已存在无法挽回的可能。以上情况发生时，煤矿集团距离最严口径下的反担保期限届满仅余几日，国浩律师在接受委托后的24小时内与煤矿集团一起完成了全部起诉立案工作，帮助煤矿集团抓住了最后的求偿机会。

二、代理思路

（一）核心争议：特殊清偿路径的法律性质

本案争议的核心在于：在煤矿集团出资清偿贷款的环节中，首先通过向钢铁公司支付，再由钢铁公司向信托公司清偿完成，为构建这一渠道，煤矿集团与钢铁公司事先签订了一份《借款协议》。尽管本案资金来源清晰、资金指向明确，但通过借款协议构建通道所形成的法律关系性质，究竟是否还能被理解为承担担保责任,各方分歧巨大。

“煤矿集团(保证人)→钢铁公司(债务人)→信托公司(债权人)”这一付款路径,基于债权人、债务人、保证人不同角色以及各自之间的不同法律关系,很容易使各方对煤矿集团的付款性质产生不同理解。换言之,各方就行为性质的不同理解,从行为表面来看,具有相同的外观形态(见图1)。

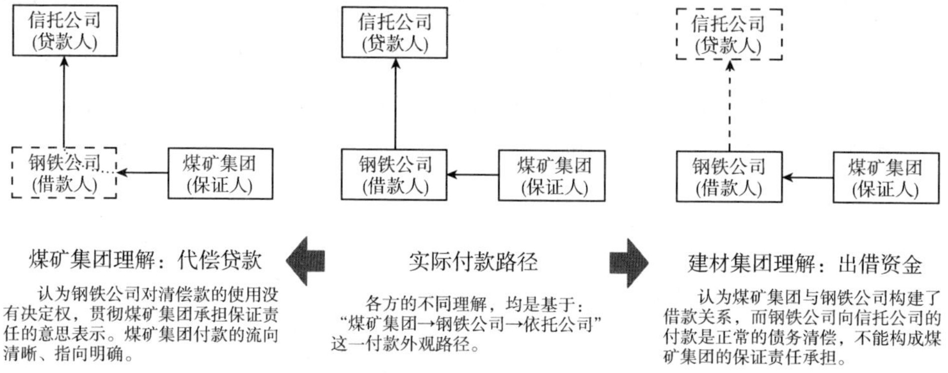

图1　各方对煤矿集团付款路径是否构成保证责任承担的不同理解

(二)各方对煤矿集团付款性质的不同主张

1. 建材集团

庭审中,建材集团认为,煤矿集团与钢铁公司构成借款关系,虽然款项来源是煤矿集团,但本质是钢铁公司自行向信托公司进行还款,而非煤矿集团承担保证责任。

建材集团从以下几个方面对其主张进行论证。

(1)煤矿集团明确与钢铁公司签署一份《借款合同》,对借期、利率等借款要素具有明确约定,可以判定双方具有借款的真实意思表示。

(2)建材集团为解决清偿贷款的资金困难,经多方协调获得一笔15亿元新贷款,双方对利用新贷款解决旧贷款具有一致认识。具体解决方式即煤矿集团获得贷款后,通过股东借款形式向钢铁公司支付,并且贷款用途协商过程中已经明确用于钢铁公司偿贷和补充其技改资金,相关纪要、决议对这一协商合意过程均有记录。

(3)煤矿集团是按照借款合同约定的10.2亿元金额进行支付,其资金性质应按照借款合同构建的借贷关系处理,若假设构成保证责任的承担,则事实上针对煤矿集团同一笔款项支付,同时具有借款和承担保证责任两个无法同时成立的法律性质。由于借款关系是煤矿集团与钢铁公司通过真实意思表示构建的,难以推翻,因此关于承担保证责任的观点显然无法成立。

2. 煤矿集团

庭审中,煤矿集团认为,煤矿集团承担保证责任的款项流向清晰,指向明确,每笔款项都是煤矿集团通过钢铁公司迅速支付至信托公司,相关款项是专用于向信托公司偿还贷款,而非出借钢铁公司由其自行支配,可明显分辨其行为用意是承担案涉保证责任。另外,在合同基础上、各方认识上、付款路径合理性上、权利义务平衡上均有合理性。

煤矿集团从以下几个方面对其主张进行论证。

(1)合同基础上,煤矿集团本身即负有承担保证责任的合同义务,且信托公司多次要求煤矿集团履行保证合同义务,故煤矿集团承担保证责任具有明确的合同基础。

(2)流向外观上,煤矿集团承担保证责任所支付的相关款项,流向清晰,指向明确,可明显分辨款项用途是为承担保证责任。具体而言,煤矿集团于2016年7月5日向钢铁公司支付3000万元,同日钢铁公司即向信托公司转付了到期利息292,295,816.6元;煤矿集团于2016年12月2日(周五)向钢铁公司支付10.2亿元,钢铁公司于12月5日(周一)收到后立即向信托公司转付了当期本息合计1,016,732,870.14元。

(3)主观认识上,建材公司及其控股股东建材集团对于由煤矿集团实际出资清偿案涉贷款具有明确的认识,包括:向信托公司进行清偿的资金事实上来自煤矿集团;清偿的流向采用“煤矿集团→钢铁公司→信托公司”这一路径;钢铁公司与建材公司、建材集团之间的请示报告、决议等对款项来源用途均有明确表述和清晰认识。钢铁公司主观上也认同,其对于煤矿集团汇入的资金,事实上并不能进行自主自由支配,相关资金的使用完全按照煤矿集团的意志精确无误地流向目标债权人并实现贷款清偿。

(4)在付款路径的合理性上,煤矿集团直接向信托公司进行偿还,会形成钢铁公司贷款违约的局面,这将极大地增加钢铁公司日后的融资难度。因此,在各方明知煤矿集团主动出资承担保证责任的情况下,通过特殊的路径设计,还能额外维护钢铁公司的企业资信,这对在行业寒冬和艰难经营下生存的企业意义非凡。

(5)权利义务平衡上,煤矿集团及建材集团所提供的“全额保证+51%反担保”模式,在最终责任承担上体现出“按持股比例提供担保”的设计初衷,即煤矿集团作为钢铁公司的49%股东最终承担49%的代偿责任、建材集团作为钢铁公司的51%股东最终承担51%的代偿责任。如果本案中否定煤矿集团保证责任的承担,将造成权利义务的严重失衡,煤矿集团作为非控股股东独自承担了子公司的所有债务,反观建材集团作为间接控股股东却在主导经营子公司严重亏损的情况下,分文未担、全身而退,明显与诚信合作、权责对等的司法导向相悖。

(三)法院审查过程与律师应对思路

针对本案特殊的事实情形与交易背景,两审法院对核心争议焦点的判断均呈现极为谨慎的处理态度。审理过程中,法院紧紧围绕煤矿集团付款行为的性质这一核心争议,结合各方主张,逐一审查、层层推进,最终开展了由浅及深的三个层面、多个重点问题的调查与判断。

首先,在合同基础层面,煤矿集团承担保证责任的合同基础,以及在相应情形下由其承担保证责任的必要性。

其次,在特殊路径的合理性层面,煤矿集团的清偿路径是否清晰、明确,能否判断是以煤矿集团资金完成的清偿;借款或特殊路径代偿主张是否有各自自洽的法理基础;煤矿集团的特殊清偿路径是否有合理的现实理由;各方对煤矿集团代偿是否有一致清晰的认识。

最后,在权利义务平衡层面,建材集团主张通过新贷款解决旧贷款的主张能否成立;煤矿集团主张反担保责任是否在事实上加重了建材集团的合同义务,或建材集团不承担反担保责任是否造成煤矿集团权利与义务的失衡。

1.关于煤矿集团承担担保责任的必要性

煤矿集团承担担保责任的必要性,是法院判断本案煤矿集团代偿行为合理性的基础事实。如果煤矿集团在本案中没有承担担保责任的必要,或其必要程度较轻没有达到需要保证人代偿的程度,将导致法院对煤矿集团承担保证责任的主张产生动机上的质疑。

针对上述问题,国浩律师在代理中对煤矿集团承担担保责任的必要性和合理性进行了充分的说明:

(1)煤矿集团是保证合同的签署方,本身负有承担保证责任的合同义务;

(2)煤矿集团代偿时,钢铁公司已出现逾期还款的情况,触发了承担保证责任的合同条件;

(3)钢铁公司财务巨额亏损,自身无力承担高达10亿余元的清偿责任,此间多次作出报告、请示,请求煤矿集团协调解决偿贷压力;

(4)债权人已多次向煤矿集团发函要求承担保证责任,由于煤矿集团信贷规模巨大,如未清偿将引发征信污点并触发其他信贷合同的交叉违约条款,形成集中违约,因而煤矿集团的代偿具有紧迫性。

2. 资金的锁定:路径、金额、时间

煤矿集团资金的支付、流向以及钢铁公司对资金的使用、转付的时间,是法院判断钢铁公司向信托公司的清偿资金是否来自煤矿集团,钢铁公司是否对该笔资金有其他自由支配可能性的核心要素。如果相关资金的来源与指向不明,法院的裁判则更容易向交易表征或易于认定的事实(借款关系)方向倾斜,形成对我方不利的结果。

为此,国浩律师着重强调了关于资金来源与指向清晰的相关事实。

(1)煤矿集团进行的3000万元及10.2亿元资金支付,其数额均与钢铁公司当期应清偿贷款的金额相近,可以看出是按照钢铁公司的清偿额进行的专项支付;

(2)钢铁公司转付时间极短,均是在收到煤矿集团付款后的工作日12小时内向信托公司完成支付,中间未进行其他支配使用,可以判断其来源清晰、流向明确。

3. 交易外观

交易外观理由是建材集团在本案中的核心主张之一。作为判断煤矿集团付款性质的核心问题之一,这是法院无论作出何种认定都必须考虑和进行解释的关键一节。

两次庭审中,法院对这一问题的审理也体现出十分谨慎的裁判态度,其裁判难点是如何综合全案各要素,并在对各种要素重要性的分析、各类理由自洽性的判断下,形成一种更公平、更尊重事实、更有利于诚信交易的内心确信,进而在建材集团提出的交易外观理由与煤矿集团提出的交易实质理由之间作出选择。

为此,法院分别深入听取了各方主张及理由。

建材集团通过开示证据,提出了以下说理主张:

(1)煤矿集团与建材集团订立了具有一致意思表示的《借款合同》;

(2)煤矿集团支付的金额与《借款合同》所约定的10.2亿元借款数额一致,是履行借款合同义务的行为;

(3)该《借款合同》的签署背景是已经取得了15亿元新贷款的放贷意向,各方已在一系列报告、请示、决议中明确了煤矿集团利用新贷款通过股东借款渠道解决偿债危机的安排,本案所形成的资金流向正与该安排一致,因此也印证了煤矿集团支付资金的借款属性。

因而,从各项证据表征的指向来看,无论合意、履行行为、动因均是围绕借款意思展开的,应当认定煤矿集团的付款行为是向钢铁公司支付借款。

煤矿集团不同于建材集团主要就局部交易细节进行分析,国浩律师从全局视角出发,提出了与建材集团完全相反的主张,认为煤矿集团向钢铁公司支付10.2亿元的实质是承担保证责任的一个环节,作为各方一致采纳的对钢铁公司资信损失最小代偿的代偿路径,其代偿性质应结合付款的目的、指向予以确认,不应仅依据表面财务凭证予以否认。具体而言:

(1)关于借款交易外观的处理,我方与钢铁公司作为借款合同双方作出了一致的否认陈述,均认为该《借款合同》是为双方收付10.2亿元资金所提供的财务手续,主张该《借款合同》是双方的虚伪意思表示,应按照各方真实意图认定款项支付的实质。

(2)关于应作出代偿认定的必然性上,我方通过围绕①资金流向的起终点及极其短暂的中间停留,说明案涉资金流向具有明显煤矿集团代偿贷款的指向和意图;②通过担保及反担保条款的结构设计,说明"按股比承担担保责任"是两股东提供担保的合作初衷;③通过全案权利义务平衡,说明否认代偿关系(确认借款关系)将引发两股东权利义务的重大失衡。并在以上三方面说理的基础上,指出煤矿集团在该种特殊背景下其行为的代偿性应受司法保护。

(3)关于代偿路径的合理性上,通过对①钢铁公司违约后煤矿集团所面临催收及失信的现实紧迫;②设计特殊清偿路径以维护钢铁公司资信的合理理由;③各方对煤矿集团代偿具有共同认识等三方面的阐述,说明了煤矿集团承担保证责任的必要性及所使用的代偿责任路径的合理性。

4. 清偿路径的现实合理性

对煤矿集团通过钢铁公司进行"曲线代偿"合理性的审查,事实上是法院对采用该特殊代偿路径其直接原因的探究，通过该路径是否具有现实效用的直观感受，获得内心确信。如果该问题不能得到合理解释，将引发审理法院对煤矿集团承担保证责任主张的怀疑，也可能因为对这一问题的存疑，将审理视野向看似更为意图明确的借贷关系上倾斜。

对此，国浩律师提供了以下合理性理由：

由于历史因素、市场环境因素，钢铁公司本身背负着较重的经营包袱，因此维持钢铁公司的融资能力，对其能够稳定经营是十分紧迫和必要的。若煤矿集团直接向信托公司进行清偿，这无疑等同于宣告钢铁公司丧失偿债能力，在信贷审查日益深入和日趋严格的金融格局下，由钢铁公司自行清偿是副作用最小、最能维持其融资能力的清偿方案。同时，由于钢铁公司拥有相当数量的企业职工，保持其融资和经营能力，对于稳定员工情绪和维持相关社会群体的安定也具有十分重要的意义。

5. 各方主观认识

对法律行为的主观认识，是对法律行为性质判断的重要方面。法院对于这一问题的审查，虽然有意观察，但并不十分外显。其原因在于司法审查上判定主观认识的素材主要来源于两个方面：其一是各方对其认识的主观陈述与自认（主观自认）；其二是各方证据及行为所体现出的主观意图（客观判定），但这两方面在本案中均不易产生直接且确定的判断。

关于前者，显然各方持有鲜明的主观立场，难以作为认定各方主观认识的可靠依据；关于后者，案涉证据对我方存在一定的不利因素，表现在用以解决偿贷问题新申请15亿元贷款时的一系列请示、报告、决议中关于贷款用途的描述不够明确，易于曲解，上述材料易被建材集团用以作为证明存在借贷意图的证据。

因此，国浩律师从案涉证据所能体现的确定事实方面作了防守性准备，以抵消相关证据给法庭传递的负面导向，并与国浩律师的其他主张构建一致的逻辑。具体而言：

（1）从解决10亿元贷款的资金来源上看，各方在事前均已知晓款项来自煤矿集团；

（2）从煤矿集团贷款用途的表述上看，各方（包括信托公司）均已明确知悉将由煤矿集团事实上承担到期贷款的偿贷责任，因此无论通过何种路径完成清偿，煤矿集团的代偿安排已为各方所认可；

(3)结合煤矿集团代偿资金的清晰流向,事实上落实了这种偿贷安排;

(4)煤矿集团偿贷安排的相关文件中,没有任何免除建材集团反担保义务的表述。

6. 权利义务平衡

权利义务平衡是国浩诉讼理由中最深层、最核心的部分,也是法院最终能够支持国浩律师主张的关键问题。

本案争议经过对前述其他各层次问题的逐一阐述与交锋,体现出两方主张均有其合理性亦存在一定漏洞,但从逻辑及法律解释上看均无不可逾越的法理硬伤。因此,本案司法裁判如何倾斜、个案正义如何实现,关键在于何种理由能够促使法官形成更为强大的内心确信。换言之,何种理由最终能形成平衡的裁判结果或一旦忽视该理由将引发权利义务的明显失衡,就将成为法院对两种主张进行取舍的关键理由。

庭审中,国浩律师提出的以下理由获得了合议庭的高度关注:

煤矿集团及建材集团共同构建的"全额保证 +51% 反担保"增信结构,在最终责任上体现出"按持股比例承担责任"的设计初衷。如果本案中否定了煤矿集团保证责任的承担,将造成权利义务的严重失衡,与诚信合作、权责对等的司法导向相悖。

建材集团在该问题上,未能提出有力的对应抗辩,其所提出的 15 亿元新贷款替代了 10 亿元贷款、15 亿元新贷款的远期回购义务事实上与 10 亿元贷款的反担保责任对等说法,存在逻辑漏洞,其抗辩对我方以上理由的反驳能力较弱。

7. 新旧贷款之间是否存在替代关系

本案中存在借新还旧的替代关系,是建材集团为说明其不应承担反担保责任的另一主要理由,该理由也成为最高人民法院在二审审理时的重点审查事项之一。

建材集团该项主张的提出,意欲通过穿透视角,将新贷款解释为是钢铁公司实际所贷款项,进而通过新贷还旧贷的常规续贷逻辑,主张旧贷款已获清偿并完全消灭,建材集团在旧贷款下的反担保责任相应消灭,并同等转化为新贷款中的远期回购义务,因而既不存在旧贷款中残存的反担保关系,也不存在煤矿集团主张的权利义务失衡问题。

国浩律师认为,对方这一抗辩存在明显的逻辑漏洞:

(1)虽然在15亿元新贷款最初商议的贷款用途上与旧贷款的清偿存在一定的关联,但新旧贷款的贷款主体、担保方式存在显著区别,二者是完全不同、各自独立的两笔贷款,实践中从来没有过一例连贷款主体都不同的“借新还旧”。

(2)基于10亿元贷款煤矿集团已经承担保证责任的情况,已经触发了建材集团在该贷款项下反担保责任的承担条件,煤矿集团有绝对的理由向其主张反担保责任。

(3)从未有任何约定表明煤矿集团因后续15亿元贷款的发生而免除了建材集团10亿元贷款的反担保责任。即便从建材集团反复强调的2016年度第一次临时股东会决议来看,也没有任何一条内容免除其反担保责任。仅仅基于对15亿元贷款用途的表述,显然不能产生改变各方在10亿元贷款中法律关系的责任后果。

(4)从实际责任承担来看,两笔贷款更是有着本质的区别。

①10亿元贷款,因为钢铁公司资金匮乏,由煤矿集团和建材集团最终承担几乎是必然的。10亿元贷款本身即是在钢铁公司自身资金短缺、缺乏造血能力的前提下,煤矿集团和建材集团利用自身资信协助其解决资金问题而发生的。面对钢铁公司这一资信和实力都比较弱的债务人,10亿元贷款逾期的最终后果必然是由煤矿集团和建材集团两股东按照股权比例实际承担相应的担保和反担保责任。

②15亿元贷款,因为煤矿集团实力强劲,建材集团承担责任仅存在于理论层面。15亿元贷款,从任何层面讲,都是煤矿集团自身债务。与10亿元贷款不同的是煤矿集团是拥有千亿元资产规模及千亿元信贷规模的实力极强、资信过硬的债务人,远非钢铁公司可比。同时,在这一贷款项下,建材集团也并非帮助煤矿集团解决债务问题,而是为其合作伙伴信托公司承接债权,本质上还是由煤矿集团这一实力过硬的主体来最终承担。此时,对于建材集团来讲,15亿元贷款远期回购义务与10亿贷款反担保责任相比处于完全不同的责任风险之下,10亿元贷款中钢铁公司逾期、建材集团承担反担保责任几乎是必然发生的,而15亿元贷款中由煤矿集团作为债务人,需要建材集团承担责任几乎是不可能的(基于煤矿集团一旦逾期,所产生的影响是对千亿信贷规模产生的整体资信影响),事实上在本案判决前,煤矿集团已完全以自有资金对15亿元贷款完成了清偿,基于我方向法院提交的相关财务凭证,也印证了建材集团的所谓担责风险并不实际存在。

(5)在煤矿集团实际偿贷和对15亿元新贷款的使用上,也完全与钢铁公司没有实际关联。首先,在清偿10亿元贷款的资金来源上,煤矿集团于12月2日以其自有资金支付并承担了保证责任,而该15亿元贷款合同于12月13日才实际签署、14日才完成发放。其次,在新贷款的约定用途上,合同最终约定为"用于乙方(煤矿集团)补充流动性资金",而不是用于钢铁公司还贷。最后,在煤矿集团对新贷款的实际使用上,也是按照其自身流动性的需要自行支配使用的,未向钢铁公司方进行任何支付。故15亿元新贷款的贷出及使用完全与钢铁公司的10亿元贷款清偿没有任何实际联系,因而对方基于新旧贷款存在来源与使用关系所提出的"借新还旧"理论,也完全没有事实基础。

(四)代理结果

国浩律师面对本案复杂审理局面,在两审审理过程中,紧紧围绕法庭关注的每一个可能影响案件走向的事实细节和法律要素展开说理。

一审中,国浩律师提出的特殊路径的合理性、承担担保责任实质指向、表面财务凭证虚假意思的双方确认以及认定借贷关系引发双方权利义务严重失衡等理由,获得了一审法院的内心确信,并对于保证责任的承担作出支持判决。

二审中,国浩律师通过从新贷款的原因、主体、结构,建材集团责任承担的现实可能性与最终清偿情况,建材集团对原有贷款担保责任承担的认识等方面展开论述,并将建材集团通过甩包袱所引发的违背合作初衷和引发严重利益失衡进行了再次的重点阐述。终审法院综合分析判断后,采信了我方主张,对建材集团提出的上诉理由予以驳回,并通过终审判决维持了应当承担保证责任的裁判结果。

至此,在国浩律师主张的核心诉求上,终获两审法院的全面支持。推翻了表面凭证所构建的非真实意思表示,并最终按照双方的合作初衷,切实维护了委托人的巨大利益与正义诉求。

截至2020年年底,建材集团应承担的6亿余元反担保责任已全部执行到位,相关反担保债权获得全面清偿。

三、案例点评

本案属于重视追求合作利益而对求偿风险欠缺预防所引发的争议。在企业运营过程中,商业利益是企业所追求的首要目标,但从风险预防的角度考虑,企业需要将追求商业利益所可能引发的相关风险准备行动前的预防性控制措施，以达到留足余地、进退自如的风控状态。

煤矿集团在10亿元贷款到期时，未采用直接承担保证责任，而选择在建材公司寻得15亿元贷款的背景下，向钢铁公司支出资金完成清偿，具有现实的商业利益考量，并有可能是当时情境下最优的经营选择，但该处置方案设计与实施过程中，由于风控因素考虑较少，故也为本案胜诉遗留了相当的障碍与难度。

四、专家推荐

推荐人：袁博超　国浩律师（太原）事务所管理合伙人

推荐内容：

在案件事实十分被动的情况下，国浩律师对整个交易模式、交易目标的把握，以及对争议法律行为进行了多层次、全方位的准确分析，使本案成为一起高质量、高含金量的胜诉案件。

在国浩律师代理过程中，我们可以看出对于当事人双方都是国有企业的诉讼案件，处理结果是否公平，可以作为在办案过程中一项基本的考量原则。本案中，前后两笔主体不同的融资，实际上都指向了双方的子公司，最终双方权利义务是否平等，成为影响法庭判断、排除不利证据的关键因素。在证据运用中的技巧，也有效地引导了法官的思路，并击破了对方原有代理战术安排。

本案是由重视追求合作利益而对求偿风险欠缺预防所引发的争议。在企业运营过程中，商业利益是企业所追求的首要目标，但从风险控制的角度，企业有必要将追求商业利益所可能引发的相关风险做好前瞻性的控制措施。我们可以从本案获得启发，尤其在合作双方代表不同立场的合作模式中，如能提前通过交易结构的设计、准确把握交易履行中各类行为的法律性质，并作出预防性的提前安排，将对实现留足余地、进退自如的风控状态十分有益。

土地使用权抵押之“房随地走”优先受偿权在建工领域如何适用？

承办律师

黄　来　国浩律师(重庆)事务所合伙人

■ 案例概述

“房随地走”作为民法典抵押权纠纷中一项典型原则,利用此原则解决此类纠纷的关键点在于证明地上建筑物的修建时间早于抵押登记办理时间。而在建设工程领域,建筑物的建成时间不同于设计、规划、施工合同、施工质量监督、施工许可、竣工验收备案登记时间。因此,在办案过程中寻找这类证据成为解决此类纠纷的突破口。在“某资产管理分公司诉某热水器公司抵押权纠纷案”中,国浩重庆合伙人黄来通过多途径、多角度突破这一难题,对该类纠纷的化解具有借鉴意义。

一、案情简介

因某热水器公司(以下简称热水器公司)破产管理人出具的《某热水器公司破产清算案有财产担保债权分配方案》载明:热水器公司土地上的二期厂房及综合楼项目以及非法建筑属于新增建筑,新增建筑物拍卖的价款某资产公司(以下简称资产公司)不享有优先受偿权。该方案减损了资产公司490余万元的优先受偿额,不能满足优先受偿债权13,677,391.84元的受偿范围。资产公司不同意该分配方案,故通过公开招标,委托国浩律师代理本案。

一审围绕资产公司是否对热水器公司未办理抵押登记的地上建筑物享有优先受偿权展开。尽管国浩律师举示了大量证据,证明争讼建筑物并非抵押合同签订后新增,应当基于“房随地走”原则一并抵押,但一审法院仍采纳了对方的观点,根据对方提交的竣工验收备案登记表认定争讼建筑物为抵押后新增,且根据原债权人某银行与热水器公司的诉讼案的判决结果认定原债权人放弃了对争讼标的物的抵押权,驳回了我方一审的诉讼请求。

国浩律师收到一审判决书后,以一审认定事实和适用法律错误为由向重庆市第五中级人民法院提起上诉,启动二审。

为进一步证明争讼二期厂房及综合楼项目建筑物的形成时间,国浩律师根据一审的证据线索找到某二期厂房施工方,向施工方调查取证,从而了解到施工方曾就争讼二期厂房及综合楼项目施工和价款支付与热水器公司提起诉讼。经检索裁判文书,国浩律师取得(2016)渝0153民初××号民事判决书,审理法院查明并认定“二期厂房及综合楼项目于2014年4月28日竣工撤场,2014年9月交付使用”,即证明了争讼建筑形成时间早于《最高额抵押合同》签订时间。国浩律师将这一补强证据提交给二审法院,再次从事实和法律上阐明资产公司应当就争讼建筑拍卖价款享有优先受偿权的理由。

二审法院全部采纳了国浩律师代理意见,于2022年5月23日作出终审判决,撤销一审法院判决,确认资产公司就破产财产拍卖价款的优先受偿权总金额为13,677,391.84元(确认了资产公司被减损的4,926,399.37元的优先受偿额),一审、二审受理费207,728.00元由热水器公司承担。

二、律师工作

国浩律师接受委托后,积极收集了相关证据(含重庆市建设工程设计方案审查意见通知书、建设工程施工合同、重庆市建设工程施工图审查备案凭证、建设规划许可、重庆市建设工程质量监督登记表、建筑工程施工许可证等)证明争讼建筑物并非抵押合同签订后新增,应当基于“房随地走”原则一并抵押。但一审法院认为,争讼建筑物未纳入抵押清单,亦未办理抵押登记,且根据竣工验收备案登记表认定争讼建筑物为抵押后新增,且根据原债权人某银行与热水器公司的诉讼案判决结果认定原债权人未主张对争讼标的物的抵押权,故综合前述理由驳回了我方一审的诉讼请求。

国浩律师收到一审判决书后,迅速启动二审。根据一审的证据线索,国浩律师通过各种途径找到了案涉工程二期厂房的施工方,进而了解到施工方曾就争讼标的物二期厂房及综合楼项目的施工价款支付与热水器公司发生诉讼。

经多方检索调查,国浩律师取得了(2016)渝0153民初××号民事判决书(施工方与热水器公司案件的判决书),其中法院查明并认定了“二期厂房及综合楼项目于2014年4月28日竣工撤场,2014年9月交付使用”。国浩律师迅速将这一补强证据提交给二审法院,结合一审中已提交的设计许可、规划许可、施工合同、施工质量监督、施工许可、竣工验收备案登记表等手续,再次从事实和法律上阐明资产公司应当就争讼建筑物的拍卖价款享有优先受偿权的理由,并起草书面代理意见提交给二审法院,编制庭审提纲、法律检索报告、举证意见等文书供庭审时使用。基于前述对案件的充分准备,国浩律师在二审庭审中取得了较好的效果,所发表的代理意见也被法院全部采纳。

三、案例分析

本案的争议焦点在于二期厂房及综合楼项目是不是管理人认为的新增建筑。

为解决这一争议焦点,首先应回到资产公司享有的债权以及抵押物优先受偿权的来源。根据某资产公司的介绍,2014年9月热水器公司和原债权人先后签订了借款合同和最高额抵押合同,抵押物涉及热水器公司厂区的土地使用权。而厂区土地的地上建筑物,即二期厂房和综合楼项目,究竟在何时形成?

热水器公司破产管理人认为,案涉工程竣工验收备案登记表载明:二期厂房及综合楼项目竣工验收时间为2015年。因此该工程被认为属于新增建筑物,资产公司不能依据《物权法》或《民法典》的相关规定对抵押土地上的建筑物的拍卖价款享有优先受偿权。

基于对建设工程的熟悉度和扎实的专业能力,国浩律师在接受委托后初步判断竣工验收备案登记表载明的时间不是案涉工程实际建成的时间。为还原事实,国浩律师迅速组织人员,前往案涉工程所在地的房地产及建设工程管理部门调取案涉工程的规划许可、设计许可、施工许可、施工合同等资料,拟证明借款发生时、最高额抵押合同签署时二期厂房及综合楼项目已经修建完成的事实。

几经周折,终于在该工程所在地开发区管理委员会找到了二期厂房及综合楼项目的规划许可、设计许可、施工许可、施工合同等资料。前述资料均载明二期厂房和综合楼的形成时间在2014年9月前,初步否定了管理人认为案涉工程属于新增建筑物的观点,找到了本案突破的初步希望。设计、规划、施工合同签订、施工质量监督、施工许可均是证明工程修建的事实行为，而热水器公司的管理人所提交的建设工程竣工验收备案登记表上所载明的竣工时间不能证明工程修建过程和落成的时间，不能证明案涉建筑是“新增建筑”。

二期厂房及综合楼项目的设计、规划、施工合同签订、施工质量监督、施工许可等均发生在2013年，客观上证明二期厂房及综合楼项目修建与形成发生在2014年之前，属于最高额抵押合同签署时的“已有建筑”，并非管理人描述的“新增建筑”。事实上，案涉工程早在2013年就已修建完成，由于热水器公司自身的资金原因没有及时办理竣工验收与备案，拖延至2015年才办理。因此，该登记证上的竣工时间不能证明工程的实际修建、建造和落成的时间，不能否定该工程属于已有建筑的法律事实。

作为在办理抵押登记前已经建成的地上建筑物，依据届时有效的《物权法》第一百八十二条规定的“……以建设用地使用权抵押的，该土地上的建筑物一并抵押。抵押人未依照前款规定一并抵押的，未抵押的财产视为一并抵押”及现行《民法典》第三百九十七条的相同规定，参照《〈全国法院民商事审判工作会议纪要〉理解与适用》第366—370页，第61条，物权法颁布后，采纳了法定抵押权的观点，抵押人未将土地使用权与地上建筑物一并抵押的，未抵押的财产视为一并抵押。

且热水器公司与原债权人某银行签订的《最高额抵押合同》第六条第六款明确约定：如抵押财产为土地使用权或在建工程的，抵押人承诺将抵押财产后续阶段的在建工程、现房一并作为主合同项下抵押财产，并在具备抵押条件时在房地产登记机关或有权部门所允许的最早时间内及时签署相关文件并办理有关抵押手续。

因此，毫无疑问，在2013年就实际修建完成的在抵押土地之上的二期厂房及综合楼项目属于《物权法》第一百八十二条、《民法典》第三百九十七条规定的范畴，即资产公司依法对二期厂房及综合楼项目享有抵押物权和优先受偿权。《物权法》第一百八十二条关于“以建筑物抵押的，该建筑物占用范围内的建设用地使用权一并抵押。以建设用地使用权抵押的，该土地上的建筑物一并抵押。抵押人未依照前款规定一并抵押的，未抵押的财产视为一并抵押”的规定，与《城市房地产管理法》《担保法》的相关规定相一致。

因此，根据《最高人民法院关于适用〈中华人民共和国民法典〉有关担保制度的解释》第五十一条第一款第一句规定，“当事人仅以建设用地使用权抵押，债权人主张抵押权的效力及于土地上已有的建筑物以及正在建造的建筑物已完成部分的,人民法院应予支持”。资产公司的抵押权及于热水器公司的抵押财产二期厂房及综合楼,即享有对管理人在淘宝网上司法拍卖热水器公司破产财产所得的1700余万元款项中13,677,391.84元的优先受偿权。

四、案例点评

本案的典型意义在于利用建工领域专业思维和经验优势解决借款合同中优先受偿难题。资产公司与热水器公司抵押权纠纷案,表面上看主要涉及借款合同中抵押物的优先受偿权问题。但是,因该热水器公司与原借款方签订的抵押合同中抵押物的特殊性,涉及建设工程领域中的实操问题,所以确定案涉“二期厂房和综合楼”是否为新增建筑这一问题成了此纠纷的争议焦点。

只从建筑物竣工验收时间来看,2015年二期厂房及综合楼竣工验收,2014年9月热水器公司借款并将相应土地使用权、建筑物抵押登记,“二期厂房和综合楼”应属于土地上“新增建筑”,资产公司对其不享有抵押权。

但事实上,基于承办律师深耕建工领域多年的经验,收集了“二期厂房和综合楼”的规划许可、设计许可、施工合同、监理合同、施工许可等方面的证据,证明了工程建造时间在贷款、土地抵押登记之前,应属于已有建筑。又在后续过程中了解到,施工单位与热水器公司发生过施工合同纠纷,该案生效判决上载明了二期厂房及综合楼在2014年9月交付使用,进一步证明了二期厂房和综合楼不属于新增建筑。因此,确定了资产公司对热水器公司的“二期厂房和综合楼”拍卖所得价款享有优先受偿权。

由此,民商事纠纷之间不是非此即彼的关系。律师代理案件时,不仅要从自己熟悉的法律层面考虑,还要在深挖案件事实的基础上朝专业化办案的方面努力,尤其是涉及一些如建设工程等专业性质非常强的领域。

当然,从本案一审败诉、二审胜诉翻盘得出的经验教训来看:一是要深入了解案件事实细节,尤其是涉及争议焦点的法律事实,遇到自己不熟悉的专业领域时及时向专业人士请教解惑。二是要坚持,在大部分业内人士都不看好该案件的情况下,国浩律师没有气馁,而是另辟蹊径、深挖案情,不断寻找补强证据,最终获得了胜诉,在最大范围内维护了客户的权益。

五、专家推荐

推荐人:陆伟明　西南政法大学行政法学院、纪检监察学院副教授

推荐内容:

本案的亮点在于利用建工专业思维解决借款合同中优先受偿难题。该案的特别之处在于其本质上是由借款合同引发的抵押权纠纷,但其又是因抵押物为建设用地使用权和物上建筑物,以及合同双方对关键建筑物的修建时间的不同界定,从而引发的一系列纠纷。

本案的争议焦点主要在于"二期厂房和综合楼"这一组建筑物的修建时间。对方当事人以竣工验收备案时间来界定建筑物的修建时间,而事实上,在建设工程领域,建筑物的规划、设计、施工合同、监理合同、施工许可等才是证明其修建时间的关键,竣工验收备案时间不一定代表真正意义上的修建完成。

一审法院认同了对方当事人以"二期厂房和综合楼"的竣工验收备案时间来确定其修建时间的方式。而律师在二审上诉后,再次提交了补强证据,并充分指出了一审法院基本事实认定、法律适用方面的错误。

基于此,二审法院重新查明了案件基本事实,对本案争议焦点即热水器公司的抵押财产"二期厂房和综合楼"的修建时间进行了实质审查,而非浅显地以该建筑物竣工验收备案时间来确定修建时间。当然,工程修建时间不能简单地通过竣工验收时间就确定,而是要按照工程规划、设计、许可、修建、验收等具体节点综合来看。

该案很直接地说明了律师专业化思维的重要性。如果在办案最初,律师将本案仅仅当成一个普通的涉及破产抵押权的借款合同纠纷,不了解建设工程中建筑物的修建时间和竣工验收时间的细微差别,那么就会忽略案涉"二期厂房和综合楼"的真正修建时间这一关键信息,也无法在查明事实的基础上用《民法典》"房随地走"这一规定来证明某资产公司对某热水器公司"二期厂房和综合楼"享有优先受偿权。而这一关键信息的挖掘,依赖于专耕此领域的资深律师的经验和判断。

第十章 劳动人事

单位借调岗“逼迫”劳动者辞职，劳动者如何自救?

承办律师

叶茵茵 国浩律师(上海)事务所合伙人

■ 案例概述

用人单位以调岗为手段“逼迫”劳动者辞职的情形较普遍，劳动者容易陷入怠工被过错解除或者辞职但无法获取分毫补偿的两难境地。由国浩上海合伙人叶茵茵等承办的“李某与某信息技术有限公司劳动争议案”中，国浩律师于纠纷伊始及时介入，全程辅导劳动者进行磋商沟通与证据采集，并在争议解决中，基于对相关法律的透彻理解，运用丰富的劳动争议处理经验，最终协助劳动者以有尊严的方式离职，并获得了经济补偿金等应得利益。

一、案情简介

李某原系上海市某幼儿园教师，系事业编人员，后病休待岗。李某的社保一直由该幼儿园缴纳，双方未签订任何协议。

李某于2004年6月入职北京石某信息技术有限公司(以下简称S公司)，双方签有多份劳动合同。自2019年3月起，李某担任北京富某信息技术有限公司(S公司的子公司，以下简称F公司)副总经理，负责销售工作，每月除基本工资外,另有业绩工资等。2020 年 3 月 31 日,S 公司以受疫情影响需组织架构调整为由,需将李某调岗至北京长某信息科技有限公司(以下简称 C 公司)华东区担任销售总监;或李某继续留在 F 公司,但岗位调整为销售支持部总监,月工资降幅较大。李某对两调整方案均表示反对,认为 C 公司与 F 公司系长期竞争对手,若将李某调岗至 C 公司属强人所难;但留在 F 公司属于降职降薪。

次日,S 公司通知李某调岗至上海办公室负责人,月工资仅为原先的 1/3,负责日常事务、打卡考勤。

2020 年 7 月,李某向上海市徐汇区劳动人事争议仲裁委员会提起劳动仲裁,要求 S 公司支付调岗期间的工资差额、经济补偿金共计约 60 万元。仲裁委员会认为,李某与 S 公司成立“特殊劳动关系”,故以双方未约定经济补偿金支付情形为由,驳回了李某的全部仲裁请求。

李某不服,向上海市徐汇区人民法院起诉,一审判决认定李某与 S 公司之间并非“特殊劳动关系”,并支持工资差额诉请,但以欠薪不具有恶意为由,驳回经济补偿金诉请。

李某向上海市第一中级人民法院提出上诉。二审法院从诚实信用原则出发,认定 S 公司的调岗降薪明显不具有合理性,有惩罚性之嫌。李某以未及时足额支付劳动报酬为由要求解除合同理由成立,故判决 S 公司支付经济补偿金。

后 S 公司申请再审,被驳回。

二、律师工作

劳动者李某与 S 公司的博弈在矛盾出现早期即已开始,李某作为高管亦明白 S 公司调岗的真实意图。李某处于两难困境,既不甘心自行辞职丧失本应享有的合法权益,又无法接受带有惩罚性质的调岗降薪。国浩律师对李某的情况进行了深入分析,提出如下方案。

(一)指导劳动者充分利用沟通机会将双方对于调岗方案的意见充分留痕

从矛盾伊始,国浩律师指导劳动者剥离情绪,从法律要件出发,在劳动者与用人单位沟通过程中,帮助劳动者将法庭调查的每一个要素均向用人单位抛出,并促使用人单位正面回应。双方的沟通内容反映调岗是否合法、合理,是日后发生仲裁、诉讼时举证的关键。

(二)提醒劳动者纠纷解决期不宜出现任何迟到早退、旷工等行为

矛盾越是激化,劳动者越容易因情绪出现怠工等行为,从而被用人单位以过错为由解除劳动合同。因此,离职前更需严格遵守规章制度。同时,如用人单位不主动与劳动者解除劳动关系,则劳动者可以适时依据《劳动合同法》第三十八条申请离职。

(三)善用诚信原则推动案件走向

《劳动合同法》第三十八条第一款第二项规定的"未及时足额支付劳动报酬"在司法实践中适用条件较为严苛。国浩律师充分利用前期搜集的证据,证明了用人单位存在恶意。二审援引诚实信用原则,最终支持了劳动者的经济补偿金诉请。

三、案例分析

审理过程中,本案的争议焦点为:(1)李某与S公司形成的是标准劳动关系还是特殊劳动关系;(2)李某以未及时足额支付劳动报酬、未提供劳动合同约定的劳动条件为由解除劳动合同的理由是否成立。

国浩律师主要从以下方面充分举证与说理,最终力证李某与S公司形成的是标准劳动关系,应适用《劳动合同法》。用人单位与劳动者均应当全面履行劳动合同所约定的内容。S公司未按劳动合同约定提供劳动条件、未及时足额支付劳动报酬,严重侵害了李某的合法权益,李某有权单方提出解除劳动合同,并获得经济补偿金。

(一)李某与S公司形成的是标准劳动关系,应适用《劳动合同法》

第一,双方均系适格的劳动关系主体,存在缔结劳动关系的合意,双方实际履行劳动合同长达10余年。S公司为李某提供工作岗位,要求李某遵守用人单位制定的规章制度,对其考核、考勤并发放劳动报酬,李某接受S公司管理,提供的劳动是S公司的核心业务。因此,无论从合同订立合意还是履行过程,均完全符合劳动关系的构成要件。此外,李某并未与幼儿园协议保留社会保险关系,也不属于《上海市劳动和社会保障局关于特殊劳动关系有关问题的通知》(以下简称《通

知》)出台背景下"协议保留社会保险关系"的特定对象。

第二,即便根据《通知》规定,新用人单位在与"协议保留社会保险关系"的劳动者解除特殊劳动关系时,除非双方有约定,否则单位不需支付经济补偿。但2010年出台的《最高人民法院关于审理劳动争议案件适用法律若干问题的解释(三)》第八条规定[《最高人民法院关于审理劳动争议案件适用法律问题的解释(一)》(法释〔2020〕26号)第三十二条],企业停薪留职人员、未达到法定退休年龄的内退人员、下岗待岗人员以及企业经营性停产放长假人员,因与新的用人单位发生用工争议,依法向人民法院提起诉讼的,人民法院应当按劳动关系处理。根据上述司法解释的精神,双方之间形成的用工关系亦应认定为劳动关系。同时,结合最高人民法院对该条款的解读,即"在其他类型的双重劳动关系情形下,也应类推适用前述规定,认定多个劳动关系的存在,并依据劳动关系的法律规范解决相关的劳动争议"。由此可见,对于双重劳动关系,我国在立法层面和司法实践中均持认可态度。因此,双方解除劳动关系后的权利义务应当适用《劳动合同法》的相关规定。

第三,《通知》开宗明义"为……保障劳动者的合法权益……"其颁布目的系在法律缺少规定的情况下,给予特定历史条件下相关人员最低限度的劳动保护,其核心要义在于保护而非限制甚至剥夺劳动者的合法权益。具体而言,《通知》之所以仅从工作时间规定、劳动保护规定以及最低工资规定这三个方面给予劳动者最低限度的保护,是基于劳动者在新用人单位丧失的权利可以从原用人单位得以救济,而如果劳动者被恶意调岗降薪,却无从救济权利,无疑是违背了《通知》的立法宗旨。

综上,李某与S公司构成劳动关系,应适用《劳动合同法》。

(二)S公司对李某调岗降薪的理由不具有合理性,各方仍应严格依劳动合同履行各自义务

第一,S公司以疫情因素等客观情况发生变化为由,主张其调岗行为的合理性,但其未能举证证明。相反,在疫情期间S公司生产经营正常,根据其对外发布的信息可知S公司的现金流非常充裕。且在此期间,S公司仍正常对外招聘工作人员以及高级管理人员,员工福利也照常发放。可见,疫情并未对S公司的生产经营造成不利影响。

第二,S 公司作为经营者,在与李某订立劳动合同时,对市场可能产生的波动及生产经营策略可能产生的变化应当有所预见。在劳动合同订立后,各方应当恪守合同约定的各项义务,尤其是关于工作岗位以及工资报酬等合同主要内容,只有经过双方协商一致方能变更。

第三,李某入职以来工作内容一直与销售密切相关,即使经过组织架构调整,但调整后销售工作仍为 S 公司的核心业务,S 公司可以将李某安排在其他销售岗位,故 S 公司的组织架构调整并不会导致劳动合同无法继续履行。

综上,S 公司调岗理由不具有合理性。

(三)S 公司单方调岗致李某前后岗位职能发生实质性变化、薪资明显降低,带有侮辱性和针对性,严重侵害了李某的合法权益,属未按劳动合同约定提供劳动条件和未及时足额支付劳动报酬的情形

针对将李某调至 C 公司华东销售总监职位的调整方案,由于 C 公司与 F 公司之间长期处于白热化的竞争状态,两者企业文化完全不同。虽同属 S 公司的全资子公司,但业绩考核仍相互独立,且存在利益冲突。故该岗位安排确属强人所难,超出李某能够接受的情理范围。而且,2020 年 C 公司的组织架构中并无华东销售总监的职位。

针对将李某调至 F 公司销售支持部总监岗位的方案,根据其内部文件,销售支持部受副总经理领导,月工资也有所下降,相较于原岗位存在明显降职降薪的情形。

综合上述对两种调整方案的分析,S 公司在协商过程中提供的岗位明显缺乏合理性和诚意。

李某自 2004 年入职以来一直在销售岗位任职,2018 年以来担任 S 公司信息副总经理,分管事务包括销售售前支持、产品研发、签约项目交付、客户售后服务支持、行业合作拓展等工作。但在未经任何协商的情况下,S 公司单方强行将李某从副总经理岗位调至上海办公室负责人,该岗位独立于组织架构之外,负责公司各项制度、政策在上海区域的落实执行;协助上海办公室对外联络及协调工作;落实员工招聘、培训、绩效等人力资源相关事宜等综合管理事宜。因此,调岗前后跨越了两个职能部门,工作内容亦从分管与销售相关的核心业务变更为人事行政管理,工作内容发生了实质性变更,对李某而言具有明显的侮辱性和针对性,属于未

按照劳动合同约定提供劳动条件的情况。

此外,S公司未能足额支付劳动报酬。调岗后,S公司将李某的标准月工资下调,降幅高达2/3,且分别于2020年4月30日和5月30日直接按照该工资标准向李某发放工资。对此,李某多次发邮件向公司表示不同意单方面调岗调薪的结果,但S公司均置之不理,就是为了逼迫李某主动辞职,其行为具有明显的恶意。

综上,依法订立的劳动合同具有约束力,用人单位与劳动者均应当全面履行劳动合同所约定的内容。针对S公司就劳动合同中工作岗位、工资报酬等主要条款的变更,公司未能举证证明调岗降薪行为的合法性、合理性。该行为属于用人单位未提供劳动合同约定的劳动条件且未足额支付劳动报酬的情形,对劳动者的合法权益造成了的损害。对此,李某有权依据《劳动合同法》第三十八条的规定,单方提出解除劳动合同,并依据第四十六条第一项主张经济补偿金。

四、案例点评

用人单位单方调岗引发的纠纷是一类典型的劳动争议。虽然部分地区出台文件,对调岗应系因客观情况发生重大变化、调岗应不具有侮辱性等给出了指引性规定,但当劳动者因此"被迫"辞职时,是否有权依《劳动合同法》第三十八条主张经济补偿金,裁审机关却普遍较为保守,即以双方对岗位有争议为由认定欠薪非恶意,从而驳回劳动者主张。本案中,国浩律师从介入伊始即着眼于证据搜集,并使用人单位调岗降薪之恶意"可证明",从而维护了劳动者合法权益。

具体而言,国浩律师在李某与S公司进行调岗沟通时即介入该纠纷,把握事件发展节奏,从裁审机关审理此类纠纷的要件出发,帮助李某对沟通经过、岗位差异、薪酬差异、己方异议的理由等进行证据搜集和文字沟通,既固定了职位、薪酬等客观要素上的差异,减小了诉讼中的举证难度,又借此凸显了劳动者积极沟通的态度,反映S公司单方、强势的调岗态度,清晰地呈现出企业以"协商"之名"逼迫"劳动者辞职的主观恶意。从而为二审认定石某公司有违诚实信用原则、调岗不具有合法性、合理性提供了充分的事实依据,有效维护了李某的合法权益。

本案中,还有一个争议点,即李某的身份具有一定的特殊性。其属于原所在事业单位为之缴纳社保的情形,一旦被认定为特殊劳动关系,则无从主张《劳动合同法》项下的权利。在仲裁已作不利认定的情况下,国浩律师从劳动关系构成要件、相关规定历史沿革与立法原意等角度出发,论述二者之间的法律关系。相关观点被一审、二审法院采纳。

五、专家推荐

推荐人:万志尧　国浩律师(上海)事务所合伙人

推荐内容:

用人单位单方不合理调岗时,劳动者经常处于被动接受或愤而辞职的两难境地。律师为劳动者提供服务时,首先,应运用专业能力对劳动者采取不同行动将面临的风险作出清晰预判;其次,应对争议发生后如何最大限度维护劳动者权益有清晰的取证思路和诉讼策略。该案例在上述两个方面都起到了优秀的示范作用。

第一,劳动者与单位产生调岗争议伊始,国浩律师即帮助其从裁审机关审理案件的要素出发,制定了目标明确、重点突出的沟通内容,又及时将证据固定,为良好的诉讼效果奠定了基础。

第二,国浩律师为劳动者提出辞职申请的时机、节奏进行了细致的把握,既避免了劳动者陷入与用人单位的“拉锯战”,又使本案的证据积累达到了足够影响裁判的程度。

第三,本案从仲裁的不利局面扭转到一审部分翻盘、二审全面翻盘,展现了国浩律师对法律规定的透彻理解和对司法裁判尺度的准确把握,为维护劳动者权益起到了重要的作用。

如何巧用间接证据认定劳动者违反竞业限制义务?

承办律师

朱　缨　国浩律师(苏州)事务所合伙人

案例概述

近年来,竞业限制纠纷案件呈逐年上升趋势,但劳动者往往在实施过程中具有一定的隐蔽性,相关的证据采集困难,通常情况下,即便企业知道劳动者违反竞业限制义务,也苦于没有证据证明劳动者的违约行为,如何凭借间接证据认定劳动者的违约行为也存在不确定性和困难,故作为企业胜诉的案例少之又少。如何证明劳动者违反了竞业限制义务,以及如何争取较高的违约金金额,是该类案件的办案核心。

由国浩苏州合伙人朱缨等于 2022 年 7 月 28 日经办完成的“某新材料公司诉胡某竞业限制纠纷案”是企业维权系列纠纷中的一起典型案件。在该案结束后,国浩苏州律师合法运用证据规则、巧妙串联间接证据,使本案被告的上级领导在没有直接证据的情况下被人民法院认定违反竞业限制义务,并承担高达 800 多万元的竞业限制违约金,为竞业限制系列案画上了一个圆满的句号。

一、案情简介

2014 年 3 月胡某龙入职 A 公司,其间,担任工艺工程科科长、涂装车间主任、品管经理等,在职期间签订保密协议和竞业限制协议,竞业限制协议约定离职后两年内不得至竞争对手工作,竞业限制补偿金为离职前月度平均工资的 1/3,违约金为离开 A 公司上年度的薪酬总额的 3 倍。2019 年 12 月 1 日胡某龙离职(其

2018 年度应发工资总额为 191,809.3 元,离职前 12 个月应发工资总额为 94,569.48 元,平均工资 7880.79 元/月)。

随后,A 公司发现其离职后立即入职竞争对手企业任涂装车间主任,但没有直接证据加以证明。是故,A 公司向劳动仲裁委提起劳动仲裁,要求胡某龙支付竞业限制违约金为 575,427.9 元,退还竞业限制补偿金为 38,488 元;胡某龙提起反请求,要求解除竞业限制协议,支付拖欠的 2018 年 1 月至 2019 年 12 月 10 日的工资 108,929.3 元,支付竞业限制补偿金为 64,282.46 元。经仲裁裁决后,双方均向张家港市人民法院提起诉讼,一审判决后,双方均不服一审判决向苏州市中级人民法院提起上诉,苏州市中级人民法院维持原判。

二、律师工作

本案是 A 公司竞业限制系列案中其中一个案件,该案件的背景是 A 公司的总经理陈某军(另案诉讼)离职后在异地重新组建经营与委托人公司相同行业的公司,并高薪利诱包括胡某龙、王某洪在内的公司其他管理层、技术骨干和熟练工等 20 余人陆续离职加入该公司。

接到客户前期咨询后,国浩苏州律师组建服务团队,制订诉讼方案和取证方案,优选对已经违反竞业限制义务的离职管理人员王某洪、胡某龙陆续提起诉讼,清除外围不利的维权因素,在合法的证据规则下串联间接证据,使该案在没有直接证据的情况下认定了胡某龙存在竞业限制违约行为。

三、案例分析

本案一审、二审阶段的主要的争议焦点是:

1. 胡某龙主张其不属于竞业限制的适格主体进而其与 A 公司约定的竞业限制条款无效能否成立?

2. 如竞业限制条款有效,胡某龙以其不存在违反竞业限制的行为为由主张不承担违约金能否成立?

3. 胡某龙主张一审法院认定的竞业限制违约金金额过高进而应予以调低,能否成立?

(一)竞业限制适格主体问题与竞业限制条款有效性

关于争议焦点一,国浩苏州律师从胡某龙被作为专业人才引进 A 公司,以及在职期间所担任的职务和对公司的重要性等多维度论证其属于竞业限制对象：

首先，胡某龙是A公司引入的专业技术人员、高级管理人员，后又担任涂装车间主任、质量技术部经理（部门负责人）、实验室负责人，全面负责铝卷预处理、涂装工艺、涂层技术、实验室管理及特殊产品和新产品的研发等工作，属于劳动合同法规定的竞业限制对象。A公司的生产工序前道工序是胡某龙管理的铝卷预处理涂装工序，后道工序是王某洪（已另案诉讼并结案）管理的复合生产工序，两道生产工序均涉及A公司生产产品的配料配方、比例及生产工艺，属于A公司的核心技术。上述两人分别担任复合生产车间主任、涂装车间主任及质量技术部负责人和实验室负责人，属于高级管理人员和高级技术人员，并掌握公司技术秘密及经营秘密，属于竞业限制对象。

其次，A公司的原总经理陈某军（另案诉讼）在离开A公司后立即找到两人，以高薪分红等诱使两人离职并加入陈某军负责经营的B公司。从陈某军挖人的首选人员（上述两人）即可看出二人对A公司的重要性，以及两人对其经营的B公司的重要性，更加能够证明两人属于竞业限制的对象。

（二）竞业限制违反认定问题

关于有无违反竞业限制难点，国浩苏州律师通过大胆设想、小心求证的方式，从间接证据着手，在证据规则下“用好”证据、“用活”证据链以实现诉讼目的。

本案中胡某龙违反竞业限制义务的证据均来源于间接证据、其他关联案件（王某洪案件）已生效法律文书、证据的演绎和推定、对证据进行的比对和盖然性分析。国浩苏州律师巧用另案生效法律文书中的证据材料，推动承办法官自由心证来确认陈某龙的违约行为：

其一，另案诉讼的王某洪其在谈话笔录中陈述，其与胡某龙均在离职后进入B公司，并通过荣某公司代发工资、代缴社保，年终奖由武某卿（现B公司法定代表人原A公司外贸部经理）发放，而该公司的生产的产品和A公司一致，且客户均是原来A公司的客户。

其二，胡某龙在庭审中提交的证据和陈述称其入职的公司为荣某公司并由该公司发放工资和缴纳社保，但其提交的银行流水中的年终奖是由武某卿发放的。在社会实践中劳动者为规避竞业限制义务再就业时通常会以表面毫无竞争关系的企业代发工资、代缴社保而实际进入有竞争关系的企业服务，胡某龙采取的就是该种规避方式。

此外,再结合B公司的工作聊天群的聊天内容,王某洪、胡某龙等原A公司的员工约十几人均在该工作群中,更加能够证明胡某龙存在违反竞业限制协议的违约行为。

(三)违约金问题

关于违约金是否过高,国浩苏州律师从竞业限制合同的约定,以及胡某龙的主观恶意等角度综合阐述了其违约行为对应公司主张的违约金适当。

国浩苏州律师提出,B公司现任法定代表人武某卿之前系A公司员工、公司副总经理以及外贸部部门负责人,其与A公司的原总经理陈某军在离开A公司后立即进入B公司开展经营活动,结合A公司原总经理陈某军、胡某龙、王某洪等带动A公司十几名员工一起进入B公司上班的情况,可以看出该行为是有预谋有准备的团体行为,该团体行为给A公司的经营造成严重影响以及严重的经济损失。且王某洪在另案中陈述B公司现有客户均为A公司原客户,故势必会给A公司造成巨大的经济损失,且双方竞业限制合同中约定了竞业限制违约金金额,应当按照约定来执行。

四、案例点评

如何取证是竞业限制纠纷案件中最难的部分,胡某龙是否掌握商业秘密,以及A公司有无对商业秘密采取保护措施,为本案的争议焦点。国浩苏州律师梳理了公司对胡某龙的岗位职责及任命书,该岗位能接触并掌握企业的生产工艺和技术,公司又与掌握商业秘密的胡某龙签订了《保密协议》,对商业秘密采取了保护措施,通过系统性举证,化解案件中的疑点、难点、争议点。

本案并非个案,而是一个公司中有组织有预谋的团伙离职。A公司原法定代表人陈某军(另案诉讼)从A公司离职后有组织有预谋地从A公司“挖”走了各部门核心成员,完全复制A公司的经营模式、生产工艺、供应商、客户等开展生产经营,给A公司造成重大影响。一时间A公司处于内忧外患的局面——“内忧”于核心员工的不稳定,竞争对手以高薪为诱不断“挖”走核心骨干;“外患”于客户的不稳定,B公司直接发邮件给A公司客户,明确表示价格比A公司优惠,导致部分客户流失。该集体跳槽事件在A公司的行业内曾轰动一时,造成行业内的集体恐慌。

本案的胜诉为企业提供了在现有《劳动合同法》框架下维权的路径,也是企业充分利用江苏省高级人民法院、苏州市中级人民法院“双保护”的裁判理念的有效体现,做到企业与劳动者合法权益和合理诉求要保护平衡,企业的正常生产经营秩序和发展利益得到平等的保护。双保护政策,更加优化了营商环境,有效实现司法公正。

五、专家推荐

推荐人:黄建新　国浩律师(苏州)事务所管理合伙人、主任

推荐内容:

本案具有比较典型的保护企业和员工之间利益平衡的意义,企业在经营过程中不仅要把好入职关,也要做好离职关。对于关键岗位、关键人员,更应该在制度建设中做好规划,特别是对于商业秘密保护制度、措施和表现形式均要做到有据可查。出现违约情形后要主动出击,收集证据,形成有效证据链,利用政策导向,引导平衡保护的裁判结果实现。通过本案,也可以充分体现出律师在劳动争议案件中不仅要熟悉法律和规定,也要对企业的生产工序等予以研究,从离职员工在工作中的职能推演侵犯商业秘密的必然性,从而更好利用证据规则,实现诉讼目的。

第十一章　婚姻家庭

同居关系下,单方所购房产如何分割?

承办律师

王薇娜　国浩律师(海南)事务所律师

案例概述

夫妻双方离婚后为了照顾孩子生活起居或顾虑孩子感受,从而选择在一定时期内仍共同居住在同一个屋檐下,即"离婚不离家"的情形,在当今社会中比比皆是。然而,大多数选择"离婚不离家"方式相处的夫妻,在日后总会引起更大的麻烦,甚至因此对簿公堂,"战事"延绵不休。

国浩海南律师王薇娜于 2021 年 11 月经办完成的陈某诉张某同居关系析产纠纷二审案,即是一起"离婚不离家"的财产争议典型案例。该案二审的改判充分体现了国浩律师细腻入微、缜密严谨的专业水平,对目前社会出现的同居关系解除后的财产分割案件的处理提供了参考。

一、案情简介

委托人张某与陈某原系夫妻,2000 年结婚生子后陈某便不再外出工作,平日均是向张某要钱花销。张某对陈某好吃懒做的享乐主义持有诸多抱怨,长此以往,双方的三观逐渐相背而驰。2013 年 8 月 10 日,双方经协商达成离婚协议并到民政局办理了离婚登记。离婚后,考虑到女儿即将参加中考,为了不影响孩子的心情,双方决定“离婚不离家”,暂时维持现状同住一个屋檐下直到孩子顺利升学。女儿到外地上学住校后,陈某与张某便各自有了新的恋情,极少碰面。直到2020年7月,陈某突然向法院起诉,诉请分割张某于2018年2月购买的一套价值不菲的房产。

一审法院经审理认为:双方离婚后未办理复婚手续即以夫妻名义同居生活,现双方已实际解除同居关系,共有的基础丧失,陈某有权分割同居期间的共有财产。案件系涉及同居关系存续期间共有财产分割而引发的纠纷,故案件案由应为同居关系析产纠纷。一审法院还认为张某不能证明同居期间双方经济各自独立或同居生活期间所购房产系张某仅以其个人独立的收入来源所出资购买,且双方对同居期间取得的财产并无明确的归属约定,故可认定双方对同居生活期间形成的经济收入混同共用,双方同居生活期间所购买的财产为双方同居期间的共有财产,遂判决张某于2018年2月签约购买的房产归陈某使用,同时判决张某于2018年2月与某地产公司签订《商品房买卖合同》中关于该房产的所有权益和义务均由陈某享有、承担。

一审判决作出后,张某委托王薇娜律师代理该案二审。王薇娜律师接受委托后,立即向一审法院调取了一审全案卷宗,在与委托人进行案件深度沟通后重新收集、组织证据,确定了二审诉讼方向,向二审法院提起上诉,请求撤销一审判决上述判项,改判驳回陈某诉讼请求。

2021年11月,二审法院经审理作出判决,判决完全采纳了国浩律师的上诉意见,支持了委托人张某的上诉请求,撤销一审该项判决。至此,张某在同居期间由其全额出资购买的房产完好无损地回归至张某名下,国浩律师圆满完成委托人委托事项。后陈某申请再审,亦被驳回。

二、代理思路

受委托后,国浩律师申请查阅一审全部案卷材料,深度挖掘一审庭审笔录、调查笔录等细节,从一审法院组织的一次调查笔录中发现,笔录明确载明陈某表示不清楚案涉房产的购房款来源,进一步夯实了“案涉房产并非双方共同购置”的事实。

证据是决定二审翻案与否的关键。围绕国浩律师初步判定的二审争议焦点,即“在双方为同居关系情形下,讼争房产能否认定为双方共同共有财产并予以分割”,国浩律师就张某购房目的、案涉房产的资金来源、陈某个人收入、案涉房产的合同签订、备案,到案涉房产的交付、入住情况等,从正面补强证据,将一审法院未查明、确认和遗漏认定的事实逐一呈现在二审合议庭面前,为二审撤销一审判决提供事实基础。

一审法院对案涉纠纷的认定思路为:双方系离婚后以夫妻名义共同生活,双方在同居期间对财产归属无明确约定,故应视为共同共有财产,按共同共有原则处理。一审判决将夫妻关系与同居关系的财产分割处理原则混同,认为“一般共同财产”就是“夫妻共同财产”。因此,本案中张某与陈某离婚后是否是以夫妻名义共同生活、双方共同生活期间经济收入是否混同、一般共同财产是否等同于夫妻共同财产等便是二审程序中应当予以重点辨析的焦点问题。

1. 关于对是否“以夫妻名义共同生活“的认定问题。“离婚不离家”并非直接等同于“以夫妻名义共同生活”。陈某认为双方在离婚后仍是以“夫妻名义共同生活”的,其向法院提交了陈某闺蜜出具的证人证言,借此证明她的朋友们都认为陈某与张某还是夫妻,一审判决亦据此认定双方系以夫妻名义共同生活,陈某有权对案涉房产予以分割。部分证人在一审中出庭作证经庭审询问内容如下:

对证人刘某询问:

审:证人去陈某家的时候张某是否在家?

证:没有见过。

审:有听过陈某说过与张某的关系吗?

证:没有听过。

审:是否知道陈某与张某离婚?

证:我最近才知道的。

二审中,国浩律师对这些定案证据提出了异议,认为除了证人与陈某具有利害关系证言不应被采信外,还提出该证言恰好证明了陈某与张某并非持续性、稳定性地共同居住,证人不知晓陈某与张某已离婚,系陈某刻意隐瞒,而非张某与陈某主动“仍以夫妻名义”对外示人。又如,

对证人吴某询问:

审:证人出庭要证明什么事实?

证:证明陈某与张某是夫妻。我与陈某已经认识3—4年,2018—2019年经常在一起跳广场舞,经常骑车到陈某家接陈某去南茶公园跳广场舞,经常见到陈某

与张某说说笑笑从楼上走下来。

审:证人是否见过张某本人?

证:只见过一次。

国浩律师亦提出该证言拟证明张某与陈某夫妻在一起,然而从其在庭审中证言相互矛盾,可知该证言真实性存疑,不能作为认定事实的证据。既然只见过一次,又如何能“经常见到陈某与张某说说笑笑从楼上走下来”?

如何界定“夫妻名义共同生活”? 需要考虑几方面要素:第一,是否刻意对外仍以夫妻身份示人;第二,是不是持续性共同居住,是否具有共同居住的稳定性。换言之,存在双方共同持续、稳定的共同生活,是分割同居期间共同财产的前提条件。国浩律师在二审中通过对一审判决定案证据从各个方面进行了充分反驳,为后续争议焦点的认定奠定了扎实的基础。

2. 关于同居期间经济收入是否混同的认定问题。对同居关系财产问题的处理,应当重点审查双方同居关系中财产是否发生混同的情形。一审法院将应由原告承担的“同居期间经济收入混同”的举证责任分配给了张某,而后以“张某不能证明双方同居期间经济各自独立”为由,认定双方同居生活期间形成的经济收入混同共有。

混同是指不同所有人的财产混在一起,形成不能识别或难以识别的情形。国浩律师通过查阅一审庭审笔录及案卷材料发现,陈某在一审庭审中的数次陈述、二审询问中多次陈述“婚后至今一直未外出工作、无任何收入、张某每月转几千元给其花销”。据此,本案的客观事实应是,在双方同居期间仅有张某一方的经济收入,陈某的经济收入为零,不存在财产混同情形。二审中,因陈某明确承认不清楚案涉房产的款项来源,且同居期间无工作、无收入,亦无证据证明张某使用夫妻共同财产或双方同居共有收入购买案涉房产,故二审判决认定陈某主张同居期间双方财产混同证据不足。

3. 关于对一般共有财产的认定问题。根据《最高人民法院关于人民法院审理未办结婚登记而以夫妻名义同居生活案件的若干意见》(以下简称《若干意见》)第十条的规定:解除非法同居关系时,同居生活期间双方共同所得的收入和购置的财产,按一般共有财产处理。

如何正确理解并适用该条规定,成为本案审理关键。从规定的表述来看,可以划分出两项适用条件:

一是该条适用的范围为“双方共同所得的收入”和“双方共同购置的财产”。如何理解“双方共同所得的收入”和“双方共同购置的财产”,有必要结合《民法典》第一千零六十二条关于夫妻共同财产的规定进行对比。《民法典》第一千零六十二条规定,“夫妻在婚姻关系存续期间所得的下列财产,为夫妻的共同财产,归夫妻共同所有……”该法条行文采用的是“存续期间所得的下列财产”,即以时间为节点,夫妻在建立婚姻关系后所取得的财产原则上即为夫妻共同财产。而《若干意见》第十条的行文是“共同所得”,强调取得收入和购置财产的“共同性”,例如双方共同出资或按份额出资购买、添置财产。

二是该条规定的处理规则为“按一般共有财产处理”。何谓一般共有,目前该概念内涵不够明确,在实践中也缺乏操作标准。但可以确认的是,一审法院将《若干意见》第十条中的“一般共有”直接等同于原《物权法》中的“共同共有”概念,实属不妥,实际上两者并非同一概念。

从一般民法理论来讲,共有关系分为共同共有和按份共有。按份共有人按照各自的份额,对共有财产分享权利,分担义务;共同共有人对共有财产共同享有权利,共同承担义务。夫妻共同财产关系是典型的共同共有关系,基于配偶身份而产生。只要双方当事人缔结了合法的婚姻关系,在没有约定实行分别财产制的情形下,婚后所得财产原则上属于夫妻双方共同共有,但属于《民法典》规定的情形除外。法律在此强调的是身份关系。一般财产共有关系主要是基于共同投资、共同经营而产生的,如合伙共有关系、共同出资购买的共有房屋等。同居关系不同于合法婚姻中的夫妻关系,一般情况下不存在基于配偶身份产生的共同共有关系。仅在“同居生活期间存在双方共同所得的收入和购置的财产”时,才能或按照各自的份额分享权利,或对共同共有财产共同享有权利。如果查明属于单方所得收入和单方出资购置的财产,则应归个人所有。

回到案件本身,一审法院认为“现有证据并不能证实双方同居期间经济各自独立或张某与陈某同居生活期间所购买的房产系张某仅以其个人独立的收入来源出资购买”,同时还认为“双方对同居期间取得的财产并无明确的归属约定”,故认定“双方对同居生活期间形成的经济收入混同共有”,从而进一步认定“双方同居生活期间所购买的财产为双方同居期间的共有财产”。鉴于此,国浩律师在二审中有针对性地对案涉房产的购买资金来源,购房合同的签订,购房合同的备案,房屋的交付、使用均系张某个人出资、签订、收房、入住使用的事实提供充分证据予以证明。而陈某主张案涉房屋共同共有,却并未提交任何证据证明双方存在共同收入即财产混同情形。根据《民事诉讼法》的举证规则,陈某应承担举证不能的不利后果,案涉房屋实际上应属张某个人财产,不能认定为共同共有财产,予以分割或判归另一方所有。

三、案例分析

本案系同居关系析产二审纠纷,是婚姻家事案件中相对典型的案例。案件的事实及法律关系并不复杂,但从一审、二审法院对这起并不算复杂的析产纠纷案件截然相反的处理过程来看,其中存在的问题及代理思路值得探究:

一是适用法律难。对同居关系子女的抚养纠纷可以比照《民法典》婚姻家庭编的条款予以处理,而对同居关系析产纠纷的处理原则,目前却无明确的法律法规予以规定。本案适用的《若干意见》施行于 1989 年,至今已超 30 余年,无法适应瞬息万变的社会百态。因无统一的裁判尺度,致使在司法实践中存在一定的认识偏差,不同地区的法院处理原则不尽相同,部分法院甚至直接将同居一方所有的财产不区分情形统统认定为共同财产。希望通过该案,无论是法院审理还是律师代理,均能清晰地认识到:夫妻共同财产的认定范围基于婚姻关系而形成,而同居财产的认定范围是基于同居双方共同经营或共同出资所得,这与夫妻共同财产的范围限定有所不同。因此,同居关系不宜比照离婚财产分割的原则处理。

二是财产性质难以认定。承前所述,认定同居期间财产为共同财产须具备以下两个条件:其一,必须为同居期间所得的财产;其二,须是双方共同经营或出资所有的财产。在我国,只有经合法登记的婚姻才受法律保护,同居关系不完全适用于婚姻关系有关的法律法规。鉴于此,婚姻存续期间对共同财产的认定可适用推定原则,即在无特别约定的情形下,婚姻存续期间夫妻任何一方取得财产均推定为夫妻双方的共同财产;同居期间的财产分割不应适用推定原则,即在无特别约定的情形下,双方同居生活期间只有以双方共同经营所得的收入和共同出资购置的财产,才能按照《民法典》中有关共有的一般规定予以处理。除此之外,任一方的个人收入所得在同居期间仍应视为个人财产。《湖北省高级人民法院民事审判工作座谈会会议纪要》第十九条提及同居关系的财产处理问题,也持相同态度,认为重点应审查双方同居关系中财产是否发生混同的情况、是否构成了对外以夫妻名义同居。如果发生了财产混同、以夫妻名义同居则先推定财产为共同共有，并结合相关事实及双方同居时间的长短、双方的收入情况以及双方的存取款习惯来综合判断财产的权属。对于同居关系期间新形成的财产，当事人还应就取得财产的方式和实际出资人进行举证，财产的归属和分割比例以出资人和出资比例为准；在双方收入出现混同的情况下，对无法举证证明实际出资人或出资比例的财产，则应认定为共有财产。

三是举证困难。生活中的当事人多数是因为恋爱关系或其他原因而实施同居行为。由于同居时存在特殊身份关系，双方在购置财产时往往不会将各自的出资以书面方式固定，使在解除同居关系后，存在举证不能的情形。本案委托人张某在一审时未就关键事实要点进行充分举证，从而导致一审败诉；二审时，国浩律师通过阐述对法律法规的理解，判断审理要点，围绕要点组织证据，从多方面多角度论证了张某在同居期间的收入来源、陈某无收入，生活费用均来自张某的转账以及案涉房产为张某以个人名义向亲朋筹借，剩余贷款由张某独自偿还且案涉房产已交付张某及其家人使用的事实，以进一步证明张某与陈某在同居生活期间，陈某为零收入及对案涉房产出资比例为零，当然不存在财产混同的事实。二审法院最终支持了国浩律师观点，撤销了一审判决。至此案涉房产物归原主，最大限度地维护了张某的财产权益。

四、专家推荐

推荐人：姜丹　国浩律师事务所执行合伙人、国浩律师（海南）事务所管理合伙人

推荐内容：

近年来，随着社会风气的开放以及人们生活观念的转变，同居现象日益增多，随之而来的涉及解除同居关系后的财产争议案件也呈不断上升趋势。在很多情况下，同居关系与婚姻关系非常接近，除了两张纸（结婚证），几乎没有什么区别。然而，在处理同居关系析产纠纷时，是不是就能参照或是等同于离婚财产分割？从该案的审理结果来看显然不是的。不同的行为和意思表示，意味着不同的法律关系，也意味着不同的法律后果。本案对于同居关系下的财产分割的审判规则及从律师代理工作的切入点来看均具有一定的参考意义。同居关系和家庭关系都是整个社会的小细胞，处理好同居关系对和谐社会的建设有着重要的意义。

代孕亲子关系与抚养权归属如何认定?

承办律师

李　卉　国浩律师(济南)事务所合伙人

■ 案例概述

关于离婚案件中涉代孕亲子关系的认定及子女抚养权归属问题一直是理论界和实务界争议的焦点。实践中代孕所生子女的亲子关系认定有“血缘说”“分娩说”“子女最大利益说”三种学说,其中“分娩说”是确定亲子关系的主流观点,由国浩济南合伙人李卉于2021年2月经办完成的“涉代孕亲子关系与抚养权归属之肖某诉夏某离婚案”是一起在当前“分娩者为母”原则下以“血缘说”认定涉案亲子关系的典型案例,充分体现了律师的专业水平,亦符合个案中未成年子女利益最大化的原则,对涉代孕亲子关系及子女抚养权争议相关案件具有重要参考价值。

一、案情简介

肖某(男)与夏某(女)经朋友介绍认识,后二人登记结婚。婚后不久,夏某怀孕,但因胎儿停止发育,导致流产。此后,夏某又两次怀孕都因此种情况而流产。无奈之下,肖某与夏某共同商议下,夏某与案外人签订代孕生育协议。后肖某、夏某之子女肖甲、肖乙经代孕分娩出生,经鉴定两子女与肖某、夏某具有生物学上的血缘关系。肖甲、肖乙出生数月后,肖某与夏某因感情问题发生矛盾,夏某离开双方住所,在外地参加工作且暂居。肖某遂起诉要求与夏某离婚,并由肖某抚养两名子女,由夏某支付抚养费。

夏某庭审答辩认为,双方感情没有破裂,不同意离婚,且因肖某不让夏某回家和看孩子,夏某才暂时离家到外地原单位重新工作。此外,夏某婚内曾3次怀孕,但均因胎停而终止妊娠手术,3次手术对其身心造成极大伤害,代孕过程中夏某又经历药物催卵、取卵等辅助生殖手术,才得以顺利生育子女,现夏某的身体情况已经不适宜再生育子女,且双方共同生活期间两子女均由夏某亲自照顾,如果法院判决离婚,夏某要求抚养两婚生子女。

一审法院认为,双方虽共同生活,但双方未能共同生育子女,是通过代孕方式由第三方为双方生育子女。据此可看出,双方婚前基础较差,婚后感情一般,夏某在子女出生不久,与肖某发生争执后回娘家不归,且未征得肖某同意的情况下独自到外地参加工作导致肖某起诉离婚,故夏某具有过错,如果本案不准予双方离婚,肖某仍会第二次提起诉讼;肖甲、肖乙系通过生殖辅助手段代孕方式生育,现行法律、法规中尚无明确规定,应视为双方的婚生子女。两婚生子女并不是夏某生育,故不存在需夏某哺乳的问题,现阶段夏某在外地工作,收入较低,客观上没有能力抚养子女,且孩子年龄太小,一直跟随肖某生活。因此,一审法院判决双方离婚,肖甲、肖乙由肖某抚养,两名子女的抚养费用由肖某自行负担。

夏某不服一审判决提起上诉,经过代理律师二审期间的努力,二审法院认为:首先,肖甲、肖乙系夏某与肖某于婚姻存续期间,使用夏某与肖某的卵子、精子以人工方式授精后,由他人代孕而生育,肖甲、肖乙与夏某与肖某有血缘关系。其次,夏某与肖某双方均有强烈的拥有自己子女的愿望,但双方采取代孕方式亦为先后3次怀孕而未能实际生育所迫。最后,本案中代孕者为分娩母亲,但代孕者不明,在分娩母亲不认领的情况下,应认定抚养母亲为母亲。故,依照血缘关系认定肖甲、肖乙系夏某与肖某之子女,更为妥当。本案子女抚养关系的确定应综合双方当事人及子女利益综合予以考虑,夏某去外地工作根本原因是夫妻感情产生隔阂,应作影响夫妻感情的情节予以认定,夏某在外地工作期间,希望通过肖某询问子女情况等,均证明了夏某对子女的关心,一审法院对此认定欠当,二审依法纠正。另外,本案中两个子女虽系双胞胎,但是一男一女,医学上属于双卵双胎,故综合考虑夏某已经怀孕流产三次,今后能否生育尚不能确定及两子女出生后一直随肖某生活的情形,判决双方之子肖甲随肖某生活,双方之女肖乙随夏某生活,抚养费均自理。

二、代理思路

李卉律师作为夏某代理律师,总结本案的争议焦点有三:第一,肖某、夏某夫妻感情是否已经破裂;第二,双方婚姻关系存续期间,使用夏某与肖某的卵子、精子以人工方式授精后,由他人代孕而生育的子女亲子关系如何认定;第三,如果判决离婚,两子女归谁抚养。针对以上争议焦点,代理思路如下。

(一)肖某、夏某夫妻感情没有破裂,不应判决离婚

首先,双方感情深厚,无原则性矛盾,不属于第一次起诉法院应准予离婚的法定情形。当时《婚姻法》第三十二条规定:"男女一方要求离婚的,可由有关部门进行调解或直接向人民法院提出离婚诉讼。人民法院审理离婚案件,应当进行调解;如感情确已破裂,调解无效,应准予离婚。有下列情形之一,调解无效的,应准予离婚:(一)重婚或有配偶者与他人同居的;(二)实施家庭暴力或虐待、遗弃家庭成员的;(三)有赌博、吸毒等恶习屡教不改的;(四)因感情不和分居满二年的;(五)其他导致夫妻感情破裂的情形。一方被宣告失踪,另一方提出离婚诉讼的,应准予离婚。"本案不存在该法条列举的经调解无效可以判决离婚的第(一)项至第(四)项情形,相关司法解释也并未就"其他导致夫妻感情破裂的情形"作出明确规定。本案中,肖某、夏某之间仅为一般的感情纠纷,无原则性矛盾,且在双方婚后多年的共同生活期间,夏某全身心为肖某及其家庭付出,并协助肖某一家经营家族生意。其间,夏某多次怀孕均因胎停终止妊娠手术,后双方协商通过代孕的方式生育子女,为此夏某又经历了药物催卵、取卵等辅助生殖手术,终得以顺利生育子女。在多年的共同生活及对共同生育子女的不懈努力中,双方已建立起了深厚的夫妻感情,现虽发生争执但双方的感情仍可通过沟通化解和修复,因此,不应在本案中判决双方离婚。

其次,双方感情仍可修复,且双方是第一次起诉离婚,法院应给予双方修复感情的机会,维护婚姻和家庭完整。《民法典》写入了"树立优良家风、弘扬家庭美德、重视家庭文明建设"等倡导性规定,可以看出,国家从法律的层面保护家庭完整。同时《民法典》对待离婚也采取谨慎的态度,无论是第一千零七十七条关于"离婚冷静期"的规定,抑或是第一千零七十九条第五款"经人民法院判决不准离婚后,双方又分居满一年,一方再次提起离婚诉讼的,应当准予离婚"的规定,都是

在《婚姻法》的基础上加大了对危机婚姻的保护力度,防止冲动离婚,挽救婚姻、维护家庭完整。本案一审在没有证据证明双方夫妻感情已经完全破裂、无和好可能,且无法定判决离婚情形的情况下,直接认定“肖某仍会第二次起诉”是对“自由裁量权”的扩大行使。

本案一审在肖某第一次起诉离婚、夏某不同意离婚且无法定判离情形下直接判决准予离婚,未给予双方6个月冷静期,与司法实践中对该类案件的通常处理原则不符,且与一审法院离婚裁判结果统一性相悖。经关键词“离婚纠纷 准予离婚”通过“威科先行”网站对某地法院进行检索,自2012年至2018年共检索出判决书213份,其中符合检索条件的判决书共179份。179份中因双方均同意离婚判决离婚的有65份;第二次起诉判决离婚的有102份;第三次起诉判决离婚的有4份;第一次起诉被告不同意情况下直接判决离婚的有8份。该8份判离的理由分别为:(1)被告与他人同居并生育一子;(2)经审理认定分居超过2年(3份);(3)被告虽不同意离婚但认可感情破裂或无感情(2份);(4)原告为现役军人,原告单位出具双方感情破裂的证明一份;(5)原告为某机关工作人员,被告因介绍卖淫罪被判刑,严重伤害夫妻感情。经上述统计分析可知,在以往的离婚判决中,首次起诉直接判离的案件均是系存在法定情形的,符合经调解无效应依法判决离婚的法律规定。而本案并无直接证据证明夫妻感情确已破裂,依法和依审判实践,均不符合可直接判离的情形。

(二)双方婚姻关系存续期间,使用夏某与肖某的卵子、精子以人工方式授精后,由他人代孕而生育的子女应认定为夏某与肖某共同生育的婚生子女

夏某一审已提交证据证明肖某、夏某系两婚生子女的生物学父母,与代孕两子女之间具有血缘关系。代孕仅是辅助生殖方式之一,并不影响双方婚内生育子女这一事实和存在父母子女关系这一法律性质。无论代孕是否合法,通过代孕所生育子女的合法权利均受法律保护,夏某作为母亲的所有权利亦应受法律保护。一审判决多次使用“两名子女并非被告夏某生育、被告夏某没有哺乳子女、不存在子女需被告夏某哺乳的问题”等表述,并将其作为认定将两子女判归肖某抚养的理由之一,给夏某心理造成了极大伤害,在生育子女这一事件中,夏某作出了多于肖某且常人难以想象的付出,对此应得到最基本的认可。

（三）如果法院判决离婚，两子女判由夏某抚养更有利于子女身心健康，应由肖某支付抚养费

在双方共同生活期间，两婚生子女的照顾全部由夏某亲力亲为，肖某没有参与，也没有月嫂和家政人员帮忙，对此肖某并未表示反对。另结合庭审肖某的陈述，肖某并未实际亲自照顾过两子女，而是基于自身家庭经济条件优越，在夏某离家期间将两子女交由聘请的多名月嫂照顾，《民法典》第一千零八十四条新增对未成年人利益最大化的规定，立法目的系加大对未成年人的保护与关爱，本案在处理两子女抚养权归属时亦应站在子女利益最大化的角度综合考量。两子女现仅不到一周岁，若判归肖某抚养，不难想象两年幼的子女在失去母亲亲自照料与情感慰藉后，也未必能得到父亲亲自陪伴，有经济能力聘请再多的月嫂也无法替代父母的亲身抚育。此外，夏某离家是双方感情发生纠纷的无奈之举，并非主观“离弃”孩子，在夏某离家期间，希望通过肖某询问子女情况等，均证明了夏某对子女深切的思念和关心。因此，如果判决双方离婚，两子女判归作为母亲的夏某抚养更能得到倾心和精心照顾，有利于两子女健康成长和身心健康。

三、案例点评

1. 推定亲子关系的主流观点“分娩者为母”原则不适用于本案。

“分娩者为母”来源于罗马法“谁分娩，谁为母亲”的谚语，“分娩者为母”衡量的是代孕母亲承担怀孕及分娩过程中的风险，也在胎儿出生前负担绝大部分的照料重任，所以没有理由否认其母亲的地位。目前，“分娩者为母”原则是推定亲子关系的主流观点，即通过血缘推定孩子的父亲，以孕育分娩者为孩子的母亲，也符合我国传统“父精母血”的普遍观念。

《人民司法》于2017年2月刊载了上海市第一中级人民法院的一则案例，该案例中，代孕子女系由丈夫精子、购买卵子后委托他人代孕生育。该案的裁判观点为，代孕不合法，但代孕所生育子女的父母子女关系，应按“分娩说”确认代孕者为母亲，该案中的男方为孩子父亲，故该案中的子女系夫妻中的男方与代孕者生育，为非婚生女，女方为继母。因该案中夫妻中的女方与子女确无血缘关系，故如此认定并无法律和公众认知上的障碍。

而本案中，肖某与夏某与代孕所生子女均有血缘关系，代孕确是夫妻双方多

次怀孕多次胎停情况下的无奈选择,双方均有强烈的拥有亲生子女的愿望,子女出生后也视同亲生子女抚养。此外,本案中代孕者的身份不清,如果按照"分娩者为母"原则认定代孕分娩者为本案子女的母亲,则会造成子女母亲身份不明的后果。故"分娩者为母"原则并不能作为本案裁判标准。

2. 代孕违法,但通过代孕所生育子女的合法权利均受法律保护,代孕生育子女亲子关系认定及抚养权归属应以"儿童利益最大化"为原则。

首先,代孕在我国是明确禁止的。代孕行为违反法律、行政法规和国家有关规定。《民法典》直接规定了人体细胞买卖行为的无效。2019 年国务院制定了《人类遗传资源管理条例》,该条例明确规定人类配子(精子、卵子)不得买卖。虽然代孕行为和人配子(精子、卵子)买卖为两个行为,但是多数代孕行为以人配子的交易为前提。2001 年原卫生部制定的《人类精子库管理办法》和《人类辅助生殖技术管理办法》中也都有类似的规定。且按照中国传统的伦理观,"借腹生子"破坏了公序良俗,由此签订的协议理应无效。此外,代孕中非法取卵不仅损害供卵者、受卵者的身体健康,而且非正规的医疗机构捐卵,医疗条件堪忧,存在交叉感染等问题,导致亲子关系混乱,具有一定的社会危害性。非法买卖精子、卵子行为情况严重的,涉嫌非法经营罪,应当受到法律的制裁。

其次,儿童利益最大化视角下,血缘说应作为分娩者为母原则的补充。最高人民法院认为:"分娩母亲不认领的情况下,应认定抚养母亲为母亲;法律上的生父,可考虑具有血缘关系的父亲为其生父,在具有血缘关系的父亲不认领的情况下,则应认定抚养父亲为父亲。"①该意见系对分娩者为母的补充和延伸。采取血缘说对分娩者为母原则进行补充,可以最大限度保护未成年人的权益,即若分娩者仅代为孕育,生育后又认领子女,应按照分娩者为母的原则确定亲子关系;但若分娩母亲不认领的情况下,应认定抚养母亲、血缘母亲为母。本案中,夏某和肖某对子女的情感更多来自血缘,且代孕者身份不明,无法认领代孕所生育子女,故本案子女在尚年幼的情况下,更适宜依据血缘说作出子女系本案夫妻双方子女的认定。

3. 本案在一审判决对夏某明显不利的情况下,经过当事人与代理律师二审期

① 最高人民法院民法典贯彻实施工作领导小组主编:《中华人民共和国民法典婚姻家庭编继承编理解与适用》,人民法院出版社 2020 年版,第 287 页。

间的共同不懈努力,最终争取二审法院的改判,二审法院的判决结果不仅公平合理地保障了夏某对代孕子女的合法抚养权益,也较好地平衡了当事人双方的利益,有利于缓和家事纠纷引发的矛盾和定分止争。

四、专家推荐

推荐人:王兴振　国浩律师(济南)事务所律师

推荐内容:

"分娩者为母"原则是确定亲子关系规则的主流观点,但本案中代孕者不明,依分娩者为母认定女方为继母,则会出现生育母亲不明的情况,故"分娩者为母"不适用于本案。本案中子女生育在双方婚姻存续期间,与抚养的夫妻双方均具有血缘关系,且夫妻双方均有强烈的拥有自己子女的愿望,女方夏某既为血缘母亲又是抚养母亲,其对子女的情感更多来自血缘,故本案子女在尚年幼的情况下,更适宜依据血缘说作出子女系本案夫妻双方子女的认定。二审法院根据血缘及抚养情况,认定代孕子女系具有血缘关系的本案双方当事人之子女,这一亲子关系的认定,有利地阐释了儿童利益最大化视角下,血缘说应当作为"分娩者为母"原则的补充。

此外,本案在一审判决对夏某明显不利的情况下,经过当事人与代理律师二审期间的共同不懈努力,最终争取二审法院的改判,二审法院在子女抚养问题的判决中,充分考虑双方当事人对子女感情、付出及抚养的现实情况等,判决各自抚养一个子女,既平衡了双方当事人利益,也缓和了双方矛盾,有利于缓和家事纠纷引发的矛盾和定分止争,对同类代孕引发的家事案件的办理及裁判具有典型参考意义。

隔代探望权如何行使？

承办律师

薛鸿红　国浩律师(福州)事务所合伙人

■ 案例概述

《民法典》将探望权主体严格限定为“父或母”，祖父母、外祖父母似乎不具有对孙子女、外孙子女行使探望权的法律基础。但是在特定情况下如祖父母或外祖父母代替已经死亡或者无抚养能力的子女尽抚养义务时，可赋予其合理探望权，尽可能避免法律刚性对老年人和未成年人既有生活造成伤害。

由国浩福州合伙人薛鸿红经办完成的“陈某、林某与张某探望权纠纷案”，从探望权的本质出发，关注未成年人和老年人权益保障，结合代位继承权、法无禁止即可为之法律原理等，多角度、多纬度论证，融情于法、情理交融，取得了理想的裁判结果，为今后处理类似案件提供了示范参考。

一、案情简介

陈某与林某生育独生女陈某2。陈某2与张某系夫妻关系，于2016年12月20日生育独子张某2。外孙张某2自出生后就一直与陈某和林某共同居住生活，陈某与林某对外孙倾注了全部的心血，有关外孙的所有事情都是二老亲力亲为，双方之间建立了非常深厚的祖孙情。2021年12月15日陈某2因病去世。陈某与林某作为年近70高龄的老人，面对独女的突然离世痛不欲生，而张某在陈某2去世后不久，不但没有安抚陈某与林某的丧女之痛，还强行把外孙张某2带走，并以其为张某2第一监护人的身份拒绝陈某与林某探望。此举让老年失女的陈某与林某在短时间内连续遭受重大的精神打击。陈某与林某辛辛苦苦带了外孙 5 年,骨肉至亲实难以割舍,探望外孙也寄予了陈某与林某对爱女的告慰之情和精神慰藉。无奈之下,陈某与林某以张某拒绝其探望外孙为由诉至法院,以期实现和保障对外孙的探望权。最终法院支持了陈某与林某的诉请,判令在张某 2 由张某抚养期间,陈某与林某可每月探望张某 2 两次(周末为宜),张某负有协助配合义务。

二、代理思路

本案的争议焦点问题为陈某与林某作为外祖父母对外孙张某 2 是否享有探望权。对此,薛鸿红律师主要从以下几方面充分说理论证。

1. 我国《民法典》虽然没有明确规定外祖父母可以探望外孙子女,但亦未明文禁止外祖父母探望外孙子女,根据法无禁止即可为之原理,对于外祖父母探望外孙子女的诉讼请求应该结合具体的案件情况加以审查确认。本案事实的特殊性在于:陈某是家族的独生子,陈某 2 又是陈某的独生女,在独女陈某 2 过世后,外孙张某 2 是陈家的唯一血亲。张某 2 自出生都与外祖父母共同居住生活,亦都由外祖父母抚养照顾,长期的抚养经历使祖孙间形成亲密的依赖和互信关系,骨肉至亲难以割舍。张某并未举证证明外祖父母的探望会损害外孙的合法权益。外孙张某 2 作为陈家唯一血脉的情感寄托,探望外孙寄予了年近 70 高龄的外祖父母对丧失独女的告慰之情和莫大的精神慰藉。

2. 探望权属于身份权范畴,父母作为孩子的血亲自然拥有探望子女的权利,而外祖父母作为外孙子女的直系亲属,享有亲属关系上的权利义务,其探望子女的权利应来源于父母的亲权,但在亲权无法实现的情况下外祖父母的探望可以视为对亲权的补充。张某 2 自出生都由外祖父母抚养照顾,双方之间已建立深厚的感情。这种因血缘、身份而产生的特殊情感,不因父母离婚、离世等外在因素的影响而消失。张某 2 早年失母乃人生之大不幸,陈某与林某老年痛失独女,亦属人生之大不幸,若陈某与林某能够探望外孙,一来可以缓解两位老人的丧女之痛,抚慰两位老人的心灵;二来可以使张某 2 从老人处得到关爱和教育,有利于其健康成长。

3. 从有利于未成年人健康成长原则出发,探望权其实是一种附义务的权利,根据法意,它主要是为了保护未成年子女的利益。因此当权利人行使探望权时,实际上是在履行继续教育未成年子女的责任,对子女形成健康的人生观施加影响。行使探望权其实是更换一种方式教育子女。因此在失独的家庭中,失去父或母的孙子女、外孙子女也应当在其成长过程中,在形成人生价值观和理想的道路上得到祖父母、外祖父母相应的指导和教育。同时,考虑到《民法典》第一千零七十四条规定“有负担能力的祖父母、外祖父母,对于父母已经死亡或者父母无力抚养的未成年孙子女、外孙子女,有抚养的义务。有负担能力的孙子女、外孙子女,对于子女已经死亡或者子女无力赡养的祖父母、外祖父母,有赡养的义务”,在作为独生子女的父或母死亡后,祖父母、外祖父母对孙子女、外孙子女的教育,应当以另一种方式得到延续,而探望权恰恰能担当起此一功能。

4. 探望孙辈是失独老人获得精神慰藉的重要途径之一,应视为老年人应有之权益,且可与孙辈享有代位继承权利之法律原理相对应。《老年人权益保障法》规定老年人养老以居家为基础,享有家庭成员尊重、关心和照料的权利。既然《民法典》第一千一百二十八条第一款“被继承人的子女先于被继承人死亡的,由被继承人的子女的直系晚辈血亲代位继承”赋予孙子女、外孙子女等在父或母先于祖父母、外祖父母死亡情形下有代位继承祖父母、外祖父母遗产的权利,同理,失独老年人代替死亡子女行使探望权于法于理并不相悖,亦是对失独老年人的特殊保护和关心。如果祖孙相互间没有交流、见面的机会,也不利于相互行使权利或履行义务,有悖于立法设置上述制度的本意,也与权利义务对等原则不符。

5. 允许失独老人隔代探望、和谐共处履行监护职责与公序良俗、社会公德相符,亦是对中华民族传统美德的继承与发扬。在有利于未成年人健康成长、有利于亲属间感情融合的基础上,应当支持祖父母、外祖父母对孙辈的合理探望。

6. 探望权本有着很强的伦理性,虽然法律未明确规定隔代探望权,但若简单据此否定祖辈行使隔代探望权,有违探望权的伦理价值取向,也不符合民众对法律的期待。中国传统社会更偏爱大家庭的生活方式,在我国祖孙三代之间的关系本就十分密切,如果不区分具体情况,一味否定外祖父母对外孙子女的探望权,亦不符合我国伦理。法律应该体现人性和人情,尤其是规定亲属之间的权利义务关系的法律,更应该体现人性,体现亲情,体现近亲属之间的血缘关系。

7. 在司法实务中,对于隔代探望问题的处理意见,多以参考意见等地方性司法文件、会议纪要等的形式存在,支持隔代探望,具体情况如下:

(1)最高人民法院民事审判第一庭在《抚养孙子女、外孙子女的祖父母、外祖父母主张探望孙子女、外孙子女的,人民法院应当予以支持》一文中(载《民事审判指导与参考》第46辑),就隔代探望问题提出的观点是:虽然我国《婚姻法》将探望权的主体规定为离婚后不直接抚养子女的父或母,但在未成年子女的父或母死亡或者丧失行为能力的情况下,依照《婚姻法》第二十八条①之规定,代替自己已经死亡或者丧失行为能力的子女对孙子女或外孙子女尽抚养义务的祖父母或者外祖父母主张探望孙子女或外孙子女的,人民法院应当予以支持。

(2)《关于当前民事审判工作中的若干具体问题》中关于祖父母、外祖父母是否享有探望权的问题中也提到:这个问题涉及当事人的情感、隐私、风俗习惯等很多伦理因素,要尽量避免法律的刚性对婚姻家庭和未成年人生活的伤害。我们倾向认为,原则上应根据《婚姻法》第三十八条②规定,将探望权的主体限定为父或者母,但是可以探索在特定情况下的突破,比如祖父母或外祖父母代替已经死亡或者无抚养能力的子女尽抚养义务时,根据《婚姻法》第二十八条的规定,可以赋予其探望权。

(3)2016年11月30日发布的《第八次全国法院民商事审判工作会议(民事部分)纪要》中明确指出,祖父母、外祖父母对父母已经死亡或父母无力抚养的未成年孙子女、外孙子女尽了抚养义务,其定期探望孙子女、外孙子女的权利应当受到尊重,并有权通过诉讼方式获得司法保护。

(4)此外,部分地方的法院对于此类案件的处理采用了出具地方性司法文件的方式,为处理此类案件提供了参考,北京市高级人民法院在2016年8月发布了《关于审理婚姻纠纷案件若干疑难问题的参考意见》,根据该文件第九条的内容,享有探望权的一方因死亡或丧失行为能力等情况无法行使探望权的,对孙子女、外孙子女有抚养事实的祖父母、外祖父母请求单独行使探望权的,人民法院可予以支持。

三、案例点评

《民法典》将探望权主体严格限定为"父或母",故祖父母、外祖父母似乎不具有对孙子女、外孙子女行使探望权的法律基础,从该规定看,本案原告不享有法定

---

① 现行《民法典》第一千零七十四条。

② 现行《民法典》第一千零八十六条。

的探望权。但需要指出的是,从情理角度看,原告作为失独老人,其探望外孙的意愿是强烈的,情感是真挚的,要求是合理的,探望外孙是其获得精神慰藉的重要途径之一,理应得到尊重和支持,如因缺乏明确的法律规定而不予支持原告的诉讼请求,则显然不符合社会预期。从孩子的成长需求角度来看,孩子是原告的至亲骨肉,血缘无法割裂,亲情难以磨灭,让孩子在逐渐懂事的过程中与亲生外祖父母有所接触,了解身世、感受关爱、重建祖孙感情,不至于给孩子的身心造成负面影响。另外,中国传统社会更偏爱大家庭的生活方式,考虑到我国的家庭结构和传统文化中祖孙辈之间的感情联系,一般来说在失独家庭中,祖父母、外祖父母对于孙子女、外孙子女的身心健康是有利的,在帮助其形成价值观的过程中,能够发挥有益的帮助。在目前法律暂无明确规定的情况下,祖父母、外祖父母探望丧父或丧母的孙子女、外孙子女,与公序良俗、社会公德相符,亦是对中华民族传统美德的继承与发扬,有利于亲属间感情融合。

本案从探望权的本质出发,从有利于未成年人健康成长和保障老年人权益两方面入手,兼顾人情伦理和民众对法律的期待,辅之以《第八次全国法院民商事审判工作会议(民事部分)纪要》《关于当前民事审判工作中的若干具体问题》等司法实践中的文件资料,晓之以理、动之以情,情理交融。另外需要指出的是,当代社会生活包罗万象,不同类型民事纠纷更是层出不穷,立法常无可奈何地呈现出一定的滞后性,这也正是民法原则大放异彩之处。本案大胆启用民法原则原理,巧妙地将其化用其中,使得民法原则不处于被"束之高阁"的尴尬境地,而是焕发出强大生命力和指引力,这也与立法本意以及目前社会中纠纷不断更新的司法现状相契合。

四、专家推荐

推荐人:郭里铮　国浩律师(福州)事务所管理合伙人

推荐内容:

探望权,一般是指离婚后未直接抚养子女的配偶一方依法享有的在一定时间,以一定的方式探视、看望子女的权利。探望权制度是一种保障亲情交流和维系的法律形式。本案争议的焦点是祖父母、外祖父母是否享有隔代探望权,恰巧处于我国法律尚无明文规定的模糊地带。因隔代探望权涉及当事人的情感、隐私、风俗习惯等很多伦理因素,若简单否定祖辈行使隔代探望权,既有违探望权的伦理价值取向，也不符合民众对法律的期待，亦会破坏祖辈和孙辈的生活现状。

该案承办律师条理清晰、逻辑严谨、论据充分，融情于法、情理交融，在法律没有明确规定的情形下，结合案件的客观实际情况，从不同角度和维度多层次论证在父母亲权无法实现的情况下祖辈的探望可以视为是对亲权的补充，有利于各方利益和公序良俗，在重视法理综合论述的同时，也很好地兼顾了人情与公序良俗。若完全以法律条文的字面含义生硬解读，只会得出有违社会伦理与质朴人情的粗暴结论，不利于弥合家庭矛盾，更会使双方当事人的关系陷入僵局，不利于社会和谐与稳定。

另外，该案承办律师在法律没有明确规定的情形下，除了上述法、理、情论述外，还进行了大量的信息和案例检索，收集并整理了司法实务中对于隔代探望问题的处理意见以支持隔代探望，这对成功说服法官亦起了重要支撑作用。本案法律论证有理有据且不乏温情，充分体现了律师的专业水平和婚姻家事律师的温情，填补了隔代探望权的空白，并取得了理想的裁判结果，为今后处理类似案件提供了示范参考。

刑事篇

伪报品名出口味精渣滓能否被认定为化肥逃检类逃避商检罪？

承办律师

刘辰雨　国浩律师(天津)事务所合伙人

宋一平　国浩律师(天津)事务所律师

案例概述

本案所涉及的罪名为《刑法》第二百三十条规定的逃避商检罪，系最高人民法院“中国裁判文书网”官方网站上公开的全国第一个化肥出口逃避商检罪刑事案件，并荣获“2023－2024年度天津市案例研究会第一批律师优秀案例”。

该案由国浩律师(天津)事务所合伙人刘辰雨、律师宋一平经办完成，着重阐述案涉味精渣滓是否可被认定具有有机肥属性进而纳入免检行列的属性问题、定罪量刑标准的理解问题以及主观心态问题，为当事人争取最大化合法权益，仅对被告单位及被告人判处罚金刑，实现了罪责刑高度适应、法理情有机统一的公平正义理念。

一、案情简介

2021年10月11日，海关总署发布第81号公告《关于调整必须实施检验的进出口商品目录的公告》。按照公告要求，自2021年10月15日起，海关对涉及化肥的29个HS商品编码(自3102至3105项)增设监管条件“B”，对相关化肥商品实施出口品质检验，并严格实施产地检验。面对重大政策变化以及竞争激烈的国际化肥市场，部分以化肥出口为主要业务的企业为了抢占国际市场，不惜铤而走险。

有些民营企业更是为了缩短出口时间,在明知货物属性且国家依法对该货物实施商品检验的情况下,仍通过伪报品名和税号的方式出口未经检验的化肥,涉嫌逃避商检的刑事犯罪,面临严厉的刑事惩罚。

在政策发布后,天津海关缉私局随即开展打击出口化肥逃检专项行动,本案系该专项整治行动中涵盖一起案件。但与其他出口化肥类逃避商检案不同的一点是,本案所涉及出口的货物为味精渣滓,主要成分系谷氨酸钠,在货物属性上存在将之界定为必须经过商检的肥料或无须商检的有机肥料之争议。但结合海关总署发布的第 81 号公告,2022 年 6 月,天津某海关缉私分局接到某海关移交线索,认为昆山 JJ 农业生产资料有限公司(以下简称"JJ 公司")及法定代表人陆某存在伪报海关商品编号逃避商检的嫌疑,于当月依法受理并立案侦查,搜集犯罪嫌疑人供述、供应商等证人证言以及检测报告、装箱单、合同、发票等相关证据材料。2022 年 12 月,天津某海关缉私分局将犯罪嫌疑单位 JJ 公司及法定代表人犯罪嫌疑人陆某以涉嫌逃避商检罪移送某区检察院审查起诉,自 2021 年 12 月至 2022 年 4 月期间,JJ 公司及法定代表人陆某为获取非法利益,在明知其出口货物需要经过商品检验的情况,采取伪报海关编号的方式将货物(即味精渣滓)进行出口,伪报方式系将出口货物(即味精渣滓)的海关商品编号 3105909000(其他肥料)伪报成无须经过商检的海关商品编号 3101001990(有机肥),制作虚假的报关单据向海关申报出口,以伪报海关商品编号的方式将货物走私出口,货物数量共 11 票,共计 1900 余吨,货值 230 万余元,已涉嫌逃避商检罪。

天津某海关缉私分局移送审查起诉后,国浩律师(天津)事务所刘辰雨、宋一平律师依法行使辩护权查阅了本案案卷内容,以逃避商检罪的构罪要件、定罪标准为出发点,从货物属性角度重点论述案涉货物(味精渣滓)商品编号申报为有机肥的合理性,从定罪标准方面对海关缉私局所认定的走私货物票数等问题从不同角度进行理解,并分析犯罪人的主观心态及其他量刑情节问题,取得了良好辩护效果,最终在天津市某区检察院提起公诉后,天津市某区人民法院最终仅对 JJ 公司及陆某单处罚金刑,最大限度维护了当事人合法权益。

二、案件分析

根据《刑法》第二百三十条的规定,逃避商检罪,是指违反进出口商品检验法的规定,逃避商品检验,将必须经商检机构检验的进口商品未报经检验而擅自销售、使用，或者将必须经商检机构检验的出口商品未报经检验合格而擅自出口，情节严重的行为。如上所述，本案对JJ公司及陆某以逃避商检罪定罪的依据系二者存在“明知货物需要经过商品检验”以及“将本应经过商品检验的货物编号伪报成无须经过商检的货物编号”。而结合逃避商检罪的法律规定以及本案的案件事实情况，如何界定案涉货物（味精渣滓）对应海关编号的属性以及逃避商检罪的立案标准、犯罪人的主观恶性问题便成为定罪量刑的关键要点。刘辰雨、宋一平律师在进行辩护工作时，便结合案卷内容对味精渣滓的化肥属性从不同层面进行理解，对其在某些方面所呈现的有机肥特征能否使其合法规避进出口商品检验进行分析，并探析陆某的主观犯罪恶性，主客观相统一论述案件犯罪事实情况。

（一）味精渣滓是否可以被认定为有机肥问题探析

从物质属性而言，味精渣滓本质上仍属于复合肥，但在进行法律属性认定时，目前仍存在一定争议，因此在进行辩护工作时，可以从其制作工艺、立法目的以及案件的具体情况等角度进行论述，探讨味精渣滓在某些方面呈现的类有机肥特点，以论述其申报合理性。

肥料根据所含物质以及作用功效的不同，可以分类为有机肥、化肥、微生物肥料。其中，有机肥是能直接供给作物生长发育所必需的营养元素并富含有机物质的肥料。常用品种有绿肥、人粪尿、厩肥、堆肥、沤肥、沼气肥和废弃物肥料，此外还有泥肥、熏土、坑土、糟渣等。化肥，也称无机肥，是采用提取、机械粉碎和化学合成等工艺加工制成的无机盐态肥料，又称矿物肥料、矿质肥料。由于绝大部分化学肥料是无机肥料，有时也将无机肥称为化学肥料，简称化肥，化肥中主要含有的氮、磷、钾等营养元素都以无机化合物的形式存在，大多数要经过化学工业生产。化肥的种类包括：氮肥、磷肥、复合肥料、复混肥料、参混肥料、微量肥。微生物肥料，是通过微生物生命活动，使农作物得到特定的肥料效应的制品，也被称为接种剂或菌肥，如传统的固氮、解磷、解钾细菌。其种类包括农用微生物菌剂、复合微生物肥料和生物有机肥。

根据《海关进出口税则》的相关规定，HS编码为3105的为复合肥料，HS编码3101的为有机肥料。在必须检验的商品名录中，将近一半以上的须经过进出口检验的便是复合型肥料。而有机肥料却无须经过进出口检验。本案中，JJ公司及陆某即是将“味精渣滓”以HS编码3101进行出口申报而被查处。“味精渣滓”的主要成分系谷氨酸钠,因氨基中含有氮元素,故从物质属性而言,其本质上仍属于复合肥料(化肥),但从案卷内容以及法律意义上,该物质在制作工艺、相关规定的立法目的以及本案的特殊情形方面,均具有类有机物的特点,将该物质以HS编码3101的方式申报在一定程度上相较于以其他类无关HS编码种类申报的方式具有一定的合理性。

首先,从案卷内容分析,案卷中并无任何国家性权威机构指导意见或与肥料出口相关行业的鉴定意见以证明案涉肥料货物系有机无机复合肥,无法明确将其纳入复合化肥范围内,其认定货物属性的依据仅系有关单位的证人证言、出口肥料单据由销售厂家作出的涉案货物国内采购、成分检测材料即将涉案货物认定为复合肥,缺乏客观直接证据支撑。虽案卷中相关书证、证言具有一定参考价值,但均非权威的直接证据,难以认定案涉货物所属性质,无法达到证据明确属实、排除合理怀疑的证明标准。

其次,从制作工艺而言,《中华人民共和国农业行业标准》(NY/T 525－2021有机肥料)中附录B规定,食品及饮料加工有机废弃物包括酒糟、酱油糟、醋糟、味精渣、酵母渣、玉米渣、糖渣、果渣、食用菌渣等。本案所涉出口肥料原料系味精(谷氨酸钠)生产过程中产生。主要生产流程为,将玉米破碎生产淀粉,在淀粉中加入酶、硫酸镁、液氨等配料形成发酵培养基,发酵完毕后通过提取、结晶、过滤形成味精半成品。剩余的母液经过浓缩、喷浆、烘干、造粒、冷却、振动筛分等物理变化方式制作成肥料。即,在生产味精以及提取味精渣的工艺流程中,主要系通过物理方式完成,而非化学处理。

再次,从立法目的出发,《中华人民共和国农业行业标准》(NY/T 525－2021有机肥料)将厨余废弃物(经分类和陈化)、食品及饮料加工有机废弃物、味精渣、糖渣等纳入有机肥评估类原料的目的,也是为了为有机肥行业的健康发展指明方向,明确哪些废料可以制作有机肥,哪些废料明确禁止用于制作有机肥,响应国家提倡的垃圾分类、循环经济等号召。案涉味精渣滓制成之肥料作为环保性副产品,以有机肥料(HS编码3101)进行申报,亦具有国家及行业的相关政策方针的指导。

最后,从本案货物出口国家(荷兰)土壤酸碱性来讲,味精渣滓中富含有机元素,酸碱值呈酸性,有利于出口国家当地盐碱化土壤的改良。因此,虽味精渣滓本质上属于复合型肥料,但结合上述因素,JJ公司及陆某将该种肥料以有机肥料

(HS 编码 3101)进行申报,是因与 HS 编码 3105 的复合型肥料具有相似特征而作出的申报方式,相较于以其他毫无关联的肥料种类进行虚假申报具有一定的合理性。

(二)结合案发时各种现实因素综合考虑当事人主观心态,其犯罪恶性相对较弱

逃避商检罪作为一种故意犯罪,其主观上应当具有追求或放任犯罪结果发生的故意心态。结合案件的事实内容及事发时的客观环境,虽然陆某在明知相关行业规范标准的情况下仍采取伪报品名的方式出口货物进而涉嫌刑事犯罪,但如此操作的原因主要是因为 2021 年 10 月 11 日出台新的出口商品检验规则,也就是上述提到的《关于调整必须实施检验的进出口商品目录的公告》。该公告内容一经发布,此前并无进出口检验规范限制的相关编号类型的化肥商品必须经过完整详尽的出口商品检验流程,出口商需先填写"出口检验申请书"并提供相应单证交由商检机构审核,若发现不符合审核要求需再行补充修改,在符合要求审核完毕后按照审核时间顺序分批进行抽样检验,检验部门根据商品类型采取不同技术手段进行检验,检验完成后由商检部门配合出具出口货物报关单,检后出单并陆续进行排队审核缴费,继续完成后续出口流程。

但《关于调整必须实施检验的进出口商品目录的公告》所最新规定的相关编号类型的化肥商品因数量极多,出口商体量庞大,且此前无须进行复杂的商检流程,绝大多数出口商亦无任何相关经验,由此必然导致相关货物申报检验流程过于漫长,报检手续无法按时办理,拖延时间过长,再加之化肥类商品无法长时间存放,具有较短且严格的保质期属性,倘若无法在保质期内完成出口流程,将极大增加货损,由此出口商不得不采取一些不符合法律规定行为,以打"法律擦边球"的方式争取生存空间。另外,因越南、巴西、印尼等地的化肥需求量猛增,各国家出口商在品类、数量、价格上的竞争日益激烈,陆某作为化肥出口商,急需加速完成化肥出口。

因此在案涉货物无法较长时间存放、需快速出口投入使用的基础上,陆某为加速通关流程,不得不将其以相似种类肥料进行申报,主观犯罪恶性相对较弱。并且,本系列案件发生于 2022 年"新冠"疫情高发期、频发期,全球受疫情影响显著,加之经济局势紧缩,企业生存实属困难,正常贸易活动无法正常有效进行,结

合现实因素,需要本着保护中小微企业和相关负责人员的理念综合考量当事人的犯罪主观恶性。

(三)结合逃避商检罪立案标准,在票数、货值问题上,可从不同角度进行理解

《最高人民检察院、公安部关于公安机关管辖的刑事案件立案追诉标准的规定(二)》对逃避商检罪立案追诉标准予以规定:"(一)给国家、单位或者个人造成直接经济损失数额在五十万元以上的;(二)逃避商检的进出口货物货值金额在三百万元以上的;(三)导致病疫流行、灾害事故的;(四)多次逃避商检的;(五)引起国际经济贸易纠纷,严重影响国家对外贸易关系,或者严重损害国家声誉的;(六)其他情节严重的情形。"

其中,关于票数问题,即对应是否属于"多次逃避商检"。结合案卷中案涉货物的《中华人民共和国海关出境货物检验检疫申请》,陆某所涉及的 11 票货物中有 4 票货物为同一客户所订,且属于同一船期航次。之所以分票发货系因客户基于分销的需要而要求陆某将货物拆分成多份以方便后续结算,即陆某本着服务客户的要求将本属于同一票的货物人为拆分为多份,客观票数应当有所减少。并且,对于此类犯罪的立案,应当将次数与数额综合来看,结合其立案标准中对于逃避商检货值在 300 万以上的标准而言,本案所涉货物出厂货值仅为 230 余万元,亦低于立案货值金额标准。综上该两部分内容,对货值及票数的理解亦可成为辩护工作的一个重要方面。

(四)结合量刑情节及现实因素多角度进行辩护工作

在对本案进行辩护时,除了关注上述关键事实内容外,亦须关注当事人是否具有在实施犯罪行为后积极退缴其因逃避商检行为所造成国家损失而获得的违法所得的退赔情况;结合到案经过分析其是否具有自动投案、如实供述的自首情节;根据其到案后的认罪悔罪态度认定其是否具有认罪认罚等情节内容。在本案中,陆某积极退赔了违法所得,并于案发前主动联系办案机关人员,提出就其公司出口肥料情况说明问题,后在询问、讯问过程中,主动如实供述犯罪行为,并自愿认罪认罚,态度较好,应认定为其具有自首、认罪认罚之情节。结合案发期间的特殊性,分析"新冠"疫情对海关货物出口业务的实质影响,综合案件实际情况及各

种现实因素完善辩护内容。

三、案例点评

化肥类逃避商检罪系随着海关总署新发布的公告而出现的系列犯罪。在该种犯罪中，涉及的商品属性、当事人逃避商检的主观心态、事实情节等方面，均是对定罪适当与否的考验。

在本案中，国浩律师基于案件事实，从不同角度着重分析案涉货物的法律属性，深入研究肥料不同种类，并综合各行业法律规范探析味精渣滓被申报为有机肥料的合理性，从不同角度理解关于逃避商检罪立案追诉之标准。另外，从犯罪人的主观心态出发，结合案件事实及现实因素综合分析犯罪时的主观犯罪恶性。以主客观相统一的辩护思路，为当事人争取最大合法权益。

但鉴于当事人陆某此前因其他犯罪受过刑事处罚，存在累犯情节，客观上对其采取不起诉处理可能性相对较小，但在国浩律师的努力下，本案仍取得良好的辩护效果，在审查起诉阶段，辩护人多次与某区人民检察院沟通案件事实及涉案货物的属性问题、主观心态及定罪量刑问题，使办案检察官逐渐接受国浩律师提出的辩护意见内容，充分考虑了辩护人提出的事实问题，在一定程度上采纳了辩护人对案涉货物法律属性的意见，并对辩护人提出的当事人犯罪心态以及其他量刑情节及前科情节综合予以考量，最终提出仅对其处以罚金刑的量刑建议。而后在审判阶段，某区人民法院亦充分考虑辩护意见，酌情采纳辩护人意见，最终仅对被告 JJ 公司及被告人陆某判处罚金刑。此案是最高人民法院“中国裁判文书网”官方网站上公开的全国第一起化肥出口逃避商检罪刑事案件，在全国具有较大社会影响力，公众关注度高，被媒体多次报道。国浩律师在此案中的辩护工作，为化肥类逃避商检罪案件的辩护提供了颇具价值的参考，为这一颇为少见的犯罪类型提供了一种新型辩护思路，以案件事实为基础，围绕逃避商检罪的定罪量刑标准展开细致全面的事实及法律论证，远超客户的心理预期，起到刑事辩护工作的积极效果。

本案的成功办理深刻体现了“罪责刑相适应”的刑法原则，全面考虑犯罪行为的社会危害性和犯罪人的人身危险性，确保刑罚的轻重既能有效惩戒犯罪，又能防止对犯罪人的不公正对待，在案涉犯罪类型领域内一定程度上推动了司法公正，防止刑罚的滥用或遗漏，确保法律面前人人平等。同时，各办案机关在办理案件过程中深入贯彻落实“坚持以法为据、以理服人、以情感人”的法、理、情协调统一指导方针。在法、理、情的有机统一中实现公平正义,既是对中华优秀传统法律文化的继承和发扬,亦是新时代司法公平正义的题中应有之义。律师作为中国特色社会主义法治队伍的重要组成部分,必须担负起维护当事人合法权益、维护法律尊严、维护社会公平正义的历史使命,推动法治中国建设在改革中深化、在创新中发展,为人类法治文明进步、构建人类命运共同体作出新的更大贡献。

四、专家推荐

推荐人:王建人　国浩律师(天津)事务所合伙人

推荐内容:

逃避商检罪在刑事业务中较为少见,本案作为全国首个化肥出口逃避商检罪公开案例,国浩律师的辩护工作极具参考价值。

本案及系列案件的根源,是出口商为逃避新政策监管、解决出口货物时效问题而违法犯罪。新规则虽能填补行业漏洞、规范市场,但因其滞后性,会引发新型违法犯罪,形成“监管完善—漏洞转移—再监管”的循环。如《关于调整必须实施检验的进出口商品目录的公告》发布后,陆某及昆山JJ公司伪报味精渣滓商品编号逃避商检,这便是新规则下被转移的“漏洞”。后续监管必然会完善内容,加快商检审批,考虑货物属性,保障市场正常运行。

国浩律师办理此案时,深入探究法律适用。从国际贸易实务出发,提出“逃避商检罪”检验程序合规性、涉案货物认定标准合理性、主观要件认定标准等关键争议点,多角度论证事实。同时,剖析案件本质起因,结合实际情况,给出贴合行业逻辑与社会现实的意见。其分析深入且合理,促使司法机关重视辩护意见。最终,以案件事实与现实因素为基础,遵循罪责刑相适应原则,实现公正司法与公平正义,平衡了法律效果与社会效果,为同类案件的辩护与处理提供了优秀范例。

如何避免将“民事行为”予以刑事评价？

承办律师

李善鹏　国浩律师(银川)事务所合伙人

案例概述

诈骗犯罪尽管是常见的类型，但司法实务中准确认定“非法占有主观目的”“虚构事实或者隐瞒真相的欺骗方法”一直是认定案件事实、罪名定性的关键和核心。

由国浩银川合伙人李善鹏于2020年经办完成的“杜某诈骗罪全过程法律服务案”，在认罪认罚从宽的大背景下，坚持依法精准有效辩护，坚持证据裁判原则，坚持“以事实为依据，以法律为准绳”，案件历经线索移送、侦查、审查起诉、一审判决、二审裁定发回重审，重审继续补充调查开庭审理，公诉机关以“证据不足”为由撤回起诉并作出不起诉决定，杜某重获自由，后获得国家赔偿。李善鹏律师为杜某提供了全过程法律服务，依法维护了杜某的合法权益和人格尊严，真正实现了律师职业的社会价值。

一、案情简介

某县检察院在审查起诉马某涉黑犯罪案件中，根据马某的供述认定杜某涉嫌诈骗马某2万元，遂将此线索移送至某区公安分局侦查。

某区公安分局经过审查后立案侦查。2017年10月杜某到马某的办公室找到马某，并自称是记者，要采访马某，了解关于某开发区几户村民房屋被拆的事情，由此二人相识。2018年4月，杜某找到马某，告知其正在被公安机关调查。同年5

月 10 日,杜某再次来到马某办公室告知其正在被公安机关调查,并称可以替马某疏通关系,摆平此事,要求马某给其 2 万元人民币用于吃请打点,随即马某以公司名义给其开了一张 2 万元的支票,后杜某将 2 万元取出自行挥霍。因此,认定杜某采取虚构事实,非法骗取他人财物的行为触犯了《刑法》第二百六十六条之规定,涉嫌诈骗罪。根据《刑事诉讼法》第一百六十二条第一款之规定,将该案移送某区检察院审查起诉,追究杜某的刑事责任。

某区检察院经过审查,认定事实与某区公安分局侦查查明的事实一致,认为杜某涉嫌诈骗罪,杜某的行为已触犯《刑法》第二百六十六条之规定,犯罪事实清楚,证据确实充分,应当以诈骗罪追究其刑事责任,其法定刑为处 3 年以下有期徒刑、拘役或者管制,并处或者单处罚金,量刑建议判处杜某 1 年以上 2 年 6 个月以下有期徒刑,并处罚金。某区检察院将案件移送至某区法院提起公诉。案件在审查起诉阶段公诉机关多次沟通认罪认罚事宜,杜某及辩护人始终认为行为不构成犯罪,不同意不接受认罪认罚。

某区法院经过开庭审理,认定的事实及罪名与某区公安分局、某区检察院查明的事实完全一致,认定杜某构成诈骗罪,判处杜某有期徒刑 1 年 6 个月,并处罚金人民币 5000 元,责令退赔被害人马某人民币 2 万元。

马某依法提起上诉,某中级法院经过开庭审理,认为原判认定事实不清,撤销原审判决,发回重审。

案件发回重审后,某区公安分局多次侦查补充证据,经过开庭审理仍然事实不清、证据不足,后某区检察院以杜某犯诈骗罪证据不足,要求撤回对杜某的起诉,某区法院认为杜某涉嫌犯诈骗罪的证据不足,符合撤回起诉的条件,裁定准许某区检察院撤回对杜某的起诉。后某区检察院认定某区公安分局移送审查起诉的杜某涉嫌诈骗罪的犯罪事实不清、证据不足,作出对杜某不起诉决定。杜某在某看守所被羁押 264 日后重获人身自由。

杜某依法向某区法院提起国家赔偿申请,某区法院经过审查审理并经审判委员会讨论决定,给予杜某被限制人身自由赔偿金、赔礼道歉、消除影响、精神损害抚慰金等国家赔偿。

综上,杜某诈骗罪全过程法律服务一案完美办结,李善鹏律师提供了全过程法律服务工作,作为杜某的辩护人、代理人,依法维护了杜某的合法权益和人格尊严。

二、代理思路

诈骗罪,是指以非法占有为目的,用虚构事实或隐瞒真相的办法,骗取公私财物,数额较大的行为。

本罪的主体是一般主体,既包括个人,也包括单位。本罪的主观方面是直接故意,并且具有非法占有目的,即行为人明知是他人的财物,而以非法占有的目的决意骗取。非法占有目的有无,是区别诈骗罪与一般借贷纠纷的基本特征,其对诈骗罪成立起着至关重要的作用。本罪的客体是公私财物的所有权。本罪的犯罪对象非常广泛,可以是动产,也可以是不动产;可以是有体物,也可以是无体物。本罪的客体是公私财物的所有权,这就决定了只有行为人采用虚构事实或隐瞒真相的方法,骗取具有经济价值的财产时,其行为才可能构成诈骗罪。本罪的客观方面表现为,用虚构事实或隐瞒真相的办法,骗取数额较大的财物的行为。诈骗罪的实行方式多种多样,但概括起来,无非两种抽象形式:一是虚构事实,即行为人编造本不存在的事实,使被害人产生错误的认识,从而骗取被害人财物;二是隐瞒真相,即行为人故意隐瞒全部或部分事实,使被害人基于错误的认识作出错误判断,从而骗取被害人的财物。

在本案件中,杜某系自然人,具有完全行为能力,但主观方面杜某没有非法占有的目的,杜某向马某的公司履行了借款手续,出具了借条,载明了借款金额、期限和用途,马某公司的财务人员完善了财务登记和借款审批程序后向杜某开具了转账支票,杜某 2 万元款项到账后银行流水明细能证明资金的走向,并不存在侵犯马某的财产所有权。核心问题出现在客观表现方面,马某陈述杜某拿 2 万元用于吃请打点,替马某疏通关系,帮助马某摆平其正在被公安机关调查一事,马某交代杜某声称拿 2 万元疏通正在负责调查马某的专案组负责人黄某,通过公司走手续只是履行程序,侦查机关通过向黄某核实,黄某完全否认此事,侦查机关做了相应的外围调查,收集在案的证人证言均对杜某不利,至此侦查机关认定杜某虚构事实,非法骗取他人财物涉嫌诈骗。杜某并不认可马某的陈述,也不认可案涉的相关证人证言,对于侦查机关收集的证据持有异议。李善鹏律师通过数次会见、详细阅卷并深入研究案情,坚定认为本案仅为民间借贷案件,被告人的行为不能通过刑法进行评价,现有证据不足以证实杜某采用虚构事实或隐瞒真相的方法欺骗马某,杜某的行为不构成犯罪,因此始终坚持无罪辩护。

从案件证据定性的角度而言,通过相应的大量调查工作,李善鹏律师反复提出要求办案机关调取杜某向马某借款的所有财务凭证,尤其是杜某的银行流水所指向的资金终端相对人和现金支取花费的证据。关于2万元款项的性质认定,李善鹏律师认为,杜某和马某之间的2万元借款是客观存在的事实,对于2万元借款性质的认定应当从客观实际情况考察,2万元借款是通过公司转账,手续完备,杜某在马某处拿钱时给马某给出具了借款凭证,该凭证对于借款的金额、期限和用途均作了约定,银行流水指向明确,而且借款行为发生在马某被调查之前,马某陈述被杜某诈骗的事实与实际借款时间不相吻合,2万元款项的性质并非诈骗行为,应属正常的民事行为。从定罪证据分析认为,杜某2万元借款的目的,除了马某自己陈述并无其他任何客观有效的证据能够予以佐证,马某的陈述与黄某、杜某陈述存在相互矛盾且不能相互印证,外围调查的言词证据的收集不符合刑事案件的办案规则和程序。在辩护的过程中始终坚持办案机关必须秉持"犯罪事实清楚,证据确实充分,证据裁判为最高标准"。

在一审判决对被告人不利的情况下,李善鹏律师一方面加强案情案例、法律法规的研究研判,另一方面给杜某心理疏导坚定必胜信心,在案件上诉后获得了转机,某中级人民法院认真听取了李善鹏律师的辩护意见,某市检察院也采纳了辩护观点,本案在二审阶段获得了满意的结果,李善鹏律师的意见获得了全部采纳。最终公诉机关以"证据不足"作出不起诉处理,真正实现了无罪辩护的好效果。

在申请国家赔偿过程中,李善鹏律师作为代理人先后多次向某区检察院、某区法院咨询、沟通杜某申请国家赔偿事宜,某区检察院、某区法院未办理过涉刑事的国家赔偿案件,又出现了立案难的情况。李善鹏律师详细查阅法律规定和参考案例,确定杜某的请求事项属于国家赔偿的范围,明确赔偿义务机关是某区法院,根据杜某的实际情况和法律规定,对杜某的人身自由赔偿金、精神损害抚慰金以及在侵权行为影响范围内为杜某消除影响、恢复名誉、赔礼道歉提出具体请求,某区法院经过审理并经审判委员会讨论依法支持了杜某的国家赔偿申请。

三、案例点评

本案的成功办理真正实现了"受人之托,忠人之事"和"人民律师为人民"的服务为民理念。在办理过程中,承办律师始终坚持无罪辩护是非常难得的,作为法律人就应该坚持公平正义、相信法律并依法辩护、依法履责，通过全过程法律服务，取得了最好的效果。本案例在当前的司法实务中，历经多个程序并获得国家赔偿，为杜某争取到赔礼道歉，消除影响，获得人身自由赔偿金、精神损害抚慰金，依法维护了杜某的合法权益和人格尊严。律师作为中国特色社会主义的法律工作者，必须深刻领会中国特色社会主义新思想、分析新矛盾、把握新形势、瞄准新目标、肩负新使命、明确新要求，奋力开启法治中国建设的新征程。

四、专家推荐

推荐人：马勇　国浩律师（银川）事务所合伙人

推荐内容：

本案的成功办理，在当前认罪认罚的大背景之下，能够获得无罪的判决结果实属不易。案件先后经历了七个阶段的办理，作为法律人深感欣慰，对于事实不清、证据不足的案件坚持依法辩护具有一定的借鉴意义。同时，《国家赔偿法》的出台和适用不仅可以保证刑法的谦抑性，促进司法机关慎用刑法且依法行使职权，也是刑法罪责刑相适应原则的体现，也能为同类案件的办理提供参考借鉴。

程序篇

以全国首例保险保函作为反担保措施案看担保解封适用条件为何?

承办律师

潘　骏　国浩律师(南京)事务所合伙人

孙红丽　国浩律师(南京)事务所合伙人

案例概述

在一般财产纠纷案件中,被保全人或第三人请求解除保全时往往提供财产作为充分有效的担保。被保全人以解除财产保全保证保险作为反担保,属于保险行业的新事物,此前司法实践中鲜有案例。

由国浩南京合伙人潘骏、孙红丽代理的天津 H 网络科技有限公司与南京 S 电子商务有限公司、S 集团股份有限公司不当得利纠纷案在全国范围内首先确立了保险保函属于充分有效担保形式的裁判规则,对平衡保全申请人的合法期待利益和充分释放企业经济活力有着深远意义,被最高人民法院评为“人民法院服务和保障长三角一体化发展典型案例”,并入选“南京法院十大优秀案件”等。

一、案情简介

2020 年 4 月 30 日,天津 H 网络科技有限公司(以下简称 H 公司)对南京 S 电子商务有限公司、S 集团股份有限公司(以下合称 S 公司)在南京市江宁经济技术开发区人民法院(以下简称江宁经开法院)提起不当得利之诉,诉请法院判令 S 公司向 H 公司返还货款 2044 万元并承担资金占用利息,该公司同时提出财产保全申请,请求法院对 S 公司 2060 万元的财产进行保全。

2020 年 5 月 8 日,江宁经开法院作出(2020)苏 0191 民初 1312 号民事裁定书,裁定冻结 S 公司名下 A 银行账户内现金存款 2060 万元。2020 年 5 月 22 日,S 公司向江宁经开法院书面申请变更保全标的物,法院经审查于同日作出(2020)苏 0191 民初 1312 号之一民事裁定书,变更冻结 S 公司名下 B 银行账户内现金存款 2060 万元。

2020 年 6 月,S 公司向江宁经开法院提供某保险公司出具的保险保函作为反担保,请求解除对其名下银行存款的保全措施,江宁经开法院分别于 2020 年 6 月 24 日和 2020 年 9 月 16 日组织两次听证,充分听取了双方就解除保全措施的辩论意见。

2020 年 11 月 5 日,江宁经开法院作出(2020)苏 0191 民初 1312 号之四民事裁定书,裁定解除对被告 S 公司名下 B 银行账户内的现金存款 2060 万元的冻结。双方对该裁定未提起复议,该裁定已发生法律效力。

2021 年 5 月 6 日,江宁经开法院以本案存在犯罪嫌疑为由,裁定驳回原告 H 公司起诉、移送公安机关处理。2021 年 9 月 8 日,南京市中级人民法院驳回 H 公司上诉,维持原裁定。该裁定为终审裁定。

二、案例分析

本案涉及诸多法律问题,从实体问题上看,包括未签订书面合同情况下交易习惯的认定、一人股东公司财产混同情况下连带责任的承担等;从程序上看,包括刑民交叉案件的处理顺序、以保险保函作为反担保解封的适用条件等。限于篇幅原因,且鉴于该案因涉及经济犯罪而被南京市中级人民法院二审驳回起诉,本文将不对实体问题进行讨论,而重点围绕该案以保险保函作为反担保解封被告银行账户进行分析。

(一)本案之前解除财产保全的司法实践痛点

在本案裁定作出之前,经检索最高人民法院裁判文书网站,未见由保险公司出具保函的形式作为反担保解封被告银行账户的案例。尽管《最高人民法院关于人民法院办理财产保全案件若干问题的规定》(以下简称《财产保全规定》)第二十二条明确规定了“财产纠纷案件,被保全人或第三人提供充分有效担保请求解除保全,人民法院应当裁定准许。被保全人请求对作为争议标的的财产解除保全的，须经申请保全人同意”，但司法实践中该条款往往难以适用，存在三大痛点：

一是解封申请必须经过申请保全人的同意，而申请保全人往往不但不会同意，还会对法院作出的解封裁定提出异议。这是由于，原告申请财产保全，就是为了保证生效判决能够得到履行，也是为了促进被告在财产被保全后能够与之尽快协商谈判，以取得对其有利的诉讼或调解结果。一旦法院解除了对被告的财产查封，诉讼保全对于被告的压力不复存在，这也是申请保全人对于解封申请存在严重抵触、必然提出异议的原因。

二是何谓充分有效的担保难以界定。申请保全人以被告银行账户、房产等易于查封和变现的财产作为首要保全目标，而被保全人因银行账户被保全会严重影响其现金流及生产经营，往往提出以股权或已存在抵押权的房产等难以评估及变现的财产申请变更查封，无法满足“充分有效”的条件。

三是提供担保的主体被严格限定。近几年来兴起的民间担保公司，成为原告诉讼责任险的主力军；但在审查解除被告查封的担保主体时，法院往往会将担保公司拒之门外。以江苏部分法院为例，一些地市法院直接拒绝担保公司保函作为解除查封的担保形式，一些地市法院虽然有条件接受担保公司保函，但还会要求担保公司提交银行账户存款证明等苛刻条件。根据《财产保全规定》第八条“金融监管部门批准设立的金融机构以独立保函形式为财产保全提供担保的，人民法院应当依法准许”之规定，银行和保险公司的独立保函是解封担保的理想选择，但由于这些金融机构严格的合规和风控要求（如要求申请人应在银行具有相应比例的存款），市场上也并不存在此类金融产品，被告几乎难以取得此类金融机构的保函。

在上述三大痛点的加持下，被告申请解除财产查封的申请很难在实践中获得申请保全人的同意和保全法院的支持，这也是本案之前的司法实践几乎未见金融机构为被告解封财产出具独立保函的主要原因。

（二）关于解除被告账户查封听证的争议焦点

在两次听证时，双方对于某保险公司属于《财产保全规定》中“金融监管部门批准设立的金融机构”的事实不持异议。但对于基于该款新注册的保险产品所出具的保函是否视为“独立保函”以及该保险产品中相关条款的约定能否视为“充分有效”的担保，双方争议较大。

申请保全人H公司明确不同意以该保函解封S公司银行账号,其理由主要基于三点:一是上述保险产品未经中国原银保监会审批且无法通过公开渠道检索到相关信息,无法对外使用;二是该保险产品相较于本案中已通过足额冻结的银行账户查封措施而言不利于执行、不利于保障原告合法利益的实现;三是保险产品中的相关免责事由约定,不利于原告胜诉后生效判决的执行。

国浩律师代理被告S公司发表听证意见,认为该保险产品符合《财产保全规定》所要求的"充分有效担保"的条件,其理由主要基于:一是保单保函上明确注明了见索即付条款,保险公司在收到法院协助执行通知10个工作日内即可支付赔偿款项,完全满足保障原告胜诉权益的需要。二是被告提交的解除财产保全保证保险与原告提供的诉责险的权利义务约定,从本质上来说是一致的,法院应公平地对等适用。三是被告提交的保险保函解除法院查封银行账户,在保障原告权益的同时更有利于保障被告资产的流动性,更利于被告经济效益的最大化。四是根据2016年8月《中国保监会办公厅关于启用财产保险公司备案产品自主注册平台的通知》,该保险产品适用自主注册,其效力等同于其他保险产品[①]。

江宁经开法院在两次听证后,充分听取了双方的争辩意见,并前往江苏省原银保监局查实该款保险产品的备案情况,与保险法专家对该类保险的条款及风险进行研讨,于11月5日裁定解除对被告银行存款2060万元的冻结。在裁定书中,江宁经开法院阐述准许解封的理由如下:"财产纠纷案件,被保全人或第三人提供充分有效担保请求解除保全,人民法院应当裁定准许。被保全人请求对作为争议标的的财产解除保全的,须经申请保全人同意。财产保全的被保全人提供其他等值担保财产且有利于执行的,人民法院可以裁定变更保全标的物为被保全人提供的财产担保。本案中,某保险公司出具的保险保函为不可撤销的见索即付保函,

---

① 《中国保监会办公厅关于启用财产保险公司备案产品自主注册平台的通知》规定,自2016年8月15日起,自主注册平台正式启用。除农业保险、有政策支持的涉农保险及其他另有规定的险种外,根据原保监会规定凡属于财产保险公司备案类的产品均适用于自主注册。对于注册范围内的产品,由各财产保险公司在自主注册平台进行自主、在线、实时产品注册。自主注册平台对提交的注册材料进行自动审核,材料完整的实时予以注册,产品注册完成后方可使用。中国保险行业协会每5个工作日将自主注册平台已注册产品材料传送至原保监会保险产品电子化报备和管理信息系统,并由该系统完成后续备案流程。各财产保险公司无须再向原保监会报送备案材料。自主注册平台启用后,各原财产保险公司可登录自主注册平台进行在线注册并可实时查询产品注册进程和已注册产品情况。各原保监局可登录自主注册平台实时查询注册产品情况,对可能存在的问题,及时予以监管指导。社会公众和保险消费者可以登录中国保险行业协会网站财产保险公司自主注册产品查询专栏,在线实时查询已注册产品信息。

担保金额为20,600,000元,与H公司申请财产保全的数额一致,与其诉讼主张相当。案涉保险保函作为不可撤销的见索即付保函,在条件成就时能让受益人迅速获得补偿,极大程度上消除了将来生效判决不能执行或难以执行的可能,依据该担保解除案涉保全措施并不会影响H公司合法权益的实现,且有利于S公司的日常生产经营,既保障了保全申请人的合法期待利益,又充分释放了被申请人的资金流动性,故本院对S公司提出的解除对其银行账户存款冻结的申请,依法予以准许。”

三、律师工作

本案中,被告S公司系全国最大规模的零售企业之一,在A股市场上市多年,完全可以承受2060万元的财产保全压力,但正是基于其良好的资信和履行能力,也为其向保险公司申请出具保函奠定了基础。在此过程中,国浩律师与S公司、保险公司三方通力协作,充分争取,通过设计保险条款和保险产品实现了解封财产保函从无到有的过程,有力维护了被代理人的合法权益。在此过程中,国浩律师主要从事如下工作:

一是积极探讨,充分论证出具保险保函的可能性。潘骏律师、孙红丽律师作为被告S公司的代理人,在收到江宁经开法院的保全裁定后,立即与S公司、某保险公司积极协商通过保险公司保函解除保全申请的可能性。

二是主动参与,妥善设计保险产品、起草保险条款。本案之前,市场上并没有“解除财产保全保证保险”的产品,这就意味着需要我方必须从零开始起草设计保险条款,且经得起申请人的“挑刺”和法院的审视。在起草保险条款的过程中,国浩律师引入保险法专家作为支持,经过了与保险公司的多轮协商,创新性地起草了诸如保险责任条款①、责任免除条款②、信息披露条款③等。在各方的共同努力

① 参见该保险产品保险条款第三条规定:“保险责任:在保险期间内,投保人申请并经法院同意解除财产保全,案件审结后投保人无财产可执行或财产不足清偿债务的,致使被保险人遭受的直接经济损失,保险人按照保险合同的约定负责赔偿。”

② 参见该保险产品保险条款第四条规定:“下列原因造成的损失、费用和责任,保险人不负责赔偿:(一)投保人和被保险人恶意串通或虚假诉讼的行为;(二)未经法院判决的损失;(三)投保人和被保险人调解。”

③ 参见该保险产品保险条款第十二条规定:“投保人应当将涉及财产保全之诉案件有重大影响的情况在知道或应当知道之日起二十日内告知保险人。本条款所称重大进展情况包括但不限于案件中止、调解或判决等对案件进展有重要影响的情况。”

下,2020 年 6 月 15 日,“某保险公司解除财产保全保证保险”产品在全国“财产保险备案产品自主注册平台”登记注册,经营区域为全国,成为目前经检索能够查询到的全国首个登记注册的解除财产保全保证保险产品。产品注册后,某保险公司随即向法院出具了保单保函,载明该保函的赔偿责任为“本公司愿为申请人南京 S 电子商务有限公司、S 集团股份有限公司的该申请提供担保,如申请人南京 S 电子商务有限公司、S 集团股份有限公司解除保全申请致使被申请人遭受损失的,本公司保证向被申请人在赔偿限额内进行赔偿”。同时,还载明了见索即付条款:“本保函为不可撤销的见索即付保函。我司保证:如人民法院对于上述案件作出生效判决,且该生效判决判令申请人承担责任,则我司将在收到贵院协助执行通知书及生效民事判决书次日起的 10 个工作日内,向贵院支付协助执行通知书所记载的金额,但赔偿金额以我司在本保函项下的责任以最大担保金额为限。”

三是尽职代理,在听证时详细论述解封理由。因此类保险产品没有先例,江宁经开法院在审查解封时也极为谨慎,先后于 2020 年 6 月 24 日和 2020 年 9 月 16 日组织两次听证,充分听取了双方就解除保全措施的辩论意见。国浩律师在参加听证时,就保险产品条款的约定是否符合“充分有效”担保的条件等焦点进行了详细论证,并逐一回应了申请保全人所提出的观点。

四、案例点评

(一)典型意义

首先,本案在全国范围内首先确立了保险保函属于充分有效担保形式的裁判规则。一般财产纠纷案件中,被保全人或第三人请求解除保全时往往需要提供财产作为充分有效的担保。本案中,被保全人是以解除财产保全保证保险作为反担保,由于该款保险产品属于保险行业的新事物,司法实践中,此类反担保形式鲜有案例,故此前这样的反担保效力并不明确。在国浩律师和被代理人、保险公司的共同努力下,江宁经开法院此次率先以裁定书明确认定,此类不可撤销的见索即付型保险保函属于充分有效的担保形式。该款保单保函虽然不是有形财产,但它属于不可撤销的见索即付保函,当被告拒不支付时,原告可以向法院申请强制执行,故解除财产保全保证保险不会损害保全申请人的合法权益。据此,这是全国范围内首次以法院裁定书的形式明确认定,被保全人提交的不可撤销的见索即付保险保函属于充分有效的担保形式，既有力维护了保全申请人的期待利益，又充分释放了被保全人的资产流动性。

其次，在全国范围内强调营造良好营商环境、激发企业活力、保障民企发展的当下，本案更具有独特的典型意义和示范效应。最高人民法院在2021年发布"人民法院服务和保障长三角一体化发展典型案例"中指出，本案典型意义在于："长三角地区是我国经济发展速度最快、经济总量规模最大、最具有发展潜力的经济板块。在新冠肺炎疫情的冲击下，长三角地区企业面临诸多困难，人民法院依法公平审理疫情防控期间的各类涉企业纠纷案件，保障经济平稳发展，是服务'六稳''六保'，确保社会大局稳定的使命任务。本案中，人民法院在保障原告合法利益的前提下，依法审查并认定被告提供的保险保函属于充分、有效的担保形式，能够避免出现生效判决不能执行的风险。在此情形下，法院采取灵活解封的方式，降低保全期间涉诉企业账户冻结、资金占用等风险，减小对企业日常生产经营的影响。在疫情防控的特殊情况下，人民法院自觉将审判工作融入经济社会发展大局，秉持依法文明审判理念，深度分析个案情况，通过将保险保函作为反担保手段，灵活变更保全方案。此举兼顾了公平与效率，有效地帮助了民营企业摆脱困局，获得生存时间和发展空间，实现多方共赢，促进了长三角区域经济可持续发展，切实保障了民生与就业，取得良好的法律效果和社会效果。"

（二）思考建议

在代理该案的过程中，有以下几点建议可供分享：

一是作为代理律师，不仅要积极关注案件的实体问题，也不可忽视案件中的程序问题。在特定意义中，诸如保全、审限、管辖、回避等程序问题，对于案件的处理结果、推进进程也具有十分重要的意义。

二是作为代理律师，不仅要关注案件的法律代理工作，还应根据客户的需求，善于借助各类金融工具或其他手段，合法有效地解决案涉矛盾纠纷，最大化地维护客户的经济效益。

三是鉴于各地海量的诉讼案件中存在类似需求，而各大保险公司对该产品仍持观望态度，建议以律所为单位与重点客户一起，与各大银行、保险公司沟通，积极推广使用相应的金融产品。

五、专家推荐

推荐人:车捷　国浩律师事务所执行合伙人

推荐内容:

解除被告财产保全一直是司法实践中的难点和痛点,国浩律师在代理该案的过程中,从客户需求出发,大胆探索、充分论证、据理力争,用保险保函形式成功解除法院对被告银行账户的查封。本案被最高人民法院评为"人民法院服务和保障长三角一体化发展典型案例",并入选"南京法院十大优秀案件"等。在当前维护良好营商环境、保障民企合法权益的大背景下具有典型意义和推广价值。

船舶拍卖债权登记及分配中，如何对第三人利益进行保护？

承办律师

姜　丹　国浩律师事务所执行合伙人、国浩律师（海南）事务所管理合伙人

姜　凌　国浩律师（海南）事务所合伙人

王　芳　国浩律师（海南）事务所律师

■ 案例概述

2020年1月，最高人民法院公布的“2019年度人民法院十大执行案件”中，“海口海事法院4.033亿元拍卖某油轮执行案”从各地法院上报的228件案件中脱颖而出、成功入选。这一成交金额创纪录的拍卖背后，就有着国浩律师的一份助力。

由国浩执行合伙人、国浩海南管理合伙人姜丹，国浩海南合伙人姜凌、律师王芳于2019年12月30日经办完成的“新加坡某（私人）有限公司诉某油轮有限公司船舶拍卖债权登记及分配案”是一起涉及船舶经营人的法律地位、合同第三人权利保护及涉外民事关系的法律适用等涉外海商案件办理难点和争议焦点的典型案例。在确保新加坡籍委托人的合法权益的基础上，国浩律师配合海口海事法院更好地完成了船舶拍卖及后续的法律程序处理。该案论证严谨、充分体现了律师的专业水平，不仅对涉外海商案件的办理及相关法律疑难点问题作出了极具价值的回应，也为我国海事法律体系的完善提供了参考。

一、案情简介

某油轮是某油轮有限公司所有的一艘VLCC(超大型油轮),因船舶所有人某油轮有限公司与法国巴黎银行之间的金融借款,某油轮有限公司为此提供了其名下香港籍某油轮作为抵押物进行担保。由于某油轮有限公司发生贷款合同中约定的违约事由,巴黎银行宣布所有贷款合同项下本息全部立即到期,并于2019年1月4日向海事法院申请了扣押某油轮。

后因某油轮有限公司未提供担保,扣押期限现已届满,且该轮亦不适合继续扣押,法院于2019年8月6日作出裁定,决定公开拍卖被告所属的某油轮。其后海事法院于2019年9月2日发出拍卖及债权登记公告。

在这一情况下,委托人(一家新加坡籍的船舶经纪公司)委托国浩律师办理债权登记和确权诉讼相关案件。经过与委托人了解,委托人的海事请求债权基本情况如下:委托人共出示了相关程租租约20余份,共计经纪费约20余万美元,但相当一部分不是由某油轮承运的租约,是由某油轮有限公司的关联公司所有的"Brightoil Grace"轮和"Brightoil Lion"轮等的租约,而且考虑到这些油轮都是单船公司注册,因此剔除了相关的船舶经纪费,只将有关某油轮有关的经纪费用申请了债权登记。

本案最后当庭达成了调解。委托人同意放弃利息,其全部船舶经纪费和相关诉讼费用的主张被告均在调解协议中予以了确认,被告同意前述经纪费及相关诉讼费用在拍卖船舶价款中予以受偿。至此,委托人本无太大希望收到的一笔船舶经纪费用全额得到了偿付。

二、代理思路

(一)关于本案的法律事实问题

仅有电子邮件的记录和商业发票,并不能形成有效的证据链条,应该如何证明委托人的确促成了该程租合约,且相应航次已经实施完毕?

基于对法院的了解和过往办案经验,国浩律师判断,涉案船舶现已被法院扣押并进入船舶拍卖阶段,因此,法院一定会在扣押船舶时尽量收集船舶证照及相关文件的信息,包括船舶所有权登记、船舶国籍、船级、船检等各类证书以及PSC[(Port State Control),港口国监督]的必要材料,还有航海日志、轮机日志等随船文件,以便拍卖时尽可能多地披露该船舶信息,由此航海日志或者 Q－88 问卷应该是可以向法院申请复制或者查阅的。根据这一判断,国浩律师向法院申请了调阅法院扣押船舶时复制的相关材料。

令人欣喜的是,国浩律师在查阅过程中发现,法院调取的 INTERTANKO CHARTERING QUESTIONNAIRE 88 － OIL【独立油轮船东协会标准化租船问卷】(上传日期:2019 年 9 月 1 日)其中的 12. 1 Last three cargoes/charterers/voyages (Last/2nd Last/3rd Last)一栏中,标注如下:

12.	RECENT OPERATIONAL HISTORY	
12.1	Last three cargoes/charterers/voyages (Last/2nd Last/3rd Last):	Last: AMCO, ALCO / Koch / Ras Tanura - Onsan 2nd: AMCO, ALCO /Unipec / Ras Tanura - Rizhao 3rd: AHCO, AMCO, ALCO /Unipec / Ras Tanura - Huizhou

ALCO:Arabian Light Crude Oil

AMCO:Arabian Light Crude Oil

对照之前委托方发给国浩律师的电子邮件版租约 PART I 第 1 条(见下图),两者相互印证。

Last three cargoes:
Last: AHCO, AMCO, ALCO /Unipec / Ras Tanura - Huizhou

2nd: AMCO /Unipec / Ras Tanura - Quanzhou
3rd: Girassol CO, Mondo CO / CNOOC / Girassol, Kizomba - Rizhao, Tanjung Pelepas

另外,根据航海日志及 PSC 的相关文件,也可以印证委托人通过电邮促成的租约已经实际履行。

综上,国浩律师判断,综合这些证据,已经能够初步证明:(1)委托人作为经纪人已经促成了本次租约的订立,且船东完成了该租约下约定的航次。(2)根据我方提供的发票,可以初步确定涉案航次的租金金额。

(二)本案的主管问题

程租合约中的仲裁条款是否适用于原告?如果法院认为适用,如何处理这种风险?

由于本案委托人是经纪人，其手头只有电子邮件附件中的电子租约最终确认版。从这个版本来看，该租约使用的是ASBATANKVOY（97）年版 Association of Shipbrokers and Agents US（美国船舶经纪人与代理人协会租船合同），其中第一部分约定的仲裁条款形式如下：

K.
The place of General Average and arbitration proceedings to be ***LONDON*** *London/New York (strike out one).*

实际上，该条约定从合约本意来看是约定了伦敦仲裁，但还是存在很多有争议的部分：

1. 合约文本只是将选择的London标绿，并未删除后面的选择地点选项，是否视为双方当事人已经确定了仲裁地点为伦敦是一个争议的内容。

2. 程租合约的合同相对方为船东和承租人，委托人作为经纪人，显然不是合约相对方，不应受合约仲裁条款的限制。但如果该争议真的在伦敦或者任何一个英美法系的地点裁决，大概率可能会适用英国Contracts（Rights of Third parties）Act 1999第8条的规定，认定仲裁条款有效。然而，由于该案债权登记已经由国内法院受理，国浩律师基于广泛意义上的管辖考虑，判断即便对方提出异议，法院一般也会驳回，由此可能会适用国内法律。而如果按照涉外民事关系法律适用法和仲裁法的规定，法院极有可能认定此项仲裁条款无效。

3. 本案标的不大，且对方的委托代理人也是国内律师，国浩律师判断双方都不太会希望这个案子到伦敦仲裁。

（三）涉外民事关系的准据法适用问题

在对事实问题和主管问题有了基本判断后，国浩律师进一步考虑本案的准据法适用问题。租约本有一项首要条款（Paramount Clause）表示适用英国法律，但因不明原因，最终确认版划线删除了这一内容。因此，即便国内法院受理本案，本案纠纷的准据法也是一个较大的法律问题。

1. 程租合约由新加坡的船舶经营人代表香港的船东与香港的承租人用香港籍的船舶在新加坡经纪人的促成下通过电子邮件签订完成，航次为装货港沙特—拉斯塔努拉，卸货港山东日照。合约当事人为香港籍和新加坡籍，但实际为两家香港籍的公司用香港籍的船舶来在履行合约。因此，初步判断，如果双方当事人无法就法律适用问题达成一致意见，很可能会适用香港地区法律。

2. 根据《涉外民事关系法律适用法》第十条的规定，法律适用的查明义务属于法院。但考虑到本案存在适用法律比较难以判断、适用法律查明的周期太长以及海运强国建设政策等因素，国浩律师估计，法院很有可能会依据《最高人民法院关于适用〈中华人民共和国涉外民事关系法律适用法〉若干问题的解释（一）》（法释〔2012〕24号）第十七条[①]的规定，对双方当事人关于法律适用问题进行释明（当然也可以叫软性强制），同意适用中国法律。后来，法院的实际操作印证了国浩律师对此的分析。

（四）诉讼主体问题

租约的一方为新加坡某航运公司，在船舶登记上是 Ship Manager（船舶管理人），不是 Ship Operater（船舶经营人），更不是船舶所有人，本案的被告应该怎么列？

第一，本案如认为 Ship Operater 是船东的代理人，则相应的船舶经纪费应由委托人船东承担；（船舶登记中的信息及 Q88 问卷、航海日志等证据可以形成具有高度盖然性的证据，而且从租约的运费收款人可以看到，收款账号是船东的账号）。

第二，根据《民法通则》第六十五条的规定，授权不明的，被代理人应当向第三人承担民事责任，代理人负连带责任。

综合上述两点，国浩律师将某油轮有限公司和新加坡某航运有限公司列为共同被告，要求两者承担连带责任。

三、案例点评

本案虽然标的不大，但涉及的法律问题较多，值得深思。办案过程中，有些问题是涉外领域在域外法中已有规定，但域内法律尚不明确造成的。

（一）船舶经营人的法律地位仍需明确

鉴于国际海运中，不管是登记船东还是二船东，在运营大型船舶的时候，自营的比较少，大多交由 Ship Manager 或者 Ship Operater 来管理运营，但我国法律对

---

① 现行《最高人民法院关于适用〈中华人民共和国涉外民事关系法律适用法〉若干问题的解释（一）》（2020 修订）第十五条。

此类海运主体的法律地位仍未明确。从我国现有的法律法规来看,只有《海商法》和《船舶登记条例》对船舶经营人(operator)作了规定。

我国《海商法》第二十一条规定:“船舶优先权,是指海事请求人……向船舶所有人、光船承租人、船舶经营人提出海事请求……”第二百零四条第二款规定:“前款所称的船舶所有人,包括船舶承租人和船舶经营人。”《船舶登记条例》第十四条第一款第十项规定:“船舶所有人不实际使用和控制船舶的,还应当载明光船承租人或者船舶经营人的名称、地址及其法定代表人的姓名。”但是,《海商法》和《船舶登记条例》都未对船舶经营人概念、船舶经营人责任作明确规定。而 Ship Manager(船舶管理经营人)就更是只在《国际海运条例》和原交通部的《国内船舶管理业规定》提及,其定义和内涵更不甚明确,很容易造成与国际海运实际操作的不衔接。

(二)由于海诉法没有明确对船诉讼制度,但又不得不对附着在船舶上的一些海事请求债权予以考虑,从而造成海事诉讼法和海商法之间的制度性不衔接

本案中,根据现有的《海事诉讼特别程序法》第二十一条第十八项的规定,船舶经纪人的与船舶有关的佣金、经纪费或代理费是可以申请扣押船舶并要求船方提供担保的,但扣押船舶以后,被告如何确定、请求权基础是什么等内容,无论《海商法》还是《民法典》都没有规定,这一问题如今越来越突出。

目前,《海商法》的修改已经正式列入立法计划,《海事诉讼特别程序法》的修改也即将列入日程,这个问题还需要更好地考虑。

(三)面对越来越复杂的涉外民事关系,尤其是涉及多个法域的时候,适用准据法的方法,可能需要新的理论予以补充

涉外民事关系的法律适用在商事领域的基本原则就是:首先当事人意思自治,其次适用最密切联系国法律。然而,随着当今社会互联网和国际交流的极速发展,电子数据交换和电子合同越来越多,“最密切联系”的地域性越来越不明显。

同时,“一带一路”倡议让中国与世界的联系越来越紧密,经贸领域的交易越来越复杂,许多涉外民事关系涉及更多的国家和地区,与此相伴的是法律关系亦牵涉到更多法域,如何确定最密切联系地,无论在诉讼还是非诉领域都是一个不可忽视的问题。

（四）合同法中对第三人的保护问题

有关利他合同的内容，我国法律体系中，仅《民法典》在第五百二十二条中进行了规定，但利他合同的具体形式要件以及第三人在利他合同中是否需要受到首要条款、仲裁条款等的约束，一直没有一个明确的说法。

这个问题在英国法中已经有比较明确的规定，但如果准据法为中国法律，则暂时还没有明确的规定。现今有越来越多的利他合同及第三人承诺，但如何确定第三人的法律责任，无论是在一般民商法领域，还是涉及此类情况更多的海商海事领域，都是值得深入研究的。

四、专家推荐

推荐人：王龙奎　国浩律师（海南）事务所管理合伙人

推荐内容：

本案存在各方当事人均为外籍主体、履行地不在域内、取证和了解事实情况困难、诉讼关系复杂、法律适用问题疑难点众多等困难，对律师的海事诉讼、海商法及涉外诉讼的综合专业素养要求很高。国浩海南承办律师通过积极与当事人及法院沟通，仔细阅读证据，以证据串联证据，形成了有效的证据链，使被告对事实予以确认。另外，面对大量的涉外法律适用及海事诉讼专业问题，承办律师们多次通过专项会议及模拟法庭进行论证，也为之后的庭审中能够调解奠定了专业基础和信心。

随着"一带一路"倡议的快速推进，经贸领域也越来越与世界密不可分，涉外法律关系也越来越复杂和多样化，海商事涉外法律工作不再仅仅是熟悉、应用其他国家、地区的法律的问题，更需要让中国的法律走出去，与域外法进行衔接和接轨，以进一步扩大我国法律及法律体系在世界上的影响力。同时，本案为涉外律师提示了一个新的涉外法律服务内涵，即涉外律师不仅仅可以进行域外法律服务，也可以通过代理域外当事人在域内的诉讼，完善域内法与域外法的衔接。

抵押权人如何对抗不动产买受人实现优先受偿权？

承办律师

杨　波　国浩律师(贵阳)事务所管理合伙人

潘　艳　国浩律师(贵阳)事务所律师

■ 案例概述

《最高人民法院关于人民法院办理执行异议和复议案件若干问题的规定》(以下简称《执行异议和复议规定》)第二十八条、第二十九条是第二十七条的除外规定,案外人可据此对抗抵押权优先受偿,《全国法院民商事审判工作会议纪要》(以下简称《九民纪要》)出台之前的绝大多数司法裁判对该观点持肯定意见。但对于第二十八条为除外规定,实务界存在大量不同观点,一直存在较大争议。

由国浩贵阳管理合伙人杨波、律师潘艳于2022年1月经办完成的"A资管公司诉B房开公司执行异议之诉纠纷系列案",一波三折、历时四年,跨越了《九民纪要》出台前后阶段。该系列案在无可供借鉴判例的情况下,提出"第二十八条不是第二十七条的除外规定"获得二审法院认可,观点新颖,论证严谨,层层递进,不仅是保护抵押权人合法权益优先受偿的典型案例,更对房地产行业预售制度、市场交易安全隐患提出法律思考,与当下正在进行的不动产制度改革不谋而合,具有良好的学术价值和应用价值。

一、案情简介

2016年,国浩贵阳律师接受委托代理某资产管理公司(以下简称A公司)诉某房地产开发公司（以下简称B公司）金融不良债权转让合同纠纷案，该案历经贵州省高级人民法院（以下简称贵州省高院）一审、最高人民法院（以下简称最高法）二审，至2018年4月，A公司的诉请绝大部分获得了最高法的支持，判决B公司偿还A公司债务本金5500余万元及债务重组收益，且A公司享有B公司的抵押权优先受偿权，该权利项下包含了25套房屋。但进入执行程序后，案外占有房屋的第三人与A公司、B公司产生了大量的执行异议，在执行异议之诉一审、二审、再审各阶段共产生40余个案件，涉及24套住房及商铺。一直以来，绝大多数裁判观点认为《执行异议和复议规定》的第二十八条、第二十九条是第二十七条的除外规定，据此可对抗抵押权优先受偿权，排除执行。因此一审时，绝大部分案件判决支持了案外人的执行异议，中止执行案涉房屋，导致A公司即使获得了最高法的胜诉判决，也无法通过强制执行实现债权。

2019年年底适逢《九民纪要》出台，国浩律师敏锐发现该纪要的第一百二十六条蕴含了《执行异议和复议规定》第二十八条不是第二十七条例外规定的法理，并向贵州省高院提出该上诉主张。在没有成功案例借鉴的情况下，通过代理人的严谨论证，该系列案件在二审时大部分获得改判，案涉不动产继续执行，且判决书中采纳了代理人的意见，载明"《执行异议和复议规定》第二十八条保护的是一般买受人购买不动产物权期待权，该条款不属于《执行异议和复议规定》第二十八条的规定"，彻底转变了之前的司法裁判观点，并为今后类似案件提供了裁判依据。二审后，案外人陆续向最高法申请再审，亦全部被驳回。

二、办案过程

（一）抵押权实现基础——债权确认之诉

2010年9月，B公司向某银行贷款，以在建工程办理了抵押登记。2013年9月，A公司受让某银行享有的对B公司的9000万元人民币债权及其项下的相关权益，签订《债权转让协议》。同时，B公司以房地产项目在建工程提供抵押担保，签订《抵押协议》，并办理了抵押登记。C公司、陈某分别为B公司上述协议的履行，以其自己的财产为主协议债务人依主协议所形成的债权提供连带保证担保。多次展期后，B公司无法按约还款。2016年国浩贵阳律师接受委托，代表A公司向贵州省高院提起诉讼，一审判决支持了A公司的债务本金5507万元人民币及重组债务利息，但驳回了A公司要求抵押物优先受偿的诉讼请求。国浩贵阳律师代理A公司上诉后,最高法作出判决,改判支持了A公司在抵押权证项下25套房屋有权优先受偿。

(二)执行程序中的重重阻碍——执行异议之诉

执行案件于2018年8月立案后,其中仅1套房屋案外人被驳回异议后未起诉,通过拍卖执行到位。其余24套房屋均有案外人提出执行异议。尽管最高法判决A公司有权优先受偿,但贵阳市中级人民法院(以下简称贵阳中院)在执行过程中,对剩余24套房屋均裁定中止执行。国浩贵阳律师继续代理A公司提起执行异议之诉。在一审过程中,贵阳中院认为《执行异议和复议规定》第二十八条是第二十七条的例外情形,案外人符合第二十八条的情形即可排除执行,故该系列案件绝大多数驳回了A公司要求继续执行的诉讼请求。

《九民纪要》出台之前主流的实务观点和全国各地的司法裁判,大都认为房屋买受人符合《执行异议和复议规定》第二十八条规定的四个要件就能排除抵押权人的执行(《执行异议和复议规定》第二十八条是第二十七条的例外),比如最高法(2019)最高法民终228号民事判决、最高法(2017)最高法民申2270号民事裁定、最高法(2017)最高法民终698号、重庆市高级人民法院(2017)渝民初16号民事判决、北京市第二中级人民法院(2015)二中民(商)初字第06663号民事判决、陕西省高级人民法院(2017)陕民终332号民事判决等。

2019年年底适逢《九民纪要》出台,其中第一百二十六条规定:"根据《最高人民法院关于建设工程价款优先受偿权问题的批复》第1条、第2条的规定,交付全部或者大部分款项的商品房消费者的权利优先于抵押权人的抵押权,故抵押权人申请执行登记在房地产开发企业名下但已销售给消费者的商品房,消费者提出执行异议的,人民法院依法予以支持。但应当特别注意的是,此情况是针对实践中存在的商品房预售不规范现象为保护消费者生存权而作出的例外规定,必须严格把握条件,避免扩大范围,以免动摇抵押权具有优先性的基本原则。因此,这里的商品房消费者应当仅限于符合本纪要第125条规定的商品房消费者。买受人不是本纪要第125条规定的商品房消费者,而是一般的房屋买卖合同的买受人,不适用上述处理规则。"国浩律师认为纪要第一百二十六条蕴含了《执行异议和复议规定》第二十八条不是第二十七条例外规定的法理,并向贵州省高院提出该上诉主张。在上诉过程中,恰遇执行异议之诉案件的收费标准,从每件50元人民币调整为按标的物价值收费,二审法院要求A公司补交上诉费近百万元人民币。A公司在听取代理律师的思路后,决定补交费用继续上诉。二审法院贵州省高院于2021年、2022年陆续对该系列案件作出二审判决,除符合消费者生存权情形的案件外,其余均支持了代理人的上诉意见,判决对案涉房屋准予执行,价值约6000余万元人民币。

(三)再经最高法再审——驳回案外人的再审申请

贵州省高院二审判决作出后,又有6名案外人继续向最高法申请再审。经过国浩律师向最高法提交再审答辩状和相关资料后,6个再审案件均驳回了案外人的再审申请,本系列执行异议之诉案件历时4年,诉讼程序终于全部结案。2021年至今,案涉10余套不动产已陆续进行司法拍卖。

三、代理思路

杨波、潘艳律师结合本系列案件涉及三种占有不动产的情形:一是案外人未签购房合同未支付购房款,以三方抵债的形式占有不动产;二是案外人与B公司以物抵债的形式占有不动产;三是案外人与B公司签订购房合同并支付购房款后占有不动产,主要从《九民纪要》第一百二十六条及《执行异议和复议规定》第二十七条、第二十八条的立法原意详尽分析,从以下方面充分说理,最终获得法院支持,认为《执行异议和复议规定》第二十八条不是第二十七条的除外规定,案外人仅享有债权请求权,不能对抗抵押权人A公司优先受偿的权利,不能排除执行。

1.案涉房屋的抵押权源于最初某银行对B公司享有的在建工程抵押,设立时间为2010年9月—10月,A公司2013年9月从某银行受让债权时是对该抵押权的延续,故抵押权的设立时间早于案外人诉称的购房合同签订时间。

2.案涉不动产的权利状态不存在任何瑕疵,A公司在受让债权及抵押物时,亦不存在任何过错。A公司对案涉标的物享有合法的抵押权,并据此享有优先受偿权,前述权利业经最高法民事判决书确认:

(1)不动产物权变动应当以登记为准。2010年某银行就办理了在建工程抵押登记,案涉房屋从始至终就一直登记在B公司名下,从未发生过任何变动,案涉房屋也未办理过预告登记。案外人公司是在2016年才向贵阳市南明区法院起诉,虽该院判令B公司为案外人公司办理案涉房屋所有权登记,但在未办理不动产权属登记至案外人公司名下前,案外人公司享有的也仅是一般债权或物权期待权,该不动产仍属于B公司所有。故,案涉房屋的权利状态不存在任何瑕疵,并非权属有争议的房地产,A公司对案涉标的物享有合法的抵押权。

(2)A公司2013年受让债权签订一系列协议并办理抵押登记时,某银行、B公司均提供了相应的债权文件、抵押合同、他项权证书、商品房预售许可证等,在建工程及案涉房屋也没有登记其他权利人,A公司依法办理了相应的抵押登记,没有任何过错。反而是案外人公司作为法人,应当比一般自然人拥有更专业的能力和认知,作为公司投资购买不动产时,事前不作任何尽职调查,事后怠于行使权利,既未办理预告登记,也未及时主张办理产权登记。案涉房屋的买受人没有履行合理的注意义务,致使案涉房屋无法办理过户登记,其本身存在过错,依法不具备终止执行案涉房屋强制执行的权利。

(3)案外人对案涉房屋尚未取得所有权,A公司享有合法抵押权,属于担保物权,据此享有优先受偿权,案外人基于商品房买卖合同关系享有的债权系一般债权,不足以对抗已登记的担保物权,应依照《执行异议和复议规定》第二十七条规定准许执行。并且,本系列案件中案外人作为公司的购买案涉房屋无论是住房还是商铺的行为只能是投资,绝不可能是基于消费者生存权,亦不符合第二十九条的规定,依照《执行异议和复议规定》第二十七条规定判决准许执行案涉房屋。

(4)若适用《执行异议和复议规定》第二十八条规定排除抵押权的优先受偿权,将导致抵押权形同虚设,对银行、金融资产公司乃至个体抵押权人、房地产市场等都将形成不可估量的冲击。从《民法典》物权编第四百零六条对比《物权法》第一百九十一条的修改来看,抵押人转移抵押财产,从需经过抵押人同意,变为不需经过同意,仅需及时通知抵押人,是基于抵押权具有优先性的基本原则,可以促进物的流通和产生更大的社会价值。同时,也是基于不动产抵押登记制度是公示公信制度,可以让抵押权人和抵押财产的买受人可能承担的风险大大降低。

房地产开发公司通常是在房屋修建之初,就将在建工程抵押给银行、金融资产公司以获取借款,而至后期房地产开发公司不再具有还款能力时,银行、金融资产公司才有可能诉至法院并申请法院查封抵押物,此时往往已经是房屋销售多年以后。正因如此,建设工程价款优先受偿权优先于担保物权,消费者的商品房买受人的物权期待权优先于建设工程价款优先受偿权,都是基于生存权的最优先性。

若将《执行异议和复议规定》第二十八条视为第二十七条的除外情形，除消费者因生存需要购买住房外，扩大至其他的一般买受人，无论是二手房买卖乃至多手房交易，还是多套房、商铺的购买人，只需找到有银行流水记录的“购买人”，甚至无须提供与购房合同金额相一致的银行流水交易记录，签订虚假以物抵债协议，倒签书面房屋买卖合同、房开出具收款收据、出具物管费收据等，提供这一列轻易即可制造的“证据”后，即能符合第二十八条规定的情形，排除抵押权人的优先受偿权。一旦银行、金融资产公司在抵押权优先受偿权都不能得到有效保障的情况下，何以还会在自身承担巨大风险的情况下借款给房开商，如此恶性循环，将会导致房地产市场乃至社会经济遭受巨大冲击。

综上所述，案外人均不具有对抗抵押权人优先受偿的情形，不享有《执行异议和复议规定》中可以排除执行的权利，案涉房屋应予继续执行。

四、案例点评

该系列案件一审大多数发生在 2018 年至 2019 年，《执行异议和复议规定》第二十七条规定了申请执行人依法享有担保物权优先受偿权，不予支持案外人排除执行异议；第二十八条规定了一般买受人的物权期待权。当时司法裁判的主流观点认为第二十八条是第二十七条的除外规定，因此绝大部分案件均判决中止执行。随着《九民纪要》出台，《执行异议和复议规定》第二十七条、第二十八条和第二十九条之间如何适用，立法观点发生了根本性的转变。本案的典型意义在于，经办律师敏锐地发现《九民纪要》第一百二十六条规定该条文蕴含了《执行异议和复议规定》第二十八条不是第二十七条除外规定的法理，2020 年本系列案件上诉至贵州省高院时，尚无类似裁判案例可供参考，在没有成功案例借鉴的情况下，代理律师通过对个案具体情况分析、对法理的详细阐述和严谨论证，最终一半以上案件获得了二审改判，10 余套住房、商铺得以继续执行。

贵州省高院亦采纳了代理律师的意见，在二审判决书中载明“《执行异议和复议规定》第二十八条保护的是一般买受人购买不动产物权期待权，该条款不属于《执行异议和复议规定》第二十七条的但书情形”；“最后，从保护交易安全的角度看，《中华人民共和国物权法》第六条规定：‘不动产物权的设立、变更、转让和消灭，应当依照律规定登记……’‘公示公信’是我国物权法确立的基本原则，也是我国不动产登记制度的核心要义所在。除法律、司法解释基于房消费者的生存权、建设工程优先受偿权等特殊权利作出规定，对抗登记物权的权利不得任意扩大解释，否则将导致不动产登记制度形同虚设，交易安全极易受到冲击。”彻底转变了之前的司法裁判观点，并为今后类似案件提供了裁判依据。

五、专家推荐

推荐人：白敏　国浩律师事务所执行合伙人

推荐内容：

司法实践中，法律、司法解释在具体案件中的适用，某些条款会一直存在争议。正如本系列执行异议之诉案件，涉及的不动产数量较多，案外人多，在当地影响较大，一审支持了绝大多数案外人异议，判决中止执行，符合当时的司法裁判主流观点。但本案代理律师通过聚焦案件的基础法律关系，注重举一反三和触类旁通，尤其是在没有成功案例可供借鉴的情况下，善于学习、发现，勇于提出最新的理论观点，获得了二审改判，使得执行程序得以继续推进，委托人的债权获得受偿。同时，本系列案件的代理观点“《执行异议和复议规定》第二十八条不是第二十七条的除外规定”，获得了贵州省高院的认可，并在裁判文书中加以明确；一部分案件向最高法申请再审时均裁定驳回，陆续有不同省市的类案生效裁判文书公布，标志着《执行异议和复议规定》第二十七条、第二十八条的适用，已经与以往司法裁判的观点发生完全转变，为一直以来存在的争议画上句号。本系列执行异议之诉案件，为今后依法、高效处理此类纠纷，维护金融秩序，保护抵押权人的合法权益提供了范例。

执行异议审查对执行行为的违法性判断标准为何?

承办律师

姜　凌　国浩律师(海南)事务所合伙人

王　芳　国浩律师(海南)事务所律师

■ 案例概述

执行异议是执行救济程序的重要组成部分,是当事人、案外人、利害关系人等主体进行权利救济、维护自身合法权益的重要途径,也是民商事争议解决领域热门话题之一。但在实务中,不可否认确实存在部分主体滥用程序导致执行过程受阻、拖延的问题。

由国浩海南合伙人姜凌、律师王芳共同办理的"某实业公司与某小额贷款公司、某海洋产业公司、某船务公司执行异议纠纷案"中,国浩律师积极向当事人以及有关机关调查取证,不但加强裁判者对执行标的的全面认识,最终证明执行行为实质性地侵犯了当事人的合法权益,并实现了原执行裁定被撤回、重审后法院支持国浩律师主张的结果。

一、案情简介

申请执行人海南某小额贷款有限公司(以下简称小额贷款公司)与被申请人海南某实业有限公司(以下简称实业公司)等主体借款合同纠纷案,经小额贷款公司申请,海口市中级人民法院(以下简称海口中院或执行法院)查封实业公司名下涉案财产,并于2019年6月委托评估公司评估涉案财产,于2019年10月作出拍卖裁定。在两次流拍后,案外人在第三次拍卖中以起拍价3909万元竞得拍卖标的物,海口中院于2020年11月作出拍卖成交裁定。其后实业公司以海口中院未依法送达案涉财产估价报告和拍卖成交裁定、评估价格范围未包括全部涉案财产为由向海口中院提出执行异议。在海口中院裁定驳回前述异议后,实业公司于2021年3月委托国浩律师代理该案执行复议等工作。

经沟通了解,海口中院委托机构测绘、评估的财产范围为临高县调楼镇渔港南侧面积为47,915.8平方米的土地使用权以及地上建筑物、附着物(以下简称执行标的)。实业公司反映,土地上的防波堤、石斑鱼池、围墙、岗亭等土地附着物及附属设施的财产价值未包括在执行标的的评估价值中,并且石斑鱼池是案外人环海公司租用案涉土地建设形成的资产。但海口中院以前述设施属于涉案财产的配套设施,使用价值已包含在涉案财产的评估价格范围内为由驳回了实业公司的执行异议。

在接受实业公司的委托后,国浩律师立即到海口中院调取查阅案件卷宗并到现场查看执行标的,经阅卷和查看现场后发现,执行法院除了遗漏评估财产外,执行程序还存在拍卖中竞买人之间涉嫌恶意串通、直接采取委托拍卖而非网络拍卖处置资产、未取得执行标中的工业厂房的处置权即对工业厂房评估拍卖以及在案外人对执行标的提出异议期间即作出拍卖成交裁定等问题。

国浩律师在向海南省高级人民法院(以下简称海南高院)提交的执行复议申请书中详尽说明了前述问题,并通过多种途径收集证据予以佐证。在海南高院受理复议申请后,国浩律师多次向海南高院申请听证,并积极与承办法官电话沟通说明情况。海南高院同意了国浩律师的听证申请,并在听证后以海口中院执行裁定部分事实认定不清,应重新审查为由,撤销海口中院作出的执行裁定,发回海口中院重新审查。在海口中院的审查阶段,国浩律师进一步向承办法官重申、强调了执行程序所涉问题,海口中院最终裁定撤销执行标的的拍卖成交裁定书,并重新委托机构测绘、评估案涉财产,将案涉土地上的防波堤、石斑鱼池等土地附着物及附属设施纳入执行标的的财产评估范围。

二、代理思路

根据《民事诉讼法》的规定,当事人、利害关系人认为执行行为违反法律规定的,可以向负责执行的人民法院提出书面异议。前述的“违反法律规定”,是指法律、司法解释有明确规定,执行人员违反该规定而实施的执行行为。但在司法实务中,基于保障执行效率、维护执行稳定性以及实现申请执行人利益的需要,法院在审查执行行为合法性的过程中更侧重于价值考量以及各方主体的权益平衡,若执行异议中反映的问题为程序性问题,未严重影响当事人实质权益的,执行异议被驳回的可能性通常较高。

本案的特殊性在于,实业公司执行异议针对的是强制执行中的司法拍卖行为,且该司法拍卖已经成交,执行法院也已作出拍卖成交的执行裁定书,即执行标的经司法拍卖程序后已由案外人买受,拍卖价款已转入法院执行账户,申请执行人的债权即将得到清偿。

本案中,经国浩律师查阅卷宗,发现执行程序中涉及的几个问题均是当前备受争议且未形成明确裁判规则的热点问题,具体如下。

(一)如何评判评估价格是否真实、全面反映执行标的的价值

本案执行中,海口中院在司法鉴定委托书中委托评估机构进行财产评估的范围为“位于临高县某渔港南侧面积为47,915.8平方米土地使用权以及地上综合办公楼一栋、工业厂房一栋”。上述委托事项并未提及被执行土地上的防波堤、石斑鱼池、围墙、岗亭等土地附着物及附属设施,对此海口中院在执行裁定书中的回应是“前述土地附着物及附属设施属于涉案财产的配套设施,使用价值已包含在涉案财产的评估价格范围”。

关于评估价格范围是否包括防波堤等附着物,国浩律师认为关键在于评估公司在评估过程中是否将前述资产考虑在内。鉴于此,对估价报告的分析研究就非常重要。在研读估价报告过程中,国浩律师发现估价报告在前言中提及“评估报告中的估价对象不包括地上建有的石斑鱼池、两间混合平房及部分地上硬化”,并且评估机构特此强调“因此不考虑其价值,敬请报告使用人区分注意此事宜”。除此之外,国浩律师还注意到评估机构对案涉土地主要采取了基准地价系数修正法进行了估价,认定土地基础设施的开发程度为高配置的“五通一平”的60%(道路18%、通电11%、供水6%、排水10%、场地平整6%)。在此基础上,评估机构以土地100%开发对应的开发费用为18万/亩为基准计算,推定土地场地平整所对应的开发费用为(18万元×60%×10%)×71.87亩=77.6196万元。为论证这个评估数额的公允性,国浩律师调查收集了临高县原发展计划局对渔港建设项目的批

复、改造工程方案设计资料、临高县关于调楼渔港改扩建工程项目备案的意见等资料。这些资料显示,防波堤属于渔港工程项目的建设内容,本身需要大量的资金进行建设。特别是,国浩律师向实业公司调取了关于防波堤工程建设和维修的合同书、防波堤工程结算书以及工程款转账凭证,发现实业公司早于20年前就已投入不低于200万元的资金用于防波堤建设,这个建设资金远远超出了评估机构对案涉土地评估的开发费用。

为进一步佐证上述判断,国浩律师到临高县调楼渔港进行实地调查。现场发现,案涉土地周围防波堤有数百米长,系用防腐蚀特种混凝土浇筑,这一类工程需消耗大量特种混凝土、片石等材料,工程量显著,价格高昂,并不属于通常意义上土地"五通一平"的范围。除此之外,案涉土地上还有面积达2000余平方米的孵化鱼池,经向实业公司了解,该鱼池属于案外人环海公司在8年前租用案涉土地,投入数百万元资金建设形成,但评估机构也未将该鱼池纳入执行标的的财产评估范畴。

在执行复议阶段及发回重审后的执行异议阶段,国浩律师将调查获取的资料形成证据向海南高院和海口中院提交,重点强调防波堤为实业公司投入大量资金形成的固定资产,有其独立的使用价值和功能,不应认定为通常的土地附属配套设施。针对小额贷款公司在答辩中提及的"案涉土地三面临海,防波堤是陆域形成的前提,防波堤的价值已经体现在土地的价值中"。国浩律师向法院提交了其他法院关于渔港类执行标的的拍卖公告作为参考资料,其中青岛海事法院关于拍卖海阳港务有限公司所有的疏港路、防波堤、泊位、预制场、海域使用权、房产、土地使用权及附属物的公告中就单独将防波堤作为评估标的及拍卖标的。

在此基础上,国浩律师在听证中向合议庭着重强调执行法院的执行行为违反了《民法典》第三百五十六条①"建设用地使用权转让、互换、出资或者赠与的,附着于该土地上的建筑物、构筑物及其附属设施一并处分"的法律强制性规定,不仅严重侵犯了被执行人实业公司的财产权益,还涉及对案外人名下资产的违法处分。

为加强法官对执行标的各资产组成的直观认识,国浩律师在渔港的全景图中用不同字体标注出办公楼、工业厂房、防波堤、孵化鱼池等地上建筑物,直观形象

① 原《物权法》第一百四十六条。

地凸显未评估资产在整个执行标的中的位置、面积和比重。

经多次沟通,承办法官在听证后也专程到涉案土地进行现场实地调查。也正是因为这一举措,加强了法官对国浩律师陈述内容的内心确信。

最终,海南高院在执行裁定书中明确"本案拍卖的财产是已查封的涉案土地以及土地上的综合办公楼、工业厂房,而对附着于该宗土地的防波堤、速冻厂、围墙、岗亭等未查封的构建物,是否为被执行的财产、是否应另行确定价值、是否一并进行拍卖,执行程序和异议审查中并未查明事实并予以认定",因此作出了异议裁定部分事实认定不清,应重新审查的结论。在本案发回海口中院审查后,海口中院在执行裁定书中就案涉拍卖成交裁定应否撤销的问题也作出同样的认定,认为"涉案评估报告并未明确查封土地上的防波堤、速冻厂、围墙、岗亭等土地附着物及附属设施价值"。

(二)如何通过剖析案件材料,发现执行法院在处理案外人异议过程中的程序违法问题

本案中,环某公司作为案外人,于2020年11月16日向海口中院提起案外人异议,认为执行标的中的孵化鱼池属于其所有。但是在案外人异议期间,海口中院于2020年11月30日就作出执行裁定,裁定本案涉案执行标的拍卖成交,并裁定将涉案标的过户至买受人名下。而就在海口中院作出前述确认拍卖成交执行裁定书的次日,即2020年12月1日,海口中院作出(2020)琼01执异432号执行裁定,以执行标的已拍卖成交,执行标的执行程序已终结为由,驳回了环某公司的异议。

根据2020年版《最高人民法院关于适用〈中华人民共和国民事诉讼法〉的解释》第四百六十四条的规定,案外人对执行标的提出异议的,应当在该执行标的执行程序终结前提出。国浩律师认为,该规定中的"执行标的执行程序终结",应为拍卖成交裁定已作出,且法院已出具协助执行通知,权属登记机关已办理完权属登记后才能视为"执行标的执行程序终结"。而本案中,执行标的于2020年11月5日成交,买受人于2020年11月12日前缴清拍卖价款,执行法院于2020年11月30日作出拍卖成交裁定,于2020年12月3日向不动产登记中心送达过户裁定及协助执行通知书,此后执行标的一直未办理权属变更登记手续。环某公司于2020年11月16日提起案外人异议,当时涉案执行标的仅拍卖成交,执行法院尚未作

出拍卖成交裁定。国浩律师向合议庭着重强调，执行法院在案外人异议审查期间对执行标的进行了处分，违反《最高人民法院关于适用〈中华人民共和国民事诉讼法〉执行程序若干问题的解释》第十六条中关于"案外人执行异议之诉审理期间，人民法院不得对执行标的进行处分"的规定。而海口中院以执行标的已拍卖成交，执行标的执行程序已终结为由驳回环某公司的异议，明显属于对"执行标的执行程序终结"的错误认定。

因执行法院在案外人异议期间裁定执行标的拍卖成交，并裁定将涉案标的过户至买受人名下，属于严重的程序违法，已经严重侵犯案外人的合法权益，海口中院在执行异议裁定书中明确认定"本案案外人环某生物公司向本院提出执行异议，在申请执行人小额贷款公司未提供有效担保的情况下，本院在异议审查裁定作出前于 2020 年 11 月 30 日作出拍卖成交裁定，解除对涉案财产的查封，将涉案财产过户竞买人格某普公司，违反上述强制性规定，构成违法"。

（三）如何认定拍卖中竞买人之间恶意串通，严重损害当事人以及其他债权人的利益

《最高人民法院关于人民法院办理执行异议和复议案件若干问题的规定》第二十一条第一款第一项规定，在竞买人之间、竞买人与拍卖机构之间恶意串通，损害当事人或者其他竞买人利益的情形下，当事人提出异议请求撤销拍卖，人民法院应予支持。拍卖的目的是使执行标的物的变现价值最大化，需通过充分的竞价实现"价高者得"的拍卖规则。若竞买人之间相互串通，显然违反了竞价充分的拍卖技术要求。然而，竞买人在实务中通常会采取多种手段隐瞒恶意串通行为，作为第三方想收集恶意串通的线索或证据的难度非常大的。

在对执行案卷的研读过程中，国浩律师发现，拍卖人编制的关于执行标的《拍卖成交报告》记载，第三次拍卖仅有 2 名竞买人办理了竞买手续，分别为格某普公司和礼某公司，执行标的的拍卖保留价为 3909 万元。根据拍卖会现场记录表，格某普公司在第一次竞买中即以起拍价 3909 万元竞得拍卖标的物，礼珊公司虽参与竞买，但并未竞价。随后格某普公司即与拍卖人签署了《拍卖成交确认书》。

国浩律师通过各类企业信用信息公示系统查询发现，格某普公司的法定代表人为徐某，股东分别为陈某中和伍某，两人持股比例均为 50%。而礼某公司的法定代表人为蔡某珊，股东分别为蔡某珊和谭某纯，持股比例依次为 51% 和 49%。

而蔡某珊和伍某分别持股某物流有限公司51%和49%的股权，伍某在蔡某珊独资控股并担任执行董事兼总经理的海南某餐饮管理有限公司任监事一职，另外两人通过间接持股的方式控制多家公司。

为方便法院理解两个竞买人股东之间存在关联关系，竞买的两家公司利益高度关联，高管交叉任职，国浩律师在听证中提交了两个竞买人的股东关系图谱以及相关企业的企业信用信息公示报告。

就两名竞买人是否存在恶意串通的问题，海口中院在执行异议裁定书中回应为“该案参加拍卖的两名竞买人虽部分股东之间存在合作关系，但双方均为独立法人，并无证据证明双方拍卖过程中恶意串通，导致不能公平竞价”。但是，因国浩律师提交证据材料所反映的问题确实关系到执行法院是否对竞买人资格履行了审查监督义务，并在某种程度上影响合议庭对拍卖程序不公正公平的内心确信，从而间接影响执行异议的结果。

除了上述三项异议理由外，在申请书中还就执行法院在执行中采取委托拍卖，而非网络拍卖的方式处置资产，执行法院在没有取得对工业厂房处置权的情况下对工业厂房进行评估拍卖等问题提出异议。虽然合议庭并未采纳国浩律师提出的所有异议理由，但这些理由所反映的执行程序中的诸多问题确实会以“层层加码”的方式逐步影响合议庭对案件执行程序合法性、公正性的内心确信，并在此基础上深入考量支持申请人异议申请的必要性。

最终，海口中院于2021年7月出具执行裁定书，裁定撤销拍卖成交裁定，并委托评估公司重新对执行标的进行评估，将防波堤、孵化鱼池等地上建筑物、附着物均纳入评估范围，重新进行执行标的的拍卖程序。这个结果不仅避免了实业公司的财产被低价处分，也充分维护了案外人环某公司的财产权益，为当事人挽回的经济损失高达上千万元。

三、案例点评

本案涉及已被司法拍卖成交的执行标的，如法院在强制执行过程中有错误的情形下，如何依据《民事诉讼法》(2017修正)第二百二十五条①的规定，寻求法救济的问题。

---

① 现为《民事诉讼法》(2023修正)第二百三十六条。

(一)充分查阅分析执行案卷材料,以便全面把握案件执行情况

《民事诉讼法》(2017 修正)第二百二十五条规定的执行异议,主要针对的是法院执行行为存在的瑕疵或错误,明确当事人、利害关系人认为执行行为违反法律规定的,可以向负责执行的人民法院提出书面异议。因此充分了解执行行为及其依据以及相关的执行材料尤为必要。本案中,虽然当事人是对执行法院的强制拍卖行为提出执行异议,但该强制拍卖行为涉及财产查封程序是否完整,委托评估范围是否全面、对外委托拍卖是否符合法定程序以及拍卖过程是否合法等各个阶段的内容,如不能全面了解执行案件情况,就不能把握执行异议申请的着力点。

(二)在执行异议和执行复议程序中,应力争法院进行听证

根据《最高人民法院关于人民法院办理执行异议和复议案件若干问题规定》第十二条的规定,法院对执行异议和复议案件实行书面审查,只有案情复杂、争议较大的,才进行听证。但是“争议较大”的认定标准较为主观,更多地依赖于法官对个案的认识程度和自由裁量。对于代理人而言,如果能够与执行异议和复议案件的承办人或合议庭充分沟通,争取法院对异议申请进行听证,那无论是从展示证据、阐明事实,还是说明理由层面,都能有利于异议申请人全面深入地表达观点,进一步促进法官对执行行为违法性的内心确信。

(三)更多地寻找执行行为的瑕疵或错误,以便提升执行异议合议庭的内心确信

执行异议针对的是执行法院的违反法律的执行行为,但基于执行行为的实施和执行异议的审查都同属一家法院,加之执行异议针对就是法院本身,其中可能会涉及国家赔偿、司法权威等案外因素。因此,若不是出现重大违法情形,法院出于维护执行稳定性的考虑,支持执行异议申请的可能性较低,这一点在很多最高人民法院的执行复议处理中均有体现。因为,作为代理人必须充分挖掘执行行为存在的瑕疵或错误,积小成大、积少成多,着重于提升执行异议合议庭对该执行行为违法严重性的认知,提升其内心确信。

(四)为了增强执行可能性,法院严格审查违反程序性规定的行为

强制执行权系更倾向于程序性的司法权,而非审判层面的实体司法权,因此

关于执行的法律规定基本均为程序性规定。当前我国尚未出台统一的强制执行法,而《民事诉讼法》的执行程序编也仅有三十余条法条,因此大多由最高人民法院通过制定大量司法解释的方式规范执行程序。但由此而产生的问题就是司法实践中存在适用遗漏或适用错误的问题,而此类问题往往实质性侵犯了当事人或其他主体的程序性权利和实体权利。基于前述考量,法院虽然在执行异议、复议及执行监督案件中较多地强调执行稳定性原则,但仍然会严格审查涉嫌违反程序性规定的执行行为,因此该类情形的异议请求也更容易得到法院的支持。

综上所述,执行异议及复议案件与一般诉讼案件在代理思路和处理方式上存在许多不同。该类案件表面上是异议申请人与被申请人之间的对抗,但背后是异议申请人与执行法院之间就执行行为是否违法的对抗,因此该类案件的办理与一般诉讼案件那种原被告之间的对抗完全不同。代理人在代理该类型案件时,应更加全面地考虑案件情况,除了法律问题外,还需与异议、复议合议庭充分沟通。另外,在执行异议、复议案件办理过程中,也应注重与执行法官的充分沟通,并为其寻求纠正执行行为的可行方案,避免因执行异议导致执行案件无法顺利推进,这也是执行异议能够得到支持的重要案外因素。

四、专家推荐

推荐人:王龙奎　国浩律师(海南)事务所管理合伙人

推荐内容:

姜凌、王芳两位律师在案件承办过程中,细究执行程序中形成的各项材料,特别是深入研读和分析执行财产的估价报告,通过评估财产的数额测算和现场勘查敏锐发现评估财产的不公允和遗漏评估标的等问题。为向合议庭佐证前述问题对当事人权益的重要影响,他们积极向当事人和有关政府机构调查取证,获取了执行标的各组成资产的规划、审批、建设以及结算资料,从而将执行行为违法侵犯当事人的合法权益这一事实具体呈现于证据材料中,量化到具体的财产数额中,使得"附着于被拍卖土地上的防波堤、速冻厂、围墙、岗亭等土地附着物及附属设施未在评估时一并予以评估,严重侵犯了申请人的财产权利"这一异议理由有理有据,铿锵有力,不仅让对方当事人无从反驳,更使合议庭深刻认识到法院不能以不公允的财产评估数额为基础确定执行标的拍卖价格。

除了前述工作外,因姜凌律师曾长期在中级人民法院担任执行法官,对执行案件有着丰富的办案经验，因此在对执行卷宗材料的研读中能发现他人通常难以注意的问题。如在看到关于执行标的《拍卖成交报告》中关于“第三次拍卖仅有2名竞买人办理了竞买手续，其中一名竞买人虽参与竞买，但并未竞价”时，能敏锐地推测两名竞买人可能存在关联性；再如看到本案有案外人提出执行异议时，能通过异议提出时间和法院裁定出具时间的核对发现海口中院在海南高院复查案外人异议期间就对执行标的作出处分的程序性错误。

在案件办理过程中，两位律师也注重与合议庭的沟通，不仅争取了两级法院能以听证的方式审查异议申请材料，更是推动法官实地查看执行标的，不断加强法官对执行标的的全面认识以及执行行为错误的内心确信。

本案不仅涉及执行异议案件中备受争议的热点问题，具有典型性和代表性，在执行异议代理工作的思路和方法措施上对其他律师都有非常强的参考和借鉴作用。

后　记

“我们办的不是案子，是他人的人生。一个案件的背后，就是一桩婚姻、一户家庭、一个人的自由、一家企业的未来。”十三届全国政协委员、国浩首席合伙人吕红兵在2019年全国两会通道上说道。对律师而言，用心办好每一个案件是履行职责和实现使命的关键所在。

“一个案例胜过一沓文件”，案例是连接法条与社会生活的媒介。根据最高人民法院工作报告披露的数据，2023年，最高人民法院收案21081件，结案17855件，同比分别增长54.6%、29.5%。全国各级法院收案4557.4万件，结案4526.8万件，同比分别增长15.6%、13.4%。法院每年审结的案件数量与日俱增，与之相关的法律服务亦随之增多。

法律的生命在于经验，经验的积累在于案例学习。国浩律师事务所作为中国最大的法律服务机构之一，在每年承办的各类诉讼和非诉案件中有诸多具有代表性、影响力的“大案”“要案”“热案”“首案”等，其中不乏有入选最高及各省市人民法院、律师协会等的典型案例，或为全国或地方首例案例，具有较高的学术价值和应用价值。国浩律师事务所于2022年举办首届优秀案例系列评选活动，共征集到来自国浩28个办公室的300余份参评材料，展现了国浩全方位、全链条法律服务。在国浩发展研究院的精心组织下，本次评选活动历经国浩各执业机构推荐和国浩各业务委员会专业评审，另特邀北京大学法学院客座教授王忠，华东政法大学刑事法学研究院院长刘宪权，中国法学会法律文书学研究会副会长刘桂明，华东政法大学国际金融法律学院教授肖宇，华东政法大学国际金融法律学院院长贺小勇，律商联讯中国区产品及内容总监徐方，北京大学法学院院长、党委书记郭雳，同济大学法学院教授曹伊清，上海交通大学凯原法学院教授韩长印（按姓氏笔画排序）等专家学者与国浩执行合伙人代表组成评审团评议，最终于2023年4月评选出获奖案例。

本书从首批国浩杰出案例、优秀案例中精选了48篇商事、民事、刑事等领域的经典案例,涵盖金融证券、公司运营、破产重组、建工房产、知识产权、劳动人事、婚姻家庭等,其中既有“大案”折射出的商业活动的复杂多变,也有“小案”背后体现的天理人情,每一个案例都是生动的“活教材”,充分展示了国浩律师的专业水平和工作成效,同时也彰显了国浩律师在执业过程中精益求精、勤勉尽责的可贵精神。

掇菁撷华,履践致远。我们希望本书能对从事相关业务领域的法律同仁有所裨益,也期待与行业同仁和客户共享累累硕果,为更多业内外人士提供案例研习与实操指引。欢迎社会各界人士提出宝贵意见与建议!

国浩发展研究院

2024年12月